Theory and Practice of Social Work Field

사회복지사업운영론

사회복지지도감독 & 현장실습

고수현 저

양성원

머리말

사회복지학은 실천학문이므로 사회복지교육도 이러한 실천학문적 정체성에 기초하여 이론과 실천현장의 지식이 균형을 이룰 수 있는 방향으로 구성되어야 한다. 그러나 실제 사회복지사업현장에서는 이론에 치우친 사회복지교육의 한계에 대한 비평이 늘어나고 있는 것도 사실이다. 이는 사회복지교육현장에 있는 예비사회복지사들 뿐만 아니라 장차 그들이 만나게 될 클라이언트를 위한 사회복지서비스 질에서도 긍정적이지 못하다는 점을 간과하지 말아야 한다.

따라서 이 책은 이러한 사회복지교육의 문제점을 비평적으로 수용하여, 철저하게 사회복지실무에 초점을 두고 사회복지사업운영에 요구되는 이론과 실제를 다루었다. 아울러 사회복지사를 양성하는 모든 교육기관에서는 필수적으로 개설하고 이수해야 하는 '사회복지현장실습' 부문과 '사회복지지도감독론' 부문을 포괄하여 저술하였다. 그 이유는 사회복지사를 양성하는 대학 강의에서 '사회복지사업현장'을 다루는 교과목은 별도의 교과목 명칭으로 개설하기도 하지만 대부분은 〈사회복지현장실습〉과 〈사회복지지도감독론〉에서 다루고 있기 때문에 이러한 교과목에서도 공히 교재로 사용할 수 있도록 한 것이다.

첫째, 〈사회복지지도감독론〉 교재로 사용할 경우에는 기존의 교재들이 단순히 선임사회복지사가 후임사회복지사나 예비사회복지사에게 실천기술적인 차원의 슈퍼비전(지도감독)에만 치중하고 있는 한계점들을 보완하였다는 장점이 있다. 지도감독(슈퍼비전)이란 단순히 프로그램을 지도하는 수준이 아니라 사회복지사들이 사회복지사업을 운영하는 사회복지시설 등의 현장에 있어서 실무 차원의 포괄적인 지도감독(슈퍼비전)이 될 수 있는 내용을 다루어야 되기 때문이다. 그러나 일부 대학의 〈사회복지지도감독론〉 강의에서는 지도감독의 개념을 지나치게 한정적으로 다루어서 사회복지사업현장의 실무지식 교육이 되어야 함에도 좁은 의미의 지도감독(슈퍼비전)에만 한정하고 있는 문제점이 있다.

둘째, 〈사회복지현장실습〉 교재로 사용할 경우에는 기존의 교재들이 지나치게 현장실습양식이나 준비절차에만 한정하여 다루고 있는 문제점을 보완하였다는 차별성을 들 수 있다. 즉 〈사회복지현장실습〉 교과목은 말 그대로 다양한 사회복지시설운영기준을 알 수 있도록 강의가 되어야 하는데, 상당수의 대학 강의에서는 실습일지 작성 수준에서만 강의가 되는 한계가 있다는 점에 착안하여, 그야말로 사회복지 실무지식을 익힐 수 있도록 저술하였음을 강조한다.

이러한 맥락에서 본 서는 사회복지실무지식을 체계적으로 다루기 위하여 12개의 장으로 배치하였으며, 그 구성내용을 보면 다음과 같다.

제1부에서는 우선 사회복지사업현장에서 사회복지사 등의 사회복지전문직이 수행해야 할 실무지식과 사회복지사업운영의 법제적인 근거를 개관하였다. 세부적으로 보면, 제1장에서는 사회복지사업운영의 근거법제, 제2장에서는 사회복지사업운영의 전문직 업무, 제3장에서는 사회복지사업운영의 법인과 시설을 다루었다.

제2부에서는 사회복지시설운영에 관한 지도감독을 다루어 사회복지사로서 실무능력을 익힐 수 있도록 하였다. 세부적으로는 제4장에서 사회복지사업과 지도감독을 개관한 다음, 제5장에서의 아동복지/영유아보육시설을 시작으로 제6장 노인복지시설, 제7장 장애인복지시설, 제8장 가족복지시설, 제9장 성매매/성·가정폭력피해자보호시설, 제10장 기타 사회복지시설에 이르기까지 지도감독 기준을 다루었다.

제3부에서는 제11장에서 사회복지사업을 하는 모든 사회복지시설에 적용되는 사회복지시설평가와 슈퍼비전을 다루고, 제12장에서는 예비사회복지사 양성을 위한 현장실습에 관한 내용과 슈퍼비전을 다룸으로써 전체적으로 종결하였다.

끝으로 이 책으로 사회복지교육현장에서 제자들과 마주하고 계실 교수님들과 편집과 출판에 애써주신 양성원 임직원께도 고마움을 표한다.

2018년 8월

저자 고 수 현 드림

차 례

Part 03 사회복지사업운영의 시설평가 / 현장실습

Part 01

사회복지사업운영의 근거법제와 주체

Chapter 01

사회복지사업운영의 근거법제

1. 사회복지사업운영의 법체계

1) 사회복지사업운영의 법제적 범위

사회복지사업은 원칙적으로 국가에서 추진하는 사업이므로 법제적 근거에 따라 규정된 범위 내에서 주로 사회복지기관이나 시설에서 수행된다. 이러한 관점에서 우리나라에서 이루어지는 사회복지사업의 법제적 근거와 범위는 1970년에 제정된 후 개정을 거듭하고 있는 「사회복지사업법」상의 규정을 보면 알 수 있다. 「사회복지사업법」은 사회복지사업의 정의와 범위를 명확히 하고, 민간사회복지사업의 주체로 사회복지법인제도를 도입하기 위하여 제정되었다. 「사회복지사업법」에 근거하여 우리나라의 사회복지사업현장은 국가나 지방자치단체가 직접 운영하는 방법보다는 민간의 법인과 개인에게 시설운영을 위탁하거나 민간이 사회복지시설을 설치 · 운영할 수 있도록 하여 민간사회복지사업의 체계를 확립하게 된 것이다.

현행 「사회복지사업법」 제2조에서 규정하고 있는 사회복지사업의 법제적 범위는 기본법인 「사회복지사업법」 이외에도 2019년 기준으로 27개의 개별 법률이 있으며 그 범위는 점차 증가추세에 있다. 즉 「사회복지사업법」상으로 '사회복지사업'이란 다음의 27개 법률에 따른 보호 · 선도(善導) 또는 복지에 관한 사업과 사회복지상담, 직업지원, 무료 숙박, 지역사회복지, 의료복지, 재가복지(在家福祉), 사회복지관 운영, 정신질환자 및 한센병력자의 사회복귀에 관한 사업 등 각종 복지사업과 이와 관련된 자원봉사활동 및 복지시설의 운영 또는 지원을 목적으로 하는 사업을 말한다."고 규정하고 있다.

가. 「국민기초생활보장법」
나. 「아동복지법」
다. 「노인복지법」
라. 「장애인복지법」
마. 「한부모가족지원법」
바. 「영유아보육법」
사. 「성매매방지 및 피해자보호 등에 관한 법률」
아. 「정신건강증진 및 정신질환자 복지서비스지원에 관한 법률」
자. 「성폭력방지 및 피해자보호 등에 관한 법률」
차. 「입양특례법」
카. 「일제하 일본군위안부 피해자에 대한 생활안정지원 및 기념사업 등에 관한 법률」
타. 「사회복지공동모금회법」
파. 「장애인 · 노인 · 임산부 등의 편의증진 보장에 관한 법률」
하. 「가정폭력방지 및 피해자보호 등에 관한 법률」
거. 「농어촌주민의 보건복지증진을 위한 특별법」
너. 「식품 등 기부 활성화에 관한 법률」
더. 「의료급여법」
러. 「기초연금법」
머. 「긴급복지지원법」
버. 「다문화가족지원법」
서. 「장애인연금법」
어. 「장애인활동 지원에 관한 법률」
저. 「노숙인 등의 복지 및 자립지원에 관한 법률」
처. 「보호관찰 등에 관한 법률」
커. 「장애아동 복지지원법」
터. 「발달장애인 권리보장 및 지원에 관한 법률」
퍼. 「청소년복지지원법」

2) 사회복지사업운영의 기본 / 포괄 법체계

사회복지사업은 인간이 생애주기적으로 겪을 수 있는 위험과 사고로 인한 고통을 경감하는 차원에서 특별한 사회복지서비스욕구가 있는 취약계층을 대상으로 기초생활보장과 사회서비스를 제공하는 것을 목적으로 한다. 따라서 사회복지사업은 주로 사회복지서비스 욕구를 가진 사회복지대상자에 따라 개별적 법제에 근거하여 추진되고 있으나 「사회보장기본법」이나 「사회복지사업법」은 사회복지사업의 기본법으로서의 근거를 가지고 있다. 다만, 「사회복지사업법」에서 규정하고 있는 일부 개별 법률은 다양한 사회복지대상자들을 지원하는 근거법률로서의 성격을 가지고 있다.

아울러 「국민기초생활보장법」, 「긴급복지지원법」, 「의료급여법」은 중앙정부나 지방정부가 주체가 되어 다양한 취약계층을 대상으로 포괄적으로 지원하는 법적 근거가 되고 있으며, 「사회복지공동모금회법」, 「식품 등 기부활성화에 관한 법률」 등은 사회복지법인형태의 사회복지공동모금회와 사회복지협의회가 아동 · 노인 · 장애인 등의 다양한 취약계층을 대상으로 포괄적으로 지원하는 법률적 근거가 되고 있다.

3) 사회복지사업운영의 개별 법체계

「사회복지사업법」상에서 규정하고 있는 법제적 범위는 향후에도 사회복지정책의 확대에 따라 지속적으로 확대될 전망이며, 기존의 「사회복지사업법」에서 제시되고 있는 27종의 법률 중에서 사회복지대상자별 혹은 시설별 지원 근거가 되고 있는 법률들을 사회복지사업 분야별로 정리해보면 다음과 같다.

① 아동복지사업과 영유아보육사업 관련법으로는 「아동복지법」, 「입양특례법」, 「영유아보육법」을 들 수 있다.

② 노인복지사업과 장애인복지사업 관련법으로는 「노인복지법」, 「장애인복지법」, 「장애인노인임산부 등의 편의증진보장에 관한 법률」, 「농어촌주민의 보건복지증진을 위한 특별법」 등을 들 수 있다.

③ 가족복지사업 관련법으로는 「한부모가족지원법」, 「다문화가족지원법」 등을 들 수 있다.

④ 성매매방지, 성폭력 · 가정폭력방지사업 관련법으로는 「성매매방지 및 피해자보

호 등에 관한 법률」, 「성폭력방지 및 피해자보호 등에 관한 법률」, 「가정폭력방지 및 피해자보호 등에 관한 법률」 등을 들 수 있다.

⑤ 정신건강증진사업 관련법으로는 「정신건강증진 및 정신질환자 복지서비스지원에 관한 법률」, 기타 사회복지사업 관련법으로는 「일제하일본군위안부피해자에 대한 생활안정지원 및 기념사업 등에 관한 법률」, 「청소년복지원법」 등의 다수 법률을 들 수 있다.

2. 사회복지사업운영의 기본 / 포괄법제

1) 사회복지사업운영의 기본법제

(1) 사회보장기본법

1995년 12월 30일에 제정된 「사회보장기본법」은 1963년 제정된 「사회보장에 관한 법률」을 폐지하고 우리나라의 경제 · 사회의 발전수준과 국민의 복지욕구에 부합하는 사회보장제도를 확립하여 국민복지의 증진을 도모하기 위한 것이었다. 즉 「사회보장기본법」에서는 사회보장의 범주를 "사회보험 · 공공부조 · 사회복지서비스 및 관련복지제도"[1)]로 규정하고 이러한 제도를 통하여 사회복지대상자는 물론 국민전체의 복지증진 토대를 제공하는 기본 법제로서의 기능을 하고 있는 것으로 볼 수 있다.

당시 제정법률에서 사회복지사업의 기본적 근거가 되는 주요내용을 정리해보면 다음과 같다. 첫째, 모든 국민이 인간다운 생활을 할 수 있도록 최저생활을 보장하고 사회공동체의 참여가 가능하도록 개개인의 생활의 수준을 향상시킴으로써 복지사회를 실현하는 것을 사회보장제도의 기본이념으로 한다. 둘째, 사회보장에 대한 국가 및 지방자치단체의 책임 · 역할 및 비용부담을 명시하고, 민간부문이 적극적으로 참여할 수 있는 여건을 조성하도록 하여 사회복지의 증진을 도모한다. 셋째, 국가는 국민이 건강하고 문화적인 생활을 보장받도록 노력하여야 하며, 최저생계비와 최저임금을 참작하여 사회보장 급여수준을 정하도록 한다. 넷째, 사회보장의 급여를 받을 권리의 양도 ·

1) 2013. 1. 27에 전부 개정된 「사회보장기본법」에서는 사회보장의 범주를 '사회보험 · 공공부조 · 사회서비스'로 규정하고 있다.

담보 · 압류를 금지하고, 동 권리의 제한 또는 정지는 관계법령이 정하는 바에 의하여 그 제한 또는 정지의 목적에 필요한 최소한의 범위에 그치도록 함으로써 동 권리를 보호하도록 한다. 다섯째, 사회보장에 관한 주요시책을 심의하기 위하여 국무총리를 위원장으로 하는 사회보장심의위원회를 설치 · 운영하도록 하고, 보건복지부장관은 사회보장의 증진을 위하여 사회보장심의위원회(현, 사회보장위원회)의 심의를 거쳐 5년마다 장기발전방향을 수립하며, 관계중앙행정기관의 장 및 시 · 도지사는 동 방향에 따른 연도별 추진방안을 수립하도록 한다. 여섯째, 보편성, 형평성, 민주성, 제도적 연계성, 전문성을 사회보장제도의 기본적인 운영원칙으로 하며, 사회보장에 관련된 분야에는 전문인을 우선적으로 배치하도록 한다. 일곱째, 국가 또는 지방자치단체는 사회보장 전달체계를 지역적 균등분포, 원활한 업무조정, 국민의 이용상 용이성을 갖게 마련하도록 한다는 규정을 두었다.

(2) 사회복지사업법

1970년 1월 1일에 제정된 「사회복지사업법」의 제정목적은 사회복지사업에 관한 기본적인 사항을 규정하여 그 공정한 운영을 기함으로써 사회복지의 증진을 도모하려는 것이었다. 따라서 사회복지사업의 범주와 운영주체로 사회복지법인에 대한 규정을 두고 이들이 사회복지시설을 운영할 수 있도록 하는 근거를 마련하였다.

당시 제정법률에서 사회복지사업과 관련된 주요내용을 보면 다음과 같이 정리할 수 있다. 첫째, 이 법에서 규정하는 '사회복지사업'의 범주에는 「생활보호법」에 의한 각종 보호사업 및 복지시설의 운영을 목적으로 하는 사업, 「아동복리법」에 의한 각종 복지사업 및 복지시설의 운영을 목적으로 하는 사업, 「윤락행위등방지법」에 의한 각종 선도사업 및 복지시설의 운영을 목적으로 하는 사업, 사회복지상담 · 재해구호 · 부랑인선도 · 직업보도 · 노인휴양 · 인보무료숙박 · 나완치자사회복귀사업 등 각종 복지사업 및 복지시설의 운영 등을 목적으로 하는 사업이 포함된다. 둘째, "사회복지법인이라 함은 사회복지사업을 행할 것을 목적으로 설립된 법인 또는 그 연합체를 말하며, 사회복지시설이라 함은 사회복지사업을 행할 것을 목적으로 설치된 시설을 말한다."라고 규정하여 민간 사회복지운영주체인 '사회복지법인'과 사회복지사업현장인 '사회복지시설'에 대한 정의를 하고 있다.

그리고 개정된 현행법률에서의 주요내용을 보면, 사회복지사업의 범주가 급속하게 확대되었으며, 사회복지사업의 증진을 위하여 사회복지사업의 운영주체도 법인 이외에 개인도 포함하고 있는데, 다음과 같은 주요내용을 제시할 수 있다. 첫째, 사회복지사업에 관한 중요사항과 지역사회보장계획을 심의 또는 건의하기 위하여 특별시 · 광역시 · 도에 사회보장위원회를 둔다. 둘째, 국가는 국민의 사회복지에 대한 이해를 증진하고 사회복지사업 종사자의 활동을 장려하기 위하여 매년 9월 7일을 '사회복지의 날'로 하고(2000.1.12 개정) 사회복지의 날부터 1주간을 '사회복지주간'으로 한다. 셋째, 2003년 7월 30일에는 사회복지시설에 대한 규정에서 기존의 시설복지서비스가 아닌 재가복지서비스 부문이 새롭게 포함되었다. 넷째, 1999년 4월 30일에는 사회복지시설 평가에 대한 규정이 신설되었다.

2) 사회복지사업운영의 포괄법제

(1) 국민기초생활보장법

1999년 9월 7일 제정된 「국민기초생활보장법」은 생활이 어려운 자에게 필요한 급여를 행하여 이들의 최저생활을 보장하고 자활을 조성하는 것을 목적으로 한다. 한편 이 법이 제정되기 이전의 법률인 「생활보호법」은 1961년 12월 30일에 제정된 후 1962년부터 38년간 시행되다가 이 법의 제정으로 폐지되었다.

국민기초생활보장법령에서 사회복지사업과 관련된 주요내용을 보면 다음과 같이 크게 생활보장 부문과 자활촉진 부문으로 구성되어 있다.

우선 생활보장 부문에서는 첫째, 보건복지부장관과 시 · 도지사는 수급자를 각각 국가 또는 당해 지방자치단체가 경영하는 보장시설에 입소하게 하거나 다른 보장시설에 위탁하여 급여를 행할 수 있다. 이 법에서 보장시설이라 함은 「사회복지사업법」에 의한 사회복지시설로서 대통령령이 정하는 시설을 말한다. 둘째, 보장시설의 장은 보장기관(국가 또는 지방자치단체)으로부터 수급자에 대한 급여를 위탁받은 때에는 정당한 사유 없이 이를 거부하여서는 아니 된다. 셋째, 국가 또는 시 · 도가 직접 행하는 보장업무에 소요되는 비용은 국가 또는 당해 시 · 도가 부담한다.

그리고 자활촉진 부문에서는 첫째, 국가는 중앙, 광역, 지역자활센터를 둘 수 있고, 보장기관은 수급자 및 차상위자의 자활촉진사업을 수행하게 하기 위하여 사회복지법인 등 비영리법인과 단체 등의 신청을 받아 지역자활센터로 지정할 수 있다. 둘째, 정부는 자활센터의 설치 및 운영에 필요한 경비의 전부 또는 일부를 보조할 수 있다. 셋째, 수급자 및 차상위자는 상호 협력하여 자활공동체를 설립 · 운영할 수 있다.

(2) 긴급복지지원법

2005년 12월 23일에 제정된 「긴급복지지원법」의 목적은 경제 양극화 및 이혼 증가 등 사회변화 속에서 소득상실, 질병과 같이 갑작스러운 위기상황이 발생한 경우 누구든지 손쉽게 도움을 청하고 필요한 지원을 받을 수 있는 제도를 마련하기 위하여 지역사회의 각종 복지지원을 활용하여 위기상황에 처한 자를 조기에 찾을 수 있는 체계를 갖추고 이들에게 필요한 지원을 신속하게 실시하며 기존의 공공부조제도나 사회복지서비스와 연계되도록 하려는 것이었다.

긴급복지지원법령에서 사회복지사업과 관련된 주요내용을 보면 다음과 같다. 첫째, 긴급지원기관은 긴급지원대상자의 거주지를 관할하는 시장 · 군수 · 구청장이 되며, 보건복지부장관은 위기상황에 처한 자에게 상담 · 정보제공 및 유관기관 · 단체 등과의 연계서비스를 제공하기 위하여 담당기구를 설치 · 운영할 수 있다. 둘째, 보건복지부장관은 긴급지원사업을 원활하게 수행하기 위하여 대한적십자사, 사회복지공동모금회 등 민간의 긴급지원 관련기관 · 단체가 참여하는 협의회를 설치 · 운영할 수 있다. 셋째, 시장 · 군수 · 구청장은 긴급지원사업을 원활하게 수행하기 위하여 지역사회복지협의체를 통하여 사회복지 · 보건의료 관련기관 · 단체 간의 연계 · 협력을 강화하여야 한다.

(3) 의료급여법

「의료급여법」은 「생활보호법」에 근거하여 시행되어왔던 의료보호급여가 1977년 12월 31일에 「의료보호법」으로 신규 제정된 후 시행되어오다가 국민기초생활보장제도 시행과 더불어 2001년 5월 24일에 전부개정된 명칭이다. 의료급여수급자는 사회복지시설이나 지역사회 내에 거주하는 「국민기초생활보장법」에 의한 수급자 이외에도 「재해구호법」에 의한 이재민 등의 다양한 대상자가 있으며, 수급권자에 대하여는 대통령령이 정하는 바에 따라 이를 구분하여 의료급여의 내용 및 기준을 달리할 수 있다. 급여비용은 대통령령이 정하는 바에 따라 그 전부 또는 일부를 의료급여기금에서 부담

한다. 급여비용의 일부를 의료급여기금에서 부담하는 경우에 그 나머지 급여비용에 대하여는 수급권자 또는 그 부양의무자의 신청에 따라 의료급여기금에서 이를 대불할 수 있다.

(4) 사회복지공동모금회법

1997년 3월 27일에 제정된 「사회복지공동모금법」이 1999년 3월 31일에 전부개정된 「사회복지공동모금회법」은 사회복지공동모금회의 공동모금을 통하여 사회복지에 대한 국민의 이해와 참여를 제고함과 아울러 국민의 자발적인 성금으로 조성된 재원을 효율적이고 공정하게 관리 · 운용함으로써 사회복지증진에 이바지함을 목적으로 한다.

사회복지공동모금회법령에서 사회복지사업과 관련된 주요내용을 보면 다음과 같다. 첫째, 모금회에 지역단위의 사회복지공동모금사업을 관장하기 위하여 특별시·광역시 · 도에 사회복지공동모금지회를 둔다. 둘째, 모금회는 사회복지사업 기타 사회복지활동의 지원을 위하여 연중 기부금품을 모집 · 접수할 수 있고, 효율적인 모금을 위하여 일정한 기간을 정하여 집중모금을 실시할 수 있다. 셋째, 지회에서 조성한 공동모금재원은 당해 시 · 도의 배분대상자에게 배분하는 것을 원칙으로 하며, 공동모금재원은 사회복지사업 기타 사회복지활동에 사용한다. 넷째, 모금회는 사회복지사업 그 밖의 사회복지활동 등을 지원하기 위한 재원의 조성을 위하여 복권을 발행할 수 있다. 다섯째, 기부금품모집과 모금회의 관리 · 운영에 필요한 비용은 당해 회계연도 모금총액의 100분의 10 범위 내에서 이사회의 의결을 거쳐 사용할 수 있다.

(5) 식품 등 기부활성화에 관한 법률

2006년 3월 24일에 제정된 「식품기부활성화에 관한 법률」이 2016년 2월 3일에 「식품 등 기부활성화에 관한 법률」로 개정이 되었는데, 이 법률은 식품 및 생활용품의 기부를 활성화하고 기부된 식품 등을 생활이 어려운 자에게 지원함으로써 사회복지의 증진 및 사회공동체문화의 확산에 이바지함을 목적으로 한다.

「식품 등 기부활성화에 관한 법률」에서 사회복지사업과 관련된 주요내용을 보면 다음과 같다. 첫째, 기부식품 등의 모집 · 관리 및 제공, 식품 및 생활용품 기부를 활성화하기 위한 홍보 등 기부식품 등의 제공사업을 계속적으로 영위하는 사업자로서 사업 규모가 일정 기준에 해당하는 자는 사업장 소재지를 관할하는 시장·군수·구청장에게 신고하도록 하였다. 둘째, 국가 및 지방자치단체는 식품 등 기부 및 기부식품제공사업을 지원·장려하기 위하여 필요한 시책을 강구하고, 기부식품 제공자 또는 사업자에게 기부식품제공사업에 필요한 경비의 일부를 보조할 수 있도록 하였다. 셋째, 기부식품 제공자 등에게 고의 또는 중대한 과실이 있는 경우 등을 제외하고는 기부식품을 취식하여 이용자가 피해를 입은 때에도 민사상 책임을 지지 아니하고, 기부식품의 취식으로 인하여 이용자가 사상에 이른 때에는 제공자 등에게 중대한 과실이 없는 때에는 그 정상을 참작하여 형을 감면할 수 있도록 하였다. 넷째, 사업자는 제공된 식품의 취식으로 인하여 이용자의 생명·신체에 발생한 손해를 보상하기 위하여 손해보험에 가입하여야 한다. 이 경우 국가 및 지방자치단체는 보험료의 일부 또는 전부를 보조할 수 있다.

3. 사회복지사업운영의 개별법제

1) 아동복지 / 영유아보육사업 관련법

(1) 아동복지법

일제강점기의 「조선감화령(1923.9, 제령 제12호)」을 폐지하고, 1961년 12월 30일에 제정된 「아동복리법」은 아동이 그 보호자로부터 유실, 유기 또는 이탈되었을 경우, 그 보호자가 아동을 양육하기에 부적당하거나 양육할 수 없는 경우 또는 아동의 건전한 출생을 기할 수 없는 경우에 아동이 건전하고 행복하게 육성되도록 그 복리를 보장하려는 목적이었다. 그리고 재단법인이 아동복리시설을 설치하는 경우는 서울특별시장이나 도지사의 허가를 받도록 하고, 국가와 지방자치단체도 아동복리시설을 설치할 수 있도록 하였다.

현행 법률 명칭인 「아동복지법」은 「아동복리법」이 구호적 성격의 복지제공에 중점을 두고 있어 그동안의 경제·사회의 발전에 따라 발생한 사회적 복지요구에 부응하지 못하고 있었으므로 요보호아동뿐만 아니라 일반아동을 포함한 전체아동의 복지를 보장하고, 특히 유아기에 있어서의 기본적 인격·특성과 능력개발을 조장하기 위한 여건을 조성할 수 있도록 하려는 목적에서 1981년 4월 13일에 전부 개정하였다.

당시 제정법령에서 아동복지사업과 관련된 주요내용을 보면 다음과 같다. 첫째, 새마을부녀회직영 어린이집 등 무료탁아시설은 법인 이외의 자도 신고만으로 그 시설을 설치·운영할 수 있도록 하였다. 둘째, 아동복지시설에는 일정한 자격을 가진 아동복지시설종사자를 두도록 하였다. 아동보호비용 징수권자의 범위에 아동복지시설의 장을 추가하고 그 비용의 징수는 도지사의 승인을 얻도록 하였다. 셋째, 아동복지증진을 위하여 아동복지시설을 설치한 법인에 대하여 국·공유재산을 무상대여할 수 있도록 하였다.

(2) 입양특례법

1976년 12월 31일에 제정된 「입양특례법」은 보호시설에 수용되어 있는 불우아동의 입양절차를 간소화하고 양자로 된 자는 양친의 성과 본을 따르게 하는 등 민법에 대한 특례를 정하는 동시에 1961년에 제정되었던 「고아입양특례법」에 의한 국외입양의 추진에 있어서의 미비점을 보완하여 이를 이 법에 흡수 · 규정함으로써 당해 불우아동의 국내외 입양을 촉진하고, 양자로 되는 자의 안전과 복리증진을 도모하려는 것이 목적이었다.

그리고 1995년 1월 5일에 전부 개정된 「입양촉진 및 절차에 관한 특례법률」에서의 입양사업과 관련된 주요내용을 보면 다음과 같다. 첫째, 입양아동의 건전한 양육을 위하여 양부모의 자격요건에 가정이 화목하고 정신적 · 신체적으로 양자를 부양함에 현저한 장애가 없을 것을 명시하여 추가하였다. 둘째, 입양기관의 장은 양부모에 대한 사전교육과 입양 후 적응상태에 대한 사후관리를 실시하도록 함으로써 국내입양의 내실화를 기하였다. 셋째, 특별시장 · 광역시장 · 도지사 또는 시장 · 군수 · 구청장은 장애로 인하여 입양기관에서의 입양알선이 곤란하거나 파양된 아동에 대하여는 아동보호시설에의 입소 등 필요한 보호조치를 행하도록 하였다. 넷째, 보건사회부장관은 입양될 아동이 미아 등인 경우에는 국외입양을 위한 해외이주허가를 제한하여 국외입양에 신중을 기하도록 하였다. 다섯째, 입양기관의 알선을 받아 장애아동을 입양하는 가정에 대하여 양육보조금을 지급할 수 있도록 하여 국내입양의 활성화를 도모하였다.

한편, 「입양촉진 및 절차에 관한 특례법률」은 법률 제11007호로 2011년 8월 4일에 「입양특례법」으로 또다시 전부 개정되었다.

(3) 영유아보육법

1991년 1월 14일에 제정된 「영유아보육법」은 영유아의 심신을 보호하고 건전하게 교육하여 건강한 사회구성원으로 육성함과 아울러 보호자의 경제적 · 사회적 활동이 원활하게 이루어지도록 함으로써 가정복지증진에 이바지함을 목적으로 제정되었다. 법을 제정한 1990년대는 지속된 산업화에 따른 여성의 사회참여 증가 및 가족구조의 핵가족화에 의한 탁아수요의 급증하였고, 기존의 「아동복지법」에 의해 실시해온 탁아사업은 시설 설립주체의 제한으로 보육사업 확대가 곤란하였으며, 관장부처의 다원화로 체계적이고 효율적인 보육사업 추진 등에 문제점이 있었다. 따라서 영유아의 보호와 교육에 관한 별도의 입법을 통하여 어린이집의 조속한 확대 및 체계화로 아동의 건전한 보호 · 교육 및 보육자의 경제적 · 사회적 활동의 지원을 통하여 가정복지증진을 도모하려는 것이었다.

당시 제정법령에서 영유아보육사업과 관련된 주요내용을 보면 다음과 같다. 첫째, 영유아보육시설의 종류는 그 설립주체에 따라 국 · 공립보육시설, 민간보육시설, 직장보육시설, 가정보육시설로 구분하였다. 둘째, 유치원이나 미술학원 등에도 시설을 갖추면 보육시설을 병설할 수 있도록 하였다. 셋째, 대통령령이 정하는 일정규모 이상의 사업장의 사업주는 보육시설을 설치 · 운영하도록 하였다. 넷째, 보육시설의 입소대상은 6세 미만의 취학전 아동을 원칙으로 하되, 보건사회부장관, 시 · 도지사 또는 시장 · 군수 · 구청장은 중앙보육위원회 및 지방보육위원회의 의결을 거쳐 입소대상연령을 연장 가능하도록 하였다. 다섯째, 국가 또는 지방자치단체와 사회복지법인 기타 비영리법인이 설치한 보육시설과 대통령령이 정하는 보육시설의 장은 저소득층자녀를 보육시설에 우선입소를 시키도록 하였다. 여섯째, 영유아의 보호 · 교육에 필요한 비용은 보호자가 부담하는 것을 원칙으로 하되, 저소득층자녀의 보육에 필요한 비용은 국가 또는 지방자치단체가 전부 또는 일부를 부담하도록 하였다. 일곱째, 국가 또는 지방자치단체는 대통령령이 정하는 바에 의하여 보육시설의 설치 및 운영에 소요되는 비용을 보조하도록 하였다.

2) 노인복지 / 장애인복지사업 관련법

(1) 노인복지법

1981년 6월 5일에 제정된 「노인복지법」의 제정목적은 의약기술의 발달과 문화생활의 향상으로 평균수명이 연장되어 노인인구수가 크게 증가하는 한편 산업화, 도시화, 핵가족화의 진전에 따라 노인문제가 점차 큰 사회문제로 대두되고 있음에 대처하기 위한 것이었다. 즉 우리 사회의 전통적 가족제도에 연유하고 있는 경로효친의 미풍양속을 유지 · 발전시켜 나아가는 한편, 노인을 위한 건강보호와 복지시설의 제공 등 노인복지시책을 효과적으로 추진함으로써 노인의 안락한 생활을 북돋워 주며 나아가 사회복지의 증진에 기여하려는 것이었다.

당시 제정법령에서 노인복지사업과 관련된 주요내용을 보면 다음과 같다. 첫째, 노인복지시설을 양로시설 · 노인요양시설 · 유료양로시설 및 노인복지센터 등으로 구분하고 양로시설 및 노인요양시설은 무료와 실비시설로 구분하였다. 둘째, 국가 또는 지방자치단체는 노인복지시설을 설치할 수 있도록 하고 사회복지법인 기타 비영리법인은 도지사의 허가를 받아 노인복지시설을 설치할 수 있도록 하였다. 셋째, 국가 또는 지방자치단체는 노인복지시설에 대하여 그 설치 또는 운영에 필요한 비용을 보조할 수 있도록 하였다.

(2) 장애인복지법

1981년 6월 5일에 제정된 「심신장애자복지법」은 산업화 · 도시화 추세에 따른 생활환경의 변화로 심신장애자의 수가 증가하고, 이들의 복지욕구도 크게 증대되고 있음에 대처하기 위한 것이었다. 즉 심신장애의 발생예방과 심신장애자의 의료 · 직업재활 및 생활보호 등 복지시책을 효과적으로 추진함으로써 장애자의 재활 · 자립과 그 가족의 정상적인 경제 · 사회활동을 도와주며, 나아가 사회복지의 증진에 기여하려는 것이 목적이었다.

그리고 1989년 12월 30일에 전부개정된 현행 「장애인복지법」은 장애인대책에 관한 국가, 지방자치단체 등의 책무를 명백히 하고, 장애발생의 예방과 장애인의 의료 · 훈련 · 보호 · 교육 · 고용의 증진 · 수당의 지급 등 장애인복지대책의 기본이 되는 사업을 정함으로써 장애인복지대책의 종합적 추진을 도모하며, 장애인의 자립 및 보호에 관하여 필요한 사항을 정함으로써 장애인의 생활안정에 기여하는 등 장애인의 복지증진에 기여함을 목적으로 한다.

당시 장애인복지법령에서 장애인복지사업과 관련된 주요내용을 보면 다음과 같다. 첫째, 국가 또는 지방자치단체는 장애인복지시설을 설치할 수 있고, 사회복지법인 기타 비영리법인은 시 · 도지사의 허가를 받아 장애인복지시설을 설치할 수 있다. 둘째, 국가 또는 지방자치단체는 대통령령이 정하는 바에 의하여 장애인복지시설의 설치 또는 운영에 필요한 비용을 보조할 수 있다. 셋째, 장애인 유료복지시설 이외의 장애인복지시설을 설치한 법인은 그 시설에 입소 · 통원하거나 그 시설을 이용하는 자로부터 그에 소요되는 비용을 수납하고자 할 때에는 시 · 도지사의 승인을 얻어야 한다.

(3) 장애인·노인·임산부 등의 편의증진보장에 관한 법률

1997년 4월 10일에 제정된 「장애인 · 노인 · 임산부 등의 편의증진보장에 관한 법률」은 장애인 · 노인 · 임산부 등이 생활을 영위함에 있어 안전하고 편리하게 시설 및 설비를 이용하고 정보에 용이하게 접근하도록 함으로써 이들의 사회활동 참여와 복지증진을 도모하려는 것이 목적이었다.

당시 제정법령에서 장애인 · 노인 · 임산부 등의 편의증진사업에 관련된 주요내용을 보면 다음과 같다. 첫째, 편의시설을 설치하여야 하는 대상시설을 도로 · 공원 · 공공건물 · 공중이용시설 · 공동주택 · 교통수단 · 통신시설 등으로서 대통령령이 정하는 시설로 하고 편의시설의 종류는 대통령령으로, 그 세부적인 설치기준은 보건복지부령으로 정하도록 하였다. 둘째, 편의시설의 설치 및 운영에 관하여 지도 · 감독을 행하는 중앙행정기관장과 시 · 도지사 및 시장 · 군수 · 구청장은 편의시설 실태조사를 실시하고, 편의시설 설치 촉진을 위하여 소관 대상시설에 대한 편의시설설치계획을 수립 · 시행하도록 하였다. 셋째, 국가 및 지방자치단체는 민간의 편의시설 설치 지원을 위하여 금융 · 기술지원 등 필요한 조치를 취하고 민간의 편의시설 설치비용에 대하여는 조세관계법령이 정하는 바에 따라 조세감면을 하도록 하였다. 넷째, 시설주는 구조적으로 세부기준에 따른 편의시설 설치가 곤란한 대상시설에 대하여 세부기준을 완화한 별도의 기준을 정하고 시설주관기관의 승인을 얻어 적용할 수 있도록 하였다.

(4) 농어촌주민의 보건복지증진을 위한 특별법

2004년 1월 29일에 제정된 「농어촌주민의 보건복지증진을 위한 특별법」은 농어촌에 대하여 보건의료기반의 조성 및 사회복지증진에 관한 체계적인 지원책을 마련하여 농어촌주민의 보건복지증진을 도모하려는 것이었다.

당시 제정법령에서 농어촌주민의 보건복지사업과 관련된 주요내용을 보면 다음과 같다. 첫째, 농어촌에 있는 국가지방자치단체 또는 공공단체가 설립 · 운영하는 공공보건의료기관에 인력 · 시설 및 장비를 우선적으로 지원하고, 보건진료소를 통합하거나 폐지하고자 하는 경우에는 해당 농어촌주민의 의견을 수렴하도록 하여 보건의료정책의 결정과정에서 절차적 민주성을 확보하도록 하였다. 둘째, 농어촌에 있는 노인 · 장애인시설 등의 개선을 위하여 우선적으로 재정지원을 하도록 하고, 노인을 부양하고 있는 저소득층 농어민가구에 대하여 간병비용 또는 물품 등을 지원함으로써 살기 좋은 농어촌 여건을 조성하도록 하였다.

3) 한부모가족복지 / 다문화가족복지사업 관련법

(1) 한부모가족지원법

1989년 4월 1일에 제정된 「모자복지법」은 모자가정이 건강하고 문화적인 생활을 영위할 수 있게 함으로써 모자가정의 생활안정과 복지증진에 기여함을 목적으로 하였다. 2002년 12월 18일에 「모부자복지법」으로 개정한 이유는 「모자복지법」이 배우자를 상실한 여성, 노동능력을 상실한 배우자를 가진 여성, 미혼여성, 기타 보건복지부령이 정하는 여성이 세대주인 모자가정에 대해서만 국가 등이 경제적 · 사회적 지원을 하도록 규정한 것을 같은 조건의 남성이 세대주인 부자가정에 대하여도 지원하도록 하려는 것이었다. 그리고 2007년 10월 17일에 법제명을 「한부모가족지원법」으로 변경한 것은 65세 이상의 고령자들과 손자녀로 구성되어 있는 조손가족의 경우도 이 법에 따른 보호대상자로 함으로써 조손가족의 생활안정과 복지증진을 도모하고자 하는 목적이었다.

당시 제정법령에서 한부모가족복지사업과 관련된 주요내용을 보면 다음과 같다. 첫째, 국가나 지방자치단체가 운영하는 공공시설의 장은 그 공공시설에 각종 매점 및 시설의 설치를 허가하는 경우 이를 한부모가족 또는 한부모가족복지단체에 우선적으로 허가할 수 있다. 둘째, 국가나 지방자치단체는 한부모가족의 아동이 공공의 아동편의시설과 그 밖의 공공시설을 우선적으로 이용할 수 있도록 노력하여야 한다. 셋째, 국가나 지방자치단체는 한부모가족복지시설을 설치할 수 있으며, 국가나 지방자치단체 외의 자가 한부모가족복지시설을 설치 · 운영하려면 시장 · 군수 · 구청장에게 신고하여야 한다. 넷째, 국가나 지방자치단체는 대통령령으로 정하는 바에 따라 한부모가족복지사업에 드는 비용을 보조할 수 있다.

(2) 다문화가족지원법

2008년 3월 21일에 제정된 「다문화가족지원법」은 결혼이민자 및 그 자녀 등으로 구성되는 다문화가족이 언어 및 문화적 차이로 인하여 사회부적응과 가족구성원 간 갈등 및 자녀교육에 어려움을 겪고 있음에 대처하기 위한 것이었다. 즉 다문화가족의 구성원이 우리 사회의 구성원으로 순조롭게 통합되어 안정적인 가족생활을 영위할 수 있도록 하기 위한 가족상담 · 부부교육 · 부모교육 및 가족생활교육 등을 추진하고, 문화의 차이 등을 고려한 언어통역, 법률상담 및 행정지원 등의 전문적인 서비스를 제공하도록 하는 등 다문화가족에 대한 지원정책의 제도적인 틀을 마련하려는 것이었다.

당시 제정법령에서 다문화가족복지사업과 관련된 주요내용을 보면 다음과 같다. 첫째, 다문화가족 지원 정책의 시행을 위하여 필요한 경우에는 다문화가족 지원에 필요한 전문인력과 시설을 갖춘 법인이나 단체를 다문화가족지원센터로 지정할 수 있다. 둘째, 국가와 지방자치단체는 다문화가족 지원 사업을 수행하는 단체나 개인에 대하여 필요한 비용의 전부 또는 일부를 보조하거나 그 업무수행에 필요한 행정적 지원을 할 수 있다. 셋째, 국가와 지방자치단체는 가정폭력의 피해를 입은 결혼이민자 등에 대한 보호 및 지원을 위하여 외국어 통역 서비스를 갖춘 가정폭력피해 상담소 및 보호시설의 설치를 확대하도록 노력하여야 한다.

4) 성매매 / 성폭력 · 가정폭력방지사업 관련법

(1) 성매매방지 및 피해자보호 등에 관한 법률

2004년 3월 22일에 제정된 「성매매방지 및 피해자보호 등에 관한 법률」은 성매매된 자 및 성을 파는 행위를 한 자의 사회복귀를 돕기 위하여 지원시설 및 상담소의 설치 및 운영을 활성화하고, 이용자의 의사에 따라 지원시설 및 상담소에서 제공하는 의료지원 · 취업교육 및 법률지원 등을 자유롭게 이용할 수 있도록 하여 원활한 사회복귀와 성매매행위의 재발을 방지하도록 하려는 것이었다.

당시 제정법령에서 성매매방지 및 피해자보호사업과 관련된 주요내용을 보면 다음과 같다. 첫째, 국가 또는 지방자치단체는 상담 및 현장방문, 성매매피해자구조 등의 업무를 수행하는 성매매피해상담소를 설치 · 운영할 수 있도록 하고, 국가 또는 지방자치단체 외의 자가 상담소를 설치 · 운영하고자 할 때에는 시장 · 군수 · 구청장에게 신고하도록 하였다. 둘째, 국가 또는 지방자치단체는 성매매피해자 등을 위한 지원시설을 설치 · 운영할 수 있도록 하고, 국가 또는 지방자치단체 외의 자가 지원시설을 설치 · 운영하고자 할 때에는 시장 · 군수 · 구청장에게 신고하도록 하였다. 셋째, 지원시설의 장은 입소자 또는 이용자의 인권을 최대한 보장하고, 입소자 및 이용자의 사회적응능력 등을 배양시킬 수 있는 상담 · 교육 · 정보제공 및 신변보호 등에 필요한 지원을 하며, 입소자의 건강관리를 위하여 건강진단 및 의료급여의 수급 등 필요한 조치를 하도록 하였다. 넷째, 국가 또는 지방자치단체는 지원시설 및 상담소의 설치 · 운영에 소요되는 비용을 보조할 수 있도록 하였다.

(2) 성폭력방지 및 피해자보호 등에 관한 법률

1994년 1월 5일 제정된 「성폭력범죄의 처벌 및 피해자보호 등에 관한 법률」은 성폭력범죄에 대한 처벌규정을 신설 또는 강화하기 위한 것이었다. 즉 성폭력범죄에 대하여는 수사 · 재판 등 사법처리절차에 있어서 특례를 인정하도록 하며 성폭력피해상담소 및 성폭력피해자보호시설을 설치 · 운영하도록 함으로써 특히 여성과 미성년자를 성폭력범죄의 위협으로부터 보호하고 건전한 사회질서를 확립하려는 것이었다. 그러나 보건복지부 주관의 「성폭력방지 및 피해자보호 등에 관한 법률」이 2010년 4월 15

일에 제정되어 성폭력방지 위주의 사업으로 전환하기에 이르렀다.

제정법령에서 성폭력방지 및 피해자보호사업과 관련된 주요내용을 보면 다음과 같다. 첫째, 국가 또는 지방자치단체는 성폭력피해상담소를 설치 · 운영할 수 있으며, 국가 또는 지방자치단체 외의 자가 상담소를 설치·운영하고자 할 때에는 시 · 도지사에게 신고하여야 한다. 둘째, 국가 또는 지방자치단체는 성폭력피해자보호시설을 설치 · 운영할 수 있으며, 사회복지법인 기타 비영리법인은 시 · 도지사의 허가를 받아 보호시설을 설치 · 운영할 수 있다. 셋째, 국가 또는 지방자치단체는 성폭력피해상담소 또는 보호시설의 설치 · 운영에 소요되는 경비를 보조할 수 있다.

(3) 가정폭력방지 및 피해자보호 등에 관한 법률

1997년 12월 31일에 제정된 「가정폭력방지 및 피해자보호 등에 관한 법률」은 가정 내의 폭력으로 인하여 가정이 파산되고 가정구성원이 신체적 · 정신적 피해를 당하고 있어 가정폭력을 예방하고 가정폭력으로 인한 피해자를 보호함으로써 건전한 가정을 육성하려는 것이 목적이었다.

당시 제정법령에서 가정폭력방지 및 피해자보호사업과 관련된 주요내용을 보면 다음과 같다. 첫째, 국가와 지방자치단체는 가정폭력상담소와 가정폭력피해자보호시설을 설치 · 운영할 수 있도록 하고, 민간이 설치 · 운영하는 가정폭력상담소는 신고제로 하는 한편 가정폭력피해자보호시설은 사회복지법인 기타 비영리법인이 인가를 받아 설치 · 운영할 수 있도록 하였다. 둘째, 의료기관은 가정폭력 피해자본인 · 가족 · 친지 또는 상담소나 보호시설의 장 등의 요청이 있는 경우 피해자에 대한 치료 · 상담 등을 실시하여야 하며, 이에 필요한 비용은 가정폭력을 행한 자가 부담하도록 하되, 다만, 가정폭력을 행한 자가 비용을 부담할 능력이 없는 때에는 국가 또는 지방자치단체가 이를 부담한 후 구상권(求償權)을 행사하도록 하였다. 셋째, 국가 또는 지방자치단체는 이 법에 의한 상담소 또는 보호시설의 설치 · 운영에 소요되는 경비의 일부를 보조할 수 있도록 하였다.

5) 정신건강증진 / 기타 사회복지사업 관련법

(1) 정신건강증진 및 정신질환자 복지서비스지원에 관한 법률

1995년 12월 30일에 제정된 「정신보건법」은 현대사회의 생활환경 변화로 인하여 정신질환자가 증가함에 따라 정신질환을 예방하고 정신질환자에 대한 효율적인 의료 및 사회복귀를 위하여 필요한 사항을 정함으로써 국민의 정신건강증진에 이바지하려는 것이 목적이었다. 한편 「정신보건법」은 2016년 5월 19일에 에 「정신건강증진 및 정신질환자 복지서비스지원에 관한 법률(약칭, 정신건강복지법)」으로 전부 개정되었다.

전부 개정된 법령에서 정신건강증진사업과 관련된 주요내용을 보면 다음과 같다. 첫째, 국가 또는 시 · 도지사는 정신병원을 설치 · 운영하도록 하고, 시 · 도지사에게 지역 내의 정신병원 또는 병원급 이상의 의료기관에 설치되어 있는 정신과를 지정 · 활용하게 함으로써 보건소와 함께 지역사회의 정신건강증진사업을 지원하는 등 지역 내의 정신질환자에 대하여 관리가 가능하도록 하였다. 둘째, 정신건강증진시설을 정신의료기관과 정신요양시설, 정신재활시설로 구분하고, 시설 · 장비 및 인력기준 등에 관한 근거규정을 마련하였다. 셋째, 정신재활시설의 설치를 목적으로 법인을 설립하고자 하는 자는 대통령령이 정하는 바에 의하여 보건복지부장관의 허가를 받도록 하였다. 넷째, 정신재활시설의 설치 · 운영자는 그 시설을 이용하는 자로부터 보건복지부장관이 정하여 고시하는 비용징수한도액의 범위 안에서 그에 소요되는 비용을 징수할 수 있다. 다섯째, 국가 또는 지방자치단체는 정신질환자 및 그 보호의무자의 경제적 부담을 경감하고 정신질환자의 지역사회재활을 촉진하기 위하여 의료비의 경감 · 보조 기타 필요한 지원을 할 수 있으며, 시설운영 및 정신질환자 진단과 치료에 소요되는 비용의 전부 또는 일부를 부담할 수 있다.

(2) 일제하 일본군위안부피해자에 대한 생활안정지원 및 기념사업 등에 관한 법률

1993년 6월 11일에 제정된 「일제하 일본군위안부피해자에 대한 생활안정지원 및 기념사업 등에 관한 법률」은 일제에 의하여 강제동원되어 일본군위안부로서의 생활을 강요당한 자에 대하여 국가가 인도주의정신에 입각하여 이들을 보호하고 지원함을 목적으로 한다.

당시 제정법령에서 주요내용을 보면 다음과 같다. 첫째, 일본군위안부생활안정지원심의위원회의 심의를 거쳐 적용대상자 여부를 결정하고, 이들에게는 생활보호와 의료보호를 하는 외에 생활안정지원금을 지급하도록 하며 무주택자에게 「주택건설촉진법」에 의하여 건설하는 임대주택을 우선임대하도록 하였다. 둘째, 생활안정지원금의 지급에 소요되는 비용은 국가가 부담하도록 하였다. 그러나 이 법의 취지가 적용대상자를 일제에 의하여 강제동원되어 일본군위안부생활을 한 자 중 생존자로 한다는 점에서 보면 「사회복지사업법」상의 개별 법률에 속하지만 사업영역은 극히 한정되는 특징이 있다.

Chapter 02

사회복지사업운영의 전문직 업무

1. 사회복지사업운영의 프로그램개발과 운영

1) 사회복지사업현장의 수준

사회복지전문직이 사회복지서비스를 실천하는 사회복지사업의 현장은 광의에서 사회복지사업별 분야 또는 영역을 의미한다. 그리고 협의에서는 사회복지대상자(클라이언트)의 주 호소문제 해결을 위해 사회복지사 등의 사회복지전문직과 자원봉사자들이 활동하는 장소인 해당 기관(시설)을 말한다.

광의의 사회복지사업현장은 사회복지실천에서의 특성과 개별 사회복지사업분야에서의 독특한 특성, 그리고 이 두 가지가 혼합된 특성을 가진다. 각각의 분야가 독특성을 가지기 때문에 단적으로 실천분야에 대한 특성을 말할 수는 없다. 이에 비하여 협의의 사회복지사업현장은 실천현장에서의 특성을 단적으로 표현하기에는 지나치게 다양하고 복잡하며 개별 시설별로 고유한 영역에서 이루어진다.

그리고 사회복지사업현장은 실천대상자(클라이언트)에 접근하는 수준과 사회복지실천방법에 따라 정의할 수도 있다. 실천대상자 수준에 따른 정의는 현장(field)의 개념을 미시적 수준, 거시적 수준, 중간적 수준의 대상(client)을 중심으로 규정하는 개념이다. 실천방법별 정의는 실천대상 수준과도 연관이 되는데, 사회복지임상실천, 사회복지정책실천, 사회복지서비스실천으로 광의적 개념에서 규정하는 것이다. 즉 미시적 수준은 사회복지임상실천에서 이루어지고, 거시적 수준은 사회복지정책실천에서 이루어진다.

그리고 중간적 수준은 사회복지서비스실천에서 이루어진다고 보는 것이다.

(1) 사회복지사업의 미시적 현장 수준

미시적 수준(micro level)의 사회복지사업현장은 개인과 가족을 대상으로 이들의 가장 친밀한 상호작용에 개입하는 사회복지전문직의 활동장소를 말한다. 이는 개인의 심리·사회적 상태, 부모와 자녀 사이의 관계, 부부 사이의 관계, 동료와의 관계, 기타 가족 구성원 상호간의 관계 등에 문제가 있을 경우, 전문사회복지사가 개입하여 클라이언트와 일대일로 만나 당면한 문제를 해결하는 직접 실천(임상)방식의 현장이다. 미시적 현장 수준에서의 사회복지전문직은 치료자, 조력자, 중개자, 옹호자, 교사 등의 역할을 수행한다.

(2) 사회복지사업의 거시적 현장 수준

거시적 수준(macro level)의 사회복지사업현장은 전체 사회, 지역사회 등을 대상으로 한 사회복지전문직의 활동장소를 말한다. 국가나 정부의 사회복지정책개발, 사회복지정책분석, 사회복지정책대안의 발굴 및 제시, 제안된 법안에 대한 분석 및 증언 등의 활동이 포함된다. 그리고 작게는 사회복지기관이나 조직의 행정체계 및 프로그램과 관련된 대안의 제시, 지역사회자원의 개발, 취약계층의 권익 옹호 등의 활동도 해당된다. 거시적 수준의 사회복지사업현장에서는 클라이언트를 직접 만나기보다는 특정 대상의 클라이언트를 정책수혜대상으로 삼고 정책적인 사회복지실천이 이루어지는 특징이 있다. 거시적 현장 수준에서의 사회복지전문직은 정책이나 프로그램계획가, 행동가, 현장개입가 등의 역할을 한다.

(3) 사회복지사업의 중간적 현장 수준

중간적 수준(mezzo level)의 사회복지사업현장은 말 그대로 미시와 거시적 수준의 중간 수준에서의 활동장소를 의미한다. 이는 친밀한 인간관계 문제해결이나 국가정책문제나 조직 또는 기관의 문제, 행정체계 및 기관들과의 상호작용에 관한 문제해결보다는 개인적인 삶의 질 향상에 의미 있는 상호관계 문제해결에 관여하는 특징이 있다. 즉 자조집단(self-help group) 및 치료집단(therapy group) 등의 소집단활동과 사회복귀를 목적으로 하는 이용시설과 거주시설의 사회복지대상자 집단에 대한 사회복지서비스실천이 여기에 포함된다. 중간적 현장 수준에서의 사회복지전문직은 촉진자, 중재자, 훈련가 등의 역할을 한다.

그러나 사회복지사업현장은 통상 사회복지기관(시설)을 의미하므로 거시적 실천이 이루어지는 사회복지정책 부문은 개념의 범주에서 제외하는 것이 일반적이다. 따라서 구체적인 사회복지사업현장의 개념화 범주에는 미시적 수준과 중간적 수준에서 사회복지대상자를 처우하는 사회복지사 등의 전문직이고 조직적인 실천현장의 대부분이 포함된다.

2) 사회복지사업운영의 현장 구분

(1) 기관(시설)의 기능과 목적에 따른 구분

① 일차현장(primary settings)

사회복지전문직이 중심이 되어 활동하는 실천현장을 말하는 일차현장은 기관(시설)의 일차적인 기능이 사회복지서비스의 직접제공을 위한 것을 목적으로 한다. 그러므로 일차현장은 주거복지서비스를 제공하는 형태에 따라 사회복지이용시설(종합사회복지관, 노인복지관, 장애인복지관 등)과 사회복지생활시설 혹은 사회복지거주시설(아동양육시설, 노인주거복지시설, 장애인거주시설, 노숙인거주시설 등)로 구분하는 것이 보편적인 분류방법이다.

그리고 이들 시설은 또다시 기관(시설)의 설립주체나 자금의 조달방식에 따라 공공기관(public agency)과 민간기관(private agency)으로 분류할 수 있다. 이러한 민간기관과 공공기관은 서비스를 간접 혹은 직접적으로 제공하는 방식에 따라 행정기관과 서비스기관으로 재분류하기도 한다.

② 이차현장(secondary settings)

이차현장은 사회복지전문기관은 아니지만 사회복지서비스가 기관운영과 서비스의 효과성에 미치는 긍정적인 영향으로 인해 사회복지전문직의 개입이 부분적으로 이루어지고 있는 실천현장을 말한다. 즉 기관의 일차적인 기능은 따로 있으며, 필요에 의해 사회복지서비스를 제공하게 되는 지방정부기관, 병원, 학교, 보건소, 교정시설, 군부대, 기업, 어린이집, 주거 및 의료복지시설 등이 있다. 이들 이차현장에서는 의료사회사업, 교정사회사업, 산업사회사업, 학교사회사업, 읍·면·동사무소 복지사업 등을 수행하게 된다.

(2) 사회복지서비스 제공방식에 따른 구분

① 간접 사회복지서비스 현장

1차 현장 중에서 공공기관과 민간기관을 구분하지 않고 간접적으로 서비스를 제공하는 경우에는 행정기관(administrative agency)으로 분류한다. 행정기관은 사회복지서비스 전달체계상의 문제점을 개선하고, 기획, 감독, 조정 등 체계의 효율적 발전을 목표로 하는 행정업무와 기관들 간의 연계, 협의 업무를 담당한다. 공공기관으로는 주로 중앙정부와 광역 지방정부의 사회복지부서 및 각종 사회복지분야 위원회가 해당되고, 민간기관으로는 사회복지협의회, 사회복지공동모금회, 사회복지사협회가 대표적이다.

② 직접 사회복지서비스 현장

1차 현장 중에서 공공기관과 민간기관을 구분하지 않고 직접적으로 서비스를 제공하는 경우에는 서비스기관(social service agency)으로 본다. 서비스기관은 클라이언트에게 직접적 서비스를 제공하는 것을 목적으로 하며, 주요 대상이나 문제영역에 따라 서비스분야를 나눈다. 아동복지분야, 노인복지분야, 여성 및 가족복지분야, 장애인복지 및 의료 및 보건분야, 정신건강증진분야, 소득보장 및 생활보장분야 등에서 직접서비스를 제공하는 기관들이 이에 해당된다. 공공기관으로는 기초자치단체인 시 · 군 · 구 및 읍 · 면 · 동사무소의 직접적 사회복지서비스부서가 있으며, 민간기관으로는 사회복지분야별 이용시설과 거주시설이 해당된다.

3) 사회복지사업현장의 프로그램 개발과 운영

「사회복지사업법」 시행령 제6조(사회복지사의 채용)의 제1항에서는 법 제13조제1항 본문에 따라 사회복지사업 현장(사회복지법인 또는 사회복지시설)을 설치 · 운영하는 자는 해당 법인 또는 시설에서 다음에 해당하는 업무에 종사하는 자를 사회복지사로 채용하여야 한다는 규정을 두고 있다.

가. 사회복지프로그램의 개발 및 운영업무
나. 시설거주자의 생활지도업무
다. 사회복지를 필요로 하는 사람에 대한 상담업무

그러므로 사회복지사업현장에서 업무를 수행해야 하는 사회복지사에게는 '사회복지프로그램의 개발 및 운영업무'가 첫 번째 과업이며, 기본이 되는 전문성임을 알 수 있다. 특히 사회복지사 중에서도 거시적 수준의 사회복지사업현장이라고 볼 수 있는 사회복지전담공무원을 제외한 미시적 수준과 중간적 수준의 민간 사회복지시설에서 업무를 수행하는 사회복지사에게는 프로그램개발과 운영업무가 중요하다. 그것도 생활시설(거주시설)이 아닌 지역사회복지관, 노인복지관, 장애인복지관 등의 이용시설에서는 더욱 그러하다. 이렇게 볼 때 미시적 수준과 중간적 수준의 사회복지사업현장에서 사회복지사들이 수행해야 할 프로그램은 사업의 유형들에 따라 다음과 같이 분류될 수 있다.

(1) 개별사회복지사업 프로그램

개별사회복지사업 프로그램은 사회복지사업현장에서 사회복지서비스실천을 위해 사회복지사가 클라이언트와 직접 대응하여 클라이언트 복지향상을 위해 활동하거나 이에 대한 준비 및 사후 활동이다. 개인 또는 사회문제에 직면해 있는 개인을 일대일로 만나 문제해결을 원조하는 활동에는 클라이언트로 하여금 주변 생활환경에 적응하도록 도움을 제공하여 개인에 영향을 미치는 사회, 경제적 결핍상태 완화시키는 목표를 가지고 있다.

개별사회복지실천 전문직으로는 개별사회복지사, 정신건강사회복지사, 사회복지전담공무원 등이 있으며 이들이 수행하는 심리상담, 정신건강증진업무, 생활보호업무, 자활보호업무 등에서 클라이언트와 사회복지사가 일대일 관계에서 사회복지적인 서비스를 제공하는 프로그램이 여기에 해당된다.

(2) 집단사회복지사업 프로그램

집단사회복지사업 프로그램은 유사한 경향이 있는 클라이언트에게 집단활동을 통해 개인의 지적, 정서적, 사회적 발달을 가져오도록 하는 것이 목표가 된다. 집단사회복지사업 전문직으로는 집단사회복지사, 정신건강사회복지사 등이 있으며 이들이 개별적 실천 활동이 아니라 집단적 실천 활동을 하게 되는 경우에 해당된다. 집단사회복지사업 프로그램에서 사회복지사의 역할은 유사한 경향을 가진 클라이언트들을 집단활동 프로그램을 통하여 집단의 역동성이나 응집성을 바탕으로 개인의 사회화 촉진, 정보교환, 문제대처방법의 교환, 비행예방, 잘못된 행동, 가치 등을 교정하는 집단치료과정을 수행하는 것이다.

즉 집단사회복지사, 정신건강사회복지사 등이 운영하는 집단치료 등의 집단사회사업 프로그램은 집단구성원 간의 상호작용과정이나 집단 내의 역동성을 활용해 개인이 갖고 있는 사회적, 행동적, 정서적 문제들이 해결되거나 경감될 수 있도록 촉진하는 방법이다.

(3) 가족사회복지사업 프로그램

가족사회복지사업 프로그램은 가족구성원들 간의 관계나 가족구성원의 행동 또는 정서, 심리상의 문제에 개입하여 문제해결 또는 경감시키기 위한 치료 프로그램을 말한다. 즉 가족을 하나의 역동적인 체계로 간주하고 가족구성원 개인이 나타내는 문제의 원인을 단순히 개인적 요인에서 찾지 않고, 가족구성원들 간의 상호작용, 관계양상에서 찾고자 하는 실천방법을 택한다. 그러므로 가족복지사업의 프로그램을 운영하는 사회복지사는 문제해결의 방향도 개인적 변화보다는 가족구성원 간 상호작용방식의 변화에 초점을 두고 실천하게 된다.

(4) 사례관리사업 프로그램

사례관리(case management)사업 프로그램은 복합적인 욕구나 문제를 가지고 있는 클라이언트(노인, 장애인, 아동 등)의 욕구에 신속정확하고 효율적이며 중복되지 않는 서비스를 제공받도록 하여 비용절감효과를 목적으로 하는 실천기법을 사용하는 프로그램이다. 즉 사회복지서비스 네트워크 내에서의 연계절차인 동시에 서비스 제공기관의 상호작용과정을 관리하는 방식을 말한다.

그러므로 사례관리사업 프로그램에서 사례관리자는 지역사회 내의 클라이언트에게 적절한 사회복지서비스를 용이하게 접근할 수 있도록 하는 동시에 서비스의 지속성을 관리하여 개인의 변화(직접 실천)와 함께 환경의 변화(간접 실천)를 가져오게 하려는 중개자, 옹호자, 협상자로서의 기술 활용이 요구된다.

(5) 지역사회복지사업 프로그램

지역사회복지사업 프로그램은 지역사회 내에 거주하는 주민들의 삶의 질 향상을 목표로 지역사회복지사가 지역사회조직활동이나 지역사회개발활동을 하는 실천과정이다. 그러므로 순수한 의미의 미시적 수준의 실천현장으로 보기는 어렵지만 중간적 수준의 사회복지서비스 현장으로는 볼 수 있다.

그러나 현대복지국가에서는 사회복지서비스 업무를 지방정부에 이양하는 경향으로 인하여 지역사회복지사업 프로그램은 지역사회보장계획이나 지역사회복지행정부문이 포함되는 개념적 확대가 이루어지고 있어서 거시적 수준의 정책실천이 많아지고 있다는 관점에서 본다면 구체적인 사회복지사업 현장에서 일어나는 사업유형의 프로그램으로 분류하기에는 한계가 있다.

2. 사회복지사업운영의 시설거주자 생활지도

1) 사회복지시설(보장시설)의 수급자 급여와 보호

(1) 사회복지시설(보장시설) 수급자 급여조사

① 「사회복지사업법」에 의한 사회복지시설(보장시설)의 전문직은 보장기관(시 · 군 · 구)이 사회복지시설(보장시설) 거주자 및 수급(권)자의 급여의 결정 또는 실시 등에 필요하여 행하는 자료제출 요구에 응하여야 한다.

② 사회복지시설(보장시설)의 전문직은 보장기관이 사회복지시설(보장시설) 수급(권)자의 급여의 결정 또는 실시 등에 필요한 조사를 위촉한 경우 관련 조사를 실시하고 그 결과를 제출하여야 한다.

(2) 사회복지시설(보장시설) 수급자 급여

① 사회복지시설(보장시설)이 보장기관으로부터 수급자에 대한 생활지도를 위하여 급여를 위탁받은 때에는 정당한 사유없이 거부할 수 없고, 이를 위반하면 300만원 이하의 벌금, 구류 또는 과료에 처한다.

② 사회복지시설(보장시설)은 보장기관이 보건복지부장관이 정하는 바에 따라 정기적으로 행하는 시설수급자의 수급여부 확인에 응하거나 협조하여야 하며, 위탁받은 수급자에게 보건복지부장관이 정하는 최저기준 이상의 급여를 행하여야 한다.

(3) 사회복지시설(보장시설) 수급자 보호

① 위탁받은 수급자에게 급여를 행함에 있어서 성별, 신앙 또는 사회적 신분 등을 이유로 차별대우를 해선 안 되며, 강제노동의 금지 등 수급자의 자유로운 생활을 보장하여야 한다.

② 위탁받은 수급자에게 종교상의 행위를 강제할 수 없으며, 이를 위반하면 300만원 이하의 벌금, 구류 또는 과료에 처한다.

2) 사회복지시설(보장시설)의 수급자 선정

(1) 본인 입소희망자의 수급자 선정

사회복지시설에 입소하여 수급자로 처우받기 위해서는 주거가 없거나, 주거가 있어도 그곳에서는 급여의 목적을 달성할 수 없는 상태에서, 본인이 희망한 경우로서 일반수급자 선정기준(소득인정액기준 및 부양의무자기준)에 해당되어야 한다.

(2) 사회복지시설(보장시설)의 자체기준에 의한 입소자

① 사회복지시설(보장시설)의 자체기준에 의한 입소자의 경우는 수급권자 본인의 소득인정액 기준은 일반수급자와 동일하게 적용한다.

② 소득인정액 기준에는 해당되지만 부양의무자 기준으로 수급자로 선정될 수 없는 사회복지시설(보장시설) 입소자 중에서 부양의무자가 특례기준에 해당되는 경우에는 특례수급자로 선정보호한다. 다만, 그 기준에 해당되지 않지만 부양의무자의

가구특성, 생활실태, 사회복지시설(보장시설) 생활자의 특성 등을 고려하여 보호가 필요하다고 인정되는 자에 대해서는 지방생활보장위원회의 심의·의결을 거쳐 보호할 수 있다.

③ 부양의무자 특례기준은 부양의무자의 실제소득이 수급권자 및 당해 부양의무자 가구 각각의 최저생계비를 합한 금액의 130% 이하이고, 부양의무자의 재산의 소득환산액이 수급권자 및 당해 부양의무자 가구 각각의 최저생계비를 합한 금액 이하인 경우이다. 이러한 기준을 초과하는 경우는 부양의무자는 부양능력이 있는 것으로 처리한다.

3) 사회복지시설(보장시설)의 수급자 조사 및 관리

(1) 조사 및 관리 주체 : 보장기관과 시설

① 시설소재지 관할 시장 · 군수 · 구청장(보장시설별 담당공무원)이 보장기관이 되어 사회복지시설(보장시설)수급(권)자에 대한 조사 및 관리를 한다. 사회복지시설(보장시설) 수급자의 주민등록지와 사회복지시설(보장시설) 소재지가 다른 경우에도 사회복지시설(보장시설) 소재지 시장 · 군수 · 구청장이 보장기관이 된다. 지방이전시설의 경우에는 행정지침이나 지방자치단체 간 행정협약에 의거 급여를 관할하는 시장 · 군수 · 구청장이 조사 및 관리를 수행함을 원칙으로 한다. 그리고 시 · 도에서 사회복지시설(보장시설)을 직접 또는 위탁하여 운영하는 경우에는 시설소재지 시 · 군 · 구와 협의하여 조사 및 관리를 수행한다.

② 보장기관은 수급(권)자 및 부양의무자의 소득재산 등에 대하여 직접 조사를 실시하거나(전산조회 등), 조사의 일부를 시설장에게 의뢰(수급자 상담 등)하여 실시할 수 있다. 특히 보장기관은 매년 연간조사계획을 수립하여 연1회 이상 정기적으로 수급자 및 부양의무자에 대한 확인조사를 실시하여야 한다.

(2) 수급권자 및 부양의무자 조사

① 수급(권)자 조사범위는 모든 소득 · 재산(일반재산, 금융재산, 승용차) 등을 확인하여 소득인정액을 산정하고, 수급자의 자활근로소득공제는 근로소득의 70% 이상을 장기

저축하는 경우 소득산정에서 제외한다. 조사방법은 전산망 및 공부상 자료확인을 통한 소득과 재산을 조사한다. 그 외 근로활동으로 인한 소득도 확인한다.

② 부양의무자 조사범위는 1촌의 직계혈족(부모, 자녀) 및 그 배우자(며느리, 사위)에 한하여 조사한다. 조사방법은 전산망 및 공부상 자료확인을 통한 소득재산 조사를 한다. 그리고 사회복지시설의 자체 입소기준에 의하여 입소한 자는 본인 및 부양의무자에 대한 조사를 통하여 수급자 선정절차를 거쳐야 한다.

(3) 사회복지시설(보장시설) 수급자 관리

① 사회복지시설(보장시설) 수급자의 입소사실 통보 및 급여자격 변경에 관한 사항을 보면, 다른 시 · 군 · 구에서 수급자로 선정된 자가 사회복지시설(보장시설)에 입소한 경우 사회복지시설(보장시설) 소재지 관할 시장 · 군수 · 구청장은 해당 수급자의 입소 전 주소지 보장기관에 수급자의 입소사실을 즉시 통보한다. 사회복지시설(보장시설)장은 수급자가 시설에 입소하는 경우 시설소재지 관할 시장 · 군수 · 구청장에게 입소사실을 즉시 보고한다. 이에 따라 사회복지시설(보장시설) 입소사실을 통보받은 입소 전 보장기관은 해당 수급자를 일반수급자에서 사회복지시설(보장시설) 수급자로 자격변경 조치하고, 남은 가구원에 대하여는 남은 가구원수에 해당하는 수급자 선정기준을 적용하여 수급자 여부 및 급여를 재결정한다.

② 사회복지시설(보장시설) 수급자의 주민등록 이전 관리에 관한 사항을 보면, 사회복지시설(보장시설)장은 적극적인 조치를 통해 사회복지시설 수급자의 주민등록을 시설주소지로 이전해야 한다. 불가피한 사유로 주민등록을 시설주소지로 이전하지 못한 경우, 보장기관(보장시설 담당공무원)은 주민등록 미이전 사회복지시설(보장시설) 수급자의 명단을 시설장으로부터 보고받아 매 분기마다 입소 전 보장기관으로 통보하고, 주민등록 미이전 사회복지시설 수급자 명단을 통보받은 시장 · 군수 · 구청장은 당해 수급자에 대한 자격전환 및 급여중지 여부 등을 확인한다.

③ 수급자가 사회복지시설(보장시설)에 입소한 사실을 확인한 경우 해당 수급자의 입소 전 보장기관은 거주지 변경시의 관련 공부의 이송절차(시행규칙 제33조)에 따라 통합조사표 등 관련서류 일체를 수급자가 입소한 사회복지시설(보장시설)소재지 관할 시장 · 군수 · 구청장(보장시설 담당공무원)에게 이관한다. 수급자가 사전에 시설에

입소하기로 시 · 군 · 구에서 결정한 경우에는 미리 관련서류를 이관하고 사후에 입소사실을 확인해야 한다. 그리고 시설소재지 관할 시 · 군 · 구 사회복지시설(보장시설) 담당공무원은 동 통합조사표 등 관련서류를 이첩받아 반드시 시설소재지 시 · 군 · 구 사회복지통합관리망 시스템에 입력하여 관리하면서 향후 해당 수급자의 확인조사 등에 활용한다.

④ 보장기관은 사회복지시설(보장시설)장으로부터 사회복지시설(보장시설) 신규입소자에 대한 생계비 지급청구를 받은 경우 신규입소자의 사회복지시설(보장시설) 수급자 여부를 반드시 확인한다. 해당 신규입소자가 수급자인 경우는 생계급여를 지급하고, 수급자가 아닌 경우는 반드시 수급자 선정절차를 거쳐 수급자로 선정된 자에 대해서만 생계비를 지급한다. 아울러 보장기관은 생계급여가 사회복지통합관리망 시스템으로 지급되는 시기부터는 반드시 전산으로 급여가 지급되도록 해야 하고 매 분기마다 수급자의 급여 지급여부를 확인한다.

⑤ 사회복지시설(보장시설) 수급자가 시설생계급여를 받고 있으면서 타 시 · 군 · 구로부터 일반생계급여를 동시에 받은 경우 일반생계급여를 지급한 보장기관은 일반

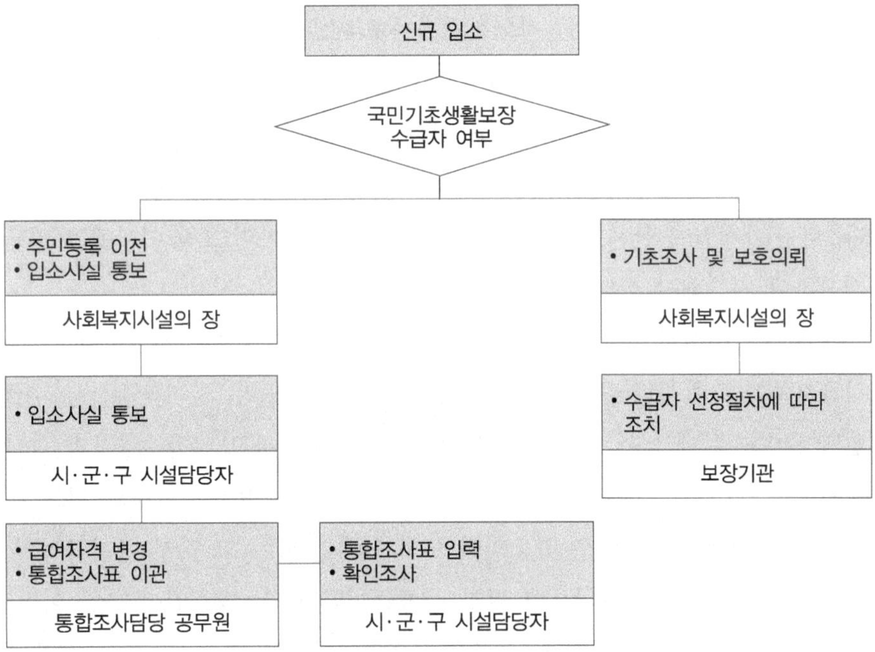

[그림 2-1] **사회복지시설(보장시설)입소 시 조치사항 개요도**

생계급여의 과잉지급분에 대해 반환 조치한다.

⑥ 보장기관은 사회복지시설(보장시설) 수급자가 거주지를 변경하는 경우 관련 공부의 이송절차(시행규칙 제33조)에 따라 통합조사표 등 관련서류를 전입지로 이송한다. 사회복지시설(보장시설)의 장은 수급자가 시설을 퇴소하는 경우 시설소재지 관할 보장기관에 퇴소사실을 즉시 보고해야 하며, 보장기관의 장은 동 수급자의 전입지로 전출 통보해야 한다. 관련 서류를 이송받은 보장기관은 그 내용을 확인하여 수급자격, 급여액 등을 결정하며, 재조사에 의해 파악된 가족관계, 소득 · 재산, 부양의무자 등을 통합조사표에 기재(전산입력)하여 관리한다. 이상과 같은 사회복지시설(보장시설) 입소자에 대한 조치사항을 개괄적으로 요약하면 [그림 2-1]에서 보는 바와 같다.

4) 사회복지시설(보장시설)의 시설거주자 급여내용

(1) 생계급여

① 기초생활보장 수급자 선정기준에 의한 절차를 거쳐 수급자로 책정된 입소자에 한해 생계급여를 지급한다. 사회복지시설(보장시설)의 자체 입소기준에 의하여 입소한 후 생활하고 있는 자는 일반수급자 선정절차를 거쳐 수급자로 책정된 경우에만 생계급여를 지급한다. 그리고 일시보호시설 등의 생활자로서 수급자 선정절차 진행 중에 긴급급여가 필요하다고 판단되는 경우에는 긴급급여가 가능하다. 다만, 1개월에 한해서 지급하는 것을 원칙으로 하며, 1월 이내에는 일단위로 계산하여 지급해야 한다.

② 급여내용은 주식비, 부식비, 연료비, 피복비 등을 현금으로 지급한다.

③ 지급기준에 관한 사항을 보면, 보장기관은 해당 연도의 "사회복지시설 수급자 1인당 급여기준"에 의거 사회복지시설별 예산을 편성하고 일반수급자가 사회복지시설에 입소하거나 사회복지시설 수급자가 퇴소하여 일반수급자로 되는 경우의 일반 생계급여 지급방법은 입소일이 15일 이전인 때는 그 달분 생계급여의 50%, 입소일이 16일 이후인 때는 그 달분 생계급여를 전액, 퇴소일이 15일 이전인 때는 그 달분 생계급여를 전액, 퇴소일이 16일 이후인 때는 그 달분 생계급여의 50%를 지급한다.

④ 사회복지시설(보장시설) 수급자가 의료기관에 입원한 경우에도 원칙적으로 생계비를 지급한다. 담당공무원이 인지한 시점과 생계급여액을 공제해야 할 시점 간에 시차가 발생한 경우 과거에 초과하여 지급한 급여에 대하여 반환조치를 하되, 향후 지급할 급여에서 상계처리가 가능하다.

⑤ 생계급여의 지급절차는 다음 [그림 2-2]의 절차에 따라 급여를 지급함을 원칙으로 한다. 시 · 군 · 구 또는 시 · 도의 사회복지시설(보장시설) 담당 부서에서 급여를 지급하는 경우에는 매 분기마다 사회복지시설(보장시설) 수급자의 수급자격 확인내용 및 급여지급 현황을 생계급여 담당부서에 통보해야 한다.

① 급여의 신청	• 사회복지시설(보장시설)장은 시 · 군 · 구청장(시설담당 부서)에게 매월 사회복지시설(보장시설) 수급자 명단과 함께 생계급여 지급요청
↓	
② 급여의 지급	• 보장기관의 시설담당 부서는 사회복지시설(보장시설)장의 생계비 지급요청을 근거로 매월 수급자 명단 등을 확인하여 사회복지시설(보장시설)장에게 생계비 계좌로 입금조치
↓	
③ 수급여부확인	• 시설담당 부서는 매 분기마다 사회복지시설(보장시설) 수급자의 수급 여부를 확인하고, 연1회 이상 수급자격을 조사하여야 함

[그림 2-2] **사회복지시설(보장시설) 생계비 지급절차**

⑥ 개인운영 신고시설 등의 사회복지시설 중 국비지원을 받지 못하고 있는 시설[1]에서 생활하는 사회복지시설 수급자의 생계급여는 사회복지시설(보장시설) 수급자 생계비 지급기준방법이 아니라 일반수급자에 대한 지급기준 · 방법에 의하여 지원한다.

(2) 주거급여

사회복지시설에서 생활하고 있는 수급자는 해당 사회복지시설(보장시설)에서 주거를 제공받고 있으므로 개별적인 주거급여는 지급이 제외된다.

1) 법인운영시설 중 신설법인은 설립허가를 받은 당해 연도의 경우 정부지원을 받지 못하고 자부담으로 운영해야 하는 경우가 있다.

(3) 교육급여

사회복지시설에서 생활하고 있는 수급자는 일반수급자와 동일하게 교육급여를 받을 수 있다. 사회복지시설(보장시설)에 거주하는 수급자의 학비 신청은 신청자는 사회복지시설(보장시설)의 장이 되며, 신청기관은 시설소재지 관할 시장 · 군수 · 구청장이 된다. 그리고 제출서류는 학비지원대상자 명단 및 지원신청금액이다.

(4) 장제급여, 해산급여 등

사회복지시설에서 생활하고 있는 수급자는 일반수급자와 동일하게 시설 내에서 사망 시 장제급여, 분만 시 해산급여를 지급받을 수 있다.

3. 사회복지사업운영의 사회복지상담[2)]

1) 사회복지사업운영 현장의 거시적 상담영역

(1) 기초생활보장 상담

① 생계급여와 주거급여 상담

사회복지사들이 담당하는 상담업무 중 기초생활보장상담은 대부분 시 · 군 · 구나 읍 · 면 · 동단위의 사회복지행정기관의 사회복지전담공무원이나 관련전문직들의 영역에 속하는 직무이다. 그 중에서도 생계급여상담은 기초생활수급자로 선정된 클라이언트들을 대상으로 이루어진다. 즉 기초생활에 필요한 의복 · 음식물 및 연료비와 기타 일상서비스가 아닌 경제적 지원 차원에서 정보를 제공하거나 직접적 안내를 하는 실행단계의 상담기술이 요구된다.

다시 말하면, 일반적인 상담단계인 탐색−통찰−실행−유지의 체계적인 4단계 상담실천이 이루어지는 것이 아니라 곧바로 실행단계로 들어가고 상담이 종료되는 특징이 있는 것이다. 주거급여상담도 저소득층이나 기초생활수급자들에게 주택임차료나 주택유지 · 수선비를 지급하는 업무의 상담이므로 법제적인 규정에 근거하여 곧바로 실

2) 사회복지상담론(고수현 외 2인, 2017)의 원고 중에서 주저자가 저술한 부분을 재정리함

행단계에서 거시적 수준의 상담이 이루어지게 된다.

② 교육 · 해산 · 장제급여 상담

교육 · 해산 · 장제급여와 관련된 상담 역시 사회복지사 중에서도 사회복지행정기관에서 근무하는 사회복지전담공무원들의 업무 영역에서 이루어진다. 단, 생계급여와 주거급여의 경우처럼 기본적인 생활(basic livelihood)에 필요한 급여가 아니라 교육서비스가 필요한 초 · 중 · 고 · 대학단위의 기초수급자에게 입학금 · 수업료 · 학용품비급여와 기타 수급품을 지원하는 교육급여상담이 대표적이다.

그 외 기초수급자 중 조산과 분만 등의 해산행위와 관련한 해산급여상담이나 수급자가 사망한 경우에 사체의 검안 · 운반 · 화장 또는 매장, 기타 재조치와 관련된 장제상담 역시도 주로 사회복지행정기관의 사회복지전담공무원들이 거시적 수준에서 상담을 수행한다.

③ 자활급여 상담 · 의료급여 상담

자활급여 상담은 사회복지전담공무원 등의 사회복지상담 전문직들이 담당하는 거시적인 업무 중에서는 비중이 가장 적은 부문이다. 자활급여는 기초생활보장수급자 중에서도 비교적 건강하고 젊은 계층이 많은 '조건부수급자'들의 자활을 조성하기 위하여 필요한 금품지원, 기능습득의 지원, 취업알선, 근로기회 제공, 시설 · 장비의 대여 형태로 이루어지기 때문에 비교적 대상자가 많지 않기 때문이다.

한편 의료급여 상담은 원칙적으로 기초수급자로 선정이 되면 생계급여와 함께 의료급여가 동시에 이루어지기 때문에 상담대상자 수에는 많은 부문에 속한다. 즉 기초수급자를 대상으로 한 공공부조정책은 소득보장과 의료보장으로 구성되기 때문에 기초수급자의 대다수는 무료수준으로 의료보장을 받게 되고 사회복지행정기관에서 거시적 상담이 이루어지는 것이다.

(2) 가정폭력 · 성폭력 상담

① 가정폭력 상담

가정폭력 상담과 성폭력 상담 그리고 성희롱 상담은 거시적 상담직무와 미시적 상담직무로 구분이 될 수 있지만, 이들 상담은 법률적 근거에 따라 상담이 접수되고 실행이 되는 측면이 우선되므로 주로 거시적 상담업무가 많다. 여기서 거시적 상담업무라고 하는 것은 상담의 실천관계가 탐색–통찰–실행–유지에 이르는 4단계 모델의 체계적 접근이 이루어지는 것이 아니라 곧바로 법제적 규정에 따라 실행단계의 상담기술들이 적용되는 것을 의미한다. 따라서 이러한 분야의 거시적 상담은 자발적이고 예방적인 차원에서 찾아오는 내담자보다는 일정한 사건이나 행위가 발생한 이후에 사후적이고 문제해결적인 차원에서 개입하는 특성이 있다.

그러나 가정폭력의 경우에도 가정폭력의 피해자나 가해자가 정부수탁기관인 '가정폭력상담소' 등의 신고 · 처리위주의 상담기관이 아닌 민간에서 개설한 상담기관에 자발적으로 찾아오거나 「형사소송법」 상으로 형사기소가 되어 처벌을 받은 후, 「가정폭력범죄의 처벌 등에 관한 특례법」에 따라 가정법원에서 보호처분규정에 의거 '상담소 등에의 상담위탁'을 하게 될 경우에는 미시적인 접근 차원에서 상담절차가 이루어질 수 있고, 가정폭력가해자의 경우에도 마찬가지이다. 하지만 「가정폭력방지 및 피해자보호 등에 관한 법률」에 근거하여 설치 · 운영되는 가정폭력상담소는 시 · 도 단위 및 시 · 군 · 구 단위에 설치되는데, 대부분 민간단체가 수탁하여 운영하고 있으며, 거시적 상담 위주로 운영이 되고 있다. 이와는 별개로 민간 차원에서 가정폭력상담을 하는 경우가 있으나 기구나 인력 측면에서 체계적인 상담시스템을 갖추기가 어렵기 때문에 정부에서 위탁하는 사회복지시설인 가정폭력상담소 이상의 미시적 상담서비스를 제공하기에는 한계가 있다.

② 성폭력 상담

성폭력 상담은 가정폭력상담과 마찬가지로 사회복지사업적인 차원에서 법제적인 근거에 따라 거시적인 상담 장면이 이루어진다. 즉 「성폭력방지 및 피해자보호 등에 관한 법률」에 따라 사회복지시설로 설치되는 '성폭력상담소'에서 상담이 접수되고 실행적 기법으로 상담이 실천되는 것이다. 따라서 가정폭력상담소와 마찬가지로 대부분이 정부가 민간기관에 위탁하는 형태로 운영이 되고 있다. 그러므로 성폭력상담소에서는 평상시 성폭력예방교육을 담당하고, 성폭력사건이 접수되면 법률적 근거에 따라 상담과 보호서비스를 제공하게 된다.

그런데 성폭력(sex violence)은 성희롱이나 성추행, 성폭행 등을 모두 포괄하는 개념으로서, '성을 매개로 상대방의 의사에 반해 이뤄지는 모든 가해 행위'를 말하므로 범죄

사건으로 처분이 된다. 즉 「성폭력범죄의 처벌 등에 관한 특례법」이나 「아동 · 청소년의 성보호에 관한 법률」에 의해 처벌이 되는 것이다. 아울러 성폭력 범죄자의 재범예방을 위해 성폭력과 관련된 수강명령과 함께 성폭력 치료프로그램의 이수명령도 부가하게 된다. 뿐만 아니라 성폭력피해자의 경우에도 본인이 원할 경우 심리치유 프로그램 참여나 상담기회를 부여하고 있다.

하지만 성폭력 상담은 근거법률을 담당하는 소관부처에 따라서 요구하는 내용이 다소 차이가 날 수도 있는데, 이는 개별 법률에 따라 범죄로 규정하는 개념상의 차이가 있기 때문이다. 즉 「성폭력범죄의 처벌 등에 관한 특례법」에서는 주로 「형법」의 조항과 관련된 '폭력'과 '추행'을 범죄행위의 범주에 포함하고 있다. 이에 비해 '성희롱'과 관련해서는 「여성발전기본법」, 「국가인권위원회법」, 「남녀고용평등과 일 · 가정 양립 지원에 관한 법률」에서 규정하고 있다.

③ 성희롱 상담

성희롱 상담을 크게 보면 성폭력 상담에 포함될 수 있다. 그러나 법률적으로 성폭력은 성폭행과 성추행이라는 형법상의 법률용어를 대상으로 하는 것이다. 즉 형법상으로 성폭행은 상대방의 동의가 없는 상태에서 폭행 또는 협박으로 성관계를 맺는 것을 말하고, 성추행은 성적 수치심을 느낄 정도로 강제로 신체접촉을 하는 행위를 말한다. 그러므로 「성폭력범죄의 처벌 등에 관한 특례법」에 따라 상담의뢰 된 경우에는 주로 치료감호적인 방법의 관찰과 상담이 이루어진다.

이에 비하여 성희롱은 크게 보면 성폭력행위에 포함되지만 성적 언동에 한정되는 행위를 의미한다. 「남녀고용평등과 일 · 가정 양립 지원에 관한 법률 시행 규칙」에 따르면, 성적인 언동은 육체적 행위, 언어적 행위, 시각적 행위, 그 밖에 사회통념상 성적 굴욕감이나 혐오감을 느끼게 하는 것으로 인정되는 언어나 행동을 포함한다. 따라서 성희롱문제와 관련한 상담은 업무, 고용, 그 밖의 관계에서 공공기관의 종사자, 사용자 또는 근로자 사이에 성적인 언동이 문제가 되는 경우에 이루어진다. 아울러 공공기관의 장과 사업주는 성희롱방지를 위하여 연 1회 이상의 성희롱예방교육을 실시하고 성희롱 관련 상담 및 고충처리를 위한 공식창구를 마련해야 한다. 그리고 성희롱상담 결과 직장 내 성희롱이 발생된 경우에는 지체 없이 징계하거나 이에 버금가는 조치를 취해야 하며, 이를 어길 경우 최고 1,000만원까지 과태료가 부과된다. 아울러 성희롱을 한 사람이 공무원이나 군인, 공공기관 종사자일 경우 국가인권위원회는 소속기관에게 징계를 권고할 수 있고, 범죄행위로 인정될 경우에는 고발조치할 수도 있다.

반면에 성희롱 상담을 담당하는 상담자는 사업주가 직장 내 성희롱 피해자나 피해 발생을 주장하는 근로자에게 해고나 불리한 인사 조치를 하지 않도록 조언하는 것이 중요하다.

(3) 아동학대·노인학대 상담

① 아동학대 · 보호 상담

아동학대 상담은 아동인권보호 차원에서 「아동복지법」에 근거하여 설치 · 운영되는 사회복지시설의 하나인 '아동보호전문기관'에서 이루어지는 거시적 상담 영역에 속한다. 따라서 「아동복지법」에서 규정하고 있는 지역아동보호전문기관의 업무를 보면 다음과 같이 제시되고 있다.

가. 아동학대 신고접수, 현장조사 및 응급보호(학대피해 아동 쉼터 운영 등)
나. 피해아동, 피해아동의 가족 및 아동학대 행위자를 위한 상담 · 치료 및 교육
다. 아동학대 예방교육 및 홍보
라. 피해아동 가정의 사후관리
마. 아동학대사례 판정전문위원회 설치 · 운영 및 자체사례회의 운영
바. 그 밖에 대통령령으로 정하는 아동학대예방사업과 관련된 업무
　-피해아동 및 피해아동 가정의 기능회복 서비스 제공

한편 「아동복지법」에서 규정하고 있는 '아동학대'란 보호자를 포함한 성인이 아동의 건강 또는 복지를 헤치거나 정상적 발달을 저해할 수 있는 신체적 · 정신적 · 성적 폭력이나 가혹행위를 하는 것과 아동의 보호자가 아동을 유기하거나 방임하는 것을 말한다. 아울러 아동학대로 신고 접수된 사례가 「아동학대범죄의 처벌 등에 관한 특례법」이나 「형법」에 근거한 범죄행위에 해당될 경우에는 사법기관으로 이송되어 처벌의 대상이 된다.

이처럼 시 · 도 단위별로 1~2개소 정도 설치 · 운영되는 지역아동보호전문기관에서

이루어지는 아동학대상담은 예방과 사후처리를 위한 거시적 상담기법을 요한다. 그러나 학대아동의 심리안정을 도모하고 심리치료를 통한 원가정 복귀나 아동복지시설 입소 전 단계에서 개인상담이나 집단상담 방식의 미시적 상담기법이 적용되기도 한다. 하지만 사회복지분야의 민간기관에 위탁방식으로 운영되는 아동보호전문기관의 직원배치기준이나 자격기준을 보면 체계적이고 미시적인 상담절차와 기술의 적용에는 한계가 있음을 알 수 있다.

그러나 아동보호전문기관의 직원배치기준을 보면 아동학대 신고·접수에 필요한 사무원 1명, 임상심리치료 전문인력 1명 및 상담원 6명 이상으로 규정되어 있는데, 이는 노인보호전문기관에 비교하면 상대적으로 우월한 기준으로 볼 수 있다. 그리고 직원자격기준으로서는 사회복지사 관련 교과목을 이수하고 졸업한 사람으로서 아동보호전문기관 상담원의 교육과정(100시간)을 이수하도록 규정하고 있다.

② 노인학대·보호 상담

노인학대 상담은 노인인권보호 차원에서 「노인복지법」에 근거하여 설치·운영되는 노인복지시설의 하나인 '노인보호전문기관'에서 이루어지는 거시적 사회복지상담에 해당된다. 그러나 모든 거시적 사회복지상담의 경우와 마찬가지로 거시적 상담과정에서 추가적인 심리치료적 서비스가 필요하다고 판단되어 의뢰되거나 클라이언트가 자발적으로 신청을 할 경우에는 미시적 차원에서도 상담이 이루어질 수 있다.

그러나 가정 내, 사회복지시설 내, 기타 장소 등에서 학대받는 노인의 발견·보호·치료 등을 신속히 처리하고 노인학대를 예방하기 위하여 시·도 단위에 1~2개 정도씩 민간위탁방식으로 설치되는 지역노인보호전문기관에서는 다음에서와 같은 거시적 상담에 치중되고 있다.

가. 노인학대 신고전화(긴급전화)[3]의 운영 및 사례접수
나. 노인학대 의심사례에 대한 현장조사
다. 피해노인 및 노인학대자에 대한 상담
라. 피해노인가족 관련자와 관련 기관에 대한 상담
마. 상담 및 서비스제공에 따른 기록과 보관
바. 일반인을 대상으로 한 노인학대 예방교육

3) 긴급전화는 전국적으로 통일된 번호로 매일 24시간 운영된다.

사. 노인학대행위자를 대상으로 한 재발방지 교육
아. 그 밖에 노인의 보호를 위하여 보건복지부령으로 정하는 사항

그리고 노인보호전문기관에서 노인학대 관련 상담을 담당하는 전문직의 배치기준을 보면 노인학대 예방프로그램 등 전문교육을 이수한 3인 이상을 배치하도록 규정되어 있다. 아울러 상담원을 포함한 직원자격기준을 보면 다음과 같다.

가. 「사회복지사업법」에서 규정하고 있는 사회복지사 자격을 가진 자
나. 7급 이상 공무원 또는 고위공무원단에 속하는 일반직 공무원으로서 국가 또는 지방자치단체에서 사회복지사업에 관한 행정업무에 5년 이상 종사한 경력이 있는 자
다. 「의료법」에서 규정하고 있는 의료인(의사, 치과의사, 조산사, 간호사)

이러한 직원 배치기준과 자격기준을 보면 노인보호전문기관에서 이루어지는 노인학대 관련 상담은 노인학대신고 사례를 중심으로 행정적 조치를 하는 거시적 상담에 한정되고 있음을 알 수 있다. 즉 노인보호전문기관에서는 노인학대신고사례를 접수하게 되면, 노인학대의 사례 여부가 불명확하거나 사례유형을 판단하기 어려운 사례에 대해서는 '노인보호전문기관 자체사례회의'를 하고, 자체사례회의에서도 불명확하거나 판단이 어려운 경우에는 '노인학대사례판정위원회'에 상정하여 학대 여부를 판정하는 절차를 거치고 있는 것이다. 이때 학대판정에 노인학대의 하위유형을 보면, 신체적 학대, 정신적 학대, 성적 학대, 재정적·물질적 착취, 방임, 자기방임, 유기 등으로 구분이 되어 상담이 이루어진다.

2) 사회복지사업운영 현장의 미시적 상담영역

(1) 정신건강증진 상담

① 불안과 우울문제의 상담

가. 불안과 공포상담

원래의 불안(anxiety)과 공포(fear)는 인간의 생존과 안전과 관련된 반응이다. 그런데

불안과 공포반응은 그 강도에 따라 적응하지 못하는 부적응적 불안(maladaptive anxiety)으로 나타나게 된다. 그러나 낮은 수준의 불안과 공포는 도피나 회피, 직면 등의 기제를 작동하여 적응이 될 수 있고, 동기유발이나 유지 그리고 집중력을 향상시켜 성취도를 향상시키는 요인이 되기도 한다. 바로 시험불안(test anxiety)과 성취불안(performance anxiety)이 이러한 경우에 해당된다.

불안의 형태(종류)는 불안증세가 나타나는 양상, 지속 정도 및 강도, 상황 등으로 구분이 될 수 있다. 미국 정신의학협회(American Psychiatric Association : APA)의 진단 및 통계 매뉴얼(DSM)에 의하면 대략 8가지의 유형으로 분류할 수 있는데, 사회복지상담에서는 이보다 경미한 불안에 대해서도 처우대상으로 삼기도 한다.

첫째, 적응장애(Adjustment Disorder)로서 가족의 죽음, 실연, 전학, 실직, 이혼 등 환경의 큰 변화를 겪었을 때 불안을 경험하게 된다. 일부의 경우에는 불안을 가져오는 원인에 대한 단기간의 분노와 우울 증세를 동반하기도 한다.

둘째, 적응장애가 단기간의 증세로 나타난다면 충격(외상) 후 스트레스 장애(Post-traumatic Stress Disorder : PTSD)는 장기간 불안증세가 지속된다. 예를 들어 인질사건에 연루되거나 교통사고 사망 등을 직접 목격했을 때는 꿈이나 기억회상 등을 통해 재현되므로 불면, 안절부절못하는 등의 증상이 나타날 수 있다.

셋째, 사회불안(Social Phobia)로서 사회적 대인관계에서 발생하는 공포증을 말한다. 이 증상은 상대방이 자신을 부정적으로 평가할 것을 두려워하여 인지적·행동적으로 흥분하고 제 능력을 발휘하지 못하게 되는 '대인공포증' 등으로 나타낸다.

넷째, 특수공포증(Specific phobias)으로 어떤 특수한 대상, 장소, 상황, 사건에 대해 지나치게 공포반응(불안증)이 나타나는 것이다. 예를 들어 폐소(폐쇄)공포(Claustrophobia), 고소공포, 뱀공포, 바위·물공포, 비행공포 등의 증세가 여기에 속한다.

다섯째, 일반불안장애(Generalized Anxiety Disorder)로서 확정되지 않은 미래의 일 등에 대해서 지나친 걱정을 하는 경우이다. 일반불안장애로 인한 특징은 비현실적 상황을 과도하게 걱정하고 해결을 위한 시도를 하지 않는다는 점이다.

여섯째, 강박행동(compulsion)을 보이는 강박장애(Obsessive-compulsive Disorder : OCD)와 강박성격장애(Obsessive-Compulsive Personality Disorder)가 있다. 강박행동은 일반적으론 본인이 원하지 않지만 어떤 생각이나 이미지가 반복해서 떠오르는 강박사고(obsession)에 의한 반응인데, 지나친 손 씻기, 잠금장치나 정돈상태 재반복 확인하기 등의 형태로 나타난다.

일곱째, 공황발작장애(Panic Disorder)로서 갑작스럽게 현실감을 잃으면서 극도의 불안과 함께 발작증세(attack)를 보인다. 서구에서는 광장공포증(Agoraphobia)을 수반하는 공황발작이 많은 특징이 있다.

여덟째, 성인분리불안장애(Adult Separation Anxiety Disorder)로서, 성인이 되어서도 부모나 자녀 등의 애착관계와 떨어지는 것을 두려워하는 증상이 나타난다. 이는 지나치게 과잉보호적인 양육을 받은 경우, 형제끼리 차별적인 애정을 받은 경우, 부모의 지나친 강압적 가치관 강요 등이 원인이 된다.

나. 우울상담

우울상담은 불안상담과 함께 정신건강증진을 위한 심리치료나 상담에서 가장 대표적인 상담 영역에 속한다. 우울상담의 대상인 우울증(Depressive Disorder)은 슬픈 감정을 느끼는 것으로 주로 산만함, 수면장애, 성욕감퇴, 삶에 대한 흥미상실 등의 형태로 나타난다. 따라서 본격적인 감정의 장애에 속하는 기분장애(Mood Disorder) 영역에 속하는데 조증(mania)과 반대되는 증상이다. 그리고 우울증과 조증이 복합될 경우에는 조울증 혹은 양극성 장애(bipolar disorder)와 순환성 장애(cyclothymic disorder)로 분류된다(고수현, 2017 재수정).

여기서는 사회복지상담 전문직들이 미시적 상담현장에서 접하게 되는 우울상담을 관련기분장애문제와 상관하여 논의하고자 한다. 하지만 우울증의 원인이 주로 인간관계의 실패, 폐경기, 퇴직, 사랑의 상실 등으로 인한 증오나 공격적 성향의 억압이 약화되면서 나타나기 때문에 심할 경우에는 항우울제(antidepressant)의 복용을 병행할 필요가 있다. 생리학적으로 도파민(dopamine) · 세로토닌(serotonin) · 노르아드레날린(noradrenalin)과 같은 신경전달물질(neurotransmitter)이 부족해서 나타나는 것으로 진단되기 때문이다.[4)]

우선 우울증의 종류를 보면 생애주기적인 문제와 증상에 따라 구분이 가능하다. 생애주기적으로 보면 아동기우울증, 갱년기우울증, 노년기우울증, 산후우울증 등으로 구분할 수 있고, 증상적으로 보면 단순우울증, 급성우울증, 우울성 혼미(depressive

---

4) 우울증은 두뇌의 기본적인 3가지 감성적 기능을 하는 호르몬의 균형이 깨져서 생기는 두뇌의 기능적 질환이다. 즉 동기유발을 담당하는 도파민, 안정감의 기능을 하는 세로토닌, 집중력과 관련되는 노르아드레날린이라는 신경전달물질이 제대로 기능을 하지 못해서 우울증이 생기게 되는 것이다.

stupor)의 3가지로 구분이 된다. 이 중에서 노년기(노인성) 우울증의 특징은 기억장애나 집중력장애가 심하여 치매증상과 비슷하다. 실제로 혈관성치매나 알츠하이머병도 초기에는 우울증상을 동반하는 경우도 있기 때문에 같이 다루어질 필요가 있다. 그리고 증상적으로 보았을 때, 단순성 혹은 경한 우울(simple depression)은 말씨의 강도와 음량이 거의 변화가 없는 증상이다. 급성 우울(acute depression)은 주위환경에 거의 관심을 보이지 않고 불면증이나 성욕감퇴 등의 증상을 보이며, 우울성 혼미 혹은 우울성 혼수(depressive stupor)는 식사도 거부할 정도로 전혀 주위환경에 반응을 하지 않으려 한다. 이러한 우울증 클라이언트를 상담하기 위해서는 같은 기분장애(정동장애)에 속하는 조증, 조울증, 순환성장애에 대한 증상의 이해도 요구되는데 개별적으로 살펴보면 다음과 같다.

첫째, 조증(mania)은 우울증과 반대되는 기분상태로 비정상적으로 들뜨거나 의기양양, 과민, 특정한 에너지 증가 증상이 적어도 일주일간 지속되는 삽화(episode)[5]가 관찰된다. 따라서 자신감에 찬 주장이 많거나 갑자기 눈물을 흘리고 성에 몰두하기도 하는 경조증(hypomania)과 너무 기분이 좋아지는 상태에 이르러 과대망상 혹은 피해망상을 보이는 중조증(hypermania)상태로 나타난다.

둘째, 조울증(bipolar disorder)은 조증과 울증이 교대로 나타나는 삽화를 보이기 때문에 양극성(정동)장애로도 불린다. 말 그대로 정동(affect)이 양쪽(bi) 극단(pole)을 왔다 갔다 하는 증상을 보이는데, 여성에게 많이 나타나는 특성이 있다. 그러나 양극성 정동장애는 두 가지 증상이 혼재되는 경우보다는 조증과 울증이 일정기간을 두고 반복되는 경우가 많다.

셋째, 순환성기분장애 혹은 기분순환장애(cyclothymic disorder)는 정서(정동)장애 중 양극성장애의 가벼운 형태로 2년 이상 지속하는 우울증삽화와 경조증삽화가 특징이다.

② 스트레스 문제의 상담

스트레스 상담은 불안상담과 우울상담에 비하면 정신건강증진을 위한 심리상담 중에서 가장 비중이 낮은 분야이다. 현대인들은 일상생활이나 직무환경에서 긴장(tension), 불안(anxiety), 갈등(conflict), 압박(strain), 좌절(frustration) 등의 스트레스의 근원, 즉 스트레스인(stressor)이나 충격적 사건으로 인한 심리적 외상(trauma) 등으로 비 특이반응(non-specific

---

5) 삽화(episode)는 우울증이 발병하는 기간을 말하는데, 조증삽화나 울증삽화로 불린다.

reaction)으로서 부정적 스트레스인 고난(distress)을 경험하게 된다. 그러나 일부 환경에서는 불안과 갈등 및 압박요인을 동반하지만 좌절에 이르지는 않아 쾌감(euphoria)을 가져오는 스트레스, 즉 희열(eustress)로 해석되는 긍정적 스트레스도 있다(고수현, 2017 재수정).

그러나 원칙적으로 스트레스는 교감신경을 자극하여 맥박과 혈압이 높아져 심장병이 발생할 수 있고 혈관내막세포기능을 손상시켜 혈전이 생길 수 있으며, 오랫동안 스트레스에 노출되는 만성스트레스는 심혈관 질환을 유발하게 된다. 아울러 심리적으로도 공황장애와 같은 불안장애, 우울증과 같은 기분장애(정동장애), 도박이나 쇼핑중독, 방화, 분노조절장애(간헐성 폭발 장애, Intermittent Explosive Disorder, IED) 등의 충동조절장애(Impulse Control Disorder)로도 진전이 될 수 있기 때문에 평상시의 스트레스관리를 위한 상담이 중요하다.

이처럼 스트레스는 외부환경에서 오는 자극(stimulus based environment)으로 보는 입장의 정의가 많다. 그러나 1959년에 미국의 심장병 전문의인 프리드만과 로젠만(Friedman & Rosenman)은 성격적인 요소로 인한 문제로 보기도 한다. 즉 스트레스와 관련하여 A형 성격(type A personality)과 B형 성격(type B personality)으로 구분한 후, A형 성격은 스트레스에 취약해서 심장질환에 걸리기 쉽다고 보고하였다. 이들은 외부에서 오는 스트레스 요인뿐만 아니라 성격적으로 스트레스를 만들어내는 경향이 있다고 보는 것이다. 즉 남들을 쉽게 적대시하고 경쟁심이 강하며 스스로 업무의 목표치를 높게 잡고 짧은 시간에 획득하려고 하기 때문에 실패할 경우에는 참지 못하고 힘들어하게 되는 성격유형인 것이다. 이에 비하여 B형 성격유형은 남을 잘 신뢰하기 때문에 경쟁심이 적고 학교나 직장, 가정생활에서 균형이 있는 생활을 유지한다. 따라서 좀처럼 화를 내지 않고 참을성 있게 대처하므로 외부로부터의 스트레스요인에 대해서도 조절할 수 있는 성격유형을 말한다.

이상에서 알 수 있듯이 스트레스 문제를 대상으로 한 정신건강증진 상담에 임하는 사회복지상담 전문직은 외부로부터의 자극으로 보는 스트레스 요인과 클라이언트 내부의 성격요인에 근거한 상담기법을 적용하는 것이 중요하다. 예를 들면, 외부적 요인이 큰 경우에는 행동주의적 기법이 유용할 수 있고, 내부 성격적 요인이 많을 경우에는 정신분석이나 인지주의적인 상담기법이 적용될 수가 있는 것이다.

(2) 생애위기개입 상담

사회복지실천 현장에 다루어지는 대표적인 위기개입 상담의 장면은 생애발달주기에 따라 다양할 수 있으나 주로 청소년의 학업중단, 가출, 사춘기 정체감 혼돈, 결혼불안, 갱년기불안, 스트레스 등의 발달상의 위기가 대상이 된다. 그리고 이러한 정해지고 예견 가능한 위기가 아니라 예측 불가능한 비정상적 상황에서 발생할 수 있는 사고, 즉 범죄피해, 지위와 존경의 상실, 별거 및 이혼 등의 사건적 자극에 대한 반응으로서의 상황상의 위기도 사회복지상담의 대상이 된다(고수현, 2017 재수정).

그러나 대부분의 발달상의 위기는 예측 가능한 위기라는 점에서 위기개입상담보다는 평상적인 상담의 방법으로 다루어지는 경우가 많다. 앞에서 다루어진 정신건강상담, 성격문제상담 등이 그것이다. 이에 비하여 비정상적 상황에서 사건적으로 발생하는 위기는 민간 차원의 자발적 상담의 통로가 아니라 국가나 사회가 정책적 관심을 가지고 접근하는 경향이 있다. 따라서 미시적 직무현장이 아니라 거시적 직무현장에서 상담이 실천되는 특징이 있다. 실직 등으로 인한 경제적 위기에 대응한 기초생활상담, 가정폭력과 성폭력상담, 아동학대나 노인학대상담이 그것이다. 단, 한국의 경우에 별거 및 이혼, 범죄피해와 관련된 분야는 법률적이고 행정적인 접근을 제외한 서비스 차원의 정책적 접근이 미흡한 실정이다.

이러한 맥락에서 위기개업상담은 크게 미시적 직무현장과 거시적 직무현장에서 공히 이루어진다는 측면에서 사회복지상담에서는 가장 비중이 큰 분야이다. 앞에서 다루어진 정신건강증진상담, 진로 및 직업상담, 청소년복지 및 노인복지상담의 직무가 사회복지상담 전문직의 보편적인 직무이기는 하지만 위기개입상담은 말 그대로 위기적 상황이라는 특수한 심리문제를 다루어야 되기 때문이다. 생애발달주기에서 발생할 수 있는 예측 가능한 위기상황을 제외한 예측 불가능한 사건적 상황에 대해서는 국가가 법률에 근거하여 정책적으로 접근하고 있는 것도 같은 이유에서이다.

여기서는 거시적 직무현장에서 다루어지는 사건적 위기상황의 상담을 제외한 미시적 위기상황에 개입하는 상담 영역을 간략하게 정리하고자 한다.

① 청소년학업중단 및 학교생활적응 상담

청소년학업중단 및 학교생활적응 상담은 초 · 중 · 고교와 교육지원청에 배치되어 근무하고 있는 '전문상담교사'와 시 · 도 단위에 설치 · 운영되고 있는 청소년상담복지센터에 배치된 상담원들의 직무에 해당된다. 청소년들이 학업부진, 비행, 질병, 집단따돌림 등의 다양한 이유로 정규학교를 다니다가 중퇴하게 되는 중도탈락의 위기상담은 인생주기에서 자아정체감이 미성숙된 단계의 클라이언트와 마주하는 상담으로서의 중요성이 있다.

따라서 학교 내의 상담장면에서 주 역할을 하는 전문상담교사는 학업부진과 관련된 교육상담적 한계에서 벗어나 부모−자녀관계나 또래집단관계, 교사−학생관계는 물론 시험불안문제 등에 초점을 맞춘 위기개입상담기법에 능숙할 필요가 있다. 아울러 일단 학교를 벗어난 지역사회장면에서 주 역할을 하는 청소년상담복지센터나 사설 개업상담전문직들도 학교나 학업에 복귀할 수 있는 상담단계를 설정하고 실천하는 상담기술들이 요구된다.

② 청소년비행과 문제행동 상담

청소년비행과 청소년문제행동은 생애위기 개입 상담에서 청소년문제와 관련된 포괄적 범주의 상담이라고 할 수 있다. 따라서 앞에서 다룬 청소년학업중단이나 학교생활적응상담도 큰 범주에서는 문제행동(problem behavior)에 속한다. 이렇게 보면 가출, 학교폭력, 청소년성일탈, 청소년범죄 역시 청소년문제행동의 영역에 포함되는 상담대상이 된다.

안나 프로이트(Anna Freud)가 모든 청소년이 '정상적인 정신증'을 겪는다고 말한 것이나 "아프니까 청춘이다."라고 서술한 어느 책 제목에서처럼 대부분의 청소년은 정서적 혼란과 문제행동을 일시적으로 흔히 겪게 된다는 인식이 있다. 그러나 우리 사회에서 청소년문제가 이슈가 된 1980년대 이후의 다양한 연구결과에서는 대부분의 청소년들(80% 정도)은 극심한 정서적 혼돈이나 문제행동 없이 청소년기를 보내는 것으로 나타난다. 하지만 일부 청소년들이 겪는 정서적 불안이나 비행을 비롯한 문제행동들을 정상적이고 일상적인 것으로 판단하고 위기상담의 대상으로 다루지 않는 것은 타당성이 없다.

그러므로 청소년문제행동은 학교, 가정, 지역사회 차원에서 유해환경을 제어하고 복합적으로 접근할 필요가 있다. 예를 들면 반항, 과잉몸단장, 음주와 흡연, 성적인 실험행동, 인터넷 중독, 무단결석, 학교폭력, 교사−학생 갈등, 자퇴, 징계, 자살시도, 범죄행위 등이 대부분 복합적인 원인에 유발되는 이차적 반응이기 때문이다. 아울러 개인적 요인, 가족적 요인, 또래 요인, 학교 및 지역사회환경 요인에서 유해한 측면과 연관되어 있기도 한 것이다. 이러한 유해한 환경과 복합적인 요인으로 인하여 상당수의 청소년들이 자신이 직면한 상황에 대한 문제해결방법을 찾지 못함으로써 문제행동을 하게 되는 것이다.

따라서 청소년비행과 문제행동을 예방하고 대응할 수 있는 시스템적 상담기술이 요구된다. 즉 이러한 복합적 요인과 유해환경에서 비롯되는 청소년들의 충동적 분노, 공격성, 스트레스요인을 줄일 수 있는 행동주의적 상담기법이나 인지주의적 상담기법이 요구되는 것이다. 그 외에도 청소년 개인뿐만 아니라 그가 속한 가정, 학교, 지역사회에서의 영향을 미치는 환경이나 인적 요인에 대한 부가적 상담도 병행될 필요가 있다. 대부분의 청소년기 위기상담요인은 정신장애나 반사회적 성격장애와 상관성이 적다고 본다면 다른 계층의 위기상담보다는 정신분석적 차원의 통찰과정보다는 초기상담단계에서의 인본주의적이고 실존주의적인 상담기법에 이어서 실행단계에서는 조언과 지시 등의 행동주의적 상담기법이 유용할 수 있다.

하지만 교도소나 소년감별소에 재소 중인 상당수의 범죄자들은 청소년시기의 품행장애(conduct disorder)를 거쳐 성인초기에 이르러 사이코패스(Psychopath)나 소시오패스(Sociopath) 유형의 반사회성 성격장애(Anti-Social Personality Disorder : ASPD)로 진단되는 경우가 많다는 점에서 보면 일부 청소년비행상담은 성격장애상담과도 병행될 필요가 있다.

③ 부부 · 가족상담

가. 결혼상담

부부 · 가족상담은 생애위기상담의 대상을 개인의 문제로 보지 않고 부부관계나 가족관계로 보는 가족체계이론이나 가족치료이론에 바탕을 두고 이루어진다. 물론 부부간의 불화나 갈등, 결혼적응 등의 문제가 개인의 인지 · 행동 · 정서의 문제에 기인하는 경우가 많은 것은 분명하지만 부부 내지는 가족 간의 관계의 체계로 보고 접근하게 되는 것이다.

그러나 결혼상담(premarital counseling)은 결혼 후의 부부갈등이나 부부치료보다 다른 측면에서 접근이 된다. 결혼과 관련된 심리적 문제나 결혼의사결정 문제를 상담주제로 설정하기 때문에 결혼이나 배우자에 대한 비합리적 기대나 바람을 고칠 수 있고 결혼 여부에 대한 의사결정을 조력할 수 있는 것이다. 결혼상담의 방법은 개인

상담이나 커플상담으로 이루어질 수 있는데, 성격차이나 의사소통문제를 알아보기 위해서는 MBTI(Myers-Briggs Type Indicator)나 ME(Marital Enrichment, 결혼성숙도) 프로그램을 사용한 상담이나 집단교육의 방법이 유용하다. 즉 성격차이는 성격검사의 하나인 MBTI로서 상담이나 집단교육의 자료(척도)로 삼을 수 있고, 의사소통방법은 결혼성숙도 프로그램(premarital enrichment program)을 활용할 수 있는 것이다.

단, 결혼상담은 일반적인 결혼소개(marital mach-making)와는 차별적인 개념이다. 결혼소개는 어울린다고 생각되는 남녀를 소개하는 일에 집중이 되므로 상담이나 교육적 서비스를 제대로 할 수 없는 것이다. 하지만 한국에서는 두 가지 영역에서 공히 상담소라는 명칭을 사용하고 있어서 혼선이 있다.

나. 부부치료와 이혼상담

부부는 결혼제도나 동거제도를 통하여 성관계가 허용되고 사회심리적으로도 공동체적인 체계를 갖추게 됨으로써 발생하는 다양한 갈등요인이 있다. 그러므로 결혼생활에 적응하지 못하는 경우도 발생하게 되는데, 이는 부부체계적응문제나 부부사이에 자녀가 태어나 양육하는 과정에서 형성되는 가족체계적응문제로 드러난다. 따라서 부부상담이나 가족치료를 담당하는 전문직은 상담단계에 본격적으로 들어가기 전에 부부관계나 가족관계에 대한 자기보고식 질문지를 사용하여 사정(assesment)하는 것이 요구된다. 예를 들면, 1976년에 Spainer에 의해 제작된 30개 문항의 결혼적응척도(Dyadic Adjustment Scale)나 Beier-Sternberg의 불협화음 질문, 즉 불화질문(Discord Questionnaire : DQ, 10개 문항), Hudson의 결혼만족지수(Index of Marital Satisfaction : IMS, 25개 문항) 등의 척도를 통해 진단이 필요하다.

한편 심한 불화를 겪고 있는 부부를 대상으로 한 상담에서는 부부치료보다는 이혼준비를 상담하는 경우가 예상될 수 있다. 부부가 이혼하는 방법으로는 법적으로 '협의에 의한 이혼'과 '재판에 의한 이혼'[6]이 있지만 이와 관련한 이혼상담은 다양하게 이루어질 수 있다. 즉 이혼하기 위해서는 법률적인 정보와 자문을 구하는 단계의 상담, 이혼을 고려하거나 이혼을 한 사람들의 접근-회피갈등상담, 이혼했거나 별거중인 사람들의 화해나 재결합상담, 이혼 후의 가족구조 및 환경의 변화로 인한 불안과 우울증상에 따른 이혼치료(divorce therapy)가 그것이다(고수현, 2017 재인용).

6) 재판에 의한 이혼에서는 이혼당사자가 각각 변호사를 선임하여야 하므로 많은 비용이 든다. 따라서 이혼에 따른 여러 가지 사항을 타협하는 것을 돕는 이혼중재자(divorce mediator) 역할을 하는 상담전문가로서의 변호사와 상담가가 있다.

Chapter 03

사회복지사업운영의 법인과 시설

1. 사회복지사업운영의 법인

1) 법인의 개념

「사회복지사업법」과 동법 시행령에서는 사회복지사업의 운영주체를 법인과 개인으로 구분하고 있는데, 법인(legal person)이란 자연인 이외로서 일정한 단체가 법률에 의해 인격을 승인받아 권리와 의무의 주체가 되는 것을 말한다. 즉 법률에 의하여 권리능력이 인정된 단체 또는 재산을 말한다. 법인을 통해서 자연인의 집합이 특정한 목적, 즉 사회복지사업 등을 위하여 하나의 합체된 개체로서 행위를 할 수 있다. 이러한 법적 간주(legal fiction)는 간주된 실체(entity)가 자연인임을 뜻하는 것이 아니라, 실체가 제한된 목적 범위(소송, 소유권, 계약)에서 사람으로서 행위를 하도록 허용한다는 뜻이다.

법인격을 취득할 수 있는 단체로는 사단과 재단이 있는데, 사단은 구성원과는 독립하여 단체 자체가 그 주체가 되며, 재단은 재산을 일정한 목적을 바탕으로 출연하여 이를 바탕으로 일정한 조직을 갖추어 그 목적을 영위하는 경우 법인격을 가진 결합된 재산의 집단을 의미한다.

2) 법인의 종류

법인의 종류는 기준에 따라 몇 가지로 나뉜다. 사회복지와 관련된 법인은 공법인과 사법인 그리고 사법인 가운데 비영리법인(재단법인과 사단법인)이 있고, 사회복지법인으로 특정되어 있는 경우도 있다. 민법은 비영리법인으로서 사단법인과 재단법인의 두 가지만을 인정한다.[1)]

즉 법인은 영리목적의 유무에 따라 영리법인과 비영리법인으로 구분할 수 있으며, 비영리법인은 다시 사단법인, 재단법인으로 구분할 수 있다. 그리고 사단(재단)법인은 다시 공익사업의 수행 여부에 따라 공익성사단(재단)법인과 일반사단(재단)법인으로 구분할 수 있는 것이다.

(1) 공법인과 사법인

① 공법인

법인을 공법인과 사법인으로 분류하는 것은 법인의 분류방법 중 가장 오래된 방법이며, 특정한 공공목적을 위하여 특별한 법적 근거에 따라서 설립된 법인을 공법인이라 한다. 그 결과 공법인은 사법인과는 달리 보통 그 목적이 법률로써 정해져 있고 목적 달성에 필요한 한도에서 행정권이 부여된다. 공법인은 광의로는 국가와 공공단체를 모두 포함하고, 협의로는 공공단체와 같은 의미로 사용되고, 최협의로는 지방자치단체를 제외한 공공단체를 의미한다. 국민연금공단, 국민건강보험공단, 근로복지공단, 한국장애인고용촉진공단은 공법인이다.

즉 공법인은 법률(또는 헌법)에 근거해서 설립하고 그 구성이나 조직 등에 국가가 개입하는 법인이다. 공법인도 사적인 거래행위를 할 때에는 같이 취급되기도 하지만, 법률상으로 사법인이나 개인과 완전히 같이 취급되지는 않는다. 법적인 다툼이 있는 경우에 공법인은 행정소송으로 하지만 사법인은 민사소송에 의한다.

② 사법인

사법인은 사법에 의해 설립되고 규율되는 법인이다. 민법상의 비영리사단법인과 비영리재단법인 그리고 상법상의 영리법인이 대표적이며, 그 내부의 법률관계에 국가 또는 공공단체의 강제적 권력작용이 가해지지 않는 법인을 가리킨다. 사법인 중에서도 상업상의 법인은 영리법인이고, 민법상의 법인은 비영리법인이다.

---

1) 「민법」 제32조(비영리법인의 설립과 허가)에서는 학술, 종교, 자선, 기예, 사교, 기타 영리 아닌 사업을 목적으로 하는 사단 또는 재단은 주무관청의 허가를 얻어 이를 법인으로 할 수 있다는 규정을 두고 있다.

즉 사법인은 기업이나 개인이 설립한 장학재단과 같이 사인(私人)이 설립한 법인을 말한다. 그러므로 설립도 자유이고 그 구성이나 기관의 조직(이사, 감사 등)도 자율적으로 할 수 있다. 사법인은 법률상으로는 개인과 마찬가지로 취급되고, 법인의 성격에 따라서 여러 가지 다른 규정이 적용될 수 있는 것이다.

(2) 영리법인과 비영리법인(공익법인)

① 영리법인

영리법인은 경제적 이익도모를 목적으로 하는 법인으로서 이윤동기를 위해서 활동하며, 그 법인의 이익을 구성원 또는 사원 개개인에게 배분하기도 한다. 현행법은 재단법인을 영리법인으로 성립할 수 없도록 규정하고 있고 사단법인만이 영리법인이 될 수 있다. 영리법인의 전형적인 형태는 상법상의 회사가 해당된다.

② 비영리법인

공익을 위한 사업이나 학술, 종교, 자선, 기예, 사교, 기타 영리가 아닌 사업을 목적으로 하는 법인을 비영리법인이라 한다. 대부분의 사회복지기관이나 시설을 운영하는 사회복지법인은 비영리법인이지만 유료복지시설이나 유료서비스사업과 같은 경우는 영리법인이 될 수 있다.

비영리법인은 본래 의도적으로 경제적 이익을 도모하지 아니하는 비영리사업을 목적으로 하여 성립하지만 목적달성을 위하여 그의 본질에 반하지 아니하는 범위 내에서 영리행위를 하는 것은 인정되고 있다.

③ 공익법인

공익법인은 사회복지, 종교, 교육, 장학, 의료 등 사회일반의 이익을 목적으로 「민법」 또는 「공익법인의 설립 · 운영에 관한 법률」에 의해 설립된 비영리법인을 말한다. 사회일반의 이익을 목적으로 설립되기 때문에 이에 소요되는 재원을 개인이나 단체가 출연하는 것을 지원하기 위해서 공익법인에 출연한 자산에 대해서는 상속세와 증여세가 부과되지 않는다. 단, 수익사업을 통해 소득이 발생하면 법인세가 과세된다. 일반적으로 비영리법인과 동일한 용어이고 비영리법인의 하나이지만 비영리법인이라고 하여 반드시 「상속세 및 증여세법」상의 공익법인은 아닌 것이다.

(3) 사단법인과 재단법인

① 사단법인

사단법인은 그 구성원과는 독립된 법인격을 단체에게 부여하고 독립된 권리·의무의 주체성을 인정함으로써 단체의 법률관계를 간편하게 취급하기 위한 법인이다. 일정한 목적을 위하여 결합한 사람의 단체에 법인격이 부여된 것이며, 단체의사에 의하여 자율적으로 활동한다. 즉 일정한 목적을 위하여 결합한 사람의 집단으로 법률상 권리와 의무의 주체임을 인정받은 법인을 말한다. 사단법인은 인적요소를 중심으로 하기 때문에 사원의 존재를 필요로 하며, 최고의 의사결정은 사원총회의 결의에 의한다.

사단법인은 그 법인의 근본규칙인 정관을 작성하고 주된 사무소의 소재지에 등기를 함으로써 설립된다. 비영리사단법인의 경우에는 주무관청의 허가를 얻어야만 법인으로 성립할 수 있으나, 영리사단법인(회사 등)의 경우에는 준칙주의(準則主義)에 따라 회사 성립요건을 구비하면 법인으로 설립등기가 된다.

② 재단법인

재단법인은 일정한 목적을 위하여 제공된 재산의 집합(사업체)에 대하여 독립된 인격이 부여된 법인이다. 즉 일정한 목적에 바쳐진 재산이라는 실체에 법인격이 부여된 것이며, 설립자의 의사에 의하여 타율적으로 운영된다. 따라서 재단법인은 일정한 목적을 위하여 결합된 재산의 집합 또는 이에 바쳐진 재산을 개인에 귀속시키지 아니하고, 독립된 별개의 실체로 운영하기 위하여 재산을 구성요소로 법률상 권리능력을 부여받은 법인을 말한다.

재단법인은 재산을 실질상의 본체로 하는 것으로서 사람의 집단을 본체로 하는 사단법인과 다르며, 재단법인은 재산출연자의 의사가 존중되기 때문에 원칙적으로 정관을 변경할 수 없다. 재단법인은 이사가 그 업무를 집행하며 법인을 대표하여 법률행위를 하지만, 사단법인의 사원과 같은 인적구성을 가지지 아니하므로 사원총회(또는 주주총회)라는 것이 없다. 재단법인은 영리를 목적으로 하여 설립될 수는 없으며, 학술, 종교, 자선, 기예, 사교, 기타 그 밖의 영리 아닌 사업을 목적으로 하는 것에 한하여 설립이 인정된다.

3) 사회복지법인

(1) 사회복지법인의 의의

사회복지법인이라 함은 사회복지사업을 행할 목적으로 설립된 법인을 말하는데, 「사회복지사업법」 제2조 제1호 및 제3호에서는 각 법률에 따라 보호·선도 또는 복지에 관한 사업과 사회복지상담, 직업지원, 무료 숙박, 지역사회복지, 의료복지, 재가복지, 사회복지관 운영, 정신질환자 및 한센병력자의 사회복귀에 관한 사업 등 각종 복지사업과 이와 관련된 자원봉사활동 및 복지시설의 운영 또는 지원을 목적으로 하는 사업을 할 목적으로 설립된 법인으로 규정하고 있다.

즉 사회복지법인은 「사회복지사업법」에서 규정한 사회복지사업을 수행하기 위해 설립된 사법인이면서도 비영리공익법인·재단법인의 성격을 동시에 가진다. 이에 따라 공익성과 공공성이 강한 사회복지사업의 건실한 수행을 위하여 사회복지법인은 설립·변경·소멸 및 지도·감독 등에 관하여 「사회복지사업법」 등에 세부적으로 규정하고 있다. 따라서 사회복지법인은 사회복지사업을 추진하는 대표적인 법인으로서 지도감독을 받게 된다. 사회복지법인은 성격상 사단법인과 재단법인을 모두 포함하고 있으며, 비영리법인 중의 공익법인이나 시설의 운영을 위하여 수익사업을 할 수 있다.

사회복지법인제도는 민간사회복지사업의 공공성과 안정성을 높이기 위한 것으로 사회복지시설운영법인과 지원법인으로 구분된다. 시설운영법인은 정부로부터 위탁을 받아 사회복지사업을 수행하기 때문에 운영경비를 지원받지만, 지원법인은 출연된 기본재산으로부터 발생하는 수익으로 인건비, 사업비 등 법인운영경비의 전액을 충당할 수 있는 기본재산을 갖추어야 한다(후원금 제외).

(2) 사회복지법인의 주요사업

① 기본사업으로 노인복지, 아동복지, 장애인복지, 여성복지사업 등의 「사회복지사업법」 상이나 관련 규정에서 정하는 사업이 있다

② 공익사업으로 「사회복지사업법」 이외의 각종 법령에서 비영리법인이 수행할 수 있는 것으로 「의료법」에 의한 의료사업, 「특수교육진흥법」에 의한 특수학교 설치, 기타 저소득층 및 지원주민에 대한 생활보조금, 학자금, 의료서비스지원 등

의 사업이 있다. 수익사업으로 사회복지법인이 고유의 목적사업 재원에 충당하기 위하여 사회복지법인의 명예나 신용을 손상하지 않는 사업을 할 수 있으며, 부동산 임대료 수입, 농수산물 및 축산수익, 주식의 배당이익 등이 있다.

③ 주요사업에 관련되는 법률은 각 사업영역에 따른 특별법이 우선되어 적용되고 그러한 특별법이 없는 경우에 일반법이 적용된다. 즉 사회복지법인에 관한 법적용 우선순위는 사회복지사업 관련 특정 법률, 「사회복지사업법」, 「공익법인의 설립 · 운영에 관한 법률」, 「민법」 등의 순이다.

④ 일반적으로 사회복지법인이 수행하는 사회복지사업은 「사회복지사업법」과 그 시행령, 시행규칙 그리고 '사회복지법인 재무회계규칙(보건복지부령 제1호)'에 따른 적용을 받는다.

(3) 사회복지법인의 설립

① 사회복지법인 설립요건

사회복지법인을 설립하고자 하는 자는 사회복지법인 설립허가신청서 등 다음과 같은 관련서류를 구비하여 주된 사무소를 관할하는 시 · 군 · 구청장을 거쳐 시 · 도지사에게 제출하여야 한다. 즉 2012년 8월 5일의 「사회복지사업법」 개정으로 사회복지법인 설립허가 권한은 시 · 도로 이양되었기 때문에 사회복지법인을 설립하려면 1차적으로 시 · 군 · 구의 검토 의견 작성 과정을 거치고 난 후에 시 · 도 단위의 담당부서에서 처리하게 된다.

가. 설립취지서는 법인설립 취지를 6하 원칙에 의해 기재해야 하며, 발기인 회의록에는 재산출연사항, 임원선출, 정관의 심의의결, 사업계획 및 수지예산 등에 관한 의결사항을 포함하며, 발기인 전원 기명날인한다. 그리고 설립 발기인 명단에는 직위, 성명 주민등록번호, 주소 및 약력을 간략하게 기재한다.

나. 정관은 정관기재사항(목적, 명칭 등)은 반드시 기재해야 하며, 법인 설립당시의 기본재산목록, 임원명단, 법인이 사용할 인장을 첨부한다. 정관은 관련법규에 어긋남이 없도록 하고 발기인 전원 기명날인한다.

다. 재산출연증서는 출연재산의 구체적 내용(소재지, 지목, 지적, 평가가액 등)을 기재해야 하고, 출연인의 인적사항, 출연일자 기재 후 인감 날인한다. 주식, 예금 등의 출연행위에 대하여는 공증인의 공증을 받도록 한다.

라. 재산출연자의 인감증명서는 재산출연증서 제출 시 출연자의 인감증명을 첨부하여 인감증명의 용도는 '사회복지법인에 대한 재산출연용'으로 한다.

마. 재산의 소유를 증명할 수 있는 부동산 등기부등본, 주식의 주주명부 사본, 현금의 경우 예금잔고증명, 유가증권의 사본, 각종 무체재산권의 등록필증 사본 등의 서류를 첨부한다.

바. 재산의 평가조서는 기본재산과 보통재산으로 구분하고, 기본재산은 목적사업용과 수익사업용으로 구분하여 평가가액을 일목요연하게 파악할 수 있도록 작성한다. 지원법인은 목적용과 수익용을 구분하지 아니할 수 있으며, 부동산은 「지가공시 및 토지 등의 평가에 관한 법률」에 의한 감정평가법인의 감정평가서 또는 표준지의 공시지가를 기준으로 산정한 지가확인서를 첨부하고 예금 등은 그 현재액을 증명할 수 있는 잔고증명서 기타 각종 재산을 평가할 수 있는 증빙서류를 첨부한다.

사. 재산의 수익조서는 수익용 기본재산을 갖춘 경우에 한하며 수익을 파악할 수 있도록 작성하고 수익산출 근거를 명시한다. 수익을 증명할 수 있는 기관이 발행하는 증빙서류(수익확인서, 배당이익 증명서, 이자수익확인서, 납세필증 등)도 첨부한다.

아. 임원의 취임승낙서는 임원취임자의 취임승낙의사 표시와 인적사항(주소, 성명, 주민등록번호, 주요경력)을 기재한다. 인감증명서 및 이력서를 첨부하고 이사 및 감사 등의 직위와 취임기간을 명시하고 날인한다. 아울러 임원 상호간의 관계에 있어 법 제18조 제2항의 규정(특별한 관계에 있는 자)에 저촉되지 아니함을 입증하는 각서 1부를 첨부한다.

자. 설립 당해 연도 및 다음 연도 사업계획서 및 예산서 각 1부를 첨부한다.

② 사회복지법인 설립절차

사회복지법인을 설립하고자 하는 자는 대통령령이 정하는 바에 의하여 보건복지부장관(2012년 8월부터 시·도지사 위임)의 허가를 받아야 한다. 이때 시 · 도지사는 법인설립허가 신청내용의 목적사업이 구체적이고 실현가능한지, 목적사업이 사회복지를 유지·증진하는 것이라고 인정되는지 등 기준에 적합한 경우에만 허가를 해주게 된다. 아울러 시 · 도지사는 설립 기준에 적합하다고 해서 반드시 허가할 의무는 없도록 한 재량행위권을 인정하고 있다.

그리고 규정에 의하여 설립된 법인은 주된 사무소의 소재지에서 설립등기를 하여야 한다. 우선 사회복지법인을 설립하는 절차에 대하여 크게 3단계로 구분하여 단계별로 조치사항을 정리해보면 〈표 3-1〉과 같이 정리할 수 있다.

〈표 3-1〉 **사회복지법인 설립단계별 조치사항**

설립 절차	주요내용
1단계	ㅇ 신청인의 법인설립 신청(신청인→시 · 군 · 구)
	−사회복지법인을 설립하고자 하는 자는 사회복지사업법 시행규칙 제7조에 규정되어 있는 사회복지법인 설립허가 신청서와 기타 구비서류를 완비하여 시 · 군 · 구에 제출
	−시 · 도 및 시 · 군 · 구는 사회복지법인 설립에 대한 문의가 있을 경우 신청인이 신청서 제출 전 법인 주사무소가 소재할 시 · 도 및 시 · 군 · 구와 법인설립 필요성 등에 대해 충분하게 협의하여 추후 절차가 원만하게 수행되도록 지도
2단계	ㅇ 시 · 군 · 구의 검토의견서 등 첨부하여 시 · 도 제출(시 · 군 · 구→시 · 도)
	−시 · 군 · 구는 설립허가를 신청한 법인에 대한 기초자료(예 : 자산에 관한 실지조사 결과, 법인설립 필요성에 관한 검토의견서 등)를 첨부하여 시 · 도에 신청서를 제출
	−신청서를 접수한 시 · 군 · 구는 해당 법인이 소재할 사무소 및 기본재산 등을 직접 엄격하게 확인(필요시 방문)하고, 시 · 도에서 조례 및 규칙 등으로 법인업무와 관련한 시 · 군 · 구의 권한 및 위임사항을 정하였을 경우 그에 따르되 법인의 허가 등 법인관리 업무의 중요사항은 반드시 시 · 도에서 행함
3단계	ㅇ 시 · 도에서 최종 허가여부 결정
	−시 · 도는 법인설립 신청서와 시 · 군 · 구의 기초자료, 시 · 도의 복지여건 등을 종합적으로 검토하여 법인설립허가 최종 결정 ▸ 처리기한 • 목적사업의 범위가 2 이상의 시·도에 걸치는 법인 : 22일 • 목적사업의 범위가 1 시·도에 한정되는 법인 : 17일
	−법인허가 시 법인의 목적사업에 해당하는 기본재산을 갖추었는지 여부를 엄격하게 심사하고, 목적사업이 2 이상의 시도에 걸쳐 있는 법인에 대해서는 관련 시 · 도의 의견을 충분히 수렴한 후 결정

(4) 사회복지법인의 운영

사회복지법인을 설립하고 운영함에 있어서는 영리법인과는 달리 비영리법인과 공익법인으로서의 운영의 특징을 가지게 되는데 그 주요 특성을 정리하면 다음과 같다.

① 법인운영목적이 사회서비스를 제공하는 데 있기 때문에 자원의 원천을 만들지 못하여 정부의 보조금을 받기 위해 사업계획서를 제출하고 보고해야 하는 등의 의무가 있다.

② 자원조달방법이 여타의 법인과는 다른데, 정부보조금 외에는 프로그램 수익사업이나 민간의 기부금으로 조달하며, 물적 자원뿐만 아니라 인적자원의 조달도 중요하게 취급된다.

③ 기부된 자원의 소유권은 법인에 있으나 법인청산 시에는 국가에 그 재산을 귀속하도록 되어 있다.

④ 사회복지법인이 수행하는 사회복지사업은 공공적, 사회적 성격을 가지고 있기 때문에 그 성과를 단 기간에 파악하기 어려워 성과측정이 용이하지 않다는 특징이 있다.

⑤ 사회복지시설을 직접 운영하는 법인이 대부분이지만 여타의 사회복지시설이나 사회복지사업을 간접적으로 지원하는 법인도 있다.

(5) 사회복지법인의 임원

① 법인은 대표이사를 포함한 이사 7명 이상과 감사 2명 이상을 두어야 한다.

② 법인은 제1항에 따른 이사 정수의 3분의 1(소수점 이하는 버림) 이상을 다음 각 호의 어느 하나에 해당하는 기관이 3배수로 추천한 사람 중에서 선임하여야 한다.

가. 「사회보장급여의 이용 · 제공 및 수급권자 발굴에 관한 법률」 제40조제1항에 따른 시 · 도 사회보장위원회

나. 「사회보장급여의 이용 · 제공 및 수급권자 발굴에 관한 법률」 제41조제1항에 따른 시 · 군 · 구 지역사회보장협의체

③ 이사회의 구성에 있어서 대통령령으로 정하는 특별한 관계에 있는 사람이 이사 현원(現員)의 5분의 1을 초과할 수 없다.

④ 이사의 임기는 3년으로 하고 감사의 임기는 2년으로 하며, 각각 연임할 수 있다.

⑤ 외국인인 이사는 이사 현원의 2분의 1 미만이어야 한다.

⑥ 법인은 임원을 임면하는 경우에는 보건복지부령으로 정하는 바에 따라 지체 없이 시 · 도지사에게 보고하여야 한다.

⑦ 감사는 이사와 제3항에 따른 특별한 관계에 있는 사람이 아니어야 하며, 감사 중 1명은 법률 또는 회계에 관한 지식이 있는 사람 중에서 선임하여야 한다. 다만, 대통령령으로 정하는 일정 규모 이상의 법인은 시 · 도지사의 추천을 받아 「주식회사 등의 외부감사에 관한 법률」 제2조제7호에 따른 감사인에 속한 사람을 감사로 선임하여야 한다.

⑧ 제2항 각 호의 기관은 제2항에 따라 이사를 추천하기 위하여 매년 다음 각 호의 어느 하나에 해당하는 사람으로 이사 후보군을 구성하여 공고하여야 한다. 다만, 사회복지법인의 대표자, 사회복지사업을 하는 비영리법인 또는 단체의 대표자, 「사회보장급여의 이용 · 제공 및 수급권자 발굴에 관한 법률」 제41조에 따른 지역사회보장협의체의 대표자는 제외한다.

가. 사회복지 또는 보건의료에 관한 학식과 경험이 풍부한 사람

나. 사회복지를 필요로 하는 사람의 이익 등을 대표하는 사람

다. 「비영리민간단체 지원법」 제2조에 따른 비영리민간단체에서 추천한 사람

라. 「사회복지공동모금회법」 제14조에 따른 사회복지공동모금지회에서 추천한 사람

2. 사회복지사업운영의 시설

1) 아동복지 / 영유아보육시설

(1) 아동복지시설

① 아동복지시설 대상자 선정

「아동복지법」상 '아동'이라 함은 18세 미만의 자를 말한다. 그리고 아동복지서비스의 주된 대상인 "보호를 필요로 하는 아동"이라 함은 보호자가 없거나 보호자로부터 이탈된 아동, 또는 보호자가 아동을 학대하는 경우 등 그 보호자가 아동을 양육하기에 부적당하거나 양육할 능력이 없는 경우의 아동을 말한다. 한편 아동학대를 예방하고 피해자를 보호하는 시설인 아동보호전문기관에서 다루어지는 '아동학대'라 함은 보

호자를 포함한 성인에 의하여 아동의 건강 · 복지를 해치거나 정상적 발달을 저해할 수 있는 신체적 · 정신적 · 성적 폭력 또는 가혹행위 및 아동의 보호자에 의하여 이루어지는 유기와 방임을 말한다.

② 아동복지시설 유형

가. 아동양육시설 : 보호를 필요로 하는 아동을 입소시켜 보호, 양육하는 것을 목적으로 하는 시설이다.

나. 아동일시보호시설 : 보호를 필요로 하는 아동을 일시보호하고 아동에 대한 향후의 양육대책수립 및 보호조치를 행하는 것을 목적으로 하는 시설이다.

다. 아동보호치료시설 : 불량행위를 하거나 불량행위를 할 우려가 있는 아동으로서 보호자가 없거나 친권자나 후견인이 입소를 신청한 아동 또는 가정법원, 지방법원소년부지원에서 보호위탁된 아동을 입소시켜 그들을 선도하여 건전한 사회인으로 육성하는 것을 목적으로 하는 시설이다.

라. 자립지원시설 : 아동복지시설에서 퇴소한 자에게 취업준비기간 또는 취업 후 일정기간 보호함으로써 자립을 지원하는 것을 목적으로 하는 시설이다.

마. 아동상담소 : 아동과 그 가족의 문제에 관한 상담, 치료, 예방 및 연구 등을 목적으로 하는 시설이다.

바. 아동전용시설 : 어린이공원, 어린이놀이터, 아동회관, 체육, 연극, 영화, 과학실험전시시설, 아동휴게숙박시설, 야영장 등 아동에게 건전한 놀이·오락 기타 각종 편의를 제공하여 심신의 건강유지와 복지증진에 필요한 서비스를 제공하는 것을 목적으로 하는 시설이다.

사. 공동생활가정 : 보호를 필요로 하는 아동에게 가정과 같은 주거여건과 보호를 제공하는 것을 목적으로 하는 시설이다.

아. 지역아동센터 : 지역사회아동의 보호·교육, 건전한 놀이와 오락 제공, 보호자와 지역사회의 연계 등 아동의 건전육성을 위하여 종합적인 아동복지서비스를 제공하는 시설이다.

자. 아동보호전문기관 : 아동학대예방사업을 활성화하고 지역 간 연계체계를 구축하기 위한 중앙아동보호전문기관과 학대받은 아동의 발견, 보호, 치료에 대한 신속처리 및 아동학대예방을 담당하는 지역아동보호전문기관을 말한다.

차. 가정위탁지원센터 : 보호대상아동에 대한 가정위탁사업을 활성화하기 위하여 시·도 및 시·군·구에 두는 지역가정위탁지원센터를 말한다.

카. 이러한 개별시설 이외에도 아동복지시설은 종합시설로 설치할 수 있다. 아울러 아동복지시설은 규정된 시설의 사업 이외에도 학대아동의 발견, 보호, 치료 및 아동학대의 예방 등을 전문적으로 실시하는 사업 등을 수행하는 개별시설을 운영할 수 있다.

③ 아동복지시설의 추가 가능사업

아동복지시설은 각 시설 고유의 목적 사업을 해치지 아니하고 각 시설별 설치기준 및 운영기준을 충족하는 경우 다음 각 호의 사업을 추가로 실시할 수 있다.

가. 아동가정지원사업 : 지역사회아동의 건전한 발달을 위하여 아동, 가정, 지역주민에게 상담, 조언 및 정보를 제공하여 주는 사업

나. 아동주간보호사업 : 부득이한 사유로 가정에서 낮 동안 보호를 받을 수 없는 아동을 대상으로 개별적인 보호와 교육을 통하여 아동의 건전한 성장을 도모하는 사업

다. 아동전문상담사업 : 학교부적응아동 등을 대상으로 올바른 인격형성을 위한 상담, 치료 및 학교폭력예방을 실시하는 사업

라. 학대아동보호사업 : 학대아동의 발견, 보호, 치료 및 아동학대의 예방 등을 전문적으로 실시하는 사업

마. 공동생활가정사업 : 보호대상아동에게 가정과 같은 주거여건과 보호를 제공하는 것을 목적으로 하는 사업

바. 방과 후 아동지도사업 : 저소득층 아동을 대상으로 방과 후 개별적인 보호와 교육을 통하여 건전한 인격형성을 목적으로 하는 사업

(2) 어린이집

① 영유아보육 대상자 선정

「영유아보육법」상에서의 '영유아'란 6세 미만의 취학 전 아동을 말한다. 우리나라에서는 영유아를 대상으로 교육서비스를 주로 하는 '유치원'이 「유아교육법」에 근거하여 운영되고 있으며, 어린이집은 교육 및 보호를 목적으로 하는 「영유아보육법」을 근거

로 설치 · 운영되고 있다.

② 어린이집 유형

가. 국공립어린이집 : 국가나 지방자치단체가 설치·운영하는 어린이집이다.

나. 사회복지법인어린이집 : 「사회복지사업법」에 따른 사회복지법인이 설치 · 운영하는 어린이집이다.

다. 직장어린이집 : 사업주가 사업장의 근로자를 위하여 설치 · 운영하는 어린이집(국가나 지방자치단체의 장이 소속 공무원을 위하여 설치 · 운영하는 시설 포함)이다.

라. 가정어린이집 : 개인이 가정이나 그에 준하는 곳에 설치·운영하는 어린이집이다.

마. 부모협동어린이집 : 보호자들이 조합을 결성하여 설치·운영하는 어린이집이다.

바. 민간어린이집 : 위의 규정에 해당하지 아니하는 민간의 어린이집이다.

2) 노인복지 / 장애인복지시설

(1) 노인복지시설

① 노인복지시설별 대상자 선정

가. 노인주거복지시설의 입소대상자는 다음과 같다.

– 양로시설 · 노인공동생활가정 : 다음의 어느 하나에 해당하는 자로서 일상생활에 지장이 없는 자

- 「국민기초생활보장법」 제2조에 따른 수급권자로서 65세 이상의 자
- 부양의무자로부터 적절한 부양을 받지 못하는 65세 이상의 자
- 본인 및 본인과 생계를 같이 하고 있는 부양의무자의 월소득을 합산한 금액을 가구원수로 나누어 얻은 1인당 월평균 소득액이 통계청장이 「통계법」 제17조 제3항에 따라 고시하는 전년도의 도시근로자가구 월평균 소득을 전년도의 평균 가구원수로 나누어 얻은 1인당 월평균 소득액 이하인 자로서 65세 이상의 자
- 입소자로부터 입소비용의 전부를 수납하여 운영하는 양로시설 또는 노인

공동생활가정의 경우는 60세 이상의 자

– 노인복지주택 : 단독취사 등 독립주거생활을 하는 데 지장이 없는 60세 이상의 자

– 입소대상자의 배우자는 양로시설·노인공동생활가정의 경우 65세 미만, 노인복지주택의 경우에는 60세 미만인 경우에도 입소대상자와 함께 입소할 수 있음

나. 노인의료복지시설의 입소대상자는 다음과 같다.

– 노인요양시설 · 노인요양공동생활가정 : 다음 각 목의 어느 하나에 해당하는 자로서 노인성질환 등으로 요양을 필요로 하는 자

- 「노인장기요양보험법」 제15조에 따른 수급자
- 기초수급권자로서 65세 이상의 자
- 부양의무자로부터 적절한 부양을 받지 못하는 65세 이상의 자
- 입소자로부터 입소비용의 전부를 수납하여 운영하는 노인요양시설 또는 노인요양공동생활가정의 경우는 60세 이상의 자

– 입소대상자의 배우자는 65세 미만(입소자로부터 입소비용의 전부를 수납하여 운영하는 노인요양시설 또는 노인요양공동생활가정의 경우에는 60세 미만)인 경우에도 입소대상자와 함께 입소할 수 있음

다. 노인여가복지시설의 이용대상자는 다음과 같다.

– 노인복지관 및 노인교실 : 60세 이상의 자

– 경로당 : 65세 이상의 자

– 노인복지관 및 노인교실 이용대상자의 배우자는 60세 미만인 때에도 이용대상자와 함께 이용할 수 있음

라. 재가노인복지시설의 이용대상자는 다음과 같다.

– 장기요양급여수급자

– 심신이 허약하거나 장애가 있는 65세 이상의 자(이용자로부터 이용비용의 전부를 수납 받아 운영하는 시설의 경우에는 60세 이상의 자)로서 다음에 해당하는 자

- 방문요양서비스 : 일정시간 동안 가정에서의 보호가 필요한 자
- 주·야간보호서비스 : 주간 또는 야간 동안의 보호가 필요한 자
- 단기보호서비스 : 단기간의 보호가 필요한 자

• 방문목욕서비스 : 가정에서의 목욕이 필요한 자

② 노인복지시설 유형

가. 노인주거복지시설에는 양로시설, 노인공동생활가정, 노인복지주택 등의 3개 유형이 있다.

– 양로시설 : 노인을 입소시켜 급식과 그 밖에 일상생활에 필요한 편의를 제공함을 목적으로 하는 시설

– 노인공동생활가정 : 노인들에게 가정과 같은 주거여건과 급식, 그 밖에 일상생활에 필요한 편의를 제공함을 목적으로 하는 시설

– 노인복지주택 : 노인에게 주거시설을 임대하여 주거의 편의 · 생활지도 · 상담 및 안전관리 등 일상생활에 필요한 편의를 제공함을 목적으로 하는 시설

나. 노인의료복지시설에는 노인요양시설, 노인요양공동생활가정 2개 유형이 있다.

– 노인요양시설 : 치매 · 중풍 등 노인성질환 등으로 심신에 상당한 장애가 발생하여 도움을 필요로 하는 노인을 입소시켜 급식 · 요양과 그 밖에 일상생활에 필요한 편의를 제공함을 목적으로 하는 시설

– 노인요양공동생활가정 : 치매 · 중풍 등 노인성질환 등으로 심신에 상당한 장애가 발생하여 도움을 필요로 하는 노인에게 가정과 같은 주거여건과 급식·요양, 그 밖에 일상생활에 필요한 편의를 제공함을 목적으로 하는 시설

다. 노인여가복지시설에는 노인복지관, 경로당, 노인교실 등의 3개 유형이 있다.

– 노인복지관 : 노인의 교양·취미생활 및 사회참여활동 등에 대한 각종 정보와 서비스를 제공하고, 건강증진 및 질병예방과 소득보장 · 재가복지, 그 밖에 노인의 복지증진에 필요한 서비스를 제공함을 목적으로 하는 시설

– 경로당 : 지역노인들이 자율적으로 친목도모 · 취미활동 · 공동작업장 운영 및 각종 정보교환과 기타 여가활동을 할 수 있도록 하는 장소를 제공함을 목적으로 하는 시설

– 노인교실 : 노인들에 대하여 사회활동 참여욕구를 충족시키기 위하여 건전

한 취미생활 · 노인건강유지 · 소득보장 기타 일상생활과 관련한 학습프로그램을 제공함을 목적으로 하는 시설

라. 재가노인복지시설에는 방문요양서비스, 주 · 야간보호서비스, 단기보호서비스, 방문목욕서비스 등의 4개 유형과 그 밖의 서비스가 있다.
- 방문요양서비스 : 가정에서 일상생활을 영위하고 있는 노인으로서 신체적 · 정신적 장애로 어려움을 겪고 있는 노인에게 필요한 각종 편의를 제공하여 지역사회 안에서 건전하고 안정된 노후를 영위하도록 하는 서비스
- 주·야간보호서비스 : 부득이한 사유로 가족의 보호를 받을 수 없는 심신이 허약한 노인과 장애노인을 주간 또는 야간 동안 보호시설에 입소시켜 필요한 각종 편의를 제공하여 이들의 생활안정과 심신기능의 유지 · 향상을 도모하고, 그 가족의 신체적·정신적 부담을 덜어주기 위한 서비스
- 단기보호서비스 : 부득이한 사유로 가족의 보호를 받을 수 없어 일시적으로 보호가 필요한 심신이 허약한 노인과 장애노인을 보호시설에 단기간 입소시켜 보호함으로써 노인 및 노인가정의 복지증진을 도모하기 위한 서비스
- 방문목욕서비스 : 목욕장비를 갖추고 재가노인을 방문하여 목욕을 제공하는 서비스
- 그 밖의 서비스 : 재가노인에게 제공하는 서비스로서 보건복지부령이 정하는 기타서비스

마. 노인보호전문기관에는 노인학대(신체적 · 정신적 · 정서적 · 성적 폭력 및 경제적 착취 또는 가혹행위를 하거나 유기 또는 방임)에 관한 업무를 담당하는 1개 유형의 전문기관(시설)이 있다.

바. 노인일자리지원기관은 노인의 능력과 적성에 맞는 일자리지원사업을 전문적 · 체계적으로 수행하기 위한 전담기관[2]에 속하며, 지역사회 등에서 노인일자리의 개발 · 지원, 창업·육성 및 노인에 의한 재화의 생산·판매 등을 직접 담당하는 기관이다.

---

2) 노인일자리전담기관에는 노인일자리지원기관 이외에도 노인일자리개발·보급사업, 조사사업, 교육·홍보 및 협력사업, 프로그램인증·평가사업 등을 지원하는 기관인 노인인력개발기관과 노인에게 취업 상담 및 정보를 제공하거나 노인일자리를 알선하는 기관인 노인취업알선기관이 있으나 노인복지시설의 유형에는 포함되지 않는다.

(2) 장애인복지시설

① 장애인복지시설의 대상자 선정

「장애인복지법」 상에서 규정하고 있는 장애인의 종류 및 기준은 다음과 같이 15개 종류 및 기준이 있으며, 이러한 장애인 중에서 개별기준에 따라 장애인거주시설, 장애인지역사회재활시설, 장애인직업재활시설 등에서 서비스 대상자로 선정될 수 있다.

가. 지체장애인

- 한 팔, 한 다리 또는 몸통의 기능에 영속적인 장애가 있는 사람
- 한 손의 엄지손가락을 지골(손가락 뼈) 관절 이상 부위에서 잃은 사람 또는 한 손의 둘째 손가락을 포함한 두 개 이상의 손가락을 제1지골 관절 이상 부위에서 잃은 사람
- 한 다리를 발등뼈와 발목을 이어주는 관절(Lisfranc) 이상 부위에서 잃은 사람
- 두 발의 발가락을 모두 잃은 사람
- 한 손의 엄지손가락 기능을 잃은 사람 또는 한 손의 두 번째 손가락을 포함한 손가락 두 개 이상의 기능을 잃은 사람
- 왜소증으로 키가 심하게 작거나 척추에 현저한 변형 또는 기형이 있는 사람
- 지체에 위의 어느 하나에 해당하는 장애정도 이상의 장애가 있다고 인정되는 사람

나. 뇌병변장애인

- 뇌성마비, 외상성 뇌손상, 뇌졸중 등 뇌의 기질적 병변으로 인하여 발생한 신체적 장애로 보행이나 일상생활의 동작 등에 상당한 제약을 받는 사람

다. 시각장애인

- 나쁜 눈의 시력(만국식 시력표에 따라 측정된 교정시력)이 0.02 이하인 사람
- 좋은 눈의 시력이 0.2 이하인 사람
- 두 눈의 시야가 각각 주시점에서 10도 이하로 남은 사람
- 두 눈의 시야 2분의 1 이상을 잃은 사람

라. 청각장애인

- 두 귀의 청력 손실이 각각 60데시벨(dB) 이상인 사람
- 한 귀의 청력 손실이 80데시벨 이상, 다른 귀의 청력 손실이 40데시벨 이상인 사람
- 두 귀에 들리는 보통 말소리의 명료도가 50퍼센트 이하인 사람
- 평형기능에 상당한 장애가 있는 사람

마. 언어장애인

- 음성기능이나 언어기능에 영속적으로 상당한 장애가 있는 사람

바. 지적장애인

- 정신발육이 항구적으로 지체되어 지적 능력의 발달이 불충분하거나 불완전하고 자신의 일을 처리하는 것과 사회생활에 적응하는 것이 상당히 곤란한 사람

사. 자폐성장애인

- 소아기 자폐증, 비전형적 자폐증에 따른 언어 · 신체표현 · 자기조절 · 사회적응 기능 및 능력의 장애로 인하여 일상생활이나 사회생활에 상당한 제약을 받아 도움이 필요한 사람

아. 정신장애인

- 지속적인 정신분열병, 분열형 정동장애(현실 상황에서 부적절한 정서 반응을 보이는 장애), 양극성 정동장애 및 반복성 우울장애에 따른 감정조절 · 행동 · 사고기능 및 능력의 장애로 인하여 일상생활이나 사회생활에 상당한 제약을 받아 도움이 필요한 사람

자. 신장장애인

- 신장의 기능부전으로 인하여 혈액투석이나 복막투석을 지속적으로 받아야 하거나 신장기능의 영속적인 장애로 인하여 일상생활에 상당한 제약을 받는 사람

차. 심장장애인

- 심장의 기능부전으로 인한 호흡곤란 등의 장애로 일상생활에 상당한 제약을 받는 사람

카. 호흡기장애인

– 폐나 기관지 등 호흡기관의 만성적 기능부전으로 인한 호흡기능의 장애로 일상생활에 상당한 제약을 받는 사람

타. 간장애인

– 간의 만성적 기능부전과 그에 따른 합병증 등으로 인한 간기능의 장애로 일상생활에 상당한 제약을 받는 사람

파. 안면장애인

– 안면 부위의 변형이나 기형으로 사회생활에 상당한 제약을 받는 사람

하. 장루 · 요루장애인

– 배변기능이나 배뇨기능의 장애로 인하여 장루 또는 요루를 시술하여 일상생활에 상당한 제약을 받는 사람

거. 간질장애인

– 간질에 의한 뇌신경세포의 장애로 인하여 일상생활이나 사회생활에 상당한 제약을 받아 다른 사람의 도움이 필요한 사람

② 장애인복지시설 유형

가. 장애인거주시설은 장애인이 필요한 기간 생활하면서 재활에 필요한 상담 · 치료 · 훈련 등의 서비스를 받아 사회복귀를 준비하거나 장애로 인하여 장기간 요양하는 시설이다.

나. 장애인지역사회재활시설은 장애인을 전문적으로 상담 · 치료 · 훈련하거나 장애인의 여가활동과 사회참여활동 등에 편의를 제공하는 장애인복지관 · 의료재활시설 · 체육시설 · 수련시설 및 공동생활가정 등의 시설이다.

다. 장애인직업재활시설은 일반 작업환경에서는 일하기 어려운 장애인이 특별히 준비된 작업환경에서 직업훈련을 받거나 직업생활을 할 수 있도록 하는 시설이다.

라. 장애인의료재활시설은 장애인을 입원 또는 통원하게 하여 상담, 진단, 판정, 치료 등 의료재활서비스를 제공하는 시설이다.

마. 이외에도 그 밖에 대통령령으로 정하는 시설이 있다.

3) 가족복지시설

(1) 한부모가족복지시설

① 한부모가족 중에서 저소득대상자로 선정되기 위해서는 다음에 해당하는 세대주인 모(母) 또는 부(父)와 그에 의하여 양육되는 만 18세 미만의 자녀로 이루어진 가정으로서 해당 연도 선정기준을 충족한 자이어야 한다.

가. 배우자와 사별 또는 이혼하거나 배우자로부터 유기된 자

나. 정신 또는 신체장애로 인하여 장기간 근로능력을 상실한 배우자를 가진 자

다. 미혼자(사실혼 관계에 있는 자는 제외)

라. 배우자의 생사가 분명하지 아니한 자

마. 배우자 또는 배우자 가족과의 불화 등으로 인하여 가출한 자

바. 배우자의 장기복역으로 인하여 부양을 받을 수 없는 자

사. 국내에 체류하고 있는 외국인 중 대한민국 국민과 혼인하여 한국국적의 아동을 양육하고 있는 자

아. 부모로부터 부양받지 못하는 아동과 그 아동을 양육하는 조부모(저소득 조손가족)

② 한부모가족복지시설 유형은 다음과 같이 구분하고 있다.

가. 모자가족복지시설 : 모자가족에게 다음의 어느 하나 이상의 편의를 제공하는 시설

- 기본생활지원 : 생계가 어려운 모자가족에게 일정 기간 동안 주거와 생계를 지원
- 공동생활지원 : 독립적인 생활이 어려운 모자가족에게 일정 기간 동안 공동생활을 통하여 자립을 준비할 수 있도록 주거 등을 지원
- 자립생활지원 : 자립욕구가 강한 모자가족에게 일정 기간 동안 주거를 지원

나. 부자가족복지시설 : 부자가족에게 다음 각 목의 어느 하나 이상의 편의를 제공하는 시설

- 기본생활지원 : 생계가 어려운 부자가족에게 일정 기간 동안 주거와 생계를 지원

– 공동생활지원 : 독립적인 생활이 어려운 부자가족에게 일정 기간 동안 공동생활을 통하여 자립을 준비할 수 있도록 주거 등을 지원

– 자립생활지원 : 자립욕구가 강한 부자가족에게 일정 기간 동안 주거를 지원

다. 미혼모자가족복지시설 : 미혼모자가족과 출산 미혼모 등에게 다음 각 목의 어느 하나 이상의 편의를 제공하는 시설

– 기본생활지원 : 미혼 여성의 임신 · 출산 시 안전 분만 및 심신의 건강 회복과 출산 후의 아동의 양육 지원을 위하여 일정 기간 동안 주거와 생계를 지원

– 공동생활지원 : 출산 후 해당 아동을 양육하지 아니하는 미혼모 또는 미혼모와 그 출산 아동으로 구성된 미혼모자가족에게 일정 기간 동안 공동생활을 통하여 자립을 준비할 수 있도록 주거 등을 지원

라. 일시지원복지시설 : 배우자(사실혼 관계에 있는 사람을 포함)가 있으나 배우자의 물리적·정신적 학대로 아동의 건전한 양육이나 모의 건강에 지장을 초래할 우려가 있을 경우 일시적 또는 일정 기간 동안 모와 아동 또는 모에게 주거와 생계를 지원하는 시설

마. 한부모가족복지상담소 : 한부모가족에 대한 위기·자립 상담 또는 문제해결 지원 등을 목적으로 하는 시설

(2) 다문화가족복지시설

① 「다문화가족지원법」 제2조(정의)에 따르면 '다문화가족'이란 「재한외국인처우기본법」 제2조 제3호의 결혼이민자와 「국적법」 제2조에 따라 출생 시부터 대한민국 국적을 취득한 자로 이루어진 가족, 「국적법」 제4조에 따라 귀화허가를 받은 자와 같은 법 제2조에 따라 출생 시부터 대한민국 국적을 취득한 자로 이루어진 가족을 말하며, '결혼이민자 등'이란 다문화가족의 구성원으로서 「재한외국인처우기본법」 제2조 제3호의 결혼이민자, 「국적법」 제4조에 따라 귀화허가를 받은 자를 말한다.

② 다문화가족복지시설 유형은 '다문화가족지원센터' 단일유형으로 구분하고 있다.

4) 성매매 / 성폭력 / 가정폭력피해자보호시설

(1) 성매매피해자보호시설

① '성매매피해자'라 함은 「성매매알선 등 행위의 처벌에 관한 법률」에 규정된 다음의 어느 하나에 해당하는 자를 말한다.

가. 위계·위력 그 밖에 이에 준하는 방법으로 성매매를 강요당한 자

나. 업무·고용 그 밖의 관계로 인하여 보호 또는 감독하는 자에 의하여 마약류관리에 관한 법률 제2조의 규정에 의한 마약·향정신성의약품 또는 대마에 중독되어 성매매를 한 자

다. 청소년, 사물을 변별하거나 의사를 결정할 능력이 없거나 미약한 자 또는 대통령령이 정하는 중대한 장애가 있는 자로서 성매매를 하도록 알선·유인된 자

라. 성매매 목적의 인신매매를 당한 자

② 성매매피해자 등을 위한 지원시설의 종류는 다음에서와 같다.

가. 일반지원시설은 성매매피해자 등을 대상으로 1년 이내의 범위에서 숙식을 제공하고 자립을 지원하는 시설이다.

나. 청소년지원시설은 청소년인 성매매피해자 등을 대상으로 1년 이내의 범위에서 숙식을 제공하고, 취학·교육 등을 통하여 자립을 지원하는 시설이다.

다. 외국인여성지원시설은 외국인여성인 성매매피해자 등을 대상으로 3개월(「성매매알선 등 행위의 처벌에 관한 법률」 제11조에 해당하는 외국인여성에 대하여는 그 해당 기간) 이내의 범위에서 숙식을 제공하고, 귀국을 지원하는 시설이다.

라. 자활지원센터는 성매매피해자 등을 대상으로 자활에 필요한 지원을 하는 이용시설이다.

(2) 성폭력피해자보호시설

① 성폭력피해자보호시설의 입소대상은 「성폭력방지 및 피해자보호 등에 관한 법률」 제15조의 규정에 의한 성폭력피해자로서 본인이 희망하는 경우, 미성년자로서 보호자의 입소동의가 있는 경우, 기타 근친상간 피해자, 정신지체인, 정신

질환자, 사회복지시설의 수용자등으로서 성폭력피해에 관하여 상담하는 직원의 상담결과 보호자의 입소동의를 받게 하는 것이 적절하지 못하다고 인정되는 경우이다.

② 성폭력피해자보호시설의 종류는 다음과 같이 5가지 유형으로 구분하고 있다.

가. 일반보호시설 : 피해자에게 제13조 제1항 각 호의 사항을 제공하는 시설

나. 장애인보호시설 : 「장애인차별금지 및 권리구제 등에 관한 법률」 제2조 제2항에 따른 장애인인 피해자에게 제13조 제1항 각 호의 사항을 제공하는 시설

다. 특별지원 보호시설 : 「성폭력범죄의 처벌 등에 관한 특례법」 제5조에 따른 피해자로서 19세 미만의 피해자에게 제13조 제1항 각 호의 사항을 제공하는 시설

라. 자립지원 공동생활시설 : 제1호부터 제3호까지의 보호시설을 퇴소한 사람에게 제13조 제1항 제3호 및 그 밖에 필요한 사항을 제공하는 시설

마. 장애인 자립지원 공동생활시설 : 제2호의 보호시설을 퇴소한 사람에게 제13조 제1항 제3호 및 그 밖에 필요한 사항을 제공하는 시설

(3) 가정폭력피해자보호시설

① 「가정폭력방지 및 피해자보호 등에 관한 법률」 제2조(정의)에 따르면 '가정폭력피해자'라 함은 「가정폭력범죄의 처벌 등에 관한 특례법」상의 가정폭력범죄로 인하여 직접적으로 피해를 입은 자를 말한다. 그리고 '가정폭력'이라 함은 가정구성원 사이의 신체적, 정신적 또는 재산상 피해를 수반하는 행위를 말한다. 이때 '가정구성원'이라 함은 배우자(사실상 혼인관계에 있는 자를 포함) 또는 배우자관계에 있었던 자, 자기 또는 배우자와 직계존비속 관계(사실상의 양친자관계를 포함)에 있거나 있었던 자, 계부모와 자의 관계 또는 적모와 서자의 관계에 있거나 있었던 자, 동거하는 친족관계에 있는 자를 말한다.

그리고 가정폭력피해자보호시설의 입소대상은 피해자 등으로서 본인이 입소를 희망하거나 입소에 동의하는 경우, 「장애인복지법」 제2조에 따른 지적장애인이나 정신장애인, 그 밖에 의사능력이 불완전한 자로서 가정폭력행위자가 아닌

보호자가 입소에 동의하는 경우, 「장애인복지법」 제2조에 따른 지적장애인이나 정신장애인, 그 밖에 의사능력이 불완전한 자로서 상담원의 상담 결과 입소가 필요하나 보호자의 입소 동의를 받는 것이 적절하지 못하다고 인정되는 경우이다.

② 가정폭력피해자보호시설의 종류는 가정폭력상담소 이외에 다음과 같이 4가지 유형으로 구분하고 있다.

가. 단기보호시설 : 피해자 등을 6개월의 범위에서 보호하는 시설

나. 장기보호시설 : 피해자 등에 대하여 2년의 범위에서 자립을 위한 주거편의(住居便宜) 등을 제공하는 시설

다. 외국인보호시설 : 배우자가 대한민국 국민인 외국인 피해자 등을 2년의 범위에서 보호하는 시설

라. 장애인보호시설 : 「장애인복지법」의 적용을 받는 장애인인 피해자 등을 2년의 범위에서 보호하는 시설

5) 기타 사회복지시설

(1) 지역사회복지시설

지역사회복지시설에는 다수의 종류가 있으나, 여기에서는 지역사회복지관, 지역자활센터, 사회복지공동모금회, 사회복지협의회 등으로 구분하여 보면 다음과 같다.

① 지역사회복지관은 「사회복지사업법」 등에 의거하여 설치, 운영 중이며, 지역사회 내에서 일정한 시설과 전문인력을 갖추고 지역사회의 인적·물적 자원을 동원하여 지역사회 문제를 해결하고 주민의 복지욕구를 충족시키기 위한 종합적인 사회복지사업을 수행하는 이용시설이다. 사회복지관의 사업대상자는 사회복지서비스 욕구를 가지고 있는 모든 지역주민으로 한다. 다만, 다음 각 호의 주민을 우선적인 사업대상자로 해야 한다.

가. 국민기초생활보장 수급자, 차상위계층 등 저소득 주민

나. 장애인, 노인, 모 · 부자가정 등 취약계층 주민

다. 직업 · 부업훈련 및 취업알선이 필요한 주민

라. 유아, 아동 또는 청소년의 보호 및 교육이 필요한 주민

마. 기타 긴급지원이 필요하다고 인정되는 주민

② 지역자활센터는 「국민기초생활보장법」에 근거하여 근로능력이 있는 저소득층에게 집중적 · 체계적인 자활지원서비스를 제공함으로써 자활의욕 고취 및 자립능력 향상을 지원하기 위한 이용시설이며, 기초수급자 및 차상위계층의 자활촉진에 필요한 사업을 수행하는 인프라로서의 역할을 수행한다.

지역자활센터의 사업대상자는 국민기초생활보장 수급자 중 근로능력이 있는 저소득층에게 집중적 · 체계적인 자활지원서비스를 제공함으로써 자활의욕 고취 및 자립능력 향상이 필요한 조건부수급자 및 차상위계층의 빈곤자이다.

③ 사회복지공동모금회는 사회복지공동모금사업과 배분사업을 목적으로 중앙과 광역시 · 도 단위에 지회가 설치된다. 이때 '사회복지공동모금'이란 사회복지사업이나 그 밖의 사회복지활동 지원에 필요한 재원을 조성하기 위하여 이 법에 따라 기부금품을 모집하는 것을 말한다. 사회복지공모금회는 다음 각 호의 사업을 수행한다.

가. 사회복지공동모금사업

나. 공동모금재원의 배분

다. 공동모금재원의 운용 및 관리

라. 사회복지공동모금에 관한 조사 · 연구 · 홍보 및 교육 · 훈련

마. 제14조에 따른 사회복지공동모금지회의 운영

바. 사회복지공동모금과 관련된 국제교류 및 협력증진사업

사. 다른 기부금품 모집자와의 협력사업

아. 그 밖에 모금회의 목적 달성에 필요한 사업

④ 사회복지협의회는 사회복지사업법 제33조 및 정관 제2장 총칙 제1조(목적)에 근거를 두고 사회복지에 관한 조사 · 연구와 각종 복지사업을 조성하고, 각종 사회복지사업과 활동을 조직적으로 협의 · 조정하며 사회복지에 대한 국민의 참여를 촉진시킴으로써 우리나라의 사회복지증진과 발전에 기여함을 목적으로 중앙과 광역시·도, 시·군구 단위에 설치된다. 사회복지협의회의 주요사업은 다음과 같다.

가. 사회복지에 관한 조사 · 연구 및 정책건의

나. 사회복지 소외계층 발굴 및 민간사회복지자원과의 연계 · 협력

다. 사회복지 종사자에 대한 교육훈련, 복지증진

라. 사회복지에 관한 자료수집, 각종간행물 발간 및 홍보

마. 시 · 도 및 시 · 군 · 구사회복지협의회 업무지원 및 협력증진
바. 국제사회복지단체와의 교류협력
사. 자원봉사활동의 진흥
아. 사회복지 자원개발 및 정보화사업의 진흥
자. 식품자원 기부촉진 기반조성
차. 사랑나눔실천 '1인1나눔 계좌 갖기 운동' 전개
카. 소아암, 백혈병 및 희귀난치성 질환 환아 진료비지원 사업
타. 사회공헌 문화주도 및 종합정보 제공
파. 보건복지부장관이 위탁하는 사회복지에 관한 업무 등

(2) 노숙인복지시설

① 「노숙인 등의 복지 및 자립지원에 관한 법률」 제2조(정의)에 따르면 '노숙인 등'이란 다음의 어느 하나에 해당하는 사람 중 보건복지부령으로 정하는 사람을 말한다.
가. 상당한 기간 동안 일정한 주거 없이 생활하는 사람
나. 노숙인시설을 이용하거나 상당한 기간 동안 노숙인시설에서 생활하는 사람
다. 상당한 기간 동안 주거로서의 적절성이 현저히 낮은 곳에서 생활하는 사람

② 노숙인복지시설은 일정한 가족체계에서 벗어나서 생활하는 노숙인들에게 가족체계를 대신하여 보호하는 시설을 말하는데, 그 유형은 다음과 같다.
가. 노숙인일시보호시설 : 노숙인에게 일시보호 및 복지서비스 연계 등을 제공하는 시설
나. 노숙인자활시설 : 노숙인의 자립을 지원하기 위하여 전문적인 직업상담·훈련 등의 복지서비스를 제공하는 시설
다. 노숙인재활시설 : 신체 및 정신장애 등으로 자립이 어려운 노숙인에게 치료 및 재활서비스를 제공하는 시설
라. 노숙인요양시설 : 건강상의 문제 등으로 단기간 내 가정 및 사회복귀가 어려운 노숙인에게 요양서비스를 제공하는 시설
마. 노숙인급식시설 : 법 제11조에 따른 급식시설

바. 노숙인진료시설 : 법 제12조에 따른 진료시설

사. 그 밖에 보건복지부령으로 정하는 시설[3)]

3) 제1부의 주요 내용은 저자의 〈사회복지사업현장론〉에서 다루어진 분야를 기초로 새롭게 저술되었다.

Part 02

사회복지사업운영의 지도감독 기준

Chapter 04

사회복지사업운영의 지도감독 개관

1. 사회복지사업의 개념화

1) 사회복지사업의 용어적 연원

사회복지학은 실천학문으로서의 특성을 가지고 있다. 이것은 순수 이론학문에 비하여 정치·경제적인 외재적 환경요인의 영향에 따라 이론과 실제가 변화를 겪게 되는 측면이 강하다는 말이 된다. 즉 정치적 상황이나 경제적 상황에 따라 역동적으로 사회복지정책이 생성되는 경향이 많기 때문에 해당 정책을 실천하는 사회복지사업현장에서도 많은 변화가 일어나게 된다. 이러한 상황은 국가나 시대에 따라서도 다양한 국면들이 나타날 수 있으며, 사회복지문제를 해결하거나 예방하고 사회복지대상자를 처우하는 사회복지사업현장을 이론적으로 지원하는 학문적 차원에도 영향을 미치게 된다.

다시 말하면 기존의 선진 자본주의국가에서 성립된 이론이나 실제에서 다루어진 용어나 사업 프로그램들을 국가적 상황이 다른 후발 자본주의국가에서는 그대로 사용하기가 어려운 경우가 많다는 점이다. 뿐만 아니라 기존에 행하여진 사업이라고 하더라도 일정한 기간이 지남에 따라 또 다른 문제에 봉착하게 되는 경우가 많아짐에 따라 수정하거나 새롭게 계획해야 하는 국면이 발생하는 것이 사회복지의 이론적·실제적 한계라고 할 수 있는 것이다.

이러한 국면은 사회복지와 관련된 각종 용어설정에도 그대로 나타나고 있는데, 각종 사회복지정책이나 프로그램의 근거가 되는 사회복지법제에서 사용되는 용어가 선진 자본주의국가에서 정립된 이론적 용어와 일치하지는 않는다는 점이다. 그중의 하나가 '사회복지사업'이라는 용어이다.

사회복지사업은 사회복지에 관련된 사업이라고 볼 때, 사회복지사업이 구체적으로 어떠한 사업인지를 알아보기 위해서는 "사회복지가 무엇인가?"에 대한 개념적인 접근과 "사회복지에 관련된 개별 법률이 어떤 것이 있는가?"의 법률적인 접근의 두 가지 방법이 사용될 수 있다. 따라서 여기에서는 우선 "사회복지가 무엇인가?"에 대한 개념적인 접근을 시도하고자 한다. 이를 위해서는 기존의 학계나 사회에서 사용되고 있는 사회복지와 유사한 사회보장, 사회사업 등의 용어들에 대한 개념화와 함께 용어 간의 관계를 규정하는 것이 요구된다.

그리고 기존의 사회복지시설이나 기관을 중심으로 한 사회복지사업현장은 아니지만 국가적 경제위기 상황에서 사회적 일자리 창출을 통한 사회통합과 경제발전을 도모하는 목적으로 공공서비스 차원에서 수행되는 사회서비스 사업에 관해서도 사회복지사업과의 차이점을 알아봄으로써 용어적인 연원을 밝혀보는 것이 필요하다.

(1) 사회보장

사회보장(Social Security)이란 용어는 1819년 2월 15일 남미 베네수엘라의 독립운동가이자 혁명가인 시몬 볼리바르(Simon Bolivar, 1783~1830)의 연설에서 최초로 사용한 것으로 알려져 있다. 그리고 공식적으로 사용되기 시작한 것은 1935년 8월 14일에 제정된 미국의 사회보장법(Social Security Act)에서이다. 그 후 1938년 9월 14일에는 뉴질랜드 노동당 정권이 사회보장법을 제정하였는데, 이 법은 최초로 사회보호기능의 보편화, 단일화, 합리화 작업을 통해 제정된 의미가 있다. 그리고 국제적 차원에서 '사회보장'이라는 말이 최초로 사용된 것은 제2차 세계대전 종료를 앞두고 1941년 8월 14일에 영국 수상 처칠과 미국대통령 루즈벨트 사이에 채택된 대서양 헌장(The Atlantic Charter)에서이다.

사회복지역사상으로 볼 때는 사회보장제도보다는 구빈제도나 사회보험제도가 앞서는 개념인데, 현대복지국가의 근간이 되는 영국과 독일의 구빈제도 성립과 사회보험제도 성립과정, 그리고 대한민국 정부수립 후의 우리나라에서 이루어진 사회보장관련

제도 속에서의 사회보장의 개념을 살펴보면 다음과 같다.

영국에서는 15~16세기에 걸친 유럽 대륙의 양모공업의 발전에 수반하여 많은 토지에 울타리를 세워 토지경작민을 몰아내고 그 대신 양을 치는 형태로서의 종획운동(enclosure movement) 등의 농업혁명이 일어나 부랑하는 빈민이 많이 출현하였다. 이에 대하여 지배계층에서는 엄중한 진압입법과 함께 16세기 말경부터 일련의 구빈입법을 제정하게 되었다. 그 중의 하나인 1601년의 「엘리자베스 구빈법(The Poor Law)」은 교구단위로 노동능력이 없는 자를 구제하고, 그 재원을 교구주민 중 자산이 있는 자로부터 징수하는 구빈세에서 조달한다는 구빈제도이었다. 그리고 19~20세기에 걸쳐 산업자본주의국가로 성장한 영국이 독점자본주의국가로의 이행이 되고 1905년에 설치된 왕립구빈법위원회에서는 1909년에 이르러 보수적인 다수파보고서와 웹 부부(Sidney James Webb, Beatrice Potter Webb)가 주도하여 구빈법의 철폐, 사회보험 등 개별정책의 확충을 주장하는 소수파보고서를 발표하였고, 소수파보고서를 기초로 1911년에 질병보험 및 세계 최초의 강제실업보험을 포함하는 「국가보험법(National Insurance Act)」을 제정하였다. 제2차 세계대전 종료시점에 발표된 베버리지 보고서에서는 사회보장의 개념이 사회보험, 공공부조, 민간보험으로 구성되어 있고 사회정책은 사회보장 이외에 아동수당, 보편주의 보건서비스, 재활서비스, 완전고용을 포함하고 있다.

독일에서는 19세기 중엽까지 빈민에 대한 구제가 주로 교회나 기타 자선단체에 의하여 운영되어 왔다. 빈민구제제도는 1842년 빈민에 대한 구제를 최초로 입법화한 「빈민구제 의무에 관한 법」에 근간을 두고 있다. 그리고 프로이센이 중심이 되어 1871년에 독일제국이 통일된 이후, 1881년 11월에 비스마르크(Otto Eduard Leopold von Bismark, 1815~1898) 수상이 제국의회에서 사회보험에 대한 빌헬름 1세 황제의 교서를 발표하여 1883년 「근로자질병보험법」, 1884년 「공업재해보상법」,[1] 1889년 「폐질 · 노령보험법」의 사회보험입법이 제정되었다. 이들 제도는 이른바 '비스마르크(Bismark)의 사회보험'으로 일컬어지고 있다. 이는 그 당시 독일이 산업국가로 성장하는 데 필요한 노동력의 보전책으로 '사탕과 채찍'의 논리에 의해 성립된 것으로 볼 수 있다.

한국에서는 국가적 규모에서의 사회보장제도 실시가 1947년의 남조선과도정부[2] 법

1) 공업재해보상법(Unfallversicherungesetz)은 세계 최초의 산업재해보상보험법이다.

2) 한국에서는 8·15광복과 더불어 1945년 9월 11일 군정장관에 소장 A.V.아널드가 임명됨으로써 미군정이 실시되었다가 행정권을 한국인에게 이양하는 첫 단계로서 1947년 2월 10일 민정장관에 안재홍(安在鴻)이 임명되고, 1947년 6월 3일 종래의 미군정청을 남조선과도정부로 개편하였다. 그리고 1948년 5월 10일에 이른바 5 · 10(오십선거) 결과로 이승

령 제4호「미성년자 노동보호법」의 실시가 그 효시이다. 그리고 대한민국 정부수립 후에 제정된 헌법(1948.7.17. 공포) 제19조에서 '생활무능력자에 대한 보호'가 규정된 이래 사회보장의 개념이 널리 사용되고 있는데, 현행 헌법은 제10조에서 "모든 국민은 인간으로서의 존엄과 가치를 가지며 행복을 추구할 권리가 있다."고 행복추구권을 규정하고 있다. 또 제34조에서 "모든 국민은 인간다운 생활을 할 권리를 가진다. 국가는 사회보장·사회복지의 증진에 노력할 의무를 진다…."고 규정하여 사회복지국가의 실현을 위한 국가의 의무를 선언하고 있다. 그리고 1995년에 제정된「사회보장기본법」제2조에서도 "사회보장은 모든 국민이 인간다운 생활을 할 수 있도록 최저생활을 보장하고 국민 개개인이 생활수준을 향상시킬 수 있도록 제도와 여건을 조성하여 그 시행에 있어 형평과 효율의 조화를 도모함으로써 복지사회를 실현하는 것을 기본 이념으로 한다."고 규정하고 있다.

한편 사회보장의 개념을 이론적으로 체계화한 사람은 베버리지(William Henry Beveridge)이다. 그는 '베버리지 보고서(Beveridge Report)'로 더 잘 알려져 있는 '사회보험과 관련 서비스(Social Insurance and Allied Services, 1942)'를 통해 제2차 세계대전 이후 영국의 복지국가 정책 및 제도를 형성하는 데 크게 기여했다. 그는 그 당시 영국 사회문제를 5대악(결핍, 질병, 무지, 불결, 나태)으로 진단하고 그 대책으로서 빈곤 해소를 주안점으로 하여 국민이 기본적인 사회생활을 충족하도록 사회보험을 실시할 것과 긴급사태에 대처하기 위해 사회부조 원칙에 기초한 사회보장을 강화할 것을 주장했다. 이는 뉴질랜드 사회보장법에서와 같은 원칙이며, 1944년 국제노동기구 총회가 제시한 필라델피아 선언(Philadelphia Declaration)에서의 '사회보장' 개념은 전통적인 사회보험 중심의 원칙이라는 점에서 차이가 있다.[3)]

일반적으로 복지국가에서 사회보장의 기본적 구조는 소득보장과 의료보장을 중심으로 구성되어 있다. 복지국가의 사회보장제도에 공통되고 있는 사회보장의 범위는 보험원리, 부조원리, 보상원리에 기초하여 운영되고 있으며, 사회보험(social insurance), 공공부조(public assistance), 그리고 사회서비스(social service) 등에 의해 보장되고 있다. 그러므

만(李承晩)이 1948년 7월 24일 대통령에 취임함으로써 대한민국 정부가 수립되었다. 또한, 1960년 4·19혁명으로 대통령 이승만이 하야하자 허정(許政)을 수반으로 하는 과도정부가 수립되었던 사례도 있다.

3) 1953년 국제사회보장협회(ISSA)의 회의에서 제시된 원칙은 ① 사회보장권리성과 적용의 평등성, ② 적용대상자 범주의 보편성, ③ 전 국민대상의 무료의료의 제공, ④ 국가와 고용주에 의한 비용전액 부담, ⑤ 피보험자의 관리, 운영참여, ⑥ 급여수준의 적절성과 충분성, ⑦ 이민노동자와 가족의 수급권의 보장의 지속성이다.

로 엄격한 의미로 사회보장이라는 말에는 민간 차원의 자발적인 사회서비스나 기업의 활동 등은 포함되지 않는다.

한편 우리나라의 현행 「사회보장기본법」 제3조(정의)에서는 "사회보장이란 출산, 양육, 실업, 노령, 장애, 질병, 빈곤 및 사망 등의 사회적 위험으로부터 모든 국민을 보호하고 국민 삶의 질을 향상시키는 데 필요한 소득·서비스를 보장하는 사회보험, 공공부조, 사회서비스를 말한다."고 규정하고 있다. 그리고 세부적인 용어규정에서 사회보장의 범주에 대하여 다음과 같이 용어설명을 하고 있다.

① '사회보험'이란 국민에게 발생하는 사회적 위험을 보험의 방식으로 대처함으로써 국민의 건강과 소득을 보장하는 제도를 말한다.
② '공공부조'란 국가와 지방자치단체의 책임 하에 생활 유지 능력이 없거나 생활이 어려운 국민의 최저생활을 보장하고 자립을 지원하는 제도를 말한다.
③ '사회서비스'란 국가·지방자치단체 및 민간부문의 도움이 필요한 모든 국민에게 복지, 보건의료, 교육, 고용, 주거, 문화, 환경 등의 분야에서 인간다운 생활을 보장하고 상담, 재활, 돌봄, 정보의 제공, 관련 시설의 이용, 역량 개발, 사회참여 지원 등을 통하여 국민의 삶의 질이 향상되도록 지원하는 제도를 말한다.

(2) 사회복지

사회복지(social welfare)는 용어적으로 '사회적인(social)' 개념과 '복지(welfare)' 개념이 합성된 개념이다. 우선 'social'은 'individual'의 상대적인 의미로서 사회 안에서의 삶의 질과 개인, 집단, 사회 전체간의 사회 내적인 관계를 뜻한다. 여기서 '사회 내적인 관계'란 개인의 내적 세계인 정신세계나 사회 외적인 관계를 제외한 개인 대 개인, 개인 대 집단, 개인 대 전체사회, 집단 대 집단, 집단 대 전체사회 관계에서의 비이기적인 상호관계를 의미한다.

또한 welfare는 '만족스러운' 혹은 '적절한'이란 의미의 'well'에 '지내다', '살아가다'란 의미의 'fare'가 합쳐져서 '적절하게 지내는 상태'를 의미한다. 즉 welfare는 사람들이 적절한 건강, 행복, 안전(the general health, happiness and safety of a person)을 유지하며 지낸다는 뜻이다. 그러므로 사회복지는 "사회구성원들이 사회 내적인 관계에서 적절한 건강, 행복, 안전을 유지하며 지내는 상태"로 개념화가 가능하다. 이를 위해서는 사회구성원의 삶의 질을 향상하기 위한 기본적 욕구를 충족시키고 사회적 통합을 추구하기 위한 사회복지주체들의 활동인 제반 법률, 프로그램, 급여 및 서비스체계가 사회적으로 강구되어야 하고 복지사회를 지향하는 사회구성원 다수와 사회복지대상자들의 공동체적 노력도 요구된다고 보면 적극적이고 활동적인 의미도 내포한다.

사회복지에 대한 국제적 정의는 1996년의 제13차 국제사회사업대회(The 13th international social work conference)에서 사회복지를 "인간의 행복을 증진시키기 위해서 정부나 민간이 제반 프로그램이나 서비스 또는 시설을 통해 사회적 장애를 예방하고 경감시키기 위한 체계적 · 조직적 노력이고, 개인 · 가정 · 집단 · 지역사회에 대한 서비스 형태의 조력과 구호활동"이라고 개념화한 것에서 찾을 수 있다. 이는 제도나 정책의 목적적 개념을 중시하는 것이며, 사회복지의 실질적 · 전문적 활동 측면의 중요성을 나타내는 것으로 볼 수 있다. 따라서 사회복지는 복지적인 이념을 실천, 수행코자 하는 기술적 활동을 의미하며 실천적 측면이 강조되는 용어라고 할 수 있다.

기존 학자들의 견해를 보면 로마니쉰(Romanyshyn, 1971)은 사회복지는 개인과 사회 전체의 복지를 증진시키려는 모든 형태의 사회적 노력을 포함하며, 사회문제의 치료와 예방, 인적 자원의 개발, 인간생활의 향상에 직접적 관련을 갖는 일체의 시책과 과정을 포함한다고 하였다. 또 사회복지는 개인이나 가정에 대한 사회적 서비스 제공 외에도 사회제도를 강화시키거나 개선시키려는 노력을 포함하는 것이라고 말하였다. 그러므로 사회복지의 대상은 인간의 안녕을 위한 신체적 · 정신적 · 정서적 · 경제적 욕구에 있다. 다시 말해서 이러한 욕구에 대한 제도적 프로그램의 제공의 방법이 사회복지인 것이다. 그리고 프리드랜더(Friedlander, 1974)는 사회복지(social welfare)를 사회적 서비스와 제도의 조직적인 체계와 개인이나 집단이 그들의 생활과 건강을 만족한 수준에 도달할 수 있도록 하는 계획된 원조, 그리고 그들의 능력을 충분히 계발하고 가족들과 지역공동체의 욕구와 조화를 이루면서 안녕(well-being)을 증진해 나갈 수 있도록 하는 개인적 · 사회적 관계로 정의하였다.

이처럼 사회복지는 사회보장제도 등의 근저에 공통적으로 작용하는 정책목표로서, 또는 이들 정책이나 제도가 실현하려고 지향하는 목적의 개념으로서 파악하는 경우도 있으나, 보통은 제도적 개념으로 사용한다. 사회복지의 목적은 사회구성원들 모두의 안녕상태(well-being)를 보장하는 데 있다. 그러므로 사회복지는 사회구성원의 기초생활을 보장하고, 신체 · 심리 · 사회 · 경제적으로 편안한 상태를 누리도록 하는 조직적이고 정책적인 활동(사회보험, 공공부조, 사회서비스 등)을 의미한다.

하지만 협의의 사회복지개념은 아동 · 노인 · 장애인 등의 사회취약계층에 대하여 사회보험적 급부 이외의 이른바 서비스 급부의 방법으로 행하여지는 공공부조와 사회복지서비스 활동을 의미한다. 이는 '사회복지사업'과 동의어로 쓰는 경우가 있다. 그리고 광의의 사회복지개념은 사회복지사업 이외에 사회정책 · 사회보장 · 주택보장 · 보건위생 · 비행문제대책 등의 복지관련 제도나 정책을 포함하는데, 영국과 미국에서의 사회복지개념은 넓은 뜻으로 쓰이는 경우가 많다.

그리고 사회복지의 개념과 유사한 용어인 웰빙(well-being)에 대한 개념화도 필요하다. 사전적 의미로는 "적절하게 존재한다."는 의미이므로 '복지 · 안녕 · 행복'을 뜻하는 것으로 볼 수 있다.

웰빙의 사회적이고 문화적인 이념의 근원은 명확하지 않지만 15세기 체코의 보헤미아 지방에 자유를 추구하며 유랑했던 보헤미안(bohemian)의 정신적 흐름에서 시작되어, 1960년대 미국에서 시작된 히피주의(Hippieism)나 환경친화적 · 생태학적 · 에너지 효율적 제품을 선호하는 로하스(Life of Health & Sustainability / LOHAS)주의에서 찾기도 한다. 1980년대에 와서는 유럽에서 시작된 패스트푸드에 반대하는 슬로푸드(slow food) 운동, 미국에서의 부르주아(bourgeois)의 풍요와 보헤미안(bohemian)의 자유로움을 동시에 추구하는 의미를 합성한 보보스(bobos), 고소득이나 빠른 승진보다는 저소득일지라도 여유를 즐기면서 슬로푸드와 슬로라이프(slow life)를 실천하려는 다운시프트(downshifts)주의도 웰빙의 한 형태로 볼 수 있다.

우리나라에서는 2003년 후반부터 이른바 웰빙 붐이 일기 시작하였는데, 이러한 삶을 추구하는 사람들을 웰빙족이라고 부른다. 이들은 구체적인 생활면에서 육류 대신 생선과 유기농산물을 선호하고, 단전호흡 · 요가 등의 명상 요법과 여행 · 등산 · 독서 등의 취미 생활을 통하여 심신의 건강을 추구하는 것이 특징이다. 웰빙은 이처럼 다양한 개념을 포괄하여 정의할 수 있고, 최근에는 웰빙 열풍을 경계하고 삶의 진정한 행복을 추구하는 네오 웰빙(Neo Well-being)족의 경향도 나타나고 있다(브리태니커 사전 참조).

웰빙은 사회복지의 개념과 같이 국가나 사회 차원에서 사회구성원 전체의 안녕을 추구하는 사회정의적 실천이념이 아니라 사회구성원 각자의 안녕을 추구한다는 측면에서 차이가 있다. 즉 사회구성원 각자가 자발적으로 일상 사회문화생활 속에서 신체와 정신의 건강하고 조화로운 결합을 추구하는 '생활복지'의 개념으로 정의할 수 있다.

(3) 사회사업

사회복지역사적으로 보면, 사회사업(Social Work)의 시작은 영국의 자선조직협회(Charity Organization Society)를 비롯해 미국이나 유럽의 유사한 여러 단체들에 의한 제한적 구빈 활동이었던 19세기까지의 자선사업(charitable work) 혹은 박애사업(philanthropic work)에 근거한다. 그리고 20세기 들어 여러 나라들이 각국의 특성에 맞는 절차와 기준, 그리고 '과학적' 원리에 의해 조직하려는 다양한 시도가 서유럽과 아메리카 각 지역에 사회사업학교 설립으로 구체화가 된 것은 사회사업의 근거가 된다. 기존학자의 견해를 보면, 프리드랜더와 앱트(W. Friedlander & R. Apte, 1980)는 사회사업(social work)을 '개인, 집단, 조직 등이 사회적·개별적인 만족과 독립심을 성취하도록 원조해 주고, 인간관계에 관한 과학적 지식과 기술을 기초로 한 전문적 활동'이라고 정의하였다.

우리나라에서는 1947년 이화여대에 기독교사회사업학과,[4] 1953년에 중앙신학교(현, 강남대) 사회사업학과, 1959년에 서울대 사회사업학과, 1964년에는 한국사회사업대학(현, 대구대학교)에 사회복지학과가 설치된 이후 주로 1970년대까지 '사회사업학과'로 이어져 왔기 때문에 사회복지와 사회사업은 혼용해서 사용되는 경우가 많았다. 그리고 법제적으로도 1970년에 제정된 사회복지사업법 및 시행규칙에서는 '사회복지사업종사자'라는 자격제도가 있었다.[5] 그 후 1980년대에 와서는 1983년에 경북대 사회복지학과가 설치된 것을 비롯하여 대부분의 대학이 '사회복지학과'로 개칭하거나 개설되었지만 여전히 대학이나 일반사회에서는 사회복지를 실천하는 사람을 사회복지사가 아닌 사회복지종사자나 사회사업가(social worker)로 불렀다.

1982년 6월부터 조직된 '사회복지사업법 개정위원회'에서 '사회복지종사자'라는 명칭을 무엇으로 바꿀 것인가 하는 논의에서 가장 많이 제안된 안은 '사회복지사'와 '사회사업사', '사회사업가'이었다. 몇 차례의 논의 끝에 '사회복지사'라는 명칭이 좋겠다는 의견으로 합의가 되었다. 그리고 '사회복지사'의 '사'를 '士(선비)'로 할 것인가, '師(스승)'로 할 것인가 하는 논의에서는 클라이언트를 상담, 대변, 옹호하는 변호사의 '士'가 사회복지사의 성격과 유사하다는 의견과 함께 한자로는 '社會福祉士'로 사용하기로 하였다.

---

4) 1958년에는 이화여대가 사회사업학과로 개칭하였고 서울대학교 대학원에 사회사업학과가 개설되었다.

5) 사회복지사업종사자자격증은 시 · 도지사를 거쳐 보건사회부에서 교부하기 시작하였으며, 1972. 8. 9. 사회복지사업법 시행령 개정으로 보건사회부에서 교부하던 사회복지사업종사자 자격증이 시 · 도지사에 위임 교부하게 되었다. 대학에서 4년간 사회복지학을 전공하거나, 고등학교를 졸업하고 사회복지시설에 5년간 종사한 사람이면 자격을 취득할 수 있는 규정이었으며 1983년까지 이어졌다.

따라서 1984년부터 국가자격시험제도가 시행된 2003년 이전까지는 학부에서 사회복지관련 14과목을 이수하거나 혹은 대학원에서 8과목을 이수하면 사회복지사 자격을 취득하게 되어, 사회사업이라는 용어가 대학사회에서 소멸되고 사회복지학으로 자리를 잡게 되었다.

사회사업은 인간과 사회환경 사이의 상호작용을 구성하는 사회적 관계에 초점을 두는 활동에 의해 개인 자체 및 집단 속에서의 개인의 기능을 향상시키는 목적을 갖는 전문적 활동이다. 즉 사회사업은 사회복지제도에 의해 안내되는 '계획된 변화 활동'을 통해 개인, 집단 및 지역사회의 사회적 기능을 향상시키는 전문적 방법이다. 사회복지기관과 시설 그리고 지역사회에서 이루어지는 사회복지서비스의 전달도구는 개별사회사업(case work), 집단사회사업(group work), 지역사회조직사업(community organization) 등 3대 방법론이며, 최근에는 통합적으로 사회복지실천방법론(social work practice methods)으로 불린다.

① 개별사회사업

케이스워크(case work)의 개념적 창설자로는 메리 리치몬드(Marry Richmond) 여사를 생각할 수 있다. 1917년에 『사회진단(*Social Diagnosis*)』이라는 저서에서 그녀는 케이스워크의 운영에 지대한 영향을 끼쳤던 사회개입의 한 방법을 설명했다. 오늘날 개별사회사업의 개념은 스스로 해결하기 곤란한 문제를 가진 개인을 대상으로 성격발달을 통한 사회적응을 도모하기 위해서 전문가가 행하는 개별적이고 의식적인 문제해결과정으로 볼 수 있다.

② 집단사회사업

집단사회사업(group work)의 다양한 기원은 19세기 말에서 그 기원을 찾아볼 수 있으며, 노동운동, 보이 스카우트, 걸 스카우트, YWCA, YMCA 등의 맥락 내에서 발전되었다. 그리고 인보관운동(settlement movement)은 그룹워크 발달의 주요한 기초가 되었다. 최초로 집단사회사업을 사회사업교육과정의 하나로 가리킨 사람은 1946년에 웨스턴 리저브 대학(Western Reserve University)의 그레이스 콜리(Grace Coyle) 여사였으며, 그는 목표와 방법의 유사성을 지적하면서 집단사회사업을 개별사회사업 및 지역사회조직과 함께 사회사업방법의 하나로 정의했다. 집단사회사업은 개인이나 집단이 안고 있는 문제에 효과적으로 대처하기 위하여 그룹 활동을 통하여 원조하는 사회사업의 한 형태로 정의할 수 있다.

③ 지역사회조직사업

로스만(Jack Rothman)은 지역개발(locality development), 사회계획(social planning), 사회행동(social action) 등 3가지 유형의 상호 다른 목표를 가진 것으로서 지역사회조직(community organization) 혹은 지역사회사업(community work)의 특성을 묘사했다. 이처럼 지역사회조직사업은 1960년대의 사회변동과 도전으로 인하여 전문적 사회사업의 영역 속에 포함되었으며 개별지도사업, 집단지도사업과 함께 전문사회사업의 한 방법으로서 지역사회를 구성하는 개인, 집단, 이웃의 사회복지를 원하는 방향으로 향상시키기 위해 지역사회수준에서 전개되는 일련의 지역사회사업을 말한다.

(4) 사회서비스

사회서비스(social service) 사업은 국가가 주체가 되어 사회적 취약계층에 제공하는 사회영역에서의 서비스로 볼 수 있다. 우선 법률적 개념을 보면 「사회적 기업육성법」 제2조(정의)에서 “취약계층이라 함은 자신에게 필요한 사회서비스를 시장가격으로 구매하는 데 어려움이 있는 계층을 말하며, 그 구체적인 기준은 대통령령으로 정한다.”고 규정하고 있으며, “사회서비스라 함은 교육 · 보건 · 사회복지 · 환경 및 문화 분야의 서비스 그 밖에 이에 준하는 서비스로서 대통령령이 정하는 분야의 서비스를 말한다.”고 정의하고 있다.

이론적으로는 사회서비스는 사회복지 용어 중에서 종종 사회복지서비스(social welfare service)와 혼용하는 경우가 있으나 사회보장에서 사용되는 ‘사회복지서비스’와는 달리 말 그대로 사회적(social)으로 제공되는 서비스이다.

공공서비스(public service)가 국가나 공공단체에서 공공의 복지를 위하여 제공하는 교육, 교통, 의료, 치안서비스 등을 일컫는 개념이라면, 광의적 사회서비스의 범주에는 사회복지서비스 이외에도 사회적으로 공공행정, 교육, 의료, 보건, 소득보조 프로그램 등의 국가가 국민에게 제공하는 공공서비스혜택이 모두 포함되는 것으로 본다. 그리고 협의적으로는 서구에서 사용되는 사회적 보호(social care)와 유사한 개념으로 사회적으로 취약한 개인 혹은 가족의 사회적 기능을 보완하여 정상적인 생활을 영위할 수 있도록 대인적 서비스나 도구나 장비 등의 시설을 제공하는 것으로 개념화할 수 있다.

그러므로 국가에서 재정지출을 수반하는 사회서비스정책은 경제영역에서의 공공서비스와는 구분되는 다음과 같은 특징이 있다(보건복지가족부, 2008). 첫째는 경제영역의 서비스는 주로 생산부문에 대한 지원인 반면 사회서비스는 노동의 재생산, 즉 국민들의 일상생활과 관련된 재정지출이 이루어진다. 이 경우 사회서비스는 기업에 대한 직접적인 지원이나 도로와 항만처럼 경제활동을 직접적으로 지원하는 경제서비스가 아닌 가족과 공동체를 위한 생활서비스이다. 둘째는 재화와 구분될 수 있는 용역 즉 무형의 서비스에 초점이 맞춰진다. 따라서 국민들의 일상생활을 지원한다는 측면에서는 특징을 공유하지만 사회서비스는 도로포장, 보도블록, 가로수, 신호등과 같은 유형적인 재화와는 구분되는 개인 특징적인 서비스이다. 셋째는 사회서비스는 국가가 직접 개입하는 공공서비스이면서도 공공재의 순수성을 가지기 힘들다는 특징이 있다. 사회서비스는 개인서비스로서의 서비스 제공자와 수혜자가 개별적으로 연결된다.

한편 이러한 사회서비스를 통해서는 국민의 삶의 질 향상과 사회통합, 고용창출 및 인적자본의 생산성 증대를 통해 경제발전을 견인하는 복합적인 목적이 있다는 측면에서 우리나라에서 수행되고 있는 사회서비스는 기존의 사회보장, 사회복지, 사회사업의 개념과는 다른 차원의 사업이지만 더욱 확충할 필요가 있다고 보아진다.

(5) 용어 간의 관계

사회보장, 사회복지, 사회사업 간 용어적인 개념의 관계는 흔히 사회보장과 사회복지 간의 관계와 사회복지와 사회사업의 관계에서 혼선이 빚어지는 경우가 많다. 즉 사회복지를 기준으로 사회보장과 사회사업의 개념이 중첩되거나 구별되는 개념을 형성하고 있는 것이다. 따라서 여기에서는 '사회복지'를 중심으로 관계성을 살펴보면 다음과 같이 정리할 수 있다.

① 사회보장과 사회복지의 관계

사회복지와 사회보장의 개념상의 관계는 서로 다른 별개의 개념으로 보는 경우가 있는가 하면, 사회복지가 더 넓은 상위의 개념이고 사회보장은 그에 포함되는 하위개념으로 보는 경우도 있고, 반대로 사회보장이 상위의 개념이고 사회복지는 하위개념으로 보는 경우도 있다. 이러한 견해들은 이론과 실제측면에서 논의할 수 있는데, 이론적으로 보면 사회복지는 좀 더 추상적이고, 광의의 개념이고, 사회보장은 사회복지를 실현하기 위한 제도적이고, 정책적인 주요분야로 보는 것이 타당할 것이다. 즉 이론적으로는 사회복지는 인간의 복지문제를 개인적인 방법이 아니라 집단적이고 사회연대적인 노력으로 해결하고자 하는 모든 정책적 · 제도적 또는 실천적 접근방법을 포함하는 개념이기 때문에 사회보장보다는 우위에 있는 개념으로 볼 수 있는 것이다.

그러나 법적으로나 실제적으로는 사회보장은 사회복지 개념에서보다는 사회보험 부문을 강조하고 있고 순수한 사회복지 부문 이외에도 복지관련 제도를 그 영역에 포함하고 있다는 측면에서는 사회복지의 개념보다 상위에 있다. 즉 사회복지는 주로 저소득층이나 취약계층을 위한 공공부조나 사회복지서비스 부문이 핵심이 된 사업체계를 유지하고 있지만 사회보장은 사회복지수혜자뿐만 아니라 중산층을 위한 사회보험 사업체계가 중심이 된다고 보며, 보건서비스나 고용서비스 등의 제도를 개념 범주에 두고 있는 것이다.

② 사회복지와 사회사업의 관계

사회복지와 사회사업의 관계에서도 서로 다른 별개의 개념으로 보는 경우와 사회복지가 더 넓은 상위의 개념이고 사회사업은 그에 포함되는 하위개념으로 보는 경우가 있다.

이러한 견해들을 양자의 특성에 바탕을 두고 논의해보면 사회복지는 국가나 공공발전의 포괄적 목표가 되고 있지만, 사회사업은 국가 전체의 발전에 적극 호응하면서도 민간 차원에서 이루어지는 전문분야로 인식되는 특성이 있다.

다시 말하면, 사회사업은 개인, 집단, 지역사회를 조력하여 사회적 기능을 향상하거나 회복시키고 사회적 여건을 조성하여 이들의 목표를 달성할 수 있도록 하는 전문적 활동이며, 접근방법도 개인과 환경의 상호작용성에 초점을 두기 때문이다. 사회복지를 '목적적, 이념적, 추상적'인 면을 중시하여 '복지사회건설'에 목표를 두고, 전 국민을 대상으로 하는 사회복지정책이나 행정 등의 다양한 인간서비스를 포괄하는 것으로 볼 때 사회사업은 광범위한 '제도나 정책'의 기획과 조직화를 강조하는 것이 아니라 각종 사회복지 프로그램의 관계망, 즉 사회복지시설 등의 직접적 실천현장 속에서 전문서비스를 전달하는 것이다.

이를 학문적으로 구분해보면 사회복지학은 이상적인 면을 강조하고 바람직한 사회를 목적으로 하며, 일반을 대상으로, 제도와 정책을 바탕으로 펼치는 고정적인 예방과학의 성격을 가진 응용실천 학문이다. 이에 비하여 사회사업학은 실천적인 측면을 강조하고 바람직한 개인을 목적으로 하며, 특정개인을 대상으로 지식과 기술을 바탕으로 펼치는 역동적인 치료과학이라고 할 수 있다.

기존 학자들의 견해를 보면, 던햄(Dunham, 1973)은 사회복지와 사회사업을 서로 다른 별개의 개념으로 보는 입장이다. 사회복지는 인간노력의 광범위한 분야이고 사회사업은 그러한 분야에 있어서 하나의 전문직이라고 하였다. 그는 사회복지를 인구의 일부 또는 전체의 경제적 조건, 건강 또는 대인적 경쟁을 개선 또는 유지함으로써 사회적 행복을 유지하려는 조직적인 활동이라고 보았으며, 사회사업은 지역사회의 욕구와 능력의 틀 안에서 사람들이 충분한 능력을 개발하고 만족스러운 관계와 생활수준을 획득하도록 그들을 도와주는 전문적 서비스를 말한다고 하였다.

존슨(Johnson, 1983)의 경우에도 사회복지는 사회제도나 체계 간의 조직적인 활동으로서 인간의 복지를 유지하거나 개선하는 데 목적을 두고 있으며, 사회사업을 포함한 많은 전문직들을 포함하는 개념으로 정의하였으며, 사회사업은 전문적인 활동으로서 인간의 상호작용, 인간과 사회환경 간의 상호교류 및 심리사회적 상황에 관심을 두고 있는 것으로 정의하였다.

이상에서와 같이 사회복지사업과 관련된 개념인 사회보장(social security), 사회복지(social welfare), 사회사업(social work)이란 용어는 학술적으로나 일상생활 속에서 크게 구분됨이 없이 사용되는 경우가 있지만 실제로는 서로 다른 의미가 있고, 부분적으로는 중첩되는 영역의 개념도 있는 것이다.

2) 사회복지사업의 정의

사회복지사업은 「사회복지사업법」과 사회복지분야별 개별 법률에 의해 현장에서 실천되고 있다. 그러나 이론적으로 마땅한 정립이 되지 않고 있는 상태이고 법률적으로도 다양한 개별 법률에서 사업내용을 규정하고 있기 때문에 사회복지사업이 구체적으로 어떠한 사업인지를 알아보기 위해서는 이론적인 접근과 법률적인 접근의 두 가지 정의 방법이 사용될 수 있다.

(1) 법률적 정의

우선 「사회복지사업법」 제2조에 따르면 "사회복지사업이란 사회복지와 관련된 법률에 따른 보호 · 선도(善導) 또는 복지에 관한 사업과 사회복지상담, 직업지원, 무료 숙박, 지역사회복지, 의료복지, 재가복지(在家福祉), 사회복지관 운영, 정신질환자 및 한센병력자의 사회복귀에 관한 사업 등 각종 복지사업과 이와 관련된 자원봉사활동 및 복지시설의 운영 또는 지원을 목적으로 하는 사업을 말한다."고 규정하고 있다.

그리고 「사회보장기본법」 제2조 제1항에서 "사회보장이란 출산, 양육, 실업, 노령, 장애, 질병, 빈곤 및 사망 등의 사회적 위험으로부터 모든 국민을 보호하고 국민 삶의 질을 향상시키는 데 필요한 소득 · 서비스를 보장하는 사회보험, 공공부조, 사회서비스를 말한다."고 규정한 후 제4항에서 "사회서비스라 함은 국가 · 지방자치단체 및 민간부문의 도움을 필요로 하는 모든 국민에게 상담 · 재활 · 직업소개 및 지도 · 사회복지시설이용 등을 제공하여 정상적인 사회생활이 가능하도록 지원하는 제도를 말한다."는 규정을 두고 있다. 즉 「사회보장기본법」에서는 사회보장제도 중에서 사회보험과 공공부조를 제외한 '사회서비스'를 규정하는 사업의 내용이 「사회복지사업법」의 '사회복지사업'의 개념과 거의 일치한다는 것이다.

그러나 실제로 사회복지시설 등의 사회복지사업현장에서는 시설장이 사회복지시설에 거주하는 생활인들을 위하여 공공부조에 속하는 기초생활보장업무를 보장기관의 위탁을 받아 각종급여를 실시하고 있기 때문에 사회복지사업현장에서 이루어지는 사회복지사업업무 중에는 공공부조 성격의 업무도 일부 포함이 된다고 볼 수 있다. 여기에서 법률적으로 알 수 있는 것은 결국 사회복지사업은 '사회복지에 관한 사업과 이를 지원하기 위한 사업'으로서 사회복지현장분야에 따른 개별 법률적 근거에 따라서도 정의할 수 있다는 점이다.

따라서 우선 사회복지사업의 기본법이라고 볼 수 있는 「사회보장기본법」과 「사회복지사업법」의 규정을 근거로 정의해보면 "사회복지사업이란 사회복지대상자들에게 개별 법률에 의한 보호 · 선도 및 기초생활보장에 관한 사업과 사회복지현장에서 상담 · 재활 · 직업소개 및 지도 · 사회복지시설이용 등을 제공하여 정상적인 사회생활이 가능하도록 사회복지서비스를 제공하는 사업을 말한다."라고 정의할 수 있다.

(2) 이론적 정의

사회과학에서의 이론적인 개념화는 주로 사회현상을 관찰하거나 경험한 것을 바탕으로 하거나 어의를 해석하여 정의를 내리게 되는 것이 보편적인 방법이다. 어의적으로는 '사회복지(social welfare)'와 '사업(service or work)'의 개별적 개념이 합성된 것으로 볼 수 있다. 일반적으로 사업(service or work)의 영어적 개념이 봉사, 공공사업, 일 등으로 해석된다고 보면 사회복지사업은 사회복지에 관련된 봉사나 공공사업이나 활동으로 정의할 수 있다. 그리고 사회현상적으로는 사회복지사업은 저소득층에 대한 기초생활보장과 아동, 노인, 장애인, 여성, 가족, 부랑인 및 노숙인, 지역사회주민 등의 서비스욕구에 대응하여 이용시설이나 거주시설 형태의 사회복지서비스를 행하는 사회복지시설을 통하여 이루어진다. 아울러 이러한 사회복지시설은 주로 사회복지사업을 행할 목적으로 설립된 사회복지법인이나 비영리법인과 단체, 개인 등이 주체가 되어 국가나 지방정부로부터 위탁받아 설치 혹은 운영하고 있다는 점이다.

이렇게 볼 때 사회복지사업은 지금까지 이론적으로는 명확한 규정이 없는 실정이며, 영어로는 'social welfare work' 혹은 'social welfare service'로 표기할 수 있으며, 우리말로는 '사회복지서비스'로 표기해도 무난한 용어이다. 그러나 서구에서 이론적으로 사용해온 용어인 사회서비스(social service), 대인서비스(personal social service), 인간서비스(human service), 사회적 보호(social care)의 개념과는 다소 차이가 있다. 따라서 사회복지사업에 대한 이론적 개념화는 우선 어의적으로 '사회복지'와 '사업'이라는 두 용어의 합성된 개념과 함께 사회복지법인 등에서 사회복지시설 등을 수탁하여 사회복지에 관한 여러 가지 사업을 수행하는 사회적 현상을 통틀어 이루어져야 함을 알 수 있다.

따라서 이론적으로는 "사회복지사업이란 저소득층에 대한 기초생활보장과 아동, 노인, 장애인, 여성, 가족, 부랑인 및 노숙인, 지역사회주민 등의 서비스욕구에 대응하여 이용시설이나 거주시설 형태의 사회복지서비스를 행하는 사회복지시설을 통하여 이루어지며, 봉사적이고 공공적인 사업이다."라고 정의할 수 있다.

2. 사회복지사업운영 주체의 지도감독

1) 사회복지사업운영의 정책주체

사회복지사업운영의 주체란 사회복지관련 법의 법률관계에서 복지행정권을 행사하고, 그의 법적인 효과가 궁극적으로 귀속되는 당사자를 말한다. 세부적으로 보면 정책주체, 수행주체, 실천주체로 구분할 수 있는데, 그 중에서도 사회복지정책을 계획하고 책정하고 사회복지사업을 실행하는 것은 국가가 정책주체이다. 국가는 사회 전체에 산재되어 있는 보편적인 문제를 파악함으로써 그 문제를 사회적 맥락 속에서 해결하는 방책을 고려하여 그 실시를 가능하게 하는 구체적인 방법을 입안하는 역할을 하는 것이다.

국가는 중앙정부와 지방자치단체로 구성되어 있으며, 지방자치단체는 국가의 정책을 위임받아 시행하거나 독자적으로도 지역사회주민을 위해 사회복지사업과 관련된 정책을 수립하여 실시할 수 있다. 그런데 이러한 정책수립은 모든 사회복지사업 수행의 첫 단계에 해당된다는 의미에서 보면 정책형성의 단계에서의 지도감독이 요구된다. 적절한 지도감독 과정이 없이 정책이 수립될 경우에는 자칫하면 실제로 그 정책을 집행하고 실천하는 단계에 가면 효율과 효과성이 떨어질 개연성이 있기 때문이다.

따라서 중앙정부나 지방자치단체에서는 사회복지서비스와 관련된 정책수립을 하는 과정에서 그 분야의 학계 및 현장의 전문가들로 구성된 자문회의를 거치는 것이 바람직하다. 그러나 상당수의 정책수립에서는 외부 용역형태로 의사결정이 이루어지는 경향이 있기 때문에 외부 용역기관이나 단체에서는 정책주체인 중앙정부나 지방자치단체의 의도에 맞추어 형식적으로 정책이 수립이 되는 문제점도 있다.

(1) 중앙정부와 지방자치단체

국가는 법인(법률상 인격을 가지는 것)으로서 법률관계에서의 주체가 되며 중앙정부와 지방자치단체가 있다. 즉 국가는 공식적인 통치조직을 가지고 일정한 영토에 정주하는 다수인으로 이루어진 단체를 뜻한다. 국가는 국가가 행정주체가 되는 경우, 그 권한은 대통령을 정점으로 하는 국가행정조직을 통해 행사된다. 그리고 그 국가를 위해 실제로 행정사무를 담당 · 수행하는 역할을 하는 것이 행정기구이다. 그러므로 국가와 사회복지행정기구의 차이점은 국가는 스스로의 이름으로 행정권을 행사하고, 그의 법률효과가 자기에게 귀속되는 반면, 사회복지행정기구는 사회복지정책주체인 국가를 위해 권한을 행사하고 그 법적 효과는 기관이 아니라 국가에 귀속된다는 점이다. 따라서 사회복지행정기구는 사회복지사업을 추진함에 따른 국가로부터 지도감독의 대상이 된다.

지방자치단체는 국가 영토의 일부를 자기 구역으로 하여 그 구역 내의 모든 주민에 대하여 법률이 정하는 범위 내에서 지배권을 행사하는 단체이다. 지방자치가 발전되면서 오늘날 지방자치단체는 그 역할이 점차 증가하고 있다. 지방자치단체는 국민기초생활보장제도와 같은 공공부조나 사회복지서비스를 직접 국민들의 삶의 현장에서 집행하는 데 중요한 역할을 하고 있으며, 그로 인하여 감사부서 등으로부터 지도감독을 받게 된다.

국가는 현대사회에서 사회복지정책주체이며 사회복지제공의 중요한 주체이다. 중앙정부는 국민의 기초생활보장과 생활향상에 대한 책임을 지며, 지방자치단체는 국가정책에 협력하면서 국가의 정책이 미치지 않는 지역사회의 특수한 복지욕구에 대응한다. 그러나 지방자치단체가 전적으로 사회복지서비스를 제공하기에는 한계가 있으며, 지역간 서비스제공의 불평등으로 사회복지급여의 국가적인 형평성문제가 제기될 수 있다.

(2) 행정기구(행정기관)

행정기구는 국가가 실제로 권력을 행사하고 행정기능을 수행하는 데 필요한 제도와 조직들의 집합체이다. 행정조직, 행정기관 등으로도 표현하며, 한국의 행정기구는 중앙행정기관, 지방행정기관, 부속기관, 행정위원회, 국가기업, 국가출연 연구기관, 각종 공단, 국공립학교, 일부 공공법인체 등으로 구성된다. 이들 행정기구는 국가를 위해 실제로 행정사무를 담당하는 역할을 하게 되며 그에 따른 지도감독을 받게 된다. 예를 들어 광역시 · 도 · 특별자치시 · 특별자치도, 시 · 군 · 구, 읍 · 면 · 동사무소는 사회복지관련 행정기관이며, 법적 효과는 국가에 귀속하게 된다.

이러한 행정기구는 권한을 행사하는 종류에 따라 나누어 보면, 행정청, 보조기관, 자문기관, 집행기관, 의결기관, 감사기관, 공기업기관·영조물기관, 부속기관 등이 있다

(인터넷법률신문, 2010 참조 재수정).

① 행정청(행정관청)이란 행정주체(국가나 지방자치단체)를 위해 그 의사를 결정하고 국민에 대해 표시할 수 있는 권한을 가진 행정기관을 뜻한다. 보통 안전행정부, 보건복지부처럼 행정관서의 의미로도 사용되나 행정법상 행정청은 행정각부의 장관, 지방자치단체의 장이 된다. 행정처분 등에 대한 취소소송 등의 행정소송은 이런 행정청을 피고로 하여 제기하는 것이 원칙이다(「행정소송법」 제13조).

– 중앙관청 : 보건복지부, 여성가족부, 행정안전부, 고용노동부 같이 그 권한이 전국에 미침

– 지방관청 : 광역자치단체기관 등과 같이 권한이 특정 지역에 미침

② 보조기관이란 행정조직의 내부기관으로서 행정청의 권한행사를 보조하는 것을 임무로 하는 행정기관을 뜻한다. 즉 행정각부의 차관 · 차관보, 국장 · 팀장(과장) · 계장이나 지방자치단체의 부지사 · 부사장 · 과장 등이 해당된다.

③ 자문기관이란 행정청에 대해 의견을 제시하는 것을 임무로 하는 행정기관을 뜻하며 보통 '~위원회 · 심의회 · 조사회' 등의 명칭이 붙는다.

④ 집행기관이란 행정청의 결정의사를 실력으로써 구체적으로 집행하는 행정기관을 말하며 경찰공무원 · 세무공무원 등이 그 예가 될 수 있다.

⑤ 의결기관이란 행정주체의 의사를 결정함에 그치고 이를 외부에 표시할 권한은 없는 행정기관을 뜻한다. 의결기관은 행정의사의 공정하고 신중한 결정을 위해 설치된 것으로 행정청이 아니기에 취소소송 등의 피고가 될 수 없다. 의결기관의 예로는 행정심판위원회, 지방자치단체의 교육위원회 등을 들 수 있다.

⑥ 감사기관이란 행정의 적법 · 타당성의 확보를 위해 다른 행정기관의 사무처리 · 회계처리를 감시 · 검사하는 권한을 가진 행정기관을 뜻하며, 감사원이 그 예가 된다.

⑦ 공기업기관 · 영조물기관이란 공기업이나 영조물의 관리 · 운영을 담당하는 행정기관을 뜻한다. 철도관서, 체신(우정사업)관서 등이 공기업기관에 해당하고 국립병원, 국립도서관, 국립대학 등이 영조물기관에 해당한다.

⑧ 부속기관이란 행정기관에 부속하여 이를 지원하는 행정기관을 뜻한다. 그 예로는 국토계획심의위원회, 국립과학수사연구소, 국립보건연구원, 중앙공무원교육원 등을 들 수 있다.

2) 사회복지사업운영의 수행주체

사회복지사업운영의 수행주체는 사회복지사업운영의 정책주체가 수립한 사회복지서비스 정책결정에 따라 실제로 사회복지서비스를 집행하는 주체, 즉 사회복지사업을 운영하고 경영하는 주체를 말한다. 사회복지사업의 운영주체는 국가, 지방자치단체가 직접 수행할 수도 있고 공공기관, 법인, 종교단체, 개인 등에게 위탁하여 다양하게 운영될 수도 있다. 따라서 사회복지운영주체는 복지다원주의(welfare pluralism)로 설명할 수 있으며, 사회복지사업 수행에 따른 지도감독을 받게 된다.

하지만 크게 보면 사회복지사업의 수행주체는 공적부문과 민간부문으로 구분할 수 있다. 사회복지사업현장에서 사회복지사업을 행하는 시설, 단체, 기관은 공적기관과 민간기관으로 구분할 수 있기 때문이다. 우리나라에서 사회복지시설의 설치와 운영방식은 국가나 지방자치단체에서 직접 할 수도 있고 사회복지법인, 재단법인, 종교단체, 의료단체 등의 민간기관이 사회복지시설을 수탁하여 운영하는 경우도 있는 것이다.

일반적으로 국가나 지방자치단체가 직접 사회복지서비스를 담당하는 경우가 아닌 수행주체의 경우는 법인과 개인이 있다. 즉 「사회복지사업법」 제42조(보조금 등)의 제1항에서는 "국가 또는 지방자치단체는 사회복지사업을 수행하는 자 중 대통령령이 정하는 자에 대하여 필요한 비용의 전부 또는 일부를 보조할 수 있다."는 규정을 두고 있으며, 또다시 시행령 제20조(보조금 등)에서는 "법 제42조 제1항에서 '대통령령이 정하는 자'라 함은 사회복지법인, 사회복지사업을 수행하는 비영리법인, 사회복지시설의 보호대상자를 수용하거나 보육 · 상담 및 자립지원을 하기 위하여 사회복지시설을 설치 · 운영하는 개인을 말한다."고 세부적으로 규정하고 있다.

이제 이들 사회복지사업운영의 수행주체를 공공부문과 민간부문으로 구분하여 보면 다음과 같다.[6]

(1) 공공부문

사회복지사업의 수행주체로서의 공공부문(public sector)은 중앙정부와 지방자치단체이

6) 사회복지사업의 주체를 크게 실시주체와 공급주체로 2가지로 구분할 경우에 실시주체는 정책주체(국가), 운영주체(국가, 개인, 단체 등), 실천주체(사회복지사, 자원봉사자 등)로 3가지로 세분할 수 있다. 그리고 실시주체 중에서 사회복지사업의 운영주체는 또다시 공공부문과 민간부문, 비영리부문과 영리부문, 공적 부문과 비공식적 부문으로 구분하여 이를 공급주체로 보는 경우도 있다.

다. 공공부문은 사회복지서비스를 제공하는 기관이나 시설이 소유자가 정부이고, 재원도 전부 정부예산에서 나오며, 시설운영을 공무원조직에서 하는 형태이다. 우리나라의 경우 지역사회복지관사업을 민간에 위탁하지 않고 기초자치단체에서 직접 운영하고 있는 사례가 있다. 이 경우에는 민간부문이 아니기 때문에 정부회계기준에 따라 집행하고 회계감사를 받게 된다. 그 외에 프로그램 운영에 따른 지도감독은 사회복지시설평가 등을 통해 슈퍼비전을 받도록 규정되어 있다.

(2) 민간 및 혼합체계부문

민간부문(private sector)은 사회복지서비스를 제공하고 수행하는 주체가 민간단체나 개인이고, 그 서비스 재원도 원칙적으로 지역사회의 개인, 가족, 사회단체 및 기업 등에서 조달되는 형태이다. 그러나 우리나라의 경우 국가나 지방자치단체가 운영비 등의 재원을 공급하고 운영권을 민간에 위탁하는 혼합체계부문이 대부분이다. 우리나라 사회복지기관이나 시설의 운영체계는 대부분 중앙정부나 지방자치단체가 시설을 설치한 후 그 운영은 전문성을 기하기 위하여 사회복지법인 등에 위탁하는 방법을 채택하고 있기 때문이다. 그러나 민간에서 사회복지시설 등을 수탁하기 위해서는 일정한 범주의 운영비를 자부담하는 것을 조건으로 이루어지는 경우가 많고, 행정지도와 감독을 받고 있다는 점을 감안하면 사회복지사업의 운영주체는 순수하게 공공부문과 민간부문으로 명확하게 구분하기보다는 혼합되어 실시되고 있음을 알 수 있다.

이러한 민간부문은 다시 영리부문과 비영리부문으로 구분될 수 있다. 사회복지의 영역은 전통적으로 비영리부문(non-profit sector)의 활동이었고 현재도 비영리부문이 대부분을 차지하고 있다. 비영리부문은 사회복지서비스 제공을 통해 경제적 이윤을 창출하지 않는 것을 의미한다. 영리부문(profit sector)은 사회복지서비스 제공의 명목으로 일정의 비용을 받고, 이윤을 창출하는 부문으로 최근에 민간은 의료 및 요양서비스 부문 등의 분야에 대한 영리부문의 역할에 새로운 인식을 가지게 되었다.

한편 이들 수행주체는 사회복지사업 정책주체로부터 운영을 위한 재정지원을 받게 된다. 아울러 지원된 재정에 대하여 적절한 집행을 하였는지에 대하여 지도감독을 받도록 규정(의무화)하고 있다. 대표적인 규정으로는 「사회복지법인 및 사회복지시설 재무·회계 규칙」이 있다. 이 규칙은 「사회복지사업법」 제23조 제4항, 제34조 제3항 및

제45조 제2항의 규정에 의하여 사회복지법인 및 사회복지시설의 재무 · 회계 및 후원금관리에 관한 사항을 규정하여 재무 · 회계 및 후원금관리의 명확성 · 공정성 · 투명성을 기함으로써 사회복지법인 및 사회복지시설의 합리적인 운영에 기여함을 목적으로 한다.

특히 이 규칙은 회계적인 지도감독을 기본으로 행정지도감독을 하고 슈퍼비전을 하게 되는 특징이 있다. 동 규칙 제3조(회계연도)에서는 "법인 및 시설의 회계연도는 정부의 회계연도에 따른다. 다만, 「영유아보육법」 제2조에 따른 어린이집의 회계연도는 매년 3월 1일에 시작하여 다음 연도 2월 말일에 종료한다."고 규정하고 있으며, 제5조(출납기한)에서는 "1회계연도에 속하는 법인 및 시설의 세입 · 세출의 출납은 회계 연도가 끝나는 날까지 완결하여야 한다."는 규정을 두고 있다.

3) 사회복지사업운영의 실천주체

사회복지사업운영의 실천주체는 사회복지서비스를 직접 대상자에게 실시하는 주체로 사회복지사나 사회복지관련 전문직, 자원봉사자 등이다. 최근에는 많은 자원봉사자들에게 사회복지사업의 실천주체로서의 역할이 확대되고 있는 실정이며, 각 사회복지시설에서는 자원봉사자들을 관리하기 위하여 '사회복지자원봉사인증 관리센터'로 지정을 받아 해당 사회복지시설에서 자원봉사를 한 실적을 전산으로 입력해주고 인증해주는 시스템을 갖추고 있기 때문에 사회복지분야의 자원봉사활동도 활성화되는 요인이 되기도 한다. 이들 사회복지사업 주체 중에서도 사회복지사업을 추진하는 사회복지사나 사회복지관련 전문직은 지도감독을 받게 된다. 다음에서는 자원봉사자를 제외한 사회복지시설종사자를 사회복지사와 관련 전문직별로 그 정체성과 역할을 살펴보고자 한다.

(1) 사회복지사

1970년대 사회복지종사자로 시작하여 1983년 5월 「사회복지사업법」이 개정되면서 기존의 사회사업가 또는 사회사업종사자의 명칭이 '사회복지사'로 규정되어 사회복지사 자격증이 발급되기 시작하였으며 사회복지사의 영문표기는 'Social Worker'로 사용하고 있다.

우리나라는 「사회복지사업법」 제11조 제1항의 규정에서 "사회복지에 관한 전문지식과 기술을 가진 자"를 사회복지사로 규정하고 있다. 그리고 「사회복지사업법」 시행령 제6조(사회복지사의 채용) 제1항의 규정에서는 "사회복지시설을 설치 · 운영하는 자는 해당 법인 또는 시설에서 다음에 해당하는 업무에 종사하는 자를 사회복지사로 채용하여야 한다."는 규정을 두고 있다.

가. 사회복지프로그램의 개발 및 운영업무

나. 시설거주자의 생활지도업무

다. 사회복지를 필요로 하는 사람에 대한 상담업무

한편 이러한 업무를 사회복지현장에서 수행하는 사회복지사의 정체성은 봉사정신과 전문적 지식 및 기술습득적용과 사회복지사 윤리강령 준수에 있다. 사회복지사는 사회복지서비스 전달의 중추적인 역할을 하며, 전문지식과 기술을 바탕으로 클라이언트의 욕구 충족 및 문제해결을 위해 다양한 역할과 기능을 수행한다. 사회복지사업현장에 따라 각기 다른 기능이 있으나 보편적으로 중개자 역할, 옹호자 역할, 교육자 역할, 상담자 역할, 치료자 역할, 사례관리자 역할, 슈퍼바이저 역할, 행정가 역할, 행동가 역할 등을 하는 전문직이다.

(2) 사회복지관련 전문직

① 의사

「의료법」에서는 의사, 치과의사, 한의사, 조산사, 간호사에 한하여 의료인이라 정하고 있다. 사회복지시설의 의사는 정규직으로 근무하는 경우도 있으나 간호사와는 달리 대부분 촉탁의로 근무하고 있는 경우가 많다. 사회복지시설에서는 직원배치기준에서 의사인력은 계약에 의하여 일정시간 동안 임시로 고용하는 촉탁의로 배치할 수 있도록 허용하고 있는 실정이다.

② 간호사(간호조무사)

간호사는 의사의 진료를 돕거나 개인, 가족, 지역사회를 대상으로 전인적으로 이해하고 과학적인 방법인 '간호과정'을 적용하여 간호(질병을 예방하고 건강을 유지·증진·회복하도록 돕는 일)하는 역할을 한다. 사회복지시설에서 종사하는 간호사는 일반 병원이나 보건소 조직에서 근무하는 경우와는 다른 역할이 요구된다. 거주시설에서는 생활인들의 주기적인 건강검진 및 건강상담, 정기적인 예방접종, 균형 있는 식이섭취, 바람직한 건강습관지도 및 식습관 형성, 안전한 위생 및 환경관리 및 제공, 사고예방 및 응급처치, 환자 간호제공, 일상생활 돌보기 등의 업무를 수행한다. 사회복지시설의 직원배치기준에서는 개별시설기준에 따라 간호조무사를 배치할 수 있는 경우도 있으며, 정신건강증진시설에는 정신건강간호사를 배치하도록 규정하고 있다.

③ 심리상담사

심리상담사는 인간의 심리적 건강 및 효과적인 적응을 다루어 궁극적으로는 심신의 건강 증진을 돕는 사람으로서, 심리적 장애가 있는 사람에게 심리평가와 심리검사, 개인 및 집단 심리상담, 심리재활 프로그램의 개발과 실시, 심리학적 교육, 심리학적 지식을 응용해 자문을 하는 전문직이다. 심리치료사라고도 하는 임상심리사는 주로 심리상담에서 인지, 정서, 행동적인 심리상담을 하지만 정신과의사들이 행하는 약물치료는 하지 않는다. 사회복지사업현장에는 상담심리사, 임상심리사, 청소년상담사, 아동상담사, 정신건강임상심리사, 놀이치료사, 미술치료사, 음악치료사, 독서치료사 등이 배치되고 있다.

④ 요양보호사

요양보호사는 「노인복지법」에 의한 국가자격 전문직으로서 2008년 7월부터 시행된 노인장기요양보험제도에 따라 노인의료복지시설과 재가노인복지시설에서 요양대상 요인들을 처우하는 기능을 수행한다. 요양보호사의 역할은 일상생활동작(ADL) 지원 영역인 식사 및 목욕서비스, 대·소변처리, 옷 갈아입기, 이동, 욕창예방, 간단한 재활훈련(산책, 병원동행, 보행훈련), 심리적 지원 및 기타 일상생활 관련 동작의 지원과 수단적 일상생활동작(IADL) 지원 영역인 세탁, 물건 사기, 식사 준비 및 조리 지원, 은행일 등 업무 지원, 기타 우애서비스 등이 있다.

⑤ 물리치료사와 작업치료사

물리치료사(physical therapist)는 노인과 장애인 혹은 환자를 대상으로 통증의 완화, 근육의 수축 및 이완, 혈액의 순환, 비정상적 자세 및 운동형태를 개선시킬 목적으로 열, 전기, 광선, 물, 운동의 법칙과 같은 물리적 에너지 현상뿐만 아니라 도수적 방법(manipulation)으로 처우하는 전문직이다. 그리고 작업치료사는 신체적, 정신적, 사회적

장애를 입은 사람의 손상된 상태를 교정시켜 기능을 회복하고 상태의 악화를 방지하며 목적 있는 활동을 통해 제한된 능력 및 기능을 향상시켜 주위환경과 사회생활에 잘 적응하여 최대한 독립적으로 살아갈 수 있도록 도와주는 재활치료 전문직이다.

⑥ 보육교사

보육교사는 「영유아보육법」에 근거한 전문직으로 주로 어린이집에서 근무하며, 영유아의 보육, 건강관리 및 보호자와의 상담 그 밖에 어린이집의 관리운영 등의 업무를 담당하는 전문가이다. 보육교사의 역할은 영유아의 성장 · 발달의 자연스런 과정에 있어 보호와 교육적 측면의 전문가로서 신체적, 사회적, 정서적, 지적 발달을 균형 있게 격려할 수 있도록 교육방법을 연구하고 적용하며, 교실환경을 구성하고 영유아를 보호하고 교육하는 전문성 수행에 있다.

이처럼 사회복지사업을 소속된 사회복지기관이나 시설에서 실천하는 전문직들은 양성교육과정에서부터 전문적인 지식과 기술을 갖추도록 교육과정에서 규정하고 있고, 실무현장에 나아가서도 그들의 직무수행에서 전문적인 슈퍼비전(지도감독)이 요구된다. 그 중에서 사회복지사를 기준으로 그들의 직무수행에 대한 슈퍼비전(지도감독)은 법적 규정과 필요성의 두 가지로 구분해 볼 수 있다.

첫째, 사회복지사의 직무수준 향상을 위한 보수교육(슈퍼비전)과정에 관련된 법적 규정을 보면, 「사회복지사업법」 제13조 제2항에서 "보건복지부장관은 사회복지사의 자질 향상을 위하여 필요하다고 인정하면 사회복지사에게 교육을 받도록 명할 수 있다. 다만, 사회복지법인 또는 사회복지시설에 종사하는 사회복지사는 정기적으로 인권에 관한 내용이 포함된 보수교육(補修敎育)을 받아야 한다."는 규정을 두고 있다. 따라서 사회복지시설에 종사하는 사회복지사는 매년 1회의 보수교육을 받아야 하며, 보수교육 받지 않는 사회복지사에게는 과태료(사회복지사법인 · 시설 운영자 100만원 / 사회복지법인 · 시설에 종사하는 자 20만원)가 부과된다.

둘째, 사회복지사와 예비사회복지사에 대한 슈퍼비전의 필요성을 보면, 사회복지기관이나 시설에서의 슈퍼비전은 초심 사회복지사와 대학 등에서 사회복지학을 전공하면서 사회복지사 자격을 취득하고자 사회복지현장실습에 임한 실습생에 대한 지도 · 감독(슈퍼비전)이 주가 된다. 아울러 근무경력이 긴 선임 직급의 사회복지사나 기관장 혹은 시설장에 대해서도 슈퍼비전이 필요치 않은 것은 아니다. 다시 말하면 슈퍼바이저를 위한 동료나 학자들의 슈퍼비전도 요구되는 것이다. 사회복지기관이나 시설에서의 초심 혹은 중간 직급의 사회복지사를 대상으로 한 지도·감독과 사회복지학 전공의 실습생을 대상으로 한 실습지도는 사회복지사의 자질향상과 사회복지서비스 향상에 직접적인 영향을 미치게 된다.

특히 사회복지현장실습은 대학교육과정에서 배운 이론적 지식을 바탕으로 사회복지사업에 관한 실무를 직접 경험하면서 배우는 기회가 된다. 사회복지현장실습의 주요목적은 실습생, 대학의 실습지도 교수, 실습기관의 실습지도자 차원으로 구분하여 생각해 볼 수 있다. 따라서 사회복지현장실습은 유능한 실습지도자(슈퍼바이저)의 지도·감독(슈퍼비전)이 중요하지만 실습생, 대학의 실습지도 교수, 실습기관의 실습지도자 간의 긴밀한 유대관계와 공동의 노력이 요구된다.

Chapter 05

아동복지/영유아보육시설운영의 지도감독

1. 아동복지거주시설

1) 아동복지거주시설의 개념과 설치목적

(1) 아동복지거주시설의 개념

「아동복지법」상 아동복지거주시설은 아동의 부모가 자녀를 양육할 의사나 양육 능력이 없는 경우에 타인이 부모 역할을 대리하여 24시간 주거생활이 가능한 시설에서 아동을 일시적 또는 장기적으로 집단보호 서비스를 하는 아동양육시설 등의 사회복지 생활시설로 개념화할 수 있다.

(2) 아동복지거주시설의 설치목적

아동은 부모의 보호를 받으며 양육되는 것이 가장 바람직하다. 그러나 우리 사회에는 가정에서 보호받으면서 성장할 수 없는 아동이 있으며, 이러한 아동에게는 사회에서 적절한 양육환경을 마련해 주어야 한다. 즉 아동들은 정상적으로 성장할 수 있어야 하고, 아동복지시설은 아동의 인격발달이나 심리사회적 기능에 장애를 가져오게 한 사회적·정서적 문제를 개선시킬 수 있어야 한다. 이러한 목적을 달성하기 위해 아동복지거주시설은 아동의 건전한 인격발달과 성장에 필요한 프로그램 및 서비스를 제공하기 위한 목적에서 설치된다.

2) 아동복지거주시설의 유형과 입소대상 / 절차

(1) 아동양육시설

아동양육시설은 보호를 필요로 하는 아동을 입소시켜 보호, 양육하는 것을 목적으로 하는 시설로 대표적인 아동복지시설이며, 한국전쟁 이후에 민간에서 설치된 고아원을 그 시원으로 하고 있다. 아동양육시설의 목적은 포괄적인 것으로 운영의 목적이 요보호아동들을 장기적으로 집단 수용하는 것에서 변모하여 최근에는 아동을 일시적으로 보호하면서 근본적으로는 아동을 지역사회나 가족으로 복귀시키는 것으로 변화되어야 한다는 점이 강조되고 있다.

① 입소조치사항으로는 시 · 도지사 또는 시장 · 군수 · 구청장은 아동을 시설에 입소시키고자 하는 때에는 아동카드 2부를 작성하여 1부는 시 · 도 또는 시 · 군 · 구에 비치하고, 다른 1부는 아동입소(입원)의뢰서와 함께 해당 시설의 장에게 교부하여 비치하게 하여야 한다. 전문치료기관 또는 요양소에 입원 또는 입소시키고자 하는 경우에도 또한 같다.

② 입소자격은 보호자가 없거나 보호자로부터 이탈된 아동, 학대아동, 장애아동, 부모나 아동의 문제로 가정 내에서 보호하기 어려운 아동(18세 미만)이다.

③ 입소절차는 부모, 후견인, 보호자의 상담신청으로 개별상담이 이루어지고 이를 통한 입소적합성을 판정하게 되고 입소적합판정이 된 아동의 경우는 관련 서류를 제출하게 된다. 그 후 미아 또는 유기된 아동 여부를 확인하여 유기된 아동일 경우 긴급 보호조치를 의뢰하고, 그렇지 않을 경우 입소시설에서 필요한 상담을 거쳐 배치하게 된다.

④ 시설보호기간을 연장할 수 있는 경우는 다음과 같다.

가. 20세 미만인 자로서 「학원의 설립 · 운영 및 과외교습에 관한 법률」에 따라 등록된 학원에서 교육을 받고 있는 경우

나. 시 · 도지사 또는 시장 · 군수 · 구청장이 시설보호아동의 장애 · 질병 등을 이유로 보호기간의 연장을 요청하는 경우

다. 25세 미만이고 지능지수가 71 이상 84 이하인 자로서 자립능력이 부족한 경우

라. 취업 및 그 밖의 사유를 이유로 시설보호아동이 보호기간 연장을 요청하여

6개월 이내의 범위에서 보호기간을 연장하는 경우

⑤ 시설아동이 18세에 달하거나 보호 목적을 달성하였다고 인정될 경우는 시설의 장이 입소의 조치를 한 도지사 · 시장 · 군수의 승인을 얻어 보호 중인 아동을 퇴소시킨다.

(2) 공동생활가정(그룹홈)

① 공동생활가정은 생활보호를 필요로 하는 아동에게 가정과 같은 주거여건과 보호를 제공하는 것을 목적으로 하는 시설이다. 그룹홈 유형으로는 단기보호, 장기보호, 치료보호 등의 3개 유형이 있다. 단기보호는 경제적 위기 또는 부부의 갈등이나 별거, 수감 및 아동학대 등으로 인해 보호자 또는 친 · 인척이 함께 거주할 수 없는 아동을 단기적으로 보호하는 시설이다. 장기보호는 기존의 소년소녀가장 또는 아동양육시설에서 보호 중인 아동 및 장기보호가 필요한 아동을 보호하는 시설이다. 치료보호는 시설보호에 적응하지 못하거나 약간의 정서적 문제 등으로 인하여 시설보호에 적합하지 않는 아동을 보호하는 시설이다.

② 공동생활가정(그룹홈)의 유형에 따라 입소대상 아동 선정 및 입소대상 아동의 입 · 퇴소절차는 시설아동의 입 · 퇴소절차와 동일하다.

③ 보호인원은 아동 5명을 표준으로 하되 아동 7인 이내를 원칙으로 한다. 공동생활가정의 입소아동은 5인 이상을 유지하도록 하며, 관할 시 · 군 · 구청에서는 요보호아동의 공동생활가정 배치 시 5인 미만의 아동이 생활하는 공동생활가정을 우선 고려하도록 한다. 그리고 단기보호 및 치료보호 그룹홈의 입주기간은 1년이 원칙이나 1년 단위로 연장가능하다(시장 · 군수 · 구청장이 연장 조치). 장기보호의 경우에는 시설보호와 동일하게 18세 미만(출생일기준)까지 보호가능하나, 「아동복지법」 시행령 제11조(시설보호기간의 연장)에 해당하는 경우 연장이 가능하다.

(3) 아동일시보호시설

① 아동일시보호시설은 보호를 필요로 하는 아동을 일시보호하고 아동에 대한 향후의 양육대책수립 및 보호조치를 행하는 것을 목적으로 하는 시설이다.

② 아동일시보호시설의 입소자격은 다음과 같다.

가. 부모의 이혼이나 질병, 경제적인 사정으로 인해 가정에서 양육이 불가능한 아동

나. 보호자가 없거나 보호자로부터 이탈된 아동

다. 보호자로부터 학대받은 아동

라. 보호자의 학대로 아동보호전문기관에 신고 되어 시장, 군수에게 보호조치를 의뢰한 아동

마. 부모 또는 보호자로부터 버려진 아동

바. 길을 잃어 부모 또는 보호자로부터 잠시 이탈되어 있는 미아

사. 개인 또는 환경 등의 이유로 집에서 가출하여 걸식하며 거리를 방황하는 가출아

③ 입소기간은 입소일로부터 3개월이며, 기간의 연장은 사유에 따라 1회 연장(최장 3개월)가능하다.

(4) 아동보호치료시설

아동보호치료시설은 불량행위를 하거나 불량행위를 할 우려가 있는 19세 미만의 아동으로서 보호자가 없거나 친권자나 후견인이 입소를 신청한 아동 또는 가정법원, 지방법원소년부지원에서 보호 위탁된 아동을 입소시켜 그들을 선도하여 건전한 사회인으로 육성하는 것을 목적으로 하는 시설이다.

(5) 자립지원시설

자립지원시설은 아동복지시설에서 퇴소한 자에게 취업준비기간 또는 취업 후 일정기간 보호함으로써 자립을 지원하는 것을 목적으로 하는 시설이다. 입소자격은 시설퇴소 아동 중 취업 중인 아동(우선입소)이거나 20세 이상 24세 미만인 자, 국민기초생활보장 수급자로서 24세 미만인 자이다.

3) 아동복지거주시설의 유형별 설치·운영기준

(1) 아동복지거주시설의 설치신고절차와 구비서류

① 국가 또는 지방자치단체 외의 자가 시설을 설치하고자 하는 때에는 별지 제8호 서식의 아동복지시설설치신고서(전자문서로 된 신고서를 포함)에 다음 각 호의 서류(전자문서를 포함)를 첨부하여 시장 · 군수 · 구청장에게 제출하여야 한다.

가. 정관(법인의 경우)

나. 시설운영에 필요한 재산목록(소유 또는 사용에 관한 권리를 증명하는 서류를 포함)

다. 사업계획서 및 예산서

라. 재산의 평가조서 및 재산수익조서

마. 시설의 평면도(시설의 층별 및 구조별 면적을 표시) 및 건물의 배치도

바. 시설에 종사할 직원의 명단과 자격증 사본(자격증이 필요한 직원)

② 제1항에 따라 신고서를 제출받은 담당 공무원은 「전자정부 구현을 위한 행정업무 등의 전자화 촉진에 관한 법률」 제21조 제1항에 따른 행정정보의 공동이용을 통하여 법인등기부등본(법인의 경우에 한정)을 확인하여야 한다. 다만, 신고인이 이에 동의하지 아니하는 경우에는 그 서류를 첨부하도록 하여야 한다.

③ 시장 · 군수 · 구청장은 제1항의 규정에 의한 설치신고를 수리한 때에는 아동복지시설신고증을 신청인에게 교부하여야 한다.

④ 제3항의 규정에 의하여 시장 · 군수 · 구청장이 시설의 설치신고를 수리한 때에는 지체 없이 그 내용을 시 · 도지사에게 보고하고, 시 · 도지사는 이를 종합하여 보건복지부장관에게 보고하여야 한다.

⑤ 제1항의 규정에 의하여 시설의 설치신고를 한 자가 시설의 명칭, 시설의 장, 소재지 또는 정원을 변경하고자 할 때에는 변경신고서에 아동복지시설신고증과 서류를 첨부하여 시장 · 군수 · 구청장에게 신고하여야 한다.

(2) 아동복지거주시설의 공통사항 및 설치에 관한 특례

① 아동복지거주시설 설치의 공통사항은 다음과 같다.

가. 시설의 입지조건은 보건 · 위생 · 급수 · 안전 · 환경 및 교통편의 등을 충분히

고려하여 쾌적한 환경의 부지를 선정하여야 한다.

나. 시설의 구조 및 설비는 그 시설을 이용하는 아동의 성별·연령별 특성에 맞도록 하여야 하며, 아동 30인 이상을 수용하는 시설에는 다음의 설비를 갖추어야 한다.

– 거실
 • 적당한 난방 및 통풍시설을 하고 상당기간의 일조량을 확보할 수 있도록 하여야 함
 • 출입구는 비상재해 시 대피에 용이하도록 복도 또는 넓은 공간에 직접 면하게 하여야 함
 • 복도 · 다락 등을 제외한 거실의 실제면적이 아동 1인당 3세 미만의 경우에는 2.5제곱미터 이상, 3세 이상의 경우에는 3.3제곱미터 이상으로 하고, 1실의 정원은 6인 이하로 함
 • 7세 이상의 아동을 수용하는 거실은 남녀별로 설치하여야 함
 • 허약아 · 미숙아 · 질병이환아 등을 격리하여 수용할 수 있는 격리실을 따로 두어야 함
– 사무실 : 사무를 위한 적당한 설비를 갖추어야 함
– 양호실 : 진찰 · 건강 상담 및 치료를 위한 적당한 설비를 갖추어야 함
– 상담실 : 상담을 위한 적당한 설비를 갖추어야 함
– 조리실
 • 채광 및 환기가 잘 되도록 하고 창문에는 방충망을 설치하여야 함
 • 식기를 소독하고 위생적으로 취사 및 조리할 수 있는 설비를 갖추어야 함
– 목욕실 : 목욕탕 · 샤워실 및 세면설비를 갖추어야 함
– 세탁장 : 세탁에 필요한 기계 · 기구 등 설비를 갖추어야 함
– 건조장 : 세탁물을 건조할 수 있는 설비를 갖추어야 함
– 화장실
 • 수세식 화장실을 원칙으로 하되, 수세식이 아닌 화장실은 방수처리를 하고 소독수와 살충제를 비치하여야 함
 • 변기의 수는 아동 5인당 1개 이상으로 설치하여야 함. 다만, 지역아동센

터의 경우에는 변기를 1개 이상 설치할 수 있음

– 급배수시설

• 급배수시설은 상수도에 의함. 다만, 상수도에 의할 수 없는 경우에는 「먹는 물 관리법」 제5조의 규정에 의한 먹는 물의 수질기준에 적합한 지하수 등을 공급할 수 있는 시설을 갖추어야 함

• 지하수 등을 사용하는 경우 취수원은 화장실 · 폐기물처리시설 · 동물사육장 기타 지하수가 오염될 우려가 있는 장소로부터 20미터 이상 떨어진 곳에 위치하여야 함

• 빗물 · 오수 등의 배수에 지장이 없도록 배수설비를 하여야 함

– 비상재해대비시설 : 소방기술 기준에 관한 규칙이 정하는 바에 의하여 소화용 기구를 비치하고, 비상구를 설치하며 비상재해에 대비한 시설을 갖추어야 함

② 시설설치에 관한 특례사항은 다음과 같다.

가. 국가는 아동복지시설을 설치 · 운영하는 법인에 대하여 이 법에 의하여 위탁한 업무의 처리를 위하여 필요하다고 인정할 때에는 국유재산을 무상으로 대여할 수 있다. 그리고 대여의 대상 · 조건 및 절차에 관하여는 국유재산법의 규정을 적용한다.

나. 아동복지시설에서 그 보호아동을 위하여 사용하는 건물 및 토지, 시설설치 및 운영에 소요되는 비용에 대하여는 「조세특례제한법」 기타 관계 법령이 정하는 바에 의하여 조세 기타의 공과금을 면제할 수 있다.

다. 관련법에 의하여 지급된 금품과 이를 받을 권리는 압류하지 못한다.

(3) 아동복지거주시설의 시설유형별 설비기준

① 아동양육시설 · 아동일시보호시설은 다음의 설비를 갖추어야 한다. 다만, 아동 30인 미만을 수용하는 시설의 경우에는 시설 실정에 맞도록 오락용구 · 도서류 및 놀이기구를 갖추어야 한다.

가. 강당 또는 오락실 : 66제곱미터 이상으로 오락용구를 비치하여야 함

나. 도서실 : 열람석과 아동의 정서함양을 위한 도서류를 비치하여야 함

다. 놀이터 : 165제곱미터 이상은 시소 · 미끄럼틀 · 그네 · 모래밭 등 놀이기구를 갖추어야 함

② 아동보호치료시설은 아동양육시설에 준하되, 다음의 설비를 별도로 갖추어야 한다. 다만, 아동 30인 미만을 수용하는 시설에는 시설실정에 맞도록 심리검사 · 치료용 설비를 갖추어야 한다.

- 심리검사 · 치료실 : 16.5제곱미터 이상으로 심리검사치료를 위한 적당한 설비

③ 자립지원시설은 복도 · 목욕시설 등을 제외한 거실의 실제면적인 아동 1인당 9.9제곱미터 이상으로 하되, 1실의 정원은 2인 이하로 한다.

④ 공동생활가정은 전용면적 60제곱미터 이상의 주택형 숙사를 갖추어야 한다.

(4) 아동복지거주시설의 시설유형별 직원자격기준 및 배치기준

① 아동복지거주시설의 직원자격기준을 정리해보면 다음 〈표 5-1〉에서 보는 바와 같이 규정되어 있다.

〈표 5-1〉 아동복지거주시설 직원자격기준

직종별	자격기준
시설장	• 「사회복지사업법」에 의한 사회복지사 2급 이상의 자격을 가진 자 • 학대아동보호사업과 관련된 기관에서 3년 이상 근무한 경력이 있는 자 • 7급 이상 공무원으로서 국가 또는 지방자치단체에서 사회복지사업에 관한 행정업무에 5년 이상 종사한 경력이 있는 자 • 「의료법」에 의한 의사면허를 가진 자로서 3년 이상 진료경력이 있는 자 • 「정신건강복지법」에 의한 정신건강증진전문요원의 자격을 가진 자로서 사회복지업무와 관련하여 5년 이상 종사한 경력이 있는 자 • 「영유아보육법」에 의한 보육교사 1급자격을 가진 자로서 아동에 관련된 사회복지업무에 5년 이상 종사한 경력이 있는 자 • 유치원, 초등학교 또는 중등학교 교사자격증을 가진 자로서 사회복지사업에 5년 이상 종사한 경력이 있는 자 • 직업훈련교사, 간호사, 영양사로서 사회복지사업에 5년 이상 종사한 경력이 있는 자
총무	• 「사회복지사업법」에 의한 사회복지사 2급 이상 자격을 가진 자 • 학대아동보호사업과 관련된 기관에서 1년 이상 근무한 경력이 있는 자 • 9급 이상 공무원으로서 국가 또는 지방자치단체에서 사회복지사업에 관한 행정업무에 3년 이상 종사한 경력이 있는 자 • 「정신건강증진법」에 의한 정신건강증진전문요원의 자격을 가진 자로서 아동복지업무와 관련하여 3년 이상 종사한 경력이 있는 자 • 「영유아보육법」에 의한 보육교사 1급자격을 가진 자로서 아동에 관련된 사회복지업무에 3년 이상 종사한 경력이 있는 자 • 유치원, 초등학교 또는 중등학교 교사자격증을 가진 자로서 사회복지사업에 5년 이상

직종별	자격기준
	종사한 경력이 있는 자
보육사	• 「사회복지사업법」에 의한 사회복지사 2급 이상 자격을 가진 자 • 「영유아보육법」에 의한 보육교사자격을 가진 자 • 고등학교 또는 이와 동등 이상의 학력이 있다고 인정되는 자 • 유치원, 초등학교 또는 중등학교교사 자격을 가진 자
생활복지사 또는 상담지도원	• 「사회복지사업법」에 의한 사회복지사 2급 이상 자격을 가진 자 • 유치원, 초등학교 또는 중등학교교사 자격을 가진 자 • 「영유아보육법」에 의한 보육교사 1급자격을 가진 자 • 제2조 제2항의 규정에 의한 아동복지지도원이 될 수 있는 자격을 가진 자
임상심리 상담원	• 「고등교육법」에 의한 대학 또는 이와 동등 이상의 학력이 있다고 교육부장관이 인정하는 학교에서 심리학을 전공하여 졸업한 자
자립지원 전담요원	• 「근로자직업능력 개발법」에 따른 직업능력개발훈련교사 자격을 가진 자 • 「사회복지사업법」에 따른 사회복지사 2급 이상의 자격을 가진 자 • 초등학교 또는 중등학교 교사 자격을 가진 자 • 대학 또는 이와 동등 이상의 학력이 있다고 교육부장관이 인정하는 학교 졸업자(다른 법령에서 이와 동등 이상의 학력이 인정된 자를 포함한다)로서 아동복지 또는 사회복지 관련 학과를 졸업하고 1년 이상 아동복지에 종사한 경력이 있는 자

② 아동복지거주시설의 직원배치기준을 작성의 편의상 2가지 영역으로 구분하여 정리해보면 아래의 〈표 5-2〉의 배치기준Ⅰ과 〈표 5-3〉의 배치기준Ⅱ의 내용과 같이 정리할 수 있다.

〈표 5-2〉 **아동복지거주시설 직원배치기준 I**

시설별 \ 직종별		시설장	총무	의사(또는 촉탁의사)	간호사/간호조무사	사무원	영양사	보육사
아동양육시설	30인 이상	1인	1인	1인	1인	1인(아동 50인 이상)	1인(아동 50인 이상)	•0~2세까지: 아동 3인당 1인 •3~6세까지: 아동 7인당 1인 •7세 이상: 아동 10인당 1인
	10~29인	1인	–	–	–	–	–	2인 (아동 20인 초과시 1인 추가)
	10인 미만	1인	–	–	–	–	–	1인

시설별		시설장	총무	의사(또는 촉탁의사)	간호사/간호조무사	사무원	영양사	보육사
아동일시보호시설	30인 이상	1인	1인	1인	1인	1인(아동 50인 이상)	1인(아동 50인 이상)	•0~2세까지 : 아동 3인당 1인 •3~6세까지 : 아동 7인당 1인 •7세 이상 : 아동 10인당 1인
	10~29인	1인	–	–	–	–	–	2인 (아동 20인 초과시 1인 추가)
	10인 미만	1인	–	–	–	–	–	1인
아동보호치료시설	30인 이상	1인	1인	1인	1인	1인	1인	아동 20인당 1인 (20인 초과시 1인 추가)
	10~29인	1인	–	–	–	–	–	1인 (아동 20인 초과시 1인 추가)
	10인 미만	1인	–	–	–	–	–	1인
자립지원시설	아동 30인 이상	1인	1인	–	–	1인	–	–
	10~29인	1인	–	–	–	–	–	–
	10인 미만	1인	–	–	–	–	–	–

〈표 5-3〉 **아동복지거주시설 직원배치기준 Ⅱ**

시설별		생활복지사	직업훈련교사	상담지도원	임상심리상담원	조리원	위생원	보안요원	자립지원전담요원
아동양육시설	30인 이상	아동 50인 이상 1인 (50인 초과시 1인 추가)	–	필요인원	1인 (아동 50인 이상)	1인	1인	–	1인
	30인 미만 10인 이상	–	–	–	–	–	–	–	1인
	10인 미만	–	–	–	–	–	–	–	–
아동일시보호시설	30인 이상	아동 50인 이상 1인 (50인 초과시 1인 추가)	–	필요인원	1인 (아동 50인 이상)	1인	1인	–	–

직종별 시설별		생활복지사	직업훈련 교사	상담 지도원	임상심리 상담원	조리원	위생원	보안요원	자립지원 전담요원
	30인 미만 10인 이상	–	–	–	–	–	–	–	–
	10인 미만	–	–	–	–	–	–	–	–
아동 보호 치료 시설	30인 이상	1인	필요 인원	–	1인	1인	–	2인(아동 40인 이상 4인)	1인
	30인 미만 10인 이상	–	–	–	–	–	–	–	1인
	10인 미만	–	–	–	–	–	–	–	–
자립 지원 시설	30인 이상	–	–	3인	–	–	–	–	–
	30인 미만 10인 이상	–	–	2인	–	–	–	–	–
	10인 미만	–	–	–	–	–	–	–	–

(5) 아동복지거주시설의 시설유형별 정부지원 및 운영기준

① 국가 및 지방자치단체는 대통령령이 정하는 바에 의하여 다음에 해당하는 비용의 전부 또는 일부를 보조할 수 있다.

가. 아동복지시설의 설치 및 운영과 프로그램의 운용에 필요한 비용 또는 수탁보호중인 아동의 양육 및 보호 관리에 필요한 비용

나. 보호를 필요로 하는 아동의 대리양육이나 가정위탁보호에 따른 비용

다. 아동복지사업의 지도 · 감독, 계몽 및 선전에 필요한 비용

라. 아동보호전문기관의 설치 · 운영에 소요되는 비용

마. 가정위탁지원센터의 설치 · 운영에 소요되는 비용

바. 아동복지단체의 지도 · 육성에 필요한 비용

② 시설운영기준사항은 다음과 같다.

가. 건강관리사항으로는 아동의 입소 시 반드시 건강진단을 하여야 하며, 보호아동 및 직원에 대하여는 연 1회 이상의 건강진단을 하여야 한다. 그리고 건강진단결과 건강이 좋지 아니한 자에 대하여는 그 치료를 위하여 필요한 조치를 취하여야 한다.

나. 급식위생사항으로는 급식은 필요한 영양을 섭취할 수 있도록 식단을 작성하고, 그에 따라 시행되어야 한다. 식단은 영양사가 작성하되, 영양사가 없는 시설은 보건소의 지도를 받아 식단을 작성하여야 한다.

- 전염성질환, 화농성창상 등을 가진 자는 아동의 식사를 조리하여서는 아니 됨
- 상수도 외의 음용수를 사용하는 경우에는 적어도 연 2회 이상 수질검사를 받아야 함

다. 조직 · 인사 · 급여 · 회계 · 물품 기타 시설관리에 관한 규정을 제정 · 시행하여야 하며, 시설에는 다음의 장부 및 서류를 비치하여야 한다.

- 시설의 연혁에 관한 기록부
- 재산목록과 그 소유 또는 사용권증명서
- 시설운영일지
- 시설장 및 직원의 인사카드(이력서 및 사진 포함)
- 예산서 및 결산서
- 총계정원장 및 수입 · 지출 보조부
- 금전 및 물품의 출납부와 그 증빙서류
- 보고서철 및 관계관청과의 문서철
- 소속법인인 정관 및 관계의결서류
- 입 · 퇴소 아동의 명단 및 관계서류

라. 시설의 장은 아동의 거실이 있는 건물마다 생활지도원 · 보육교사 기타 필요한 직원 중 1인을 보호아동과 함께 기거하게 하여야 한다. 시설 안에서는 보호아동 외에 시설의 장 및 직원과 그 가족이 아닌 자는 거주하지 못한다.

마. 아동양육시설 및 일시보호시설의 장은 아동이 입소한 때에는 입소된 날부터 2주 동안 그 심신상태를 관찰하여야 한다. 아동양육시설의 장은 학대받은 아동에 대한 보호조치를 의뢰받은 때에는 육체적 · 정신적 정상생활이 될 때까지 특별지도를 위하여 다른 아동과 분리하여 수용할 수 있다.

2. 아동복지이용시설 / 아동보호전문기관

1) 아동복지이용시설

(1) 아동복지이용시설의 개념과 설치목적

일반적으로 아동복지이용시설은 모든 아동의 발달과 복지를 보장하기 위해 지역사회 내에서 거주하는 아동들에게 24시간의 생활보호가 아닌 일정시간동안 심리사회적 서비스를 제공하는 일정한 장소를 말한다. 주로 아동복지거주시설이 가정에서의 부모 및 자녀와의 관계, 가정환경 및 생활 여건 등에 따라 가정의 기능을 보완하거나 대체하는 일을 하고 있는 것과는 차별적으로 아동복지이용시설은 요보호아동뿐만 아니라 일반아동을 포함하여 사회복지서비스를 제공하는 등의 기능을 수행하기 위하여 설치된다.

이러한 아동복지이용시설의 설치목적은 주로 아동복지향상을 위한 지지서비스, 보조서비스, 대리서비스를 제공하는 것에 있다.

① 지지서비스(supportive service)는 부모와 아동이 각자의 책임을 효율적으로 수행할 수 있도록 그 능력을 지원하고 강화시켜 주는 서비스이다. 이는 부모가 자녀 양육에 곤란함을 느끼거나 부모의 역할을 하지 못하는 경우, 부모형제와의 갈등으로 양육이나 교육에 문제가 있는 경우 등에 제공될 수 있다. 지지서비스에는 개별상담, 집단상담, 가족치료, 지역사회조직 등의 방법이 제공되어 활용될 수 있으며, 이러한 서비스를 제공하는 기관으로는 아동상담소, 가정상담소, 지역사회 정신건강상담소 등이 있다.

② 보조서비스(supplementary service)는 지지서비스에 비해 내부적 서비스 제공이라고 말할 수 있는 것으로 상호 중복되는 측면이 있다. 보조서비스는 가족내부나 시설에서 일시적으로 부모의 역할 일부를 보조하고 대행하는 것으로, 부모가 부족하거나 부적절한 부모의 역할을 보충해주는 것이므로 부모의 역할이 일시적 혹은 영구적으로 충족되지 못할 때 필요하게 된다.

③ 대리서비스(substitute service)는 아동이 가족을 떠나 타인에 의해 양육 보호되는 경

우에 아동의 필요에 따라 부모양육을 일시적 또는 영구적으로 대리해 보호하는 서비스를 말한다. 이러한 서비스의 방법으로는 입양사업, 가정위탁, 가정보호사업, 시설보호사업 등이 있다.

(2) 아동복지이용시설의 유형과 이용대상

아동복지이용시설에는 아동상담소, 아동전용시설, 지역아동센터 등이 있다.

① '아동상담소'는 아동과 그 가족의 문제에 관한 상담, 치료, 예방 및 연구 등을 목적으로 하는 시설이다.

② '아동전용시설'은 아동에게 건전한 놀이 · 오락 기타 각종 편의를 제공하여 심신의 건강유지와 복지증진에 필요한 서비스를 제공하는 것을 목적으로 하는 시설로 어린이공원, 어린이놀이터, 아동회관, 체육, 연극, 영화, 과학실험전시시설, 아동휴게숙박시설, 야영장 등이 이에 속한다.

③ '지역아동센터'는 지역사회 아동의 보호 · 교육, 건전한 놀이와 오락의 제공, 보호자와 지역사회 연계 등 아동의 건전육성을 위하여 종합적인 아동복지서비스를 제공하는 것을 목적으로 하는 시설로 빈민지역의 열악한 주거공간 속에서 공부할 공간이 없어서 방치된 아동을 위한 공부방 개념으로 시작되어 현재는 지역사회 안에서 보호, 양육, 교육을 사회복지의 통합적 서비스를 실시하는 시설로 운영되고 있다.

아동복지이용시설 중 2009년부터 '운영매뉴얼'에 의해 비교적 활성화되고 있는 지역아동센터를 중심으로 이용대상 아동을 정리해보면 다음과 같다.

① 지역사회 내 보호를 필요로 하는 만 18세 미만 아동으로 지역아동센터에서 제공되는 서비스를 필요로 하는 아동이 대상이다.

② 가정에서 부모에 의한 보호와 양육이 적절히 행해지기 어려운 상황에 있는 아동으로 국민기초생활보장 수급권자 가정아동, 차상위계층아동, 기타 지자체장 및 지역사회(학교장 추천) 등이 지원이 필요하다고 판단하는 아동이 대상이다.

(3) 아동복지이용시설의 설치신고절차와 구비서류

① 국가 또는 지방자치단체 외의 자가 시설을 설치하고자 하는 때에는 아동복지지설설치신고서(전자문서로 된 신고서를 포함)에 다음 각 호의 서류(전자문서를 포함)를 첨부하여 시장 · 군수 · 구청장에게 제출하여야 한다.

가. 정관(법인의 경우)

나. 시설운영에 필요한 재산목록(소유 또는 사용에 관한 권리를 증명하는 서류 포함)

다. 사업계획서 및 예산서

라. 재산의 평가조서 및 재산수익조서

마. 시설의 평면도(시설의 층별 및 구조별 면적을 표시) 및 건물의 배치도

바. 시설에 종사할 직원의 명단과 자격증 사본(자격증이 필요한 직원)

② 신고서를 제출받은 담당 공무원은 「전자정부 구현을 위한 행정업무 등의 전자화 촉진에 관한 법률」 제21조 제1항에 따른 행정정보의 공동이용을 통하여 법인등기부등본(법인인 경우에 한함)을 확인하여야 한다. 다만, 신고인이 이에 동의하지 아니하는 경우에는 그 서류를 첨부하도록 하여야 한다.

③ 시장 · 군수 · 구청장은 설치신고를 수리한 때에는 아동복지시설신고증을 신청인에게 교부하여야 하며, 시장 · 군수 · 구청장이 시설의 설치신고를 수리한 때에는 지체없이 그 내용을 시 · 도지사에게 보고하고, 시 · 도지사는 이를 종합하여 보건복지부장관에게 보고하여야 한다.

④ 규정에 의하여 시설의 설치신고를 한 자가 시설의 명칭, 시설의 장, 소재지 또는 정원을 변경하고자 하는 때에는 변경신고서에 아동복지시설신고증과 서류를 청부하여 시장 · 군수 · 구청장에게 신고하여야 한다.

(4) 아동복지이용시설의 유형별 설비기준

① 아동상담소는 다음과 같은 상담실, 심리검사 및 치료실, 집단지도실을 갖추어야 한다.

가. 상담실 : 16.5제곱미터 이상

나. 심리검사 · 치료실 : 16.5제곱미터 이상으로 하되, 2개실 이상을 갖출 것

다. 집단지도실 : 33제곱미터 이상

② 지역아동센터는 사무실 · 조리실 · 식당 및 집단지도실을 각각 갖추되, 해당시설을 모두 합한 면적이 전용면적 82.5제곱미터 이상으로 한다. 다만, 지역아동센터를 이용하는 일일평균 아동의 수가 20인 미만인 시설은 전용면적 60제곱미터 이상으로 한다.

③ 아동전용시설(어린이공원, 어린이놀이터, 아동회관, 체육, 연극, 영화, 과학실험전시시설, 아동휴게숙박시설, 야영장 등)은 개별 규정을 따른다.

(5) 아동복지이용시설의 정부지원 및 운영기준

① 국가 및 지방자치단체는 비용(이용료를 받는 아동전용시설의 경우에는 동 시설의 설치비용)의 전부 또는 일부를 예산의 범위 안에서 보조하고 보조비율은 「보조금의 예산 및 관리에 관한 법률」 시행령이 정하는 바에 의한다. 그리고 국가 또는 지방자치단체가 아동복지시설의 운영에 필요한 비용을 보조하는 때에는 「사회복지사업법」 제43조의 규정에 의한 시설평가 등 당해 아동복지시설의 운영실적을 고려하여 보조할 수 있다.

② 시 · 도지사 또는 시장 · 군수 · 구청장 또는 시설장은 보호조치를 받은 본인 또는 그 부양의무자로부터 실비에 해당하는 금액을 징수할 수 있다. 다만, 당해 본인 또는 그 부양의무자가 다른 법령에 의하여 생계비를 지원 받는 경우에는 보건복지부장관이 정하는 바에 따라 그 금액을 경감하거나 이를 징수하지 아니할 수 있다. 그리고 비용을 징수하고자 하는 때에는 보건복지부령이 정하는 바에 따라 서면으로 통지하여야 한다.

(6) 아동복지이용시설의 직원자격기준 및 배치기준

① 아동복지이용시설의 직원자격기준은 거주시설과 마찬가지이며, 〈표 5-4〉에서와 같은 규정을 두고 있다.

〈표 5-4〉 **아동복지이용시설 직원자격기준**

직종별	자격기준
시설장	•「사회복지사업법」에 의한 사회복지사 2급 이상의 자격을 가진 자 • 학대아동보호사업과 관련된 기관에서 3년 이상 근무한 경력이 있는 자 • 7급 이상 공무원으로서 국가 또는 지방자치단체에서 사회복지사업에 관한 행정업무에 5년 이상 종사한 경력이 있는 자 •「의료법」에 의한 의사면허를 가진 자로서 3년 이상 진료경력이 있는 자 •「정신건강증진법」에 의한 정신건강증진전문요원의 자격을 가진 자로서 사회복지업무와 관련하여 5년 이상 종사한 경력이 있는 자 •「영유아보육법」에 의한 보육교사 1급자격을 가진 자로서 아동에 관련된 사회복지업무에 5년 이상 종사한 경력이 있는 자 • 유치원, 초등학교 또는 중등학교 교사자격증을 가진 자로서 사회복지사업에 5년 이상 종사한 경력이 있는 자 • 직업훈련교사, 간호사, 영양사로서 사회복지사업에 5년 이상 종사한 경력이 있는 자
총무	•「사회복지사업법」에 의한 사회복지사 2급 이상 자격을 가진 자 • 학대아동보호사업과 관련된 기관에서 1년 이상 근무한 경력이 있는 자
총무	• 9급 이상 공무원으로서 국가 또는 지방자치단체에서 사회복지사업에 관한 행정업무에 3년 이상 종사한 경력이 있는 자 •「정신건강복지법」에 의한 정신건강증진전문요원의 자격을 가진 자로서 아동복지업무와 관련하여 3년 이상 종사한 경력이 있는 자 •「영유아보육법」에 의한 보육교사 1급자격을 가진 자로서 아동에 관련된 사회복지업무에 3년 이상 종사한 경력이 있는 자 • 유치원, 초등학교 또는 중등학교 교사자격증을 가진 자로서 사회복지사업에 5년 이상 종사한 경력이 있는 자
보육사	•「사회복지사업법」에 의한 사회복지사 2급 이상 자격을 가진 자 •「영유아보육법」에 의한 보육교사자격을 가진 자 • 고등학교 또는 이와 동등 이상의 학력이 있다고 인정되는 자 • 유치원, 초등학교 또는 중등학교교사 자격을 가진 자
생활복지사 또는 상담지도원	•「사회복지사업법」에 의한 사회복지사 2급 이상 자격을 가진 자 • 유치원, 초등학교 또는 중등학교교사 자격을 가진 자 •「영유아보육법」에 의한 보육교사 1급자격을 가진 자 • 제2조 제2항의 규정에 의한 아동복지지도원이 될 수 있는 자격을 가진 자
임상심리 상담원	•「고등교육법」에 의한 대학 또는 이와 동등 이상의 학력이 있다고 교육부장관이 인정하는 학교에서 심리학을 전공하여 졸업한 자
자립 지원전담 요원	•「근로자직업능력 개발법」에 따른 직업능력개발훈련교사 자격을 가진 자 •「사회복지사업법」에 따른 사회복지사 2급 이상의 자격을 가진 자 • 초등학교 또는 중등학교 교사 자격을 가진 자 • 대학 또는 이와 동등 이상의 학력이 있다고 교육부장관이 인정하는 학교 졸업자(다른 법령에서 이와 동등 이상의 학력이 인정된 자를 포함)로서 아동복지 또는 사회복지 관련 학과를 졸업하고 1년 이상 아동복지에 종사한 경력이 있는 자

② 아동복지이용시설의 직원배치기준을 표작성의 편의상 2가지 영역으로 구분하여 정리해보면 〈표 5-5〉의 배치기준Ⅰ과 〈표 5-6〉의 배치기준Ⅱ의 내용과 같이 정리할 수 있다.

〈표 5-5〉 **아동복지이용시설 직원배치기준 Ⅰ**

시설별 \ 직종별		시설장	총무	의사(또는 촉탁의사)	간호사/간호조무사	사무원	영양사	보육사
아동상담소	30인 이상	1인	1인	–	1인	1인	–	–
	30인 미만 10인 이상	1인	–	–	–	–	–	–
	아동 10인 미만	1인	–	–	–	–	–	–
아동전용시설	30인 이상	1인	–	–	–	1인	–	–
	30인 미만 10인 이상	1인	–	–	–	–	–	–
	아동 10인 미만	1인	–	–	–	–	–	–
지역아동센터	30인 이상	1인	–	–	–	–	1인	–
	30인 미만 10인 이상	1인	–	–	–	–	–	–
	10인 미만	1인	–	–	–	–	–	–

〈표 5-6〉 **아동복지이용시설 직원배치기준 Ⅱ**

시설별 \ 직종별		생활복지사	직업훈련교사	상담지도원	임상심리상담원	조리원	위생원	보안요원	자립지원요원
아동상담소	30인 이상	–	–	필요인원	1인	–	–	–	–
	30인 미만 10인 이상	–	–	필요인원	–	–	–	–	–
	아동 10인 미만	–	–	–	–	–	–	–	–
아동전용시설	아동 30인 이상	필요인원	–	–	–	–	–	–	–
	30인 미만 10인 이상	필요인원	–	–	–	–	–	–	–

직종별 시설별		생활 복지사	직업훈련 교사	상담 지도원	임상심리 상담원	조리원	위생원	보안 요원	자립지원 요원
	10인 미만	–	–	–	–	–	–	–	–
지역 아동 센터	30인 이상	2인	–	–	–	–	–	–	–
	30인 미만 10인 이상	1인	–	–	–	–	–	–	–
	10인 미만	–	–	–	–	–	–	–	–

2) 아동보호전문기관

(1) 아동보호전문기관의 개념과 설치목적

「아동복지법」 제24조에서는 국가와 지방자치단체가 아동의 건강과 복지증진에 노력해야 하며 이를 위한 시책을 시행해야 하고 아동학대 피해아동의 발견, 보호, 치료에 대한 신속한 처리 및 아동학대 예방을 전담하는 아동보호전문기관을 설치해야 함을 명시하고 있다.

아동학대 문제는 아동의 신체적 · 정서적 성장과 발달, 그리고 가정이나 학교에서의 적응에 부정적이고 심각한 영향을 미치는 행위로 인식됨에 따라 점점 사회문제로 대두되기에 이르렀다. 그러나 우리 사회는 유교적 전통이 강하게 자리 잡아 아동에 대한 엄격한 훈육방식이 허용되어 왔고, 자녀 양육은 어디까지나 부모의 권리로 보장되어 왔기 때문에 타인이 관여할 수 없는 사회적 분위기가 일반적이었다.

가정 내외에서 일어나는 아동학대 문제는 대부분의 가정과 지역사회 안에 숨겨진 특수성 때문에 정확한 조사가 행하여지지 못했을 뿐 아니라 문제의 심각성에도 불구하고 거의 공개되지 못하고 은폐되어 왔던 경향이 있다. 따라서 아동보호전문기관은 이러한 심각한 아동학대사례에 법적이고 제도적인 접근과 아울러 사회복지적인 개입을 통하여 문제해결과 예방을 위한 기관으로서 당초 '아동학대예방센터'의 명칭이 변경된 아동복지시설에 속한다.

(2) 아동보호전문기관의 의무와 업무

① 아동학대의 예방과 방지의무

가. 국가와 지방자치단체는 아동학대 예방과 방지를 위하여 다음의 조치를 취해야 한다.

- 아동학대의 예방과 방지를 위한 각종 정책의 수립 및 시행
- 아동학대의 예방과 방지를 위한 연구·교육·홍보 및 아동학대 실태조사
- 아동학대에 관한 신고체제의 구축 · 운영
- 그 밖에 대통령령으로 정하는 아동학대의 예방과 방지를 위한 사항

나. 국가와 지방자치단체는 아동학대를 예방하고 수시로 신고를 받을 수 있도록 긴급전화를 설치하여야 한다. 이 경우 설치 · 운영에 관하여 필요한 사항은 대통령령으로 정한다.

다. 국가와 지방자치단체는 아동학대의 실태를 파악하고, 아동학대의 예방 및 방지에 관한 정책 수립을 위하여 5년마다 아동학대 실태조사를 실시하고 그 결과를 발표하여야 한다.

라. 국가와 지방자치단체는 법 제24조에 따른 아동보호전문기관의 장이 학대받은 아동의 보호, 치료 등의 업무를 수행함에 있어서 학대받은 아동, 그 보호자 또는 아동학대행위자에 대한 신분조회 등 필요한 조치의 협조를 요청할 경우 정당한 사유가 없는 한 이에 적극 응하여야 한다.

② 아동보호전문기관의 유형별 업무

가. 중앙아동보호전문기관은 다음의 업무를 수행한다.

- 지역아동보호전문기관에 대한 지원
- 아동학대예방사업과 관련된 연구 및 자료발간
- 효율적인 아동학대예방사업을 위한 연계체제 구축
- 아동학대예방사업을 위한 프로그램 개발 및 평가
- 상담원 직무교육, 아동학대예방 관련 교육 및 홍보
- 아동보호전문기관 전산시스템 구축 및 운영
- 그 밖에 대통령령으로 정하는 아동학대예방사업과 관련된 업무

나. 지역아동보호전문기관은 다음 업무를 수행한다.

- 아동학대 신고접수, 현장조사 및 응급보호
- 학대받은 아동, 아동학대행위자를 위한 상담 및 교육
- 아동학대예방 교육 및 홍보
- 학대가정의 사후관리
- 아동학대사례판정위원회 설치·운영 및 자체사례회의 운영
- 그 밖에 대통령령으로 정하는 아동학대예방사업과 관련된 업무

③ 아동보호전문기관의 아동학대예방 업무

가. 중앙아동보호전문기관의 아동학대예방사업과 관련된 업무는 아동복지시설 및 아동학대와 관련된 관계기관 직원의 역량 강화 사업 지원에 관한 업무로 한다.

나. 지역아동보호전문기관의 아동학대예방사업과 관련된 업무는 아동복지시설, 어린이집, 유치원, 학교, 경찰서, 주민센터, 보건소, 의료기관, 사회복지관 등 아동학대와 관련된 관계기관 간의 연계와 학대 피해아동 및 학대 가정의 기능 회복 서비스 제공하는 것이다.

④ 아동보호전문기관의 응급조치 업무

가. 아동보호전문기관의 직원 또는 사법경찰관리는 아동학대의 현장에 출동한 때에는 그 현장을 조사하여 보건복지부령이 정하는 현장조사서를 작성하여야 한다.

나. 조사자는 아동학대행위자로부터의 격리 또는 치료 등의 조치가 필요하다고 판단되거나 피해아동이 아동학대행위자로부터 격리 등을 원하는 경우에는 아동을 수용할 수 있는 인근 시설 또는 의료기관에 필요한 조치를 의뢰할 수 있다.

다. 아동보호전문기관이나 수사기관은 아동이 3일 이상의 격리 또는 치료 등의 조치가 필요한 때에는 시 · 도지사 또는 시장 · 군수 · 구청장에게 규정에 의한 조치를 의뢰하여야 한다.

라. 시 · 도지사 또는 시장 · 군수 · 구청장은 보호조치를 의뢰받은 때에는 지체없이 규정에 따라 적절한 보호조치를 실시하여야 한다.

마. 아동보호전문기관의 장은 피학대아동, 그 보호자 또는 아동학대행위자의 신

분조회 등의 조치를 관계 행정기관에 협조 · 요청할 수 있으며, 요청을 받은 행정기관은 정당한 사유가 없는 한 이에 응하여야 한다.

(3) 아동보호전문기관의 설치(지정)기준

① 아동보호전문기관의 설치근거

가. 국가는 아동학대예방사업을 활성화하고 지역 간 연계체계를 구축하기 위하여 중앙아동보호전문기관을 둔다.

나. 지방자치단체는 학대받은 아동의 발견, 보호, 치료에 대한 신속처리 및 아동학대예방을 담당하는 지역아동보호전문기관을 시 · 도 및 시 · 군 · 구에 둔다.

다. 보건복지부장관, 시 · 도지사 및 시장 · 군수 · 구청장은 아동학대예방사업을 목적으로 하는 비영리법인을 지정하여 중앙아동보호전문기관, 지역아동보호전문기관의 운영을 위탁할 수 있다.

② 아동보호전문기관의 설치기준

가. 사무실은 아동학대 긴급전화(1577-1391) 설치에 필요한 적정 규모를 확보하여야 하며, 아동학대 관련 사무를 처리할 수 있는 적당한 설비를 갖추어야 한다.

나. 상담실은 16.5제곱미터 이상의 규모로 상담 내용이 드러나지 아니하고 자연스러운 분위기에서 상담할 수 있는 구조를 갖추어야 한다. 그리고 효과적인 상담을 위하여 녹취기, 무인카메라 등 필요한 장비를 갖추어야 한다.

다. 심리검사 · 치료실은 16.5제곱미터 이상의 규모로 아동의 심리치료에 적합한 구조와 설비를 갖추어야 한다. 그리고 놀이치료 · 미술치료 · 음악치료, 심리상담 등 전문적인 치료를 위하여 필요한 설비를 갖추어야 한다. 그 외 가족에 대한 상담 · 치료 · 교육에 적합한 구조와 설비 및 16.5제곱미터 이상의 자료실 또는 대기실 등을 갖추어야 한다.

(4) 아동보호전문기관의 운영 위탁 지정 신청 및 요건

① 아동보호전문기관의 운영 위탁 지정 신청 및 요건

가. 아동학대예방사업을 목적으로 하는 비영리법인이 아동보호전문기관의 운영 위탁을 받을 수 있는 법인으로 지정받으려면 보건복지부령으로 정하는 바에 따라 보건복지부장관, 시 · 도지사 또는 시장 · 군수 · 구청장에게 신청하여야 한다.

나. 지정 신청을 하려는 비영리법인은 다음의 요건을 갖추어야 한다.

- 3년 이상 아동복지업무를 수행한 실적이 있을 것
- 설치기준과 상담원의 배치기준을 갖출 것
- 업무를 수행하는 데 필요한 예산을 확보할 수 있을 것

다. 보건복지부장관, 시 · 도지사 또는 시장 · 군수 · 구청장은 운영 위탁을 받을 수 있는 법인을 지정하는 경우에는 관할 구역 내의 아동 수, 이미 지정받은 법인의 소재지 및 그 법인과의 지리적 거리 등을 고려하여야 한다.

② 아동보호전문기관의 운영 위탁 지정절차

가. 중앙아동보호전문기관 또는 지역아동보호전문기관의 운영을 위탁받을 비영리법인으로 지정받으려는 자는 아동보호전문기관 운영 위탁 지정신청서(전자문서로 된 신청서 포함)에 다음의 서류(전자문서를 포함)를 첨부하여 보건복지부장관, 시 · 도지사 또는 시장 · 군수 · 구청장에게 제출하여야 한다.

- 비영리법인의 정관
- 아동보호전문기관 운영에 필요한 재산목록(소유 또는 사용 권리를 증명하는 서류 포함)
- 아동복지시설신고증
- 아동복지업무 수행실적
- 사업계획서 및 예산서
- 비영리법인 시설의 평면도(층별 · 구조별 면적 표시)
- 종사할 직원의 명단과 자격증 사본(자격증이 필요한 직원만 해당)

나. 신청서를 제출받은 담당 공무원은 「전자정부법」 제21조 제1항에 따른 행정정보의 공동이용을 통하여 법인등기부등본을 확인하여야 한다.

다. 신청을 받은 보건복지부장관, 시 · 도지사 또는 시장 · 군수 · 구청장은 아동보호전문기관의 운영을 위탁받을 비영리법인을 지정한 때에는 아동보호전문기관의 운영 위탁 지정서를 신청인에게 발급하여야 한다.

라. 지정받은 비영리법인이 그 대표자 또는 소재지를 변경하려는 때에는 변경신고서에 아동보호전문기관의 운영 위탁 지정서와 서류를 첨부하여 보건복지부장관, 시 · 도지사 또는 시장 · 군수 · 구청장에게 신고하여야 한다.

③ 아동보호전문기관의 운영 위탁 지정취소

가. 보건복지부장관, 시 · 도지사 또는 시장 · 군수 · 구청장은 지정된 비영리법인이 다음의 어느 하나에 해당하면 그 지정을 취소할 수 있다.
- 속임수나 그 밖의 부정한 방법으로 보조금의 교부를 받은 경우
- 보조금의 교부조건을 위반한 경우
- 업무실적이 저조한 경우

나. 보건복지부장관, 시 · 도지사 또는 시장 · 군수 · 구청장이 아동보호전문기관의 운영 위탁지정을 취소한 때에는 해당 비영리법인은 지체 없이 아동보호전문기관의 운영 위탁지정서를 반납하여야 한다.

(5) 아동보호전문기관의 직원자격기준 및 배치기준

① 아동보호전문기관 직원 등의 자격기준은 다음과 같다.

가. 아동보호전문기관의 장의 자격기준은 아동복지시설장의 자격기준으로 하며, 아동보호전문기관의 상담원은 다음의 어느 하나에 해당하는 자로서 대학 또는 보건복지부장관이 인정하는 비영리법인에서 개설 · 운영하는 교육과정을 수료한 자로 한다. 다만, 대학에서 교과목의 일부를 이수한 경우에는 그 이수과목에 대한 교육을 면제할 수 있다.
- 「사회복지사업법」에 의한 사회복지사 1급 이상의 자격을 가진 자
- 대학 또는 이와 동등 이상의 학력이 있다고 교육부장관이 인정하는 학교에서 심리학과(복지심리학과 포함) 또는 보건복지부령이 정하는 아동복지 또는 사회복지 관련 교과목을 이수하고 졸업한 자

나. 아동보호전문기관의 임상심리치료 전문인력은 임상심리사 자격이 있거나

놀이치료, 미술치료, 음악치료, 심리상담 등 전문적인 치료를 할 수 있는 등 학대아동의 심리치료를 할 수 있는 사람으로 한다.

② 아동보호전문기관 직원의 배치기준은 다음과 같다.

가. 아동보호전문기관에는 아동학대 긴급전화(1577-1391)의 운영과 법 제25조의 업무수행에 필요한 기관의 장 1명, 임상심리치료 전문 인력 1명 및 상담원 6명 이상을 두어야 한다. 다만, 아동보호전문기관의 장이 제17조 제2항에 따른 상담원의 자격을 갖춘 경우에는 상담원을 겸할 수 있다.

나. 학대받은 아동의 신고·접수, 긴급 출동 등 아동학대 관련 업무 수행에 필요한 사무원 등 필요 인력 1명 이상을 두어야 한다.

3. 어린이집 / 입양기관

1) 어린이집

(1) 어린이집의 개념과 설치목적

「영유아보육법」에 의해 설치되는 어린이집은 영유아(6세 미만의 취학 전 아동)를 건강하고 안전하게 보호·양육하고 영유아의 발달 특성에 맞는 교육을 제공하는 사회복지서비스를 행하는 시설을 말한다.

어린이집은 영유아의 심신을 보호하고 건전하게 교육하여 건강한 사회구성원으로서 육성, 보호자의 경제적·사회적 활동이 원활하게 이루어지도록 함으로써 가정복지 증진에 이바지하는 데 목적이 있다.

(2) 어린이집의 유형과 이용대상

어린이집은 다음과 같이 6개 유형으로 구분이 된다.

① '국공립어린이집'은 국가나 지방자치단체가 설치·운영하는 어린이집이다.

② '사회복지법인어린이집'은 「사회복지사업법」에 따른 사회복지법인이 설치·운영하는 어린이집이다.

③ '직장어린이집'은 사업주가 사업장의 근로자를 위하여 설치 · 운영하는 어린이집(국가나 지방자치단체의 장이 소속 공무원을 위하여 설치 · 운영하는 시설 포함)이다.

④ '가정어린이집'은 개인이 가정이나 그에 준하는 곳에 설치 · 운영하는 어린이집이다.

⑤ '부모협동어린이집'은 보호자(15인 이상)들이 조합을 결성하여 설치 · 운영하는 어린이집이다.

⑥ '민간어린이집'은 제1호부터 제5호까지의 규정에 해당하지 아니하는 어린이집(비영리)이다.

어린이집의 이용대상은 보육이 필요한 영유아를 원칙으로 한다. 다만, 필요한 경우 어린이집의 장은 만 12세까지 연장하여 보육할 수 있다. 어린이집은 이용대상자에 비하여 전국적 수준으로 보면 시설 수나 정원 측면에서 부족하지는 않으나 국공립어린이집이나 보육환경이 다소 우수한 일부 지역의 어린이집의 경우에는 시설공급보다 이용수요가 많은 실정이므로 다음과 같이 이용 우선순위를 규정하고 있다.

① 「국민기초생활보장법」에 따른 수급자

② 「한부모가족지원법」에 의한 보호대상자의 자녀

③ 「국민기초생활보장법」에 의한 차상위 계층의 자녀

④ 장애인 중 보건복지부령이 정하는 장애등급 이상에 해당하는 자의 자녀

⑤ 그 밖에 소득수준 등을 고려하여 보건복지부령으로 정하는 자의 자녀

그리고 입소 시 구비서류는 다음과 같이 입학원서, 주민등록등본, 저소득셋째아 이상의 다자녀 지원신청서, 생활기록부, 건강검진표, 응급처치동의서, 책임한계동의서, 귀가동의서, 특기활동동의서 등이다.

(3) 어린이집의 설치 공통사항 및 구비서류

① 어린이집의 입지조건을 보면, 보육수요 보건 · 위생 · 급수 · 안전 · 교통환경 등을 고려하여 위험시설로부터 50m 이상 떨어진 곳에 위치한 곳에 「건축법」 시행령 [별표 1]에 따라 각 어린이집을 설치할 수 있는 곳에 설치한다. 다만, 영유아 20

인 이하를 보육하는 직장어린이집과 부모협동어린이집은 가정어린이집을 설치할 수 있는 곳에도 설치할 수 있다.

② 어린이집의 설치인가를 받고자 하는 자는 어린이집 인가신청서(전자문서 포함)에 다음의 서류(전자문서 포함)를 첨부하여 관할 시장 · 군수 · 구청장에게 제출하여야 한다.

가. 법인의 정관 및 출연금 등에 관한 서류(법인)

나. 단체의 회칙 또는 규약(단체)

다. 임대차계약서(부동산을 임차하는 경우에 한함)

라. 시설의 구조별 면적이 표시된 평면도와 시설 및 설비 목록

마. 어린이집의 장의 자격을 증명하는 서류

바. 어린이집종사자 채용계획서

사. 어린이집 운영계획서(운영경비와 유지방법 포함)

아. 설립자가 개인인 경우 경비의 지급 및 변제 능력에 관한 서류

자. 인근 놀이터 이용계획(영유아 50인 이상의 시설로서 옥외놀이터나 옥내놀이터를 설치하지 아니하는 경우에 한함)

차. 「전기사업법」 제66조2의 규정에 의한 전기안전점검서 및 「도시가스사업법」 제15조 제5항 및 「액화석유가스의 안전관리 및 사업법」 제29조 제2항의 규정에 의한 가스안전점검서

③ 어린이집의 규모를 보면, 다음의 인원을 보육할 수 있는 시설을 갖추어야 하며, 정원은 다른 사회복지시설과 마찬가지로 「사회복지사업법」 제41조(시설수용인원의 제한)의 규정에 따라 수용인원이 300인[1])을 초과할 수 없다. 다만, 대통령령으로 정하는 경우에는 그러하지 아니하다.

가. 국 · 공립어린이집 : 상시 영유아 11인 이상

나. 직장어린이집 : 상시 영유아 5인 이상

다. 사회복지법인어린이집 및 민간어린이집 : 상시 영유아 21인 이상

라. 가정어린이집 : 상시 영유아 5인 이상 20인 이하

---

1) 「사회복지사업법」 제41조 단서에 따라 수용인원 300명을 초과할 수 있는 사회복지시설은 ① 「노인복지법」 제32조에 따른 노인주거복지시설 중 양로시설과 노인복지주택 ② 「노인복지법」 제34조에 따른 노인의료복지시설 중 노인요양시설이다.

마. 부모협동어린이집 : 보육영유아 보호자 15인 이상 출자 및 상시 영유아 11인 이상

④ 직장어린이집의 설치 규정을 보면, 상시 여성근로자 300인 이상 또는 근로자 500인 이상을 고용하고 있는 사업장의 사업주는 직장어린이집을 설치하여야 한다. 다만, 단독으로 설치할 수 없을 때에는 첫째, 사업주 공동으로 직장어린이집을 설치·운영하거나, 둘째, 지역의 어린이집과 위탁계약을 맺어 근로자 자녀의 보육을 지원하거나, 셋째, 근로자에게 보육수당[2)]을 지급하여야 한다.

(4) 어린이집의 설비기준

① 어린이집 설비기준의 공통사항으로는 보육실의 시설면적(놀이터 제외)은 영유아 1인당 4.29제곱미터(약 1.3평) 이상으로 한다.

② 어린이집 설비기준은 다음과 같다.

가. 보육실

- 불가피한 사유가 있다고 보건복지부장관이 인정하는 경우에는 2층과 3층에 보육실을 설치할 수 있되, 건물 전체를 하나의 어린이집으로 사용하는 경우에도 영아반 보육실은 1층에 우선적으로 배치하여야 함
- 보육실은 영유아 1인당 2.64제곱미터(약 0.8평) 이상으로 함
- 보육실에는 침구, 놀이기구, 쌓기놀이활동, 소꿉놀이활동 등의 교재교구를 갖추어야 함
- 어린이집은 환기·채광·조명·온습도가 적절히 유지·관리되도록 하여야 함
- 보육실은 바닥에 난방시설을 갖추어야 함

나. 조리실

- 조리실은 채광, 환기시설을 하여 청정한 실내 환경 유지, 방충망을 설치하여 함
- 식기를 소독하고 위생적으로 취사 및 조리할 수 있는 설비를 갖추어야 함
- 공공기관, 사회복지관 안의 어린이집은 동일 건물의 조리실을 함께 사용

---

2) 「영유아보육법」 제14조 제1항의 규정에 의한 보육수당은 정부 보육료 지원단가의 100분의 50 이상으로 한다.

할 수 있음

다. 목욕실

- 목욕실은 난방을 하여야 함
- 바닥은 미끄럼 방지 장치를 하여야 함
- 샤워설비, 세면설비 및 냉온수 공급, 수도꼭지는 온도를 조정 및 고정할 수 있어야 함
- 목욕실은 보육실과 인접한 공간에 위치하여야 함

라. 화장실

- 바닥은 미끄럼 방지 장치를 하여야 함
- 세정장치와 수도꼭지 등은 냉온수의 온도를 조정 및 고정할 수 있어야 함
- 수세식 유아용 변기를 설치, 보육실과 동일한 층의 인접한 공간에 설치하여야 함

마. 놀이터(영유아 50인 이상을 보육하는 시설에 한함)

- 영유아 1인당 2.5제곱미터(약 0.75평) 이상의 규모로 모래밭에 놀이시설물 3종 이상의 설치된 옥외 놀이터를 설치하여야 함
- 놀이시설물은 「품질경영 및 공산품안전관리법」의 안전검사 필한 제품을 사용하여야 함
- 놀이터에 설치하는 놀이시설물은 안전을 고려하여 다음과 같이 설치하여야 함
  - 영유아의 신장 및 체중을 고려, 표면도색의 독성 여부를 확인하여야 함
  - 추락할 가능성이 있는 놀이시설물 아래와 주변의 공간은 안전장치를 설치, 영유아가 걸려 넘어지거나 부딪칠 수 있는 방해물이 없도록 하여야 함
  - 날카로운 부분, 모서리, 뾰족한 부분이 없도록 하여야 함
  - 돌출부분(볼트, 너트)은 3.2밀리미터(mm)를 넘지 아니하도록 하여야 함
  - 구멍, 틈이 있을 시 영유아의 몸이 빠지거나 끼는 사고가 없도록 조치하여야 함
  - 놀이시설물은 안전하게 설치, 제조업자의 취급설명서에 따라 설치하여야 함

바. 급배수시설

– 직접 수도꼭지에 연결하기가 곤란한 경우를 제외하고, 저수조를 경유하지 아니하고 직접 수도꼭지에 연결하여 공급하여야 함

• 지하수를 사용할 경우에는 저수조 등의 시설을 경유하여야 함

• 더러운 물, 빗물 등이 잘 처리되도록 배수설비를 하여야 함

사. 비상재해 대비시설

– 소화용 기구를 비치, 비상구를 설치, 비상구는 상단에 유도등을 달고 잠금장치를 문 안쪽에 설치하여야 함

– 어린이집이 2층 이상인 경우 비상계단 또는 영유아용 미끄럼대를 반드시 설치, 그 밖에 안전사고 및 비상재해에 대비한 대피시설, 장치 등을 구비하여야 함

– 그 밖의 소방시설의 설치는 「소방시설설치유지 및 안전관리에 관한 법률」 시행령에 의함

– 가스를 사용하는 때에는 「도시가스사업법」, 「액화석유가스의 안전관리 및 사업법」에서 정한 규정에 따라 설치하고 관리하여야 함

아. 기타

– 영유아가 접근할 수 없는 장소에 비상약품 및 간이 의료기구 등을 비치하여야 함

– 비상구를 제외한 모든 출입문 및 창문은 밖에서 쉽게 열 수 있어야 하며, 영유아의 손이 끼지 아니하도록 손 끼임 방지 고무패킹이나 완충장치를 설치하여야 함

– 돌출형 방열기(라디에이터)는 영유아의 신체가 직접 닿지 아니하도록 울타리를 설치, 영유아가 직접 온열기에 닿지 아니하도록 적절한 보호 장치를 설치하여야 함

– 가구의 모서리는 고무 등으로 모서리에 보호 장치를 설치하여야 함

– 아래 부분에 무거운 비품을 보관, 선반을 설치하는 때에는 물건이 추락하지 아니하도록 지지대를 설치, 무거운 물건은 너무 많이 쌓아 놓아서는 아니 됨

– 보일러 설비, 퓨즈박스(두꺼비집), 화기, 소독수, 살충제, 조리실의 칼, 가위,

포크, 랩 등은 영유아의 손이 닿지 아니하는 위치에 배치되어야 함

– 어린이집 내부(벽, 천장 등)의 마감재료는 불연재, 준불연재 또는 난연재를 사용, 실내 장식물과 창문에 설치하는 커튼류 및 카펫 등의 방염대상물품은 방염성능이 있는 것으로 설치하여야 함

(5) 어린이집의 유형별 직원자격기준 및 배치기준

① 어린이집 직원자격기준

가. 어린이집 시설장의 자격기준은 일반기준과 개별 시설별 기준이 별도로 규정되어 있다.

– 일반기준

- 보육교사 1급 자격을 취득한 후 2년 이상의 보육 등 아동복지업무 경력이 있는 자
- 「유아교육법」에 의한 유치원 정교사 2급 자격을 취득한 후 5년 이상의 보육 등 아동복지업무 경력이 있는 자
- 유치원 원장의 자격을 가진 자
- 「초 · 중등교육법」에 의한 초등학교 정교사 자격을 취득한 후 5년 이상의 보육 등 아동복지업무경력이 있는 자
- 「사회복지사업법」에 의한 사회복지사 1급 자격을 취득한 후 5년 이상의 보육 등 아동복지업무경력이 있는 자
- 「의료법」에 의한 간호사 자격을 취득한 후 7년 이상의 보육 등 아동복지업무 경력이 있는 자
- 국가 또는 지방자치단체에서 7급 이상의 공무원으로 보육 등 아동복지업무에 5년 이상 근무한 경력이 있는 자

–가정어린이집

- 일반기준에서 정한 자격을 갖춘 자
- 보육교사 2급 이상의 자격을 취득한 후 2년 이상의 보육업무 경력이 있는 자

– 영아전담어린이집 : 만 3세 미만의 영아만을 20인 이상 보육하는 시설

• 일반기준에서 정한 자격을 갖춘 자
• 간호사 자격증을 취득한 후 5년 이상의 아동간호업무 경력이 있는 자

– 장애아전담어린이집 : 「장애인복지법」 제29조의 규정에 의하여 장애인으로 등록된 영유아만을 20인 이상 보육하는 시설로 일반기준에서 정한 자격을 갖춘 자로서 다음의 어느 하나에 해당하는 자
  • 대학(전문대학 포함)에서 장애인복지 및 재활관련학과를 전공한 자
  • 장애아어린이집에서 2년 이상의 보육업무 경력이 있는 자
  • 여성가족부령이 정하는 장애아보육 직무교육을 받은 자
– 「고등교육법」에 의한 대학(전문대학 포함) 또는 교육훈련시설이 운영(위탁 또는 부설 운영)하는 어린이집
  • 어린이집을 운영하는 대학의 전임강사 또는 교육훈련시설의 전임교수 이상으로서 보육 관련 교과목에 대하여 3년 이상의 교육경력이 있는 자

나. 보육전문요원의 자격기준 및 직무를 보면, 사회복지사 1급 자격을 취득한 이후 보육업무에 3년 이상 종사한 경력이 있는 자이거나 보육교사 1급 자격을 취득한 자이어야 하며 보육정보센터의 장이 부득이한 사유로 직무를 수행할 수 없는 때에는 선임 보육전문요원이 보육정보센터의 장의 직무를 대행한다.

다. 보육교사는 자격기준에 해당하는 자로서 보건복지부장관이 검정·수여하는 국가자격증을 받은 자이어야 하므로 보육교사로 근무하기 위해서는 보건복지부장관이 수여하는 보육교사 국가자격증을 발급받아야 한다. 보육교사 자격기준은 다음 〈표 5-7〉에서와 같이 규정되어 있다.

〈표 5-7〉 **보육교사 자격기준**

등 급	자 격 기 준
보육교사 1급	• 보육교사 2급 자격을 취득한 이후 3년 이상의 보육업무 경력과 보건복지부장관이 정하는 승급교육을 받은 자 • 보육교사 2급 자격과 보육관련 대학원에서 석사학위를 취득한 자로서 1년 이상 보육업무 경력과 보건복지부장관이 정하는 승급교육을 받은 자
보육교사 2급	• 전문대학 또는 이와 동등 이상의 학교에서 보건복지부령이 정하는 보육관련 교과목 및 학점을 이수하고 졸업한 자 • 보육교사 3급 자격을 취득한 이후 2년 이상의 보육업무 경력과 보건복지부장관이

등 급	자 격 기 준
	정하는 승급교육을 받은 자
보육교사 3급	• 고등학교 또는 이와 동등 이상의 학교를 졸업한 자로서 보건복지부령이 정하는 교육훈련시설에서 소정의 교육과정을 수료한 자

② 어린이집 직원배치기준

어린이집의 직원배치기준을 종사자별로 정리해보면 〈표 5-8〉에서와 같이 규정되어 있다.

〈표 5-8〉 **어린이집 직원배치기준**

구 분	배치기준	비 고
시설장	전 어린이집별 1인 ※ 영유아 20명 이하를 보육하는 시설은 원장이 보육교사를 겸임할 수 있음	정원 기준
보육 교사	• 만 1세 미만 : 영아 3명당 1명 • 만 1세 이상 만 2세 미만 : 영아 5명당 1명 • 만 2세 이상 만 3세 미만 : 영아 7명당 1명 • 만 3세 이상 만 4세 미만 : 유아 15명당 1명 • 만 4세 이상 미취학 유아 20명당 1명 ※ 유아 40명당 1명은 보육교사 1급 자격자여야 함	현원 기준
보육 교사	•취학아동 : 20명당 1명 •장애아 보육 : 장애아 3명당 1명 ※장애아 9명당 1명은 특수교사 자격소지자로 함	현원 기준
간호사	영유아 100명 이상을 보육하는 시설의 경우 간호사(간호조무사를 포함함) 1명을 두어야 함	현원 기준
영양사	영유아 100명 이상을 보육하는 시설의 경우 영양사 1명을 두는 것을 원칙으로 하되, 어린이집 단독으로 영양사를 두는 것이 곤란한 경우에는 동일한 시 · 군 · 구의 5개 이내 어린이집이 공동으로 영양사를 둘 수 있음	현원 기준
취사부	영유아 40명 이상 80명 이하를 보육하는 시설의 경우 취사부 1명을 두며, 영유아가 80명을 초과할 때마다 1명씩 증원함	현원 기준
그 밖의 종사자	시설의 규모와 특성에 따라 의사(또는 촉탁의사), 사회복지사, 사무원, 관리인, 위생원, 운전기사, 치료사 등의 종사자를 둘 수 있음	현원 기준

2) 입양기관

(1) 입양의 개념과 입양기관의 의무

① 입양의 개념

입양(adoption)은 자연혈연적인 친자관계가 없는 사람들 간에 친자관계를 법적으로 의제하는 것을 목적으로 하는 신분행위를 말한다. 전통적으로는 혈족공동체를 통솔하고 조상의 제사를 주재하는 지위에 있는 자에게 아들이 없는 경우 의제적인 아들을 둠으로써 그 지위의 승계를 행하는 데 목적이 있다. 입양은 광범위하게 인정되고 있으며, 고대까지 거슬러 올라가는 역사적 뿌리를 가진 거의 세계적인 제도로 특징지을 수 있다. 대부분의 고대문명이나 특정 후기문화에서 행해진 입양의 목적은 오늘날 강조되는 입양의 목적과는 상당히 차이가 있었다.

즉 고대에 행해진 입양의 주된 목적은 남계의 계승에 있었다. 남계상속의 중요성은 고대문화에 기초한 정치적 · 종교적 · 경제적 고려에서 비롯되었다. 피입양자는 대부분 남성이고 성인이었다. 또한 입양자의 복지를 우선시했으며, 피입양자의 복지상태는 그다지 관심을 기울이지 않았다. 반면 오늘날의 법률과 관행은 피입양자인 아동의 복지증진이라는 측면에 주안점을 두고 있기 때문에 피입양자는 아동이고 여아인 경우가 늘어나고 있는 실정이다(브리태니커 백과사전 참조).

② 입양기관의 의무

「입양특례법」에서 규정하고 있는 입양기관을 운영하고자 하는 자는 「사회복지사업법」에 의한 사회복지법인으로서 보건복지부장관의 허가를 받아야 한다. 다만, 국내입양만을 알선하고자 하는 자는 시 · 도지사의 허가를 받아야 한다. 한편 외국인은 입양기관의 장이 될 수 없다. 「입양특례법」에서 규정하고 있는 입양기관의 의무를 보면 다음과 같다.

가. 입양기관의 장은 입양의뢰가 된 자의 권익을 보호하고, 대통령령이 정하는 바에 의하여 부모에게 충분한 입양상담을 제공하며, 부모를 알 수 없는 경우에는 우선 부모 등 직계존속을 찾는 노력을 다하여야 한다.

나. 입양기관의 장은 입양 알선을 행함에 있어 그 양친이 될 자에 대하여는 그 자격[3)]을 조사하여야 한다. 입양기관의 장은 양친이 될 자에게 입양 전에 아

동양육에 관한 교육을 실시하여야 하며, 입양성립 후에는 보건복지부령이 정하는 바에 의하여 입양아동과 그에 관한 기록 등을 양친 또는 양친이 될 자에게 인도하고 그 결과를 시장 · 군수 · 구청장에게 보고하여야 한다.

다. 입양기관에 종사하는 자 또는 종사하였던 자는 그 업무에 관하여 알게 된 비밀을 누설하여서는 아니 된다.

라. 입양기관의 장은 입양성립 후 6개월까지 양친과 양자의 상호적응상태에 대하여 보건복지부령이 정하는 사후관리를 하여야 한다. 다만, 국외로 입양되는 자의 사후관리는 그 국가의 국적을 취득할 때까지로 한다.

마. 입양기관의 장은 국외로 입양된 자를 위하여 입양된 자가 그 국가의 국적을 취득한 후에도 모국방문사업 등 대통령령이 정하는 사업을 시행하여야 한다.

(2) 입양기관의 설치신고절차와 구비서류

① 입양기관의 허가를 받고자 하는 자는 이 법 시행규칙 별지 제5호 서식에 의한 입양기관허가신청서(전자문서로 된 신청서를 포함)에 다음의 서류(전자문서를 포함)를 첨부하여 특별시장 · 광역시장 · 도지사를 경유하여 보건복지부장관에게 제출하여야 한다. 다만, 국내입양만을 알선하는 입양기관의 허가를 받고자 하는 자는 시장 · 군수 · 구청장을 거쳐 시 · 도지사에게 제출하여야 한다.

가. 법인의 정관 및 등기부등본

나. 입양기관의 설치의결서

다. 입양기관의 평면도(시설의 구조별 면적을 표시)

라. 종사하는 직원명단과 자격증사본(종사자별 업무내용 등에 관한 설명 포함)

마. 입양알선비용의 수납계획서

바. 사업계획서 및 수지예산서

사. 재산목록(토지 · 건물 등에 관한 소유 또는 사용권리를 증명할 수 있는 서류를 첨부)

아. 재산의 평가조서 및 재산의 수익조서

---

3) 「입양특례법」에 의하여 양친이 될 자는 다음의 요건을 갖춘 자이어야 하며, 양자를 천한 직업 기타 인권유린의 우려가 있는 직업에 종사하지 아니하도록 하여야 한다. ① 양자를 부양함에 충분한 재산이 있을 것, ② 양자에 대하여 종교의 자유를 인정하고 사회의 일원으로서 그에 상응한 양육과 교육을 할 수 있을 것, ③ 가정이 화목하고 정신적 · 신체적으로 양자를 부양함에 현저한 장애가 없을 것, ④ 양친이 될 자가 대한민국 국민이 아닌 경우 본국법에 의하여 양친이 될 수 있는 자격이 있을 것, ⑤ 기타 양자로 될 자의 복지를 위하여 보건복지부령이 정하는 필요한 요건을 갖출 것

② 「전자정부구현을 위한 행정업무 등의 전자화촉진에 관한 법률」의 규정에 따른 행정정보의 공동이용을 통하여 첨부서류에 대한 정보를 확인할 수 있는 경우에는 그 확인으로 첨부서류에 갈음할 수 있다.

③ 규정에 의한 경유기관이 입양기관허가신청서를 받은 때에는 신청내용에 대한 검토의견을 기재하여 하가관청에 송부하여야 한다.

④ 보건복지부장관 또는 시 · 도지사는 입양기관을 허가한 때에는 입양기관허가증을 신청인에게 교부하여야 한다.

(3) 입양기관의 설치기준

입양기관은 상담실과 사무실을 각각 두되, 상담실과 사무실을 합한 면적이 33제곱미터(㎡) 이상이어야 한다.

(4) 입양기관의 직원자격기준 및 배치기준

① 입양기관의 종사자 기준은 「입양특례법」 시행규칙에서 규정하고 있으며, 종사자 채용내용은 다음과 같다.

가. 의사(촉탁의사 포함) : 1인 이상

나. 아동상담원 : 연간 입양계획인원 50인마다 1인

다. 간호인 : 1인 이상

라. 사무직원 : 1인 이상

② 규정에 의한 아동상담원은 다음의 하나에 해당하는 자이어야 한다.

가. 대학 또는 이와 동등 이상의 학교에서 사회복지 또는 아동복지를 전공하여 졸업하는 자

나. 대학을 졸업하고 입양기관에서 2년 이상 입양에 관한 업무에 종사한 경력이 있는 자

다. 「아동복지법」 규정에 의한 아동복지지도원으로서 3년 이상 종사한 경력이 있는 자

③ 아동상담원은 양자로 될 자와 입양희망가정과의 상담, 그 가정상황의 조사 및 입양된 아동과 그 가정에 대한 사후지도 등에 관한 업무를 수행한다.

Chapter 06

노인복지시설운영의 지도감독

1. 노인주거복지시설 / 노인보호전문기관/학대피해노인 전용쉼터

1) 노인주거복지시설

(1) 노인주거복지시설의 개념과 설치목적

「노인복지법」상 노인주거복지시설은 가정을 대신하여 노인들이 생활할 수 있도록 주거를 포함하여 일상의 생활이 가능하도록 서비스를 제공하는 시설이다. 입소 대상은 신체적 · 정신적 · 사회적으로 기능 및 능력이 감퇴되는 노인으로서 가정에서 부양받기 어려운 처지에 있는 노인으로 규정하고 있다.

노인주거복지시설의 설치목적은 일상생활에 지장이 없는 노인을 대상으로 급식과

〈표 6-1〉 **노인주거복지시설의 설치목적**

시 설	설치목적
양로시설	노인을 입소시켜 급식과 그 밖에 일상생활에 필요한 편의 제공
노인공동생활가정	노인들에게 가정과 같은 주거여건과 급식, 그 밖에 일상생활에 필요한 편의 제공
노인복지주택	노인에게 주거시설을 임대하여 주거의 편의 · 생활지도 · 상담 및 안전관리 등 일상생활에 필요한 편의를 제공

그 밖에 일상생활에 필요한 편의를 제공하여 노후의 안정된 생활을 도모함을 목적으로 한다. 이를 정리해보면 〈표 6-1〉에서와 같다.

(2) 노인주거복지시설의 유형과 입소대상

「노인복지법」 제32조에 규정된 노인주거복지시설의 3개 유형(종류)은 다음과 같다.

① '양로시설'은 노인을 입소시켜 급식과 그 밖에 일상생활에 필요한 편의를 제공함을 목적으로 하는 시설이다.

② '노인공동생활가정'은 노인들에게 가정과 같은 주거여건과 급식, 그 밖에 일상생활에 필요한 편의를 제공함을 목적으로 하는 시설이다.

③ '노인복지주택'은 노인에게 주거시설을 임대하여 주거의 편의·생활지도·상담 및 안전관리 등 일상생활에 필요한 편의를 제공함을 목적으로 하는 시설이다.

「노인복지법」 시행규칙 제14조에서 정하는 노인주거복지시설의 입소대상자는 다음과 같다.

① 양로시설과 노인공동생활가정에는 다음의 어느 하나에 해당하는 자로서 일상생활에 지장이 없는 자가 입소할 수 있다.

가. 「국민기초생활보장법」 제2조에 따른 수급권자로서 65세 이상의 자

나. 부양의무자로부터 적절한 부양을 받지 못하는 65세 이상의 자

다. 노인보호전문기관에서 학대피해노인으로 입소의뢰를 받은 노인 및 긴급조치 대상자 등 시장·군수·구청장이 시설보호가 필요하다고 인정하는 경우

라. 본인 및 본인과 생계를 같이 하고 있는 부양의무자의 월소득을 합산한 금액을 가구원수로 나누어 얻은 1인당 월평균 소득액이 통계청장이 「통계법」 제17조 제3항에 따라 고시하는 전년도의 도시근로자 가구 월평균 소득을 전년도의 평균 가구원수로 나누어 얻은 1인당 월평균 소득액 이하인 자로서 65세 이상의 자

마. 입소자로부터 입소비용의 전부를 수납하여 운영하는 양로시설 또는 노인공동생활가정의 경우는 60세 이상의 자

② 노인복지주택에는 단독취사 등 독립된 주거생활을 하는 데 지장이 없는 60세 이

상의 자가 입소할 수 있다. 입소대상자의 배우자는 65세 미만(양로시설 · 노인공동생활가정의 '라' 목과 노인복지주택의 경우 60세 미만)인 경우에도 입소대상자와 함께 입소할 수 있다.

그리고 노인복지시설에 입소하기 위해서는 「노인복지법」 시행규칙 제15조 규정에 의하여 다음과 같은 절차를 밟는다.

① 「국민기초생활보장법」 제2조에 따른 수급권자로서 65세 이상의 자 및 부양의무자로부터 적절한 부양을 받지 못하는 65세 이상의 자가 해당 양로시설 또는 노인공동생활가정에 입소하려는 경우에는 입소신청서에 입소신청사유서 및 관련 증빙자료를 첨부하여 주소지를 관할하는 특별자치도지사 · 시장 · 군수 · 구청장에게 제출하여야 한다. 다만, 기초수급권자는 입소신청사유서 및 관련 증빙자료를 첨부하지 아니한다.

② 위와 같은 규정에 의한 신청을 받은 특별자치도지사 · 시장 · 군수 · 구청장은 신청일부터 10일 이내에 입소대상자의 건강상태와 부양의무자의 부양능력 등을 심사하여 입소 여부와 입소시설을 결정한 후 이를 신청인 및 당해시설의 장에게 통지하여야 한다.

③ 특별자치도지사 · 시장 · 군수 · 구청장은 양로시설 입소자 중 부양의무자로부터 적절한 부양을 받지 못하는 65세 이상에 해당하는 자에 대하여는 1년마다 부양의무자의 부양능력 등을 심사하여 입소 여부를 재결정하여야 한다.

④ 65세 이상의 실비보호대상자 및 입소비용을 전부 납부하는 60세 이상에 해당하는 자가 양로시설 또는 노인공동생활가정에 입소하려는 경우에는 당사자 간의 계약에 의한다.

⑤ 노인복지주택의 입소는 임대계약에 의한다. 이 경우 임대 또는 분양계약 신청자가 당해시설의 정원을 초과하는 때에는 부양의무자가 없는 자, 「주민등록법」상 연령이 많은 자, 배우자와 함께 입소하는 자의 순위에 의하되, 동순위자가 있는 때에는 신청순위에 의한다.

⑥ 입소대상자가 계약을 체결할 수 없는 부득이한 사유가 있다고 특별자치도지사 · 시장 · 군수 · 구청장이 인정하는 경우에는 입소대상자의 부양의무자가 입소대상자를 대신하여 계약당사자가 될 수 있다.

⑦ 입소자로부터 입소비용의 전부를 수납하여 운영하는 양로시설 및 노인공동생활가정의 설치자는 시설을 설치할 토지의 소유권 또는 사용권을 확보하고 시설의 건축공정이 〈표 6-2〉에서와 같은 기준공정에 도달한 후에 입소자를 모집할 수 있다.

〈표 6-2〉 **노인복지시설의 건축기준공정표**

구 분	건축공정(공사진척도)	공사진척내용	
		5층 이상 시설	5층 미만 시설
사회복지법인 또는 비영리법인	10% 이상	전체층수의 $\frac{1}{4}$ 이상에 해당하는 층수의 골조공사가 완성된 때	조적공사의 $\frac{1}{2}$ 이상이 완성된 때
기타	20% 이상	전체층수의 $\frac{1}{2}$ 이상에 해당하는 층수의 골조공사가 완성된 때	조적공사가 완성된 때

(3) 노인주거복지시설의 설치신고절차와 구비서류

① 「노인복지법」 시행규칙 제16조의 규정에 의하여 노인주거복지시설을 설치하고자 하는 자는 노인주거복지시설 설치신고서(전자문서로 된 신고서 포함)에 다음의 서류(전자문서 포함)를 첨부하여 특별자치도지사 · 시장 · 군수 · 구청장에게 제출하여야 한다.

가. 설치하고자 하는 자가 법인인 경우에는 정관 1부

나. 위치도 · 평면도 및 설비구조내역서 각 1부

다. 입소보증금 · 이용료 기타 입소자의 비용부담 관계서류 1부

라. 사업계획서(제공되는 서비스의 내용과 입소자로부터 입소비용의 전부를 수납하여 운영하려는 양로시설, 노인공동생활가정 및 노인복지주택의 경우에는 의료기관과의 연계에 관한 사항 포함) 1부

마. 시설을 설치할 토지 및 건물의 소유권을 증명할 수 있는 서류(입소자로부터 입소비용의 전부를 수납하여 운영하려는 양로시설 및 노인공동생활가정의 경우에는 사용권을 증명할 수 있는 서류로 갈음) 각 1부

② 위의 내용에 따라 신고서를 제출받은 담당 공무원은 「전자정부법」 제21조 제1항에 따른 행정정보의 공동이용을 통하여 법인등기부등본(법인인 경우)을 확인하여야 한다. 다만, 신고인이 이에 동의하지 아니하는 경우에는 그 서류를 첨부하도록 하여야 한다. 그리고 특별자치도지사 · 시장 · 군수 · 구청장은 위의 규정에 의하

여 노인주거복지시설의 설치신고를 수리한 때에는 노인주거복지시설 설치신고 필증을 신고인에게 교부하여야 한다.

(4) 노인주거복지시설의 설치공통사항 및 특례

① 「노인복지법」 시행규칙 제17조 제1항에 규정된 노인주거복지시설 설치에 관한 공통사항은 다음과 같다.

가. 노인주거복지시설의 규모는 다음의 구분에 따른 인원이 입소할 수 있는 시설을 갖추어야 한다.

- 양로시설 : 입소정원 10명 이상(입소정원 1명당 연면적 15.9m² 이상의 공간을 확보)
- 노인공동생활가정 : 입소정원 5명 이상 9명 이하(입소정원 1명당 연면적 15.9m² 이상의 공간을 확보)
- 노인복지주택 : 30세대 이상

나. 노인주거복지시설의 구조 및 설비 일조·채광·환기 등 입소자의 보건위생과 재해방지 등을 충분히 고려하여야 한다.

- 복도 · 화장실 · 침실 등 입소자가 통상 이용하는 설비는 휠체어 등의 이동이 가능한 공간을 확보하여야 하며 문턱 제거, 손잡이 시설 부착, 바닥 미끄럼 방지 등 노인의 활동에 편리한 구조를 갖추어야 함
- 「소방시설 설치유지 및 안전관리에 관한 법률」 시행규칙이 정하는 바에 따라 소화용 기구를 비치하고 비상구를 설치하여야 함. 다만, 입소자 10명 미만의 시설의 경우에는 소화용 기구를 갖추는 등 시설실정에 맞게 비상재해에 대비하여야 함
- 입소자가 건강한 생활을 영위하는 데 도움이 되는 도서관, 스포츠·레크리에이션 시설 등 적정한 문화 · 체육부대시설을 설치하도록 하되, 지역사회와 시설 간의 상호교류 촉진을 통한 사회와의 유대감 증진을 위하여 입소자가 이용하는 데 지장을 주지 아니하는 범위에서 외부에 개방하여 운영할 수 있음

다. 노인복지시설의 장은 시설의 개방성을 높여 지역사회와의 교류를 증진하고 입소자가 외부사회와의 단절감을 느끼지 아니하도록 하기 위하여 재가노인

복지시설을 병설·운영할 수 있다.

② 「노인복지법」 시행규칙 제17조 제1항에 규정된 노인주거복지시설 설치에 관한 특례사항은 다음과 같다.

가. 시설 설치자는 시설을 설치할 토지 및 건물의 소유권 또는 사용권을 확보하여야 하며, 시설 설치목적 외의 목적에 의한 저당권을 해당 토지 및 건물에 설정하여서는 아니 된다. 다만, 시설(노인복지주택은 임대의 경우)의 설치 목적에 의한 저당권을 설정하는 경우에도 저당권의 피담보채권액과 입소보증금의 합이 건설원가의 80% 이하이어야 한다.

나. 타인 소유의 토지 또는 건물을 사용하여 입소자로부터 입소비용의 전부를 수납하여 운영하는 시설을 설치하려는 경우에는 다음의 요건을 갖추어야 한다.

- 임대차계약 · 지상권설정계약 등 사용계약의 양 당사자는 법인일 것
- 토지 또는 건물에 대한 등기 등 법적 대항요건을 갖출 것
- 사용계약서에 다음의 내용이 포함되어 있을 것
  - 토지 또는 건물의 사용목적이 시설의 설치 · 운영을 위한 것이라는 취지의 내용
  - 계약기간의 연장을 위한 자동갱신조항
  - 무단 양도(매매, 증여, 그 밖의 권리의 변동을 수반하는 일체의 행위 포함) 및 전대의 금지조항
  - 장기간에 걸친 임차료 등의 인상방법(무상으로 사용하는 경우는 제외한다)
  - 토지 또는 건물에 대한 사용권자의 우선 취득권에 관한 내용

다. 양로시설 · 노인공동생활가정 또는 임대형 노인복지주택을 설치하려는 자는 입소자에 대한 보증금 반환채무의 이행을 보장하기 위하여 입소계약 체결 후 보증금 수납한다. 다만, 시설 개원 이후 입소자별로 전세권 또는 근저당권 설정 등의 조치를 한 경우에는 각각 인 · 허가보증보험에 가입하지 아니할 수 있다.

- 보증내용 : 입소자의 입소보증금 반환채무 이행보증
- 보증가입금액 : 입소보증금 합계의 100분의 50 이상
- 보증가입기간 : 보증금 납부일부터 퇴소 시까지

– 보증가입관계 : 시장 · 군수 · 구청장을 피보험자로 함
– 보험금 수령방법 : 시장 · 군수 · 구청장의 확인하에 입소자가 보험금을 직접 수령함

(5) 노인복지주거시설의 유형별 설비기준

① 양로시설에는 다음과 같은 기준에 의하여 설비를 갖추어야 한다.

가. 침실
– 독신용 · 합숙용 · 동거용 침실을 둘 수 있음
– 남녀공용인 시설의 경우에는 합숙용 침실을 남실 및 여실로 각각 구분하여야 함
– 입소자 1명당 침실면적은 5.0㎡ 이상이어야 함
– 합숙용 침실 1실의 정원은 4명 이하이어야 함
– 합숙용 침실에는 입소자의 생활용품을 각자 별도로 보관할 수 있는 보관시설을 설치하여야 함
– 채광 · 조명 및 방습설비를 갖추어야 함

나. 식당 및 조리실
– 조리실바닥은 내수재료로서 세정 및 배수에 편리한 구조로 하여야 함

다. 세면장 및 목욕실
– 바닥은 미끄럽지 아니하여야 함
– 욕조를 설치하는 경우에는 욕조에 노인의 전신이 잠기지 아니하는 깊이로 하고 욕조의 출입이 자유롭도록 최소한 1개 이상의 보조봉과 수직의 손잡이 기둥을 설치하여야 함
– 급탕을 자동 온도 조절 장치로 하는 경우에는 물의 최고 온도는 섭씨 40도 이상이 되지 아니하도록 하여야 함

라. 프로그램실
– 자유로이 이용할 수 있는 적당한 문화시설과 오락기구를 갖추어 두어야 함

마. 체력단련실

- 입소 노인들이 기본적인 체력을 유지할 수 있는 데 필요한 적절한 운동기구를 갖추어야 함

바. 의료 및 간호사실

- 진료 및 간호에 필요한 상용의 약품 · 위생재료 또는 의료기구를 갖추어야 함

사. 경사로

- 침실이 2층 이상인 경우 경사로를 설치하여야 한다. 다만, 승강기를 설치한 경우에는 이를 설치하지 아니할 수 있음

아. 그 밖의 시설

- 복도 · 화장실 그 밖의 필요한 곳에 야간 상용등을 설치하여야 함
- 계단의 경사는 완만하여야 하며, 난간을 설치하여야 함
- 바닥은 부드럽고 미끄럽지 아니한 바닥재를 사용하여야 함

② 노인공동생활가정은 다음과 같은 기준에 의하여 설비를 갖추어야 한다.

가. 침실

- 독신용 · 동거용 · 합숙용 침실을 둘 수 있음
- 남녀공용인 시설의 경우에는 합숙용 침실을 남실 및 여실로 각각 구분하여야 함
- 입소자 1명당 침실면적은 5.0㎡ 이상이어야 함
- 합숙용 침실 1실의 정원은 4명 이하이어야 함
- 합숙용 침실에는 입소자의 생활용품을 각자 별도 보관시설을 설치하여야 함
- 채광 · 조명 및 방습설비를 갖추어야 함

나. 식당 및 조리실

- 조리실 바닥은 내수재료로서 세정 및 배수에 편리한 구조로 하여야 함

다. 세면장 및 샤워실(목욕실)

- 바닥은 미끄럽지 아니하여야 함
- 욕조를 설치하는 경우에는 욕조에 노인의 전신이 잠기지 아니하는 깊이로 하고 욕조의 출입이 자유롭도록 최소한 1개 이상의 보조봉과 수직의 손잡

이 기둥을 설치하여야 함

– 급탕을 자동 온도 조절 장치로 하는 경우에는 물의 최고 온도는 섭씨 40도 이상이 되지 아니하도록 하여야 함

라. 경사로

– 침실이 2층 이상인 경우 경사로를 설치하여야 함. 다만, 승강기를 설치한 경우에는 경사로를 설치하지 아니할 수 있음

마. 그 밖의 시설

– 복도 · 화장실 그 밖의 필요한 곳에 야간 상용 등을 설치하여야 함

– 계단의 경사는 완만하여야 하며, 난간을 설치하여야 함

– 바닥은 부드럽고 미끄럽지 아니한 바닥재를 사용하여야 함

③ 노인복지주택은 다음과 같은 기준에 의하여 설비를 갖추어야 한다.

가. 침실

– 독신용 · 동거용 침실의 면적은 $20m^2$ 이상이어야 함

– 취사할 수 있는 설비를 갖추어야 함

– 목욕실, 화장실 등 입소자의 생활편의를 위한 설비를 갖추어야 함

– 채광 · 조명 및 방습설비를 갖추어야 함

나. 프로그램실

– 자유로이 이용할 수 있는 적당한 문화시설과 오락기구를 갖추어 두어야 함

다. 체력단련실

– 입소 노인들이 기본적인 체력을 유지할 수 있는 데 필요한 운동기구를 갖추어야 함

라. 의료 및 간호사실

– 진료 및 간호에 필요한 상용의약품·위생재료 또는 의료기구를 갖추어야 함

마. 경보장치

– 타인의 도움이 필요할 때 경보가 울릴 수 있도록 거실, 화장실, 욕실, 복도 등 필요한 곳에 설치하여야 함

바. 경사로

– 침실이 2층 이상인 경우 경사로를 설치하여야 함. 다만, 승강기를 설치한

경우에는 경사로를 설치하지 아니할 수 있음

(6) 노인주거복지시설의 유형별 직원자격기준 및 배치기준

① 노인주거복지시설 직원자격기준은 〈표 6-3〉에서와 같다.

〈표 6-3〉 **노인주거복지시설 직원자격기준**

직종별	자격기준
시설의 장 (노인복지주택은 제외)	「사회복지사업법」에 따른 사회복지사 자격증 소지자 또는 「의료법」 제2조에 따른 의료인
사회복지사	「사회복지사업법」에 따른 사회복지사 자격증 소지자
요양보호사	요양보호사 자격증 소지자

② 노인주거복지시설 직원배치기준은 〈표 6-4〉에서와 같다. 그리고 세탁물을 전량 위탁 처리하는 경우에는 위생원을 두지 아니할 수 있으며, 입소자로부터 입소비용의 전부를 수납하여 운영하는 양로시설의 요양보호사 배치기준은 입소자 20명

〈표 6-4〉 **노인주거복지시설 직원배치기준**

<table>
<tr><th colspan="2">직종별
시설별</th><th>시설의 장</th><th>사무국장</th><th>사회복지사</th><th>의사(한의사 포함) 또는 촉탁의사</th><th>간호사 또는 간호조무사</th><th>요양보호사</th><th>사무원</th><th>영양사</th><th>조리원</th><th>위생원</th><th>관리인</th></tr>
<tr><td rowspan="2">양로시설</td><td>입소자 30명 이상</td><td>1명</td><td>1명</td><td>1명</td><td>1명 이상</td><td>입소자 50명당 1명</td><td>입소자 12.5명당 1명</td><td>1명 (입소자 100명 이상인 경우로 한정함)</td><td>1명 (입소자 50명 이상인 경우로 한정함)</td><td>2명 (입소자 100명 초과할 때마다 1명 추가)</td><td>입소자 50명당 1명</td><td></td></tr>
<tr><td>입소자 30명 미만 10명 이상</td><td>1명</td><td colspan="2">1명</td><td></td><td>1명</td><td>입소자 12.5명당 1명</td><td></td><td></td><td>1명</td><td>1명</td><td></td></tr>
<tr><td colspan="2">노인공동생활가정</td><td>1명</td><td></td><td></td><td></td><td>입소자 4.5명당 1명</td><td>입소자 3명당 1명</td><td></td><td></td><td></td><td></td><td></td></tr>
<tr><td colspan="2">노인복지주택</td><td>1명</td><td></td><td>1명</td><td></td><td></td><td></td><td></td><td></td><td></td><td></td><td>1명</td></tr>
</table>

당 1명으로 한다.

2) 노인보호전문기관

(1) 노인보호전문기관의 개념과 설치목적

노인보호전문기관의 당초 명칭은 '노인학대예방센터'로 학대받는 노인을 위한 전문적인 상담과 서비스 제공을 통한 노인의 권익증진, 학대행위자 등에 대한 교육·홍보를 통하여 노인학대에 대한 인식을 개선하며, 노인학대예방사업을 통해 학대 없는 가정과 사회를 조성하기 위한 목적으로 만들어진 기관이다.

따라서 노인보호전문기관은 학대피해노인 및 가족을 위한 양질의 서비스를 제공하고, 노인학대예방을 위한 사회적 안전망 구축을 위해 노력해야 한다. 또한, 노인보호전문기관은 노인권익향상을 위한 정책개발 지원과 독립적인 노후생활을 위한 사회적 환경 조성을 하는 데 목적을 두며 세부적인 설치목적은 〈표 6-5〉에서와 같다. 한편 노인보호전문기관에서는 '학대피해노인 전용쉼터'를 위탁하여 운영할 수 있는데, 입소기간은 4개월 이내로 한다(재입소는 총 6개월 이내).

〈표 6-5〉 **노인보호전문기관의 설치목적**

시설명	설치목적
노인보호전문기관	• 시 · 도지사가 노인보호전문기관을 지정 · 운영 • 노인학대신고, 상담, 보호, 예방 및 홍보 • 24시간 신고 · 상담용 긴급전화운영

(2) 노인보호전문기관의 유형과 학대신고대상

노인보호전문기관의 유형은 노인학대예방 업무와 관련된 보호전문기관 하나뿐이다. 즉 아동보호전문기관과 마찬가지로 사회복지관련 시설이나 기관 · 단체에 시설운영이 지정되는 유형이다.

그리고 노인보호전문기관을 이용하게 되는 노인학대사례의 신고의무와 절차를 보면 누구든지 노인학대를 알게 된 때에는 노인보호전문기관 또는 수사기관에 신고할 수 있으며, 다음의 하나에 해당하는 자는 그 직무상 노인학대를 알게 된 때에는 즉시 노인보호전문기관 또는 수사기관에 신고하여야 한다. 그리고 신고인의 신분은 보장되어야 하며 그 의사에 반하여 신분이 노출되어서는 아니 된다는 규정을 두고 있다.

가. 「의료법」 제3조 제1항의 의료기관에서 의료업을 행하는 의료인

나. 제31조에 따른 노인복지시설의 장과 그 종사자 및 제7조에 따른 노인복지상담원

다. 「장애인복지법」 제58조의 규정에 의한 장애인복지시설에서 장애노인에 대한 상담 · 치료 · 훈련 또는 요양업무를 수행하는 사람

라. 「가정폭력방지 및 피해자보호 등에 관한 법률」 제5조 및 제7조에 따른 가정폭력 관련 상담소 및 가정폭력피해자 보호시설의 장과 그 종사자

마. 「사회복지사업법」 제14조에 따른 사회복지전담공무원 및 같은 법 제34조에 따른 사회복지관, 부랑인 및 노숙인보호를 위한 시설의 장과 그 종사자

바. 「노인장기요양보험법」 제31조에 따른 장기요양기관 및 제32조에 따른 재가장기요양기관의 장과 그 종사자

사. 「119구조·구급에 관한 법률」 제10조에 따른 119구급대의 구급대원

아. 「건강가정기본법」 제35조에 따른 건강가정지원센터의 장과 그 종사자

(3) 노인보호전문기관 설치(지정)신고절차와 구비서류

노인보호전문기관의 지정절차는 다음과 같다.

① 보건복지부장관 또는 시 · 도지사는 「노인복지법」 제39조의5 제1항 단서의 규정에 의하여 다른 노인복지시설을 노인보호전문기관으로 지정하고자 하는 경우에는 지정대상의 수, 지정 기간, 신청절차 그 밖에 지정에 관하여 필요한 사항을 정한 노인보호전문기관 지정 운영계획을 미리 수립하여 이를 공고하여야 한다.

② 노인복지시설을 운영하는 자로서 노인보호전문기관으로 지정받고자 하는 자는 노인보호전문기관 지정신청서에 다음의 서류를 첨부하여 보건복지부장관 또는 시 · 도지사에게 제출하여야 한다.

가. 노인복지시설신고증 사본

나. 노인복지업무 수행실적을 기재한 서류

다. 노인보호전문기관 사업계획서

라. 노인보호전문기관으로 사용하고자 하는 시설의 평면도(구조별 면적 표시)

마. 직원의 명단과 자격증 사본(자격증이 필요한 직원)

③ 보건복지부장관 또는 시 · 도지사는 노인보호전문기관의 지정신청을 받은 경우에는 노인인구, 업무범위 및 신청인의 업무수행능력 등을 고려하여 노인보호전문기관을 지정하고, 노인보호전문기관 지정서를 신청인에게 교부하여야 한다.

그리고 노인보호전문기관의 설비기준은 다음과 같다.

① 「노인복지법」 제39조의4 제2항의 규정에 의하여 국가 및 지방자치단체는 노인보호전문기관에 전국적으로 통일된 번호로 매일 24시간 동안 운영되는 긴급전화(1577-1389)를 설치하여야 한다.

② 다음 기준에 따른 시설을 갖추되, 노인복지시설에 병설하는 경우에는 사업에 지장이 없는 범위에서 해당 노인복지시설의 설비시설을 병용할 수 있다.

가. 사무실은 긴급전화설치에 필요한 적정규모를 확보해야 하며, 노인학대관련 사무를 처리할 수 있는 설비를 갖추어야 한다.

나. 상담실 또는 프로그램운영실은 상담실 또는 프로그램운영실을 설치해야 하되, 상담실 또는 프로그램운영실에는 다음의 설비, 구조 또는 장비를 갖추어야 한다.

- 학대받은 노인 등 상담을 받는 자의 신분, 사생활 및 상담내용 등이 노출되지 아니하도록 칸막이를 구획할 것
- 노인의 심리치료 및 프로그램 · 교육 등에 적합한 구조와 설비를 갖출 것
- 효과적인 상담 또는 프로그램 운영을 위한 장비(녹취기, 카메라 등)를 갖출 것

(4) 노인보호전문기관의 직원자격기준 및 배치기준

① 「노인복지법」 제39조의5 제2항의 규정에 의하여 노인보호전문기관의 장 및 상담원은 다음의 자격을 갖춘 자로 한다.

가. 「사회복지사업법」 제11조의 규정에 의한 사회복지사 자격을 가진 자

나. 7급 이상 공무원 또는 고위공무원단에 속하는 일반직공무원으로서 국가 또는 지방자치단체에서 사회복지사업에 관한 행정업무에 5년 이상 종사 경력

이 있는 자

다. 「의료법」 제2조의 규정에 의한 의료인

② 「노인복지법」 제39조의4(긴급전화의 운영)와 업무수행을 위한 기관의 장과 상담원을 다음과 같이 배치해야 한다.

가. 기관의 장은 1명을 두되, 노인보호전문기관을 운영하는 노인복지시설의 장(「노인복지법」 제39조의5 제2항 및 「노인복지법」 시행령 제20조의 5에 따른 요건에 적합한 자)이 이를 겸직할 수 있다.

나. 상담원은 노인보호전문기관에 상시 근무하는 자로서 3명 이상을 배치해야 하며, 이 경우 노인복지시설의 직원은 이를 겸직할 수 있음. 상담원은 노인학대예방 프로그램 등 전문교육을 이수해야 한다.

(5) 노인보호전문기관의 운영기준

① 노인보호전문기관의 장은 조직 · 인사 · 급여 그 밖에 운영에 필요한 규정을 정하고 이를 시행해야 한다. 그리고 노인보호전문기관의 예산, 회계, 물품 등에 관한 사항은 사회복지법인 재무 · 회계규칙을 준용해야 한다.

② 노인보호전문기관에는 다음의 장부 및 서류를 비치해야 한다.

가. 기관의 연혁 및 운영에 관한 기록부

나. 재산목록과 그 소유권 또는 사용권에 대한 증명서

다. 기관의 장 및 직원의 인사카드

라. 노인학대의 조사 및 상담에 관한 기록(작성일로부터 5년간 보존)

③ 노인보호전문기관은 학대받은 노인과 관련된 부양의무자 또는 그 가족을 대상으로 정기적으로 가정상담 및 프로그램을 실시해야 한다.

④ 노인보호전문기관은 지역사회 주민 · 신고의무자 및 노인학대 행위자 등을 대상으로 노인학대의 예방을 위한 교육을 실시해야 한다.

⑤ 노인보호전문기관은 학대받은 노인에게 필요한 지역사회 자원을 연계하여 의뢰하거나 관련정보를 제공해야 한다.

3) 학대피해노인 전용쉼터

(1) 학대피해노인 전용쉼터의 설치기준

① 학대피해노인 전용쉼터의 시설 규모는 다음에서와 같다.

가. 입소정원(5명 이상 9명 이하)이 입소할 수 있는 시설을 갖추어야 하며, 입소정원 1명당 연면적 15.9㎡ 이상의 공간을 확보하여야 한다.

나. 응급대상자 및 초기 입소자의 생활지원을 위하여 1인실을 1실 이상 설치할 것을 권장한다.

② 학대피해노인 전용쉼터의 시설의 구조 및 설비는 다음에서와 같다.

가. 시설의 구조 및 설비는 일조 · 채광 · 환기 등 입소자의 보건위생과 재해방지 등을 충분히 고려하여야 한다.

나. 「화재예방, 소방시설 설치 · 유지 및 안전관리에 관한 법률」에 따라 소화설비를 비치하는 등 시설의 실정에 맞게 비상재해에 대비하여야 한다.

③ 학대피해노인 전용쉼터의 시설기준은 다음에서와 같다.

가. 침실, 사무실, 요양보호사 · 자원봉사자실, 상담 · 교육실, 식당 · 조리실, 비상재해대비시설, 화장실 · 목욕실(샤워실), 세탁장 · 세탁물 건조장을 각각 갖추어야 한다. 다만, 세탁물을 전량 위탁하여 처리하는 경우에는 세탁장 및 세탁물 건조장을 두지 않을 수 있다.

나. 사무실, 요양보호사 · 자원봉사자실, 상담 · 교육실은 1개의 시설로 통합하여 운영할 수 있다.

④ 학대피해노인 전용쉼터의 설비 기준은 다음에서와 같다.

가. 침실

- 독신용 · 동거용 · 합숙용 침실을 둘 수 있다. 다만, 합숙용 침실은 남실 및 여실로 각각 구분하여야 한다.
- 입소자 1명당 침실 면적은 5.0㎡ 이상으로 한다.
- 합숙용 침실 1실의 정원은 3명 이하로 한다.
- 입소자의 생활용품을 개별로 보관할 수 있는 보관시설을 설치하여야 한다.
- 채광 · 조명 및 방습설비를 갖추어야 한다.

나. 상담 · 교육실

- 프로그램이 원활히 진행될 수 있도록 충분한 공간을 확보하여야 한다.
- 시설을 상담실로 이용하는 경우에는 상담받는 사람과 상담 내용 등이 노출되지 않도록 칸막이를 설치하고 방음이 되도록 하여야 한다.

다. 식당 및 조리실 : 조리실 바닥은 내수 재료로서 세정 및 배수에 편리한 구조로 하여야 한다.

라. 화장실 및 목욕실(샤워실)

- 바닥은 미끄럽지 않아야 한다.
- 욕조를 설치하는 경우에는 욕조에 노인의 전신이 잠기지 않는 깊이로 하고, 욕조에의 출입이 자유롭도록 최소 1개 이상의 보조봉과 수직의 손잡이 기둥을 각각 설치하여야 한다.
- 자동온도조절장치를 이용하여 급탕을 하는 경우, 물의 최고 온도는 섭씨 40도 이상이 되지 않도록 하여야 한다.

마. 그 밖의 시설

- 복도 · 화장실 및 그 밖의 필요한 곳에 야간 상용등을 설치해야 한다.
- 계단의 경사는 완만하여야 하며, 난간을 설치해야 한다.
- 바닥은 부드러우면서도 미끄럽지 않은 바닥재를 사용해야 한다.

(2) 학대피해노인 전용쉼터의 직원자격기준 및 배치기준

① 학대피해노인 전용쉼터의 직원배치 및 직원자격기준은 다음의 〈표 6-6〉에서와 같다.

〈표 6-6〉 **학대피해노인 전용쉼터 직원배치/자격기준**

직종	배치기준	자격기준
쉼터의 장	1명 (지역노인보호전문기관장이 겸임가능)	가. 「사회복지사업법」 제11조에 따른 사회복지사 나. 「의료법」 제2조 제1항에 따른 의료인 다. 「정신건강증진 및 정신질환자 복지서비스 지원에 관한 법률」 제17조에 따른 정신건강전문요원 라. 국가 또는 지방자치단체에서 사회복지사업 관련 행정업무에 7급 이상의 공무원으로서 5년 이상 종사한 경력이 있는 사람

직종	배치기준	자격기준
사회복지사 또는 정신건강 전문요원	2명 (2명 중 1명은 지역노인보호전문기관의 종사자가 겸임가능)	가. 「사회복지사업법」 제11조에 따른 사회복지사 나. 「정신건강증진 및 정신질환자 복지서비스 지원에 관한 법률」 제17조에 따른 정신건강전문요원
요양보호사	3명 이상	법 제39조의 2에 따른 요양보호사

② 학대피해노인 전용쉼터 직원의 담당 업무는 다음의 〈표 6-7〉에서와 같이 쉼터의 장, 사회복지사·정신건강전문요원, 요양보호사별로 정해져 있다.

〈표 6-7〉 **학대피해노인 전용쉼터 직원 담당 업무**

직종	담당 업무
쉼터의 장	가. 쉼터 업무의 총괄·관리 나. 지역노인보호전문기관의 장에게 쉼터 서비스 제공결과 보고
사회복지사·정신건강전문요원	가. 쉼터 입소 및 이용 노인에 대한 쉼터 서비스 제공계획 수립 및 사례관리 지원 나. 행정 및 회계 관련 업무 지도 및 관리 다. 프로그램 개발 등
요양보호사	입소 및 이용 노인에 대한 신체활동·일상생활 지원, 건강확인, 의료기관 동행, 조리업무, 프로그램 지원 등

(3) 학대피해노인 전용쉼터의 업무와 운영기준

① 학대피해노인 전용쉼터의 주요업무는 다음에서와 같다.

가. 학대피해노인의 보호와 숙식제공 등의 쉼터생활 지원

나. 학대피해노인의 심리적 안정을 위한 전문심리상담 등 치유프로그램 제공

다. 학대피해노인에게 학대로 인한 신체적, 정신적 치료를 위한 기본적인 의료비 지원

라. 학대 재발 방지와 원가정 회복을 위하여 노인학대행위자 등에게 전문상담서비스 제공

마. 그 밖에 쉼터에 입소하거나 쉼터를 이용하는 학대피해노인을 위하여 보건복지부령으로 정하는 다음의 사항

- 상담 및 서비스제공에 따른 기록과 그 보관
- 노인학대로 인하여 피해를 입은 노인의 건강검진 지원

② 국가와 지방자치단체는 학대피해노인 전용쉼터의 운영업무를 노인보호전문기관에 위탁할 수 있다. 이 경우 국가와 지방자치단체는 위탁에 소요되는 비용을 지원할 수 있으며, 운영기준은 다음에서와 같다.

가. 건강관리

- 학대피해노인전용쉼터의 장은 학대피해노인이 입소하는 경우에는 반드시 건강진단을 실시하고, 건강진단 결과 치료가 필요한 경우에는 그 치료를 위하여 필요한 조치를 하여야 한다.
- 학대피해노인 전용쉼터의 직원은 매년 정기적으로 결핵검사를 포함한 건강진단 결과를 쉼터의 장에게 제출하고, 건강진단 결과 치료가 필요한 경우에는 그 치료를 위하여 필요한 조치를 하여야 한다.
- 학대피해노인 전용쉼터의 장은 입소자 및 직원이 감염성 질환에 감염되지 않도록 쉼터의 청결 및 위생관리에 충분한 주의를 기울여야 한다.

나. 급식위생

- 입소자가 필요한 영양을 섭취할 수 있도록 관할 보건소장의 지도를 받아 급식 식단을 작성하고, 이에 따라 급식을 제공하여야 한다.
- 감염병, 화농성 창상 등을 가진 직원은 입소자의 식사를 조리해서는 안 된다.
- 입소자의 식사를 조리하는 직원은 항상 청결을 유지해야 한다.
- 쉼터의 장은 조리실 및 식사공간의 청결을 유지하여 입소자, 이용자 및 직원이 부적절한 급식으로 인하여 식중독 등의 질환에 감염되지 않도록 충분한 주의를 기울여야 한다.

다. 관리규정에서는 조직, 인사, 급여, 회계, 물품 및 그 밖의 시설 관리에 필요한 규정을 제정 · 시행하여야 한다.

라. 학대피해노인 전용쉼터에는 다음의 장부 및 서류를 비치하여야 한다.

- 쉼터의 연혁에 관한 기록부
- 재산목록과 그 소유권 또는 사용권 증명서
- 쉼터의 운영일지

- 쉼터의 장 및 직원의 인사카드(이력서 및 사진 포함)
- 예산서 및 결산서
- 총계정 원장 및 수입 · 지출 보조부
- 금전 및 물품의 출납부와 그 증명서류
- 보고서철 및 관계 행정기관 · 지역노인보호전문기관과의 연락 문서철
- 최근 5년 동안 쉼터에 입소 또는 쉼터를 이용한 학대피해노인의 명단 및 상담일지 등 관계서류
- 최근 5년 동안 쉼터에서 전문상담을 받은 노인학대행위자의 명단, 전문상담 일지 등 관련 서류

마. 학대피해노인 전용쉼터의 야간근무자

- 학대피해노인 전용쉼터의 장은 입소자의 침실이 있는 건물마다 「사회복지사업법」 제11조에 따른 사회복지사, 「정신건강증진 및 정신질환자 복지서비스 지원에 관한 법률」 제17조에 따른 정신건강전문요원, 법 제39조의2에 따른 요양보호사, 그 밖의 필요한 직원 중 1명 이상이 야간에 근무하도록 하여야 한다.

③ 학대피해노인 전용쉼터 운영의 위탁과 위탁비용 지원에 관한 사항은 대통령령으로 정한다.

2. 노인의료복지시설 / 재가노인복지시설

1) 노인의료복지시설

(1) 노인의료복지시설의 개념과 설치목적

노인의료복지시설이란 노인들이 지닌 욕구들 중에서도 특히 의료서비스 집중을 목적으로 한 시설로 2007년 8월 3일 「노인복지법」의 개정에 따라 노인요양시설, 노인요양공동생활가정, 노인전문병원으로 기관분류를 단순화한 후, 현행 법률에서는 노인전문병원이 제외된 노인요양시설과 노인요양공동생활가정의 두 종류로 구분되고 있다.

그리고 노인의료복지시설의 설치목적은 다음과 같다.

① '노인요양시설'은 치매 · 중풍 등 노인성질환 등으로 심신에 상당한 장애가 발생하여 도움을 필요로 하는 노인을 입소시켜 급식 · 요양과 그 밖에 일상생활에 필요한 편의를 제공함을 목적으로 한다.

② '노인요양공동생활가정'은 치매 · 중풍 등 노인성질환 등으로 심신에 상당한 장애가 발생하여 도움을 필요로 하는 노인에게 가정과 같은 주거여건과 급식 · 요양, 그 밖에 일상생활에 필요한 편의를 제공함을 목적으로 한다.

(2) 노인의료복지시설의 입소대상과 입소절차

노인요양시설 · 노인요양공동생활가정에는 다음의 어느 하나에 해당하는 자로 노인성질환 등으로 요양을 필요로 하는 자를 입소대상으로 한다.

가. 「노인장기요양보험법」 제15조에 따른 수급자

나. 기초수급권자로서 65세 이상의 자

다. 부양의무자로부터 적절한 부양을 받지 못하는 65세 이상의 자

라. 입소자로부터 입소비용의 전부를 수납하여 운영하는 노인요양시설 또는 노인요양공동생활가정의 경우는 60세 이상의 자

마. 입소대상자의 배우자는 65세 미만(입소자로부터 입소비용의 전부를 수납하여 운영하는 노인요양시설 또는 노인요양공동생활가정의 경우에는 60세 미만)인 경우에도 입소대상자와 함께 입소할 수 있음

노인요양시설 · 노인요양공동생활가정에 입소하고자 하는 자는 다음의 절차를 거친다.

① 입소대상에 해당하는 자가 당해 시설에 입소하고자 하는 때에는 입소신청서에 다음의 서류를 첨부하여 주소지를 관할하는 특별자치도지사 · 시장 · 군수 · 구청장에게 제출하여야 한다.

가. 건강진단서 1부

나. 입소신청사유서 및 관련 증빙자료 각 1부(기초수급권자의 경우에는 제외)

② 입소신청을 받은 특별자치도지사 · 시장 · 군수 · 구청장은 신청일로부터 10일 이

내에 입소대상자의 건강상태와 부양의무자의 부양능력 등을 심사하여 입소 여부와 입소시설을 결정한 후 이를 신청인 및 당해시설의 장에게 통지하여야 한다.

③ 입소자로부터 입소비용의 전부를 수납하여 운영하는 노인요양시설과 노인요양공동생활가정의 설치자는 시설을 설치할 토지의 소유권 또는 사용권을 확보하고 시설의 건축공정이 「노인복지법」 시행규칙 [별표 1]에 의한 기준공정에 도달한 후에 입소자를 모집하여야 한다.

④ 노인요양시설 또는 노인요양공동생활가정에 입소하고자 하는 자는 국공립병원, 보건소 또는 제8조의 규정에 의한 건강진단기관이 발행한 건강진단서를 당해시설의 장에게 제출하여야 한다.

(3) 노인의료복지시설의 설치신고절차와 구비서류

「노인복지법」 제35조의 규정에 의하여 노인요양시설 및 노인요양공동생활가정을 설치하고자 하는 자는 노인의료복지시설설치신고서에 다음의 서류를 첨부하여 특별자치도지사 · 시장 · 군수 · 구청장에게 제출하여야 한다.

가. 정관 1부(법인인 경우)

나. 위치도 · 평면도 및 설비구조내역서 각 1부

다. 입소보증금 · 이용료 기타 입소자의 비용부담 관계서류 1부

라. 사업계획서(제공되는 서비스의 내용 및 의료기관과의 연계에 관한 사항 포함) 1부

마. 시설을 설치할 토지 및 건물의 소유권을 증명할 수 있는 서류(입소자로부터 입소비용의 전부를 수납하여 운영하려는 노인요양시설 및 노인요양공동생활가정의 경우에는 사용권을 증명할 수 있는 서류로 갈음) 각 1부

(4) 노인의료복지시설의 설치공통사항 및 특례

노인요양시설 및 노인요양공동생활가정에 대한 공통사항 및 설치에 관한 특례사항은 다음과 같다.

① 우선 공통사항을 정리하면 다음과 같다.

가. 노인의료복지시설은 다음의 구분에 따른 인원이 입소할 수 있는 시설을 갖추어야 함

- 노인요양시설 : 입소정원 10명 이상(입소정원 1명당 연면적 23.6m² 이상의 공간을 확보)
- 노인요양공동생활가정 : 입소정원 5명 이상 9명 이하(입소정원 1명당 연면적 20.5m² 이상의 공간 확보)

나. 시설의 구조 및 설비는 다음과 같다.

- 시설의 구조 및 설비는 일조 · 채광 · 환기 등 입소자의 보건위생과 재해방지 등을 충분히 고려하여야 함
- 복도 · 화장실 · 침실 등 입소자가 통상 이용하는 설비는 휠체어 등이 이동 가능한 공간을 확보하여야 하며 문턱 제거, 손잡이시설 부착, 바닥 미끄럼 방지 등 노인의 활동에 편리한 구조를 갖추어야 함
- 「소방시설 설치유지 및 안전관리에 관한 법률」 시행규칙이 정하는 바에 따라 소화용 기구를 비치하고 비상구를 설치하여야 함. 다만, 입소자 10명 미만인 시설의 경우에는 소화용 기구를 갖추는 등 시설의 실정에 맞게 비상재해에 대비하여야 함
- 입소자가 건강한 생활을 영위하는 데 도움이 되는 도서관, 스포츠 · 레크리에이션 시설 등 적정한 문화·체육부대시설을 설치하되, 지역사회와 시설 간의 상호교류 촉진을 통한 사회와의 유대감 증진을 위하여 입소자가 이용하는 데 지장을 주지 아니하는 범위에서 외부에 개방하여 운영할 수 있음

다. 재가노인복지시설의 병설·운영 시설의 장은 시설의 개방성을 높여 지역사회와의 교류를 증진하고 입소자가 외부사회와의 단절감을 느끼지 아니하도록 재가노인복지시설을 병설 · 운영할 수 있다.

② 시설 설치에 관한 특례사항은 다음과 같다.

가. 시설 설치자는 시설을 설치할 토지 및 건물의 소유권 또는 사용권을 확보하여야 하며, 시설 설치목적 외의 목적에 의한 저당권, 그 밖에 시설로서의 이용을 제한할 우려가 있는 권리는 해당 토지 및 건물에 설정하여서는 아니 된다. 다만, 시설의 설치 목적에 의한 저당권을 설정하는 경우에도 저당권의 피담보채권액과 입소보증금의 합이 건설원가의 80% 이하이어야 한다.

나. 타인 소유의 토지 또는 건물을 사용하여 노인요양공동생활가정을 설치하거나 입소자로부터 입소비용의 전부를 수납하여 운영하는 시설을 설치하려는

경우에는 다음 각 호의 요건을 갖추어야 한다.

- 임대차계약지상권설정계약 등 사용계약의 양 당사자는 법인일 것(노인요양공동생활가정을 설치하는 경우에는 제외)
- 토지 또는 건물에 대한 등기 등 법적 대항요건을 갖출 것

다. 사용계약서에는 다음의 내용이 포함되어 있어야 한다.

- 토지 또는 건물의 사용목적이 시설의 설치 · 운영을 위한 것이라는 취지의 내용
- 계약기간의 연장을 위한 자동갱신조항
- 무단 양도(매매 · 증여 기타 권리 변동을 수반하는 일체의 행위 포함) 및 전대의 금지조항
- 장기간에 걸친 임차료 등의 인상방법(무상으로 사용하는 경우는 제외)
- 토지 또는 건물에 대한 사용권자의 우선 취득권에 관한 내용

라. 시설을 설치하려는 자는 입소자에 대한 보증금 반환채무의 이행을 보장하기 위하여 입소 계약 체결 후 보증금 수납일부터 10일 이내에 다음의 요건에 적합한 인 · 허가보증보험에 가입하여야 한다. 다만, 시설 개원 이후 입소자별로 전세권 또는 근저당권 설정 등의 조치를 한 경우에는 각각 인 · 허가보증보험에 가입하지 아니할 수 있다.

- 보증내용 : 입소자의 입소보증금 반환채무 이행보증
- 보증가입금액 : 입소보증금 합계의 100분의 50 이상
- 보증가입기간 : 보증금 납부일부터 퇴소 시까지
- 보증가입관계 : 시장 · 군수 · 구청장을 피보험자로 함
- 보험금 수령방법 : 시장 · 군수 · 구청장의 확인하에 입소자가 보험금을 직접 수령함

(5) 노인의료복지시설의 유형별 설비기준

① 침실의 설비기준은 다음과 같다.

가. 독신용 · 합숙용 · 동거용 침실을 둘 수 있음

나. 남녀공용인시설의 경우에는 합숙용 침실을 남실 및 여실로 각각 구분하여야 함

다. 입소자 1명당 침실면적은 6.6㎡ 이상이어야 함

라. 합숙용 침실 1실의 정원은 4명 이하이어야 함

마. 합숙용 침실에는 입소자의 생활용품을 별도로 보관할 수 있는 보관시설을 설치하여야 함

바. 적당한 난방 및 통풍장치를 갖추어야 함

사. 채광·조명 및 방습설비를 갖추어야 함

아. 노인질환의 종류 및 정도에 따른 특별침실을 입소정원의 5% 이내의 범위에서 두어야 함

자. 침실바닥면적의 7분의 1 이상의 면적을 창으로 하여 직접 바깥 공기에 접하도록 하며, 개폐가 가능하여야 함

차. 침대를 사용하는 경우에는 노인들이 자유롭게 오르내릴 수 있어야 함

카. 안전설비를 갖추어야 함

② 식당 및 조리실바닥은 내수재료로서 세정 및 배수에 편리한 구조로 하여야 한다.

③ 세면장 및 목욕실바닥은 미끄럽지 아니하여야 한다.

가. 욕조를 설치하는 경우에는 욕조에 노인의 전신이 잠기지 아니하는 깊이로 하고 욕조 출입이 자유롭도록 최소한 1개 이상의 보조봉과 수직의 손잡이 기둥을 설치하여야 함

나. 급탕을 자동 온도 조절 장치로 하는 경우에는 물의 최고온도는 섭씨 40도 이상이 되지 아니하도록 하여야 함

④ 프로그램실은 자유로이 이용할 수 있는 문화시설과 오락기구를 갖추어 두어야 한다.

⑤ 물리(작업)치료실은 기능회복 또는 기능감퇴를 방지하기 위한 훈련 등에 지장이 없는 면적과 필요한 시설 및 장비를 갖추어야 한다.

⑥ 의료 및 간호사실은 진료 및 간호에 필요한 상용의약품·위생재료 또는 의료기구를 갖추어야 한다.

⑦ 그 밖의 시설에 대한 설비기준은 다음과 같다.

가. 복도, 화장실, 그 밖의 필요한 곳에 야간 상용등을 설치하여야 함

나. 계단의 경사는 완만하여야 하며, 낙상을 방지하기 위하여 계단에 출입문을

설치하고 잠금장치를 하여야 함

다. 바닥은 부드럽고 미끄럽지 아니한 바닥재를 사용하여야 함

라. 주방 등 화재위험이 있는 곳에는 임의로 출입할 수 없도록 잠금장치를 설치하고, 배회환자의 실종 등을 예방할 수 있도록 외부출입구에 잠금장치를 하여야 함

⑧ 침실이 2층 이상인 경우 경사로를 설치하여야 한다(승강기를 설치한 경우에는 제외).

(6) 노인의료복지시설의 직원자격기준 및 배치기준

① 「노인복지법」 제22조 제1항과 관련한 「노인복지법」 시행규칙에서 정하고 있는 노인의료복지시설의 직원자격기준은 다음 〈표 6-8〉에서 보는 바와 같이 시설장, 사회복지사, 물리치료사 또는 작업치료사, 요양보호사 등으로 규정되어 있다.

〈표 6-8〉 **노인의료복지시설 직원자격기준**

직종별	자격기준
시설의 장	「사회복지사업법」에 따른 사회복지사 자격증 소지자 또는 「의료법」 제2조에 따른 의료인
사회복지사	「사회복지사업법」에 따른 사회복지사 자격증 소지자
물리치료사 또는 작업치료사	「의료기사 등에 관한 법률」에 따른 물리치료사 또는 작업치료사 면허 소지자
요양보호사	법에 따른 요양보호사 자격증 소지자

② 「노인복지법」 제22조 제1항과 관련한 시행규칙이 정하는 노인요양시설 및 노인요양공동생활가정의 직원배치기준은 다음 〈표 6-9〉에서 보는 바와 같이 시설의 규모와 유형에 따라서 다르게 적용이 된다.

단, 위생원은 세탁물을 전량 위탁 처리하는 경우에는 두지 아니할 수 있고 영양사는 영양사가 소속되어 있는 업체에 급식을 위탁하여 급식하는 경우에는 규정된 인원을 배치하지 아니할 수 있다. 그 외에도 의료기관의 일부를 노인요양시설로 신고하여 운영할 경우에는 의료기관의 장(의료인인 경우로 한정됨)이 해당 시설의 장을 겸직할 수 있기 때문에 별도의 시설장 인원을 배치하지 아니할 수 있다.

〈표 6-9〉 **노인요양시설 및 노인요양공동생활가정 직원배치기준**

<table>
<tr><th colspan="2">직종별
시설별</th><th>시설의장</th><th>사무국장</th><th>사회복지사</th><th>의사(한의사 포함) / 촉탁의사</th><th>간호사/간호조무사</th><th>물리치료사/작업치료사</th><th>요양보호사</th><th>사무원</th><th>영양사</th><th>조리원</th><th>위생원</th><th>관리인</th></tr>
<tr><td rowspan="2">노인요양시설</td><td>입소자 30명 이상</td><td>1명</td><td>1명 (입소자 50명 이상인 경우로 한정함)</td><td>1명 (입소자 100명 초과할 때마다 1명 추가)</td><td>필요수</td><td>입소자 25명당 1명</td><td>1명 (입소자 100명 초과할 때마다 1명 추가)</td><td>입소자 2.5명당 1명</td><td>필요수</td><td>1명 (입소자 50명 이상)</td><td>필요수</td><td>필요수</td><td>필요수</td></tr>
<tr><td>입소자 10~29명</td><td>1명</td><td colspan="2">1명</td><td>필요수</td><td>1명</td><td>필요수</td><td>입소자 2.5명당 1명</td><td></td><td></td><td>필요수</td><td>필요수</td><td></td></tr>
<tr><td colspan="2">노인요양공동생활가정</td><td colspan="3">1명</td><td></td><td colspan="2">1명</td><td>입소자 3명당 1명</td><td></td><td></td><td></td><td></td><td></td></tr>
</table>

2) 재가노인복지시설

(1) 재가노인복지시설의 개념과 설치목적

「노인복지법」상의 재가노인복지시설은 1997년 개정 법률에는 신체적 · 정신적 장애로 일상생활을 영위하기 곤란한 노인이 있는 가정에 가정봉사원을 파견하여 노인의 일상생활에 필요한 각종 편의를 제공하여 지역사회 안에서 건전하고 안정된 노후생활을 영위하도록 하는 가정봉사원파견시설과 부득이한 사유로 가족의 보호를 받을 수 없는 심신이 허약한 노인과 장애노인을 낮 동안 시설에 입소시켜 필요한 각종 편의를 제공하여 이들의 생활안정과 심신기능의 유지 · 향상을 도모하고, 그 가족의 신체적 · 정신적 부담을 덜어주기 위한 주간보호시설, 그리고 일시적으로 보호가 필요한 심신이 허약한 노인과 장애노인을 시설에 단기간 입소시켜 보호함으로써 노인 및 노인가정의 복지증진을 도모하기 위한 단기보호시설을 의미하였다.

그러나 2007년 개정 법률에서는 「노인장기요양보험법」에 따른 장기요양서비스 형태에 따라 노인을 대상으로 방문요양서비스, 방문목욕서비스, 주 · 야간보호서비스, 단기보호서비스 중에서 하나 이상의 서비스를 제공함을 목적으로 하는 시설을 말한다.

재가노인복지시설의 설치는 사회적으로는 평균수명이 늘어나고 고령 노인 가운데 만성질환 등으로 비건강인구가 급속하게 증가하고, 가정적으로도 심신이 노쇠하여 일상생활에 불편이 있는 노인세대에 필요한 각종 사회적 서비스를 제공하여 거주시설에 입소하지 않고 지역사회 내에서 건전하고 안정된 생활을 영위하도록 도와주는 것을 목적으로 하고 있다.

(2) 재가노인복지시설의 유형과 이용대상

재가노인복지시설의 유형은 다음과 같다.

① '방문요양서비스'는 가정에서 일상생활을 영위하고 있는 노인으로서 신체적·정신적 장애로 어려움을 겪고 있는 경우에 지역사회 안에서 건전하고 안정된 노후를 영위하도록 장기요양요원(요양보호사)이 가정을 방문하여 신체활동 및 가사활동 등 필요한 각종 서비스를 제공한다. 한편 방문요양서비스의 주요내용은 다음과 같다.

가. 방문요양에 관한 사항으로는 신체활동지원서비스, 가사활동지원서비스, 개인활동지원서비스, 정서지원서비스가 있다.

- 신체활동지원서비스에는 세면도움, 구강관리, 몸 청결, 머리감기기, 몸단장, 옷 갈아입히기, 목욕도움, 배설도움, 식사도움, 체위변경, 이동도움, 신체기능의 유지증진 등 신체에 관한 서비스가 있음
- 가사활동지원서비스에는 취사, 침실 및 주변정돈, 세탁 등 가사에 관한 서비스가 있고, 개인활동지원서비스에는 외출시 동행, 일상업무 대행 등 개인활동에 관한 서비스가 있음
- 정서지원서비스에는 말벗, 격려 및 위로, 생활상담, 의사소통도움 등의 서비스가 있음

나. 상담 및 교육에 관한 사항으로는 노인생활 및 신상에 관한 상담서비스와 장애노인 및 보호자에 대한 교육서비스가 있다. 기타 무의탁노인의 후원을 위한 결연사업이 있다.

② '방문목욕서비스'는 목욕장비를 갖추고 재가 노인을 방문하여 목욕서비스를 제공하며, 방문목욕서비스 내용은 목욕준비, 입욕 시 이동보조, 몸 씻기, 머리말리기, 옷 갈아입히기 등이며 목욕 후 주변정리까지 포함한다.

③ '주 · 야간보호서비스'는 부득이한 사유로 가족의 보호를 받을 수 없는 심신이 허약한 노인과 장애노인을 주간 또는 야간 동안 보호시설에 입소시켜 필요한 각종 편의를 제공하여 이들의 생활안정과 심신기능의 유지, 향상을 도모하고, 그 가족의 신체적 · 정신적 부담을 경감하는 서비스를 제공한다. 보호기간은 1일 08:00~22:00으로 하되, 이용노인과 그 가정의 형편에 따라 2시간 이내에 신축성 있게 조정 가능하다. 주야간보호서비스 내용은 다음과 같다.

가. 생활지도 및 일상동작훈련 등 심신의 기능회복을 위한 서비스

나. 급식 및 목욕서비스 등

다. 노인 가족에 대한 교육 및 상담

④ '단기보호서비스'는 부득이한 사유로 가족의 보호를 받을 수 없어 일시적으로 보호가 필요한 심신이 허약한 노인이나 장애노인을 보호시설에 단기간 입소시켜 보호함으로써 노인 및 노인 가정의 복지증진을 도모하기 위한 서비스를 제공한다. 보호기간은 1회 90일, 연간 이용일수는 180일을 초과할 수 없다. 그리고 단기보호의 서비스 내용은 다음과 같다.

가. 급식, 치료, 그 밖에 일상생활에 필요한 편의를 제공하는 서비스

나. 그 밖에 노인요양시설 또는 노인요양공동생활가정의 사업에 준하는 서비스

재가노인복지시설의 이용대상은 다음과 같다.

① 장기요양급여수급자의 재가노인복지시설의 이용은 당사자간 계약에 의한다.

② 심신이 허약하거나 장애가 있는 65세 이상의 자로서 다음에 해당하는 자이다.

가. 방문요양서비스 : 가정에서의 보호가 필요한 자

나. 주야간보호서비스 : 주간 또는 야간 동안의 보호가 필요한 자

다. 단기보호서비스 : 단기간의 보호가 필요한 자

라. 방문목욕서비스 : 가정에서의 목욕이 필요한 자

③ 입소대상자가 계약을 체결할 수 없는 부득이한 사유가 있다고 특별자치도지사 · 시장 · 군수 · 구청장이 인정하는 경우에는 입소대상자의 부양의무자가 입소대상

자를 대신하여 계약당사자가 될 수 있다.

(3) 재가노인복지시설의 설치신고절차와 구비서류

① 재가노인복지시설의 설치신고절차는 법인과 개인이 공히 신청할 수 있는데 세부적으로 보면 다음과 같다.

가. 법인시설의 경우는 우선 시 · 군 · 구 노인복지시설 담당공무원과 상담을 통하여 시설부지 확보 여부, 확보된 부지에 시설설치가 가능한지를 확인하여야 한다. 그리고 소규모다기능시설, 재가지원센터 농어촌재가노인복지시설 등의 다양한 재가노인복지시설 설치비지원사업이 있으므로 국고 지원이 가능한지를 이차적으로 상담하여야 한다. 만약에 사업의 주체가 사회복지법인이어야 할 경우에는 사회복지법인 설립절차(사회복지사업법 제16조) 등을 상담하여 사회복지법인 설립신청을 시 · 군 · 구에 제출하게 되면 시 · 군 · 구에서는 검토의견을 첨부하여 시 · 도에 제출하는 절차를 거치게 된다. 위 사항과 같이 해당 사업을 할 수 있는 요건이 갖추어지면 재가노인복지시설 설치신고서를 시 · 군 · 구에 제출하는 절차를 거치게 된다.

나. 개인시설의 경우는 법인시설과 같이 우선 시 · 군 · 구 노인복지시설 담당공무원과 상담을 통하여 시설부지 확보여부, 확보된 부지에 시설설치가 가능한지를 확인하여야 한다. 그리고 법인에 비하여 개인의 경우에는 시설설치에 대한 국고지원이 제한되고 있기 때문에 해당 사업을 할 수 있는 요건이 스스로 갖추어지면 재가노인복지시설 설치신고서를 시 · 군 · 구에 제출하는 절차를 거치게 된다.

② 재가노인복지시설을 설치하고자 하는 자는 다음의 문서를 특별자치도지사 · 시장 · 군수 · 구청장에게 제출하여야 한다(전자문서 포함).

가. 재가노인복지시설설치신고서

나. 설치하고자 하는 자가 법인인 경우에는 정관 1부

다. 위치도, 평면도 및 설비구조내역서 각 1부(주 · 야간보호서비스 또는 단기보호서비스를 제공하려는 경우에만 제출)

라. 이용료 기타 이용자의 비용부담 관계서류 1부

마. 사업계획서(사업대상 및 서비스내용 포함) 1부

바. 시설을 설치할 토지 및 건물의 소유권 또는 사용권을 증명할 수 있는 서류 각 1부(주 · 야간보호서비스 또는 단기보호서비스를 제공하려는 경우에만 제출)

(4) 재가노인복지시설의 설치공통사항 및 특례

① 재가노인복지시설 설치에 대한 공통사항은 다음과 같다.

가. 방문요양서비스 및 방문목욕서비스를 제공하는 경우 : 시설전용면적 16.5m² (연면적 기준) 이상이 되어야 한다.

나. 주야간보호서비스 및 단기보호서비스를 제공하려는 시설의 정원 및 면적은 다음과 같다.

- 이용정원 : 5명 이상
- 시설 연면적 : 시설 연면적 각각 90m² 이상(이용정원이 6명 이상인 경우에는 1명당 6.6m² 이상의 공간을 추가로 확보)이 되어야 함. 다만, 주야간보호서비스와 단기보호서비스를 함께 제공하거나 사회복지시설에 병설하는 경우에는 공동으로 사용하는 시설의 면적을 포함하여 각각 90m² 이상이 되어야 함

② 재가노인복지시설의 설치에 관한 특례사항은 다음과 같다.

가. 재가노인복지시설, 노인공동생활가정 및 노인요양공동생활가정은 「건축법」 제19조의 규정에 불구하고 단독주택 또는 공동주택에 설치할 수 있음

나. 이 법에 의한 노인복지주택의 건축물 용도는 건축관계법령에 불구하고 노유자시설로 봄

(5) 재가노인복지시설의 유형별 설치기준

① 재가노인복지시설의 시설기준은 서비스 유형별로 구분이 되어 규정되고 있다.

가. 방문요양서비스 및 방문목욕서비스 시설의 시설기준은 〈표 6-10〉에서와 같으며, 이들 시설기준에는 다음과 같은 세부시설기준이 있다.

- 사무실 내에 또는 사무실과 별도로 탈의공간을 갖추어야 함
- 이동목욕차량이란 이동용 욕조, 급탕기, 물탱크, 호스릴 등을 갖춘 차량을 말함

– 방문요양서비스 또는 방문목욕서비스를 제공하는 재가노인복지시설을 사회복지시설에 병설하거나, 어느 하나 이상의 재가노인복지서비스(주 · 야간보호서비스 또는 단기보호서비스 포함)를 동시에 제공하는 경우는 사업에 지장이 없는 범위에서 상호 중복되는 시설 · 설비를 공동으로 사용할 수 있음

〈표 6-10〉 **방문요양서비스 및 방문목욕서비스 시설기준**

구 분	사무실	통신설비, 집기 등 사업에 필요한 설비 및 비품	이동용 욕조 또는 이동목욕차량
방문요양서비스	1	1	–
방문목욕서비스	1	1	1

나. 주 · 야간보호서비스 및 단기보호서비스 시설의 시설기준은 〈표 6-11〉에서와 같으며 세부사항은 다음과 같다.

– 주 · 야간보호서비스 이용자가 10명 이상인 경우 사무실과 의료 및 간호사실은 공간을 함께 사용 가능하나 각각의 시설에 대한 기능은 모두 갖추고 있어야 함

〈표 6-11〉 **주 · 야간보호서비스 및 단기보호서비스 시설기준**

<table>
<tr><th colspan="2">구 분</th><th>생활실</th><th>침실</th><th>사무실/의료 및 간호사실</th><th>프로그램실</th><th>물리(작업)치료실</th><th>식당 및 조리실</th><th>화장실</th><th>세면장 및 목욕실</th><th>세탁장 및 건조장</th></tr>
<tr><td rowspan="2">주·야간 보호서비스</td><td>이용자 10명 이상</td><td>1</td><td></td><td>1</td><td colspan="2">1</td><td>1</td><td>1</td><td colspan="2">1</td></tr>
<tr><td>이용자 10명 미만</td><td>1</td><td></td><td>1</td><td colspan="2">1</td><td>1</td><td colspan="3">1</td></tr>
<tr><td rowspan="2">단기 보호서비스</td><td>이용자 10명 이상</td><td></td><td>1</td><td>1</td><td colspan="2">1</td><td>1</td><td>1</td><td colspan="2">1</td></tr>
<tr><td>이용자 10명 미만</td><td></td><td>1</td><td>1</td><td colspan="2">1</td><td>1</td><td colspan="3">1</td></tr>
</table>

– 주 · 야간보호서비스와 단기보호서비스를 함께 제공하거나, 주 · 야간보호

서비스 또는 단기보호서비스를 사회복지시설에서 제공하는 경우에는 거실, 침실 외의 시설은 사업에 지장이 없는 범위에서 병용할 수 있음

– 주 · 야간보호서비스 또는 단기보호서비스를 제공하는 재가노인복지시설이 방문요양서비스, 방문목욕서비스 또는 방문간호서비스를 동시에 제공하는 경우에는 사무실을 공동으로 사용할 수 있음

② 재가노인복지시설의 설비기준(주 · 야간보호서비스 및 단기보호서비스를 제공하는 시설만 해당)은 다음과 같다.

가. 시설의 규모 · 구조 및 설비는 이용자가 쾌적한 일상생활을 하는 데 적합하여야 하며, 일조 · 채광 · 환기 등 이용자의 보건위생과 재해방지 등을 충분히 고려하여야 한다.

나. 복도 · 화장실 · 거실 · 침실 등 이용자가 통상 이용하는 시설은 휠체어 등의 이동이 가능한 공간을 확보하여야 하며, 문턱을 제거하고, 손잡이 설비를 부착하며, 바닥의 미끄럼을 방지하는 등 이용자의 이동에 편리한 구조를 갖추어야 한다.

다. 「소방시설 설치유지 및 안전관리에 관한 법률」 시행규칙이 정하는 바에 따라 소화용 기구를 비치하고 비상구를 설치하여야 한다.

라. 급수설비는 상수도에 의한다. 다만, 상수도에 의할 수 없는 경우에는 「먹는물관리법」에 따른 수질기준에 적합한 지하수 등을 공급할 수 있는 설비를 갖추어야 한다.

– 시설에서 사용되는 음용수의 경우에는 「수도법」 또는 「먹는물관리법」에 따라 수질검사를 받아야 함

– 빗물 · 오수 등의 배수에 지장이 없도록 배수설비를 갖추어야 함

마. 건물 내 경사로는 침실이 2층 이상인 경우에 설치하여야 한다. 다만, 승강기를 설치한 경우에는 경사로를 설치하지 아니할 수 있다. 그 밖에 다음과 같은 설비가 필요하다.

– 복도 · 화장실, 그 밖의 필요한 곳에 야간 상용등을 설치하여야 함

– 계단의 경사는 완만하여야 하며, 치매이용자의 낙상을 방지하기 위하여 계단에 출입문을 설치하고 잠금장치를 하여야 함

– 바닥은 부드럽고 미끄럽지 아니한 바닥재를 사용하여야 함

- 주방 등 화재위험이 있는 곳에는 치매이용자가 임의로 출입할 수 없도록 잠금장치를 설치하고, 배회이용자의 실종 등을 예방할 수 있도록 외부출입구에 잠금장치를 하여야 함

바. 재가노인복지시설은 다음의 설비기준을 갖추어야 한다.

- 거실
  - 치매이용자가 자유롭게 활동할 수 있는 공간과 안전설비를 가져야 함
  - 적당한 난방 및 통풍장치, 채광 · 조명 및 방습설비를 갖추어야 함
- 침실
  - 독신용 · 동거용 · 합숙용 침실을 둘 수 있음
  - 남녀공용인 시설의 경우에는 합숙용 침실을 남실 및 여실로 구분하여야 함
  - 이용자 1명당 침실 면적은 6.6m² 이상이어야 함
  - 합숙용 침실 1실의 정원은 4명 이하여야 함
  - 합숙용 침실에는 생활용품을 각자 별도로 보관할 수 있는 보관설비를 설치하여야 함
  - 이용자질환의 종류 및 정도에 따른 특별침실을 입소정원의 5% 이내 두어야 함
  - 침실 바닥 면적의 7분의 1 이상의 면적을 창으로 하여 개폐가 가능하여야 함
  - 침대를 사용하는 경우에는 이용자들이 자유롭게 오르내릴 수 있어야 함
  - 치매이용자가 자유롭게 활동할 수 있는 공간과 안전설비를 갖춘 침실을 두어야 함
  - 적당한 난방 및 통풍장치, 채광 · 조명 및 방습설비를 갖추어야 함
- 사무실은 사무를 위한 적당한 집기 · 비품 및 탈의공간을 갖추어야 함
- 의료 및 간호사실은 상용의약품 · 위생재료 또는 의료기구를 갖추어야 함
- 작업 및 일상생활동작훈련실은 기능회복 또는 기능감퇴방지를 위한 훈련 등에 지장이 없는 면적과 설비 및 장비 및 자유 이용이 가능한 문화설비와 오락 기구를 갖추어 두어야 함
- 식당 및 조리실(다만, 급식제공을 외부기관에 위탁하는 경우에는 제외)

• 조리실 바닥은 내수재료로서 세정 및 배수에 편리한 구조로 하여야 함
• 채광 및 환기가 잘 되도록 하고, 창문에는 방충망을 설치하여야 함
• 식기를 소독하고 위생적으로 취사 및 조리를 할 수 있는 설비를 갖추어야 함

– 세면장 및 목욕실
• 바닥은 미끄럽지 아니하여야 함
• 욕탕샤워기 및 세면설비와 깨끗한 물을 사용할 수 있는 설비를 갖추어야 함
• 욕조를 설치하는 경우에는 욕조에 전신이 잠기지 아니하는 깊이로 하고 최소한 1개 이상의 보조봉과 수직의 손잡이 기둥을 설치하여야 함
• 급탕을 자동 온도 조절 장치로 하는 경우에는 물의 최고온도는 섭씨 40도 이상이 되지 아니하도록 하여야 함

– 세탁 및 세탁물을 건조할 수 있는 설비를 갖추어야 함. 다만, 세탁물을 전량 위탁처리하는 경우에는 두지 아니할 수 있음

(6) 재가노인복지시설의 유형별 직원자격기준 및 배치기준

① 재가노인복지시설의 주된 전문인력은 요양보호사로 구성이 되며, 직원자격기준은 〈표 6-12〉에서와 같다. 요양보호사가 되려는 사람은 제39조의3에 따라 나이, 성별, 학력에 제한이 없이 누구나 요양보호사교육기관에서 교육과정을 마치고 시 · 도지사가 실시하는 요양보호사 자격시험에 합격하여야 한다. 요양보호사 자격시험은 필기시험과 실기시험으로 구분하며 특별시장 · 광역시장 · 도지사 · 특

〈표 6-12〉 **재가노인복지시설 직원자격기준**

직종별	자 격 기 준
시설의 장	「사회복지사업법」에 따른 사회복지사 자격증 소지자, 「의료법」 제2조에 따른 의료인의 자격을 취득한 자 또는 요양보호사로서 실무경력 5년 이상인 자로서 보건복지부장관이 정하여 고시하는 소정의 교육을 이수한 자
요양보호사	요양보호사 자격증 소지자
물리치료사 또는 작업치료사	「의료기사 등에 관한 법률」에 따른 물리치료사 또는 작업치료사 면허 소지자

별자치시장 · 특별자치도지사가 매년 2회 이상 실시한다. 이 경우 시 · 도지사는 자격시험의 관리를 요건을 갖춘 기관 중에서 보건복지부장관이 시험관리 능력이 있다고 인정하여 지정 · 고시하는 관계 전문기관에 위탁할 수 있다.

② 재가노인복지시설의 직원배치기준은 〈표 6-13〉에서와 같으며, 주 · 야간보호서비스, 단기보호서비스, 방문요양서비스 및 방문목욕서비스 중 장기요양급여수급자에 대한 신체활동 지원서비스는 요양보호사만이 제공할 수 있다.

그리고 방문요양서비스의 경우에는 요양보호사 수를 적게 배치할 수 있는데 '농 · 어촌지역'이란 「지방자치법」 제2조 제1항 제2호에 따른 시·군의 읍·면 전 지역 또 동중 「국토의 계획 및 이용에 관한 법률」 제36조 제1항 제1호에 따라 지정된 주거지역 · 상업지역 및 공업지역을 제외한 지역을 말한다.

아울러 세부적인 배치기준을 보면 다음에서와 같다.

가. 주 · 야간보호서비스 이용자가 10명 이상인 경우 간호(조무)사와 물리(작업)치료사 중 1명 이상의 인원을 두어야 한다.

- 시설의 장은 상근(1일 8시간, 월 20일 이상 근무하는 것)하는 자로 두어야 함
- 방문요양서비스를 제공하는 시설장이 어느 하나 이상의 재가노인복지시설을 동시에 관리하는 경우 그 사업의 시설장을 겸직하여 운영할 수 있으며, 사회복지시설에 병설하여 운영하는 경우에도 시설장을 겸직하여 운영할 수 있음
- 주 · 야간보호서비스 및 단기보호서비스에 종사하는 사회복지사, 간호(조무)사, 물리(작업)치료사, 요양보호사는 다른 업무와 겸직할 수 없음. 단, 사회복지시설에서 주야간보호서비스를 제공하는 경우에는 간호(조무)사, 물리(작업)치료사는 겸직할 수 있음

나. 단독주택 및 공동주택에서 이용자 10명 미만의 주야간보호서비스를 제공하는 경우에는 시설장이 간호(조무)사, 물리(작업)치료사 또는 요양보호사 1급 자격이 있으면 간호(조무)사, 물리(작업)치료사 또는 요양보호사와 각각 겸직할 수 있다. 단, 상시적으로 근무하는 종사자는 시설의 장을 포함하여 2인 이상이 되어야 한다.

〈표 6-13〉 **재가노인복지서비스 시설 직원배치기준**

<table>
<tr><th colspan="2">구 분</th><th>시설장</th><th>사회복지사</th><th>간호사 또는 간호조무사</th><th>물리치료사 또는 작업치료사</th><th>요양보호사</th><th>사무원</th><th>조리원</th><th>보조원(운전사)</th></tr>
<tr><td colspan="2">방문요양</td><td>1명</td><td>1명
(수급자 15명 이상)</td><td></td><td></td><td>15명 이상
(농어촌지역은 5명 이상)</td><td></td><td></td><td></td></tr>
<tr><td colspan="2">방문목욕</td><td>1명</td><td></td><td></td><td></td><td>2명 이상</td><td></td><td></td><td></td></tr>
<tr><td rowspan="2">주야간보호</td><td>10명 이상</td><td>1명</td><td>1명 이상</td><td colspan="2">1명 이상</td><td rowspan="2">이용자 7명당 1명 이상(치매전담형은 4명당 1명 이상)</td><td>1명
(이용자 25명 이상)</td><td>1명</td><td>1명</td></tr>
<tr><td>10명 미만</td><td></td><td></td><td colspan="2">1명 이상</td><td></td><td>1명</td><td></td></tr>
<tr><td rowspan="2">단기보호</td><td>10명 이상</td><td>1명</td><td>1명 이상</td><td>이용자 25명당 1명</td><td>1명(이용자 30명 이상)</td><td rowspan="2">이용자 4명당 1명 이상</td><td></td><td>1명</td><td></td></tr>
<tr><td>10명 미만</td><td>1명</td><td></td><td></td><td></td><td></td><td>1명</td><td></td></tr>
</table>

주: 재가노인지원서비스와 방문간호서비스는 별도 기준에 의함

(7) 재가노인복지시설의 시설유형별 운영기준

① 재가노인복지시설의 급식위생관리(급식을 제공하는 경우)에 관한 사항은 다음과 같다.

가. 시설의 장은 입소자가 필요한 영양을 섭취할 수 있도록 영양사가 작성한 식단에 따라 급식을 해야 한다. 다만, 영양사가 없는 시설의 경우에는 소재지를 관할하는 보건소장 또는 다른 시설 등의 영양사의 지도를 받아 식단을 작성하고 이에 따라 급식해야 한다.

나. 전염성질환, 화농성창상 등이 있는 자는 식사를 조리하여서는 아니 된다. 그리고 입소자의 식사를 조리하는 자는 항상 청결을 유지하여야 한다.

다. 시설에서 사용되는 음용수의 경우에는 「수도법」 및 「먹는물관리법」이 정하는 바에 따라 수질검사를 받아야 한다.

② 시설의 장은 조직, 인사, 급여, 회계, 물품, 그 밖에 시설의 운영에 관하여 다음에서와 같은 규정을 작성하여 시장 · 군수 · 구청장에게 제출하여야 한다.

가. 이용정원(주 · 야간보호서비스 및 단기보호서비스의 경우) 및 모집방법 등에 관한 사항

나. 이용계약에 관한 사항(계약기간, 계약목적, 월이용료 및 그 밖의 비용부담액, 신원인수인의 권리 · 의무, 계약의 해제 등에 관한 사항)

다. 이용료 등 비용에 대한 변경방법 및 절차 등에 관한 사항

라. 서비스의 내용과 그 비용의 부담에 관한 사항

마. 특별한 보호를 필요로 하는 경우에는 그 서비스기준과 비용에 관한 사항

바. 의료를 필요로 하는 경우에는 그 구체적인 처리절차

사. 시설물 사용상의 주의사항 등에 관한 사항

아. 서비스 제공자의 배상책임, 면책범위에 관한 사항

자. 운영규정의 개정방법 및 절차 등에 관한 사항

차. 운영위원회의 설치 및 운영에 관한 사항

카. 그 밖에 운영에 필요한 중요한 사항

③ 시설의 설치 · 운영에 관한 회계는 법인회계 또는 다른 사업에 관한 회계와 분리하여 계리하여야 하고 국가 또는 지방자치단체로부터의 보조금품, 그 밖에 시설이 수수한 기부금품도 별도의 계정으로 계리하여야 한다.

④ 시설에는 다음의 장부 및 서류를 비치하여야 한다.

가. 시설의 연혁에 관한 기록부

나. 재산목록과 재산의 소유권 또는 사용권을 증명할 수 있는 서류

다. 시설운영일지

라. 예산서 및 결산서

마. 금전 및 물품의 출납부와 증빙서류

바. 정관(법인의 경우에만 해당) 등 제반 규정

사. 이용자 명부

아. 입소자 관리카드(입소계약 체결일, 입소보증금, 이용료, 그 밖의 비용부담 관계 등)

⑤ 재가노인복지시설의 사업기간에 관한 규정은 다음과 같이 주간보호서비스를 제공하는 시설 및 단기보호서비스를 제공하는 시설의 이용기간이 다르다. 주간보호서비스 제공시설은 1일이며, 단기보호서비스 제공시설은 90일 이내로 하되, 연간 이용일수는 180일을 넘을 수 없다. 다만, 시장 · 군수 · 구청장은 중증질환이 있는 노인, 연고가 없는 노인, 취학 · 생계곤란 등의 사유로 인하여 부양능력이 없는 부양의무자로부터 부양을 받지 못하는 피부양 노인에 대하여는 90일을 초

과하여 이용일수를 연장할 수 있다.

⑥ 재가노인복지시설의 장은 각 서비스 유형에 따른 시설별 특성을 고려하여 다음 〈표 6-14〉의 기준에 따른 사업을 실시하여야 하며, 대부분의 서비스는 요양보호사에 의해서 수행이 된다. 한편 방문요양서비스와 방문목욕서비스는 대부분의 경우 같은 재가노인복지시설에서 동시에 서비스가 되는 특징이 있다. 즉 주·야간보호서비스와 단기보호서비스는 노인거주복지시설과 유사한 시설이나 설비를 갖추고 와상노인이나 치매노인들을 보호하고 서비스를 하게 되는 것에 비하여 방문요양서비스와 방문목욕서비스는 대부분 요양서비스 대상자들을 찾아가서 서비스를 제공하기 때문에 비교적 간편한 시설만 갖추고 요양서비스를 제공하게 되는 것이다.

〈표 6-14〉 **재가노인복지시설 사업내용기준**

구 분	사 업 내 용
방문요양 서비스	–방문요양에 관한 사항 • 신체활동지원서비스 : 세면도움, 구강관리, 몸 청결, 머리감기기, 몸단장, 옷 갈아입히기, 목욕도움, 배설도움, 식사도움, 체위변경, 이동도움, 신체기능의 유지증진 등 신체에 관한 서비스 • 가사활동지원서비스 : 취사, 침실 및 주변정돈, 세탁 등 가사에 관한 서비스 • 개인활동지원서비스 : 외출 시 동행, 일상업무 대행 등 개인활동에 관한 서비스 • 정서지원서비스 : 말벗, 격려 및 위로, 생활상담, 의사소통도움 등 정서에 관한 서비스 –상담 및 교육에 관한 사항 • 노인생활 및 신상에 관한 상담서비스 • 장애노인 및 보호자의 교육 –노인결연에 관한 사항 : 무의탁노인의 후원을 위한 결연사업
방문목욕 서비스	–목욕 준비, 입욕 시 이동보조, 몸 씻기, 머리 말리기, 옷 갈아입히기 등이며 목욕 후 주변정리까지 포함함
주·야간 보호서비스	–생활지도 및 일상동작훈련 등 심신의 기능회복을 위한 서비스 –급식 및 목욕서비스 등 –노인가족에 대한 교육 및 상담
단기 보호서비스	–급식, 치료, 그 밖에 일상생활에 필요한 편의를 제공하는 서비스 –그 밖에 노인요양시설 또는 노인요양공동생활가정의 사업에 준하는 서비스

3. 노인여가복지시설

1) 노인여가복지시설의 개념과 설치목적

(1) 노인여가복지시설의 개념

노인여가복지시설은 비교적 건강한 노인을 대상으로 노후생활을 보람 있게 보낼 수 있도록 노인들이 친목도모 및 취미활동 등 여가활동을 할 수 있도록 서비스를 제공하는 이용시설이며, 노인여가복지시설에는 노인복지관, 경로당, 노인교실이 있다.

(2) 노인여가복지시설의 설치목적

노인여가복지시설은 평균수명의 연장, 퇴직, 자녀의 독립 등으로 인하여 노년기에는 사회적 역할이나 책임에서 벗어나서 자유롭게 활용할 수 있는 여가시간이 증가함에 따라 노인들에게 여가활동서비스를 제공하는 목적이 있다.

노년기의 여가활동 참여는 노후생활의 적응에 많은 긍정적 효과를 기대할 수 있는데, 먼저 여가활동에 참여하게 됨으로써 직장동료관계, 가족관계 등의 위축된 사회적 관계망을 보완유지 또는 확대할 수 있는 기회를 갖게 되므로 고독과 소외감을 경감할 수 있으며, 이를 통해서 무위(inactivity)상태에서 벗어나고 자기유용감과 자아개념이 긍정적으로 변화된다.

2) 노인여가복지시설의 유형과 이용대상

(1) 노인여가복지시설의 유형

① '노인복지관'은 무료 또는 저렴한 요금으로 노인에 대하여 각종 상담에 응하고, 건강의 증진 · 교양 · 오락 기타 노인의 복지증진에 필요한 편의를 제공함을 목적으로 하는 시설이다. 서울시 및 대도시에는 노인종합복지관, 다른 지역에서는 노인복지회관, 노인종합복지회관 등의 다양한 명칭이 사용되고 있으나 개정된 「노인복지법」(2007. 8. 3)의 규정에서는 노인복지관으로 통칭하고 있다.

② '경로당'은 지역노인들이 자율적으로 친목도모 · 취미활동 · 공동작업장 운영 및 각종 정보교환과 기타 여가활동을 할 수 있도록 하는 장소를 제공함을 목적으로 하는 시설이다.

③ '노인교실'은 노인들에 대하여 사회활동 참여욕구를 충족시키기 위하여 건전한 취미생활 · 노인건강유지 · 소득보장 · 기타 일상생활과 관련된 학습 프로그램을 제공함을 목적으로 하는 시설이다. 「노인복지법」에 의한 노인교실은 대한노인회, 사회복지관, 종교단체 등에서 노인대학, 노인지도자대학, 장수대학, 노인교실 등의 다양한 명칭으로 실시하고 있는 실정이다.

(2) 노인여가복지시설의 이용대상

① 노인복지관 및 노인교실은 60세 이상의 자(그 배우자는 60세 미만인 때에도 이용대상)가 이용할 수 있다.

② 경로당은 65세 이상의 자가 회원으로 가입하여 이용할 수 있다.

3) 노인여가복지시설의 유형별 설치기준

(1) 노인여가복지시설의 설치신고절차와 구비서류

① 국가 또는 지방자치단체가 노인여가복지시설을 설치할 수 있고, 국가 또는 지방자치단체 외의 자가 노인여가복지시설을 설치하려는 경우에는 특별자치도지사 · 시장 · 군수 · 구청장에게 신고해야 한다.

② 노인여가복지시설의 설치신고 시 구비서류는 다음과 같다.

가. 노인여가복지설치신고서

나. 설치하려는 자가 법인인 경우에는 정관 1부

다. 위치도 · 평면도 및 설비구조내역서 각 1부(경로당 및 노인교실 제외)

라. 이용료 그 밖의 이용자의 비용부담 관계 서류 1부(경로당 제외)

마. 사업계획서 1부

바. 시설을 설치할 토지 및 건물의 소유권을 증명할 수 있는 서류(경로당 및 노인교실의 경우에는 사용권을 증명할 수 있는 서류로 갈음) 각 1부

③ 위의 내용에 따라 신고서를 제출받은 담당 공무원은 「전자정부법」 제21조 제1항에 따른 행정정보의 공동이용을 통하여 법인등기부등본(법인인 경우에 한함)을 확인해야 한다. 다만, 신고인이 이에 동의하지 아니하는 경우에는 그 서류를 첨부하도록 해야 한다.

(2) 노인여가복지시설의 유형별 설비기준

① 노인여가복지시설의 규모는 다음의 구분에 따른 면적 이상이거나 또는 인원이 이용할 수 있는 시설을 갖추어야 한다.

가. 노인복지관 : 연면적 5백 제곱미터(㎡) 이상

나. 경로당 : 이용정원 20명 이상(읍 · 면지역의 경우에는 10명 이상)

다. 노인교실 : 이용정원 50명 이상

② 노인여가복지시설의 시설유형별 설비기준은 〈표 6-15〉에서 볼 수 있는 바와 같다.

〈표 6-15〉 **노인여가복지시설 설비기준**

설비기준 \ 시설종류	노인복지관	경로당	노인교실
설비기준	• 식당 및 조리실 : 조리실바닥은 내수재료로서 세정 및 배수에 편리한 구조로 하여야 함 • 프로그램실 : 자유로이 이용할 수 있는 적당한 문화시설과 오락기구를 비치하여야 함 • 물리치료실 : 기능회복 또는 기능감퇴를 방지하기 위한 훈련 등에 지장이 없는 면적과 필요한 시설을 갖추어야 함	• 거실 또는 휴게실 : $20m^2$ 이상이어야 함	• 강의실 : $33m^2$ 이상이어야 함

(3) 노인여가복지시설의 직원자격기준 및 배치기준

① 노인여가복지시설의 직원자격기준은 〈표 6-16〉에서 볼 수 있는 바와 같다.

〈표 6-16〉 **노인여가복지시설 직원자격기준**

직 종 별	자 격 기 준
노인복지관 시설장	「사회복지사업법」에 따른 사회복지사 2급 이상의 자격증 소지자
상담지도원	「사회복지사업법」에 따른 사회복지사 자격증 소지자

② 노인여가복지시설의 직원배치기준은 〈표 6-17〉에서 볼 수 있는 바와 같다.

〈표 6-17〉 **노인여가복지시설 직원배치기준**

직종별 시설별	시설의 장	사회복지사	강사(외부강사 포함)	물리 치료사	사무원	조리원	관리인
노인복지관	1명	2명 이상		1명	1명	1명	1명
노인교실	1명		1명				

(4) 노인여가복지시설의 정부지원 및 운영기준

① 노인여가복지시설의 정부지원은 다른 사회복지시설과 유사한 지원기준이 적용되고 있으나 그 중에서 시설규모 측면에서 가장 소규모이고 아울러 지역사회의 통·리마다 복수적으로 운영되고 있는 경로당에는 난방연료비 및 일부운영비만 지원되고 있는 실정이다. 따라서 정부는 모범경로당 선정이나 경로당활성화 사업을 통하여 이를 보완하고 있다.

가. 모범경로당 선정사업은 주거생활권 내 재가노인의 여가시설로 높이 평가되고 있는 기존경로당의 운영방법을 개선하고 우수 운영사례를 타 경로당에 점진적으로 확산·파급시킴으로써 노인복지증진에 기여하기 위한 사업이다.

나. 경로당활성화 사업에 대하여 정부가 제시하고 있는 목적은 다음과 같다.

–지역사회중심형 노인복지 종합서비스 전달의 기초단위화

–건전한 노인 여가문화 조성과 확산의 토대 형성

–지역사회의 세대 간 유대 강화 및 노인세대 내 교류 증진

–자립형 경로당 구축으로 생산적 노인복지의 귀감

② 노인여가복지시설의 운영기준을 세부적으로 정리하면 다음과 같다.

가. 식당이 설치되어 있는 노인복지관의 경우에는 다음과 같이 급식위생관리를

하여야 한다.

– 시설의 장은 이용자가 필요한 영양을 섭취할 수 있도록 영양사가 작성한 식단에 따라 급식을 행하여야 함. 다만, 영양사가 없는 시설의 경우에는 소재지를 관할하는 보건소장의 지도를 받아 식단을 작성하고 이에 따라 급식하여야 함

– 전염성질환·화농성창상 등이 있는 자는 이용자의 식사를 조리하여서는 아니 됨

– 시설에서 사용되는 음용수의 경우에는 「수도법」 및 「먹는물관리법」이 정하는 바에 따라 수질검사를 받아야 함

– 이용자의 식사를 조리하는 자는 항상 청결을 유지하여야 함

나. 노인여가복지시설의 장은 그 시설의 운영방법, 이용자의 준수사항 기타 시설의 운영에 관하여 다음과 같은 운영규정을 작성하여 시장·군수·구청장에게 제출하여야 한다.

– 이용정원 등에 관한 사항

– 이용계약에 관한 사항(계약기간, 이용료 및 기타 비용부담액 등에 관한 사항을 포함함)

– 이용료 등 비용에 대한 변경방법 및 절차 등에 관한 사항

– 서비스의 내용과 그 비용의 부담에 관한 사항

– 시설물 사용상의 주의사항 등에 관한 사항

– 서비스 제공자의 배상책임·면책범위에 관한 사항

– 운영규정의 개정방법 및 절차 등에 관한 사항

다. 시설의 설치·운영에 관한 회계는 법인회계 또는 다른 사업에 관한 회계와 분리하여 계리하여야 하며, 국가 또는 지방자치단체로부터의 보조금품 기타 시설이 수수한 기부금품도 별도의 계정으로 계리하여야 한다.

라. 노인여가복지시설의 장은 시설종별로 다음 〈표 6-18〉의 기준에 따른 사업을 실시하여야 한다.

〈표 6-18〉 **노인여가복지시설 사업실시기준**

시 설 별	시설별 운영기준
노인복지관	-노인의 복지증진을 위하여 종합적인 노인복지센터로서의 기능을 수행할 수 있도록 필요한 사업을 선정 · 수행하여야 한다. -다음의 사업을 기본사업으로 수행하되 이용대상 노인의 실정과 지역 여건 등을 감안하여 사업의 종류를 가감하거나 별도의 사업을 개발 · 추진할 수 있다. • 상담 · 지도 : 노인의 생활 · 주택 · 신상 등에 관한 생활상담 및 노인의 질병 예방 · 치료에 관한 건강상담 및 지도 • 취업상담 및 알선 : 노인의 기능회복 또는 기능의 감퇴를 방지하기 위한 훈련을 실시하되, 물리치료장비는 관할보건소에 종사하는 의사의 지도를 받아 사용하여야 한다. • 기능회복훈련의 실시 : 노인의 기능회복 또는 기능의 감퇴를 방지하기 위한 훈련을 실시하되, 물리치료장비는 관할보건소에 종사하는 의사의 지도를 받아 사용하여야 한다. • 교양강좌 등의 실시 : 노인의 교양향상을 위한 프로그램의 제공 및 레크리에이션 활동 등의 지도 -거동불편 노인의 생활편의를 위한 서비스 등의 제공을 위하여 재가노인 복지시설을 병설 · 운영하도록 노력하여야 한다. -지역 특성에 따라 야간이용이 가능한 체제를 갖추도록 노력하여야 한다.
경로당	이용노인들이 건전한 사회봉사활동이나 취미활동 등을 할 수 있도록 하여야 한다.
노인교실	주 1회 이상 교육을 실시하여야 한다.

Chapter 07

장애인복지시설운영의 지도감독

1. 장애인거주시설

1) 장애인거주시설의 개념과 설치목적

(1) 장애인거주시설의 개념

사회복지시설은 사회복지서비스를 필요로 하는 대상자들을 일정한 시설과 전문직원을 갖추고 전문적 서비스를 제공하기 위하여 공적인 부문에서 설치되고, 운영은 사회복지법인 등의 민간단체에게 위탁하는 형태가 대부분이다. 그 중에서도 장애인거주시설은 가정 내에서 보호가 힘든 장애인이 국가나 지방정부, 그리고 사회복지법인 등에서 설치한 거주공간에서 생활하면서 서비스를 받는 말 그대로 생활시설을 말한다. 따라서 장애인거주시설에서 생활하는 사회복지대상자들은 기초생활에 대한 지원과 재활에 필요한 심리상담, 치료, 직업훈련 등의 서비스를 받아 사회복귀를 준비하거나 혹은 장애의 정도가 심하여 장기간에 걸쳐 요양서비스를 제공받게 된다.

(2) 장애인거주시설의 설치목적

장애인거주시설은 다양한 장애유형을 가진 장애인들에게 가정이 아닌 사회복지시설에서 사회복지서비스를 제공함으로써 궁극적으로는 재활할 수 있도록 하는 데 주된 설치목적이 있다. 즉 경증이나 중증의 장애인을 구분하거나 장애영유아와 장애성인으로 분류하여 주거시설을 설치하는 한편, 장애유형별로 별도의 거주시설을 설치하여 각종 서비스를 제공하는 것이 장애인거주시설의 주된 설치목적이다.

2) 장애인거주시설의 유형과 입소대상 / 절차

(1) 장애인거주시설의 유형

장애인거주시설의 유형은 〈표 7-1〉에서 볼 수 있는 바와 같이 장애유형별로 구분된 거주시설과 중증장애인거주시설, 장애인영유아거주시설 등의 유형이 있다.

〈표 7-1〉 **장애인거주시설의 유형**

시설유형	입소대상 장애인유형
① 장애유형별 거주시설	
•지체장애인 및 뇌병변장애인거주시설	지체 · 뇌병변장애인(중복장애 포함)
•시각장애인거주시설	시각장애인(중복장애 포함)
•청각 · 언어장애인거주시설	청각 · 언어장애인(중복장애포함)
•지적장애 · 발달장애인거주시설	지적장애인(중복장애포함)
② 중증장애인거주시설	1급, 2급 중증장애인
③ 장애영유아거주시설	6세 미만의 장애영유아
④ 장애인단기거주시설	보호자 일시부재의 장애인 단기거주
⑤ 장애인공동생활시설	5~9인까지의 장애인 공동거주

(2) 장애인거주시설의 입소대상

① 「국민기초생활보장법」에 따른 수급자로서 법정등록 장애인이어야 한다. 「국민기초생활보장법」에 따른 수급자가 아닌 경우에는 법 제2조에 따른 장애인으로서 부양의무자가 없거나, 부양의 의무자가 있어도 부양능력이 없거나 부양을 받을 수 없는 자이어야 한다. 원칙적으로 입소할 수 없는 비국민기초생활보장수급자의 개인적 환경을 고려하여 실비를 징수하고 입소를 허용하는 경우도 있다.

② 입양기관에서 보호하는 아동은 입양아동소재지 복지실시기관에서 입소 의뢰한 경우에는 입소대상이 된다.

③ 입소 또는 이용 시설은 장애유형 · 장애정도 및 연령 등을 고려하여 결정되어야 한다.

(3) 장애인거주시설의 입소절차

입소절차는 장애인이나 그 가족 등의 시설방문을 통한 접수가 이루어지면 장애인 재활기준에 따른 사전진단(평가)을 하게 되고, 이 자료에 의해 입소판정회의를 거쳐서 시·군·구에 입소승인을 신청하게 된다. 그리고 입소승인, 즉 입소결정안내문이 시·군·구로부터 시설로 전달되어 접수되면 입소가 이루어지는 단계로 이루어진다.

① 입소에 필요한 관련서류는 다음과 같다.

- 입소의뢰서 1부
- 장애인진단서 1부
- 건강진단서 1부
- 호적등본 1부
- 복지카드
- 국민기초생활수급자 증명서 1부
- 주민등록등본 1부
- 기타(사진, 도장)

② 실비입소제도는 시설입소대상 규정이 국민기초생활보장수급자로 한정됨에 따라 원칙적으로 시설에 입소할 수 없는 비국민기초생활수급자의 개인적 환경을 고려하여 시설입소에의 욕구가 크고 반드시 그 욕구가 충족되어야 할 것으로 개별상담을 통해 판정될 경우에는 입소에 따른 실비를 징수하고 시설입소를 허용하는 경우를 말한다.

③ 실비입소비용이라 함은 장애인을 장애인거주시설에 입소시켜 보호 또는 재활서비스를 제공하는 데 소요되는 일체의 비용 중 시설설치 및 장비 구입비와 시설관리비, 직원여비 등 간접비를 제외한 비용을 말한다. 일반적으로 실비입소비용의 근거나 금액에 대해서는 정부에서 관리지침이 매년 정해지고 시설에서는 그 규정이나 지침에 의해 실비를 징수할 수 있다.

3) 장애인거주시설의 설치운영기준

(1) 장애인거주시설의 설치공통사항

① 시설의 입지 조건은 시설분포의 적정성과 보건 · 위생 · 급수 · 안전 · 환경 및 교

통편 등을 충분히 고려하여 장애인이 쉽게 접근하고 편리하게 이용할 수 있는 쾌적한 환경을 갖춘 부지를 선정하여 설치해야 한다.

② 시설의 규모는 상시 10명 이상 30명 이하가 생활할 수 있도록 해야 한다. 다만, 시설 종류별 개별기준에서 10명 미만의 소규모 시설을 따로 정하고 있는 경우와 장애인이 상시 생활하지 아니하는 시설은 예외로 한다.

③ 시설의 구조 및 설비에 관한 규정은 다음과 같다.

가. 시설의 구조와 설비는 그 시설을 이용하는 장애인의 장애유형별 · 성별 · 연령별 특성에 맞도록 하여야 한다. 다만 6세 미만의 장애영유아를 위한 시설은 이 기준에 따른 구조 및 설비 외에 「아동복지법」에 따른 아동복지시설 중 영아시설에 준하는 설비를 따로 갖추어야 한다.

나. 「장애인 · 노인 · 임산부 등의 편의증진보장에 관한 법률」에 따른 편의시설을 갖추어야 한다.

다. 장애인이 30명 이상 거주하는 시설에는 〈표 7-2〉에서 규정하고 있는 면적과 함께 다음 규정의 설비를 갖추어야 한다. 다만, 장애인이 상시 생활하지 아니하는 시설에는 거실·의무실 또는 의료재활실 · 조리실 · 목욕실 · 세탁장 및 건조장의 설비를 갖추지 아니할 수 있다.

〈표 7-2〉 **장애인거주시설 종류기준 및 평수**

시설종류	기준	평수
지체장애인 · 뇌병변장애인거주시설	1명당	21.78 제곱미터 이상
청각 · 언어장애인거주시설	1명당	21.78 제곱미터 이상
시각장애인거주시설	1명당	19.8 제곱미터 이상
지적 · 자폐성장애인거주시설	1명당	21.12 제곱미터 이상
중증장애인거주시설	1명당	18.48 제곱미터 이상
장애영유아거주시설	1명당	18.48 제곱미터 이상

주: 장애인단기거주시설과 장애인공동생활가정은 30명 미만 규모이므로 별도 규정(1명당 9.37 제곱미터 이상)을 적용함

– 거실은 다음의 설비를 갖추어야 함

• 겨울에도 상당한 시간의 일조량을 확보할 수 있도록 하여야 함

- 출입구는 비상재해 시 대피하기 쉽도록 복도나 넓은 공간에 직접 연결되도록 함
- 적당한 난방장치 및 통풍장치를 갖추어야 함
- 복도 · 다락 등을 제외한 바닥의 면적은 6세 미만의 경우 시설거주자 1명당 2.0제곱미터 이상, 6세 이상의 경우 시설거주자 1명당 3.3제곱미터 이상으로 하고, 1실의 정원은 6세 미만의 경우 10명 이하, 6세 이상의 경우 8명 이하로 함
- 6세 이상의 장애인이 생활하는 시설의 경우에는 남녀별로 거실을 구분 설치하여야 함

– 사무실에는 사무를 위한 적당한 집기 · 설비를 갖추어야 함
– 의무실 또는 의료재활실에는 진찰, 건강 상담 및 치료를 위한 적당한 설비 및 기계 · 기구를 갖추어야 함
– 재활상담실은 거실 가까운 곳에 설치하되, 비밀보장을 위해 방음설비를 갖추어야 함
– 집단활동실은 여가 · 체력단련 · 재활 프로그램 등을 할 수 있는 시설과 설비를 갖추어야 함
– 자원봉사자실은 자원봉사자 · 후원자 등 지역사회자원활용 프로그램을 실시할 수 있는 시설과 설비를 갖추어야 함
– 조리실은 채광과 환기가 잘 되도록 하고, 창문에는 방충망을 설치하여야 함
– 목욕실은 남자용과 여자용을 구분하여 설치하되, 욕탕 · 샤워기 및 세면설비와 깨끗한 물을 사용할 수 있는 설비를 갖추어야 함
– 세탁장은 세탁에 필요한 기계 · 기구를 갖추어야 함
– 건조장은 세탁물을 건조할 수 있는 설비를 갖추어야 함
– 화장실은 남자용과 여자용으로 구분하여 설치하여야 함
– 급수시설은 상수도로 함. 상수도로 할 수 없는 경우에는 「먹는물관리법」 제5조에 따른 먹는 물의 수질기준에 적합한 지하수 등을 공급할 수 있는 시설을 갖추어야 함. 그리고 지하수 등을 사용하는 경우 취수원은 화장실 · 폐기물처리시설 · 동물사육장 등의 오염될 우려가 있는 장소로부터 20

미터 이상 떨어진 곳에 위치하여야 함

라. 30명 미만의 장애인이 거주하는 시설은 1명당 9.37제곱미터 이상으로 하고 사무실 · 의무실 또는 의료재활실의 설비와 목욕실 · 세탁장의 설비를 하나의 설비로 다른 설비를 겸하여 운영할 수 있다.

(2) 장애인거주시설의 유형별 설비기준

① 장애유형별 거주시설의 설비기준은 다음과 같다.

가. 지체장애인 · 뇌병변장애인거주시설은 시설에서 시행하려는 재활사업별로 물리치료실, 작업치료실, 직업훈련실 및 보장구 제작실 등 필요한 설비와 지체장애인의 치료 및 훈련에 필요한 기계류·기구류를 갖추어야 한다.

나. 시각장애인거주시설은 사업의 목적을 달성하기 위한 시설과 설비를 갖추어야 하며 2층 이상의 건물에는 1개소 이상의 피난설비를 설치해야 한다.

다. 청각장애인 · 언어장애인거주시설은 직업훈련사업을 하는 경우 직업훈련실과 작업훈련용 기계류 · 기구류를 갖추어 두어야 한다. 그리고 가능한 한 청능훈련실 · 언어치료실과 필요한 기계와 기구를 갖추어 두어야 한다.

라. 지적장애인 및 자폐성장애인거주시설은 작업치료실을 설치하되 작업치료의 종류, 기계기구의 종류 및 작업인원에 따라 필요한 면적을 확보하여야 한다. 아울러 중증의 지적장애인을 수용하는 거실은 1층에 설치해야 하며 필요에 따라 1인용 거실과 2인용 거실을 설치할 수 있다.

② 중증장애인거주시설의 설비기준은 다음과 같다.

가. 시설의 구조와 설비는 중증장애인들이 생활하기에 불편함이 없도록 하여야 한다. 그리고 남아 있는 기능의 유지 및 향상을 위해 필요한 설비와 기자재를 갖추어야 한다.

나. 유행성 질환 감염에 대비하여 격리보호실을 1개 이상 설치하며 산소호흡기, 흡입기(가래제거용) 등이 설치되어야 한다.

다. 거실을 중심으로 화장실 · 욕실이 설치되어야 한다. 아울러 중증장애인의 의료적 진단 및 치료에 필요한 기구와 진료실, 간호실을 갖추어야 한다.

③ 장애영유아거주시설의 설비기준은 다음과 같다.

가. 시설의 구조와 설비는 장애영유아들이 생활하기에 불편함이 없도록 하여야 한다. 휠체어 · 유모차 등을 사용하는데 불편함이 없도록 생활공간을 확보해야 하며 각종 편의시설이 설치되어야 한다.

나. 허약아, 미숙아 및 전염 가능 아동을 격리 · 보호할 수 있는 격리보호실이 1개 이상 있어야 한다. 신생아를 치료 · 보호할 수 있는 장비와 설비를 갖추어야 한다.

다. 거실을 중심으로 화장실·욕실이 설치되어 있어야 한다. 그리고 남아 있는 기능을 향상시키기 위하여 훈련 · 치료를 할 수 있고, 물리치료실, 작업치료실, 언어치료실 등의 필요한 설비와 기자재를 갖추어야 한다.

(3) 장애인거주시설의 유형별 직원자격기준 및 배치기준

① 장애인거주시설에 종사할 수 있는 직원의 직종별 자격기준을 정리해보면 다음 〈표 7-3〉에서 보는 바와 같다.

〈표 7-3〉 **장애인거주시설 직종별 직원자격기준**

직종별	자격기준
시설장	• 의사(한의사·치과 의사 모두 포함)로서 장애관련분야에서 3년 이상 진료한 경력이 있는 자 • 특수학교의 교장 또는 교감이었던 자 및 「초 · 중등교육법」에 따른 특수학교교사(교사자격증 소지자)로서 해당 시설 입소 대상장애인의 교육에 3년 이상 종사한 자 • 「사회복지사업법」에 따른 사회복지사가 자격증을 가진 자로서 사회복지사업에 3년 이상 종사한 경력이 있는 자 • 위 각 호에 준하는 학식과 경력이 있다고 인정되는 자
총무	• 「사회복지사업법」에 따른 사회복지사 자격증을 가진 자 • 시설장에 준하는 자격이 있다고 인정되는 자
사회재활교사	• 「사회복지사업법」에 따른 사회복지사 • 「고등교육법」에 따른 전문대학 이상의 학교에서 심리학 · 교육학이나 장애인재활 관련 학을 전공하고 졸업한 자
시설훈련교사	• 「고등교육법」에 따른 대학에서 직업재활 또는 특수교육을 전공하고 졸업한 자 • 「사회복지사업법」에 따른 사회복지사 • 장애인 직업재활시설 운영직종과 관련된 자격증을 취득한 후 장애인복지사업에 2년 이상 종사한 경력이 있는 자
시설관리기사	• 전기, 소방설비, 건축설비, 산업안전, 배관설비, 열관리 등 시설관리와 관련된 분야의 면허 또는 자격증 소지자

② 장애인거주시설에는 다음과 같은 직원을 배치하여야 한다. 다만, 장애인이 입소하여 생활하지 아니하는 시설의 경우에는 의사 또는 촉탁의사, 간호사 또는 간호조무사, 생활지도원, 영양사, 사회재활교사, 조리원, 위생원을 두지 아니할 수 있다.

가. 시설장 : 1명

나. 총무 : 1명. 다만, 시설거주자가 30명 이상인 시설만 해당

다. 의사 또는 촉탁의사(시간제 계약에 따른 의사 포함) : 1명 이상

라. 간호사 또는 간호조무사 : 1명 이상. 중증장애인거주시설과 장애영유아거주시설의 경우에는 시설거주자 50명당 1명 이상으로 하며, 2명 이상인 경우 1명은 간호사이어야 함

마. 생활지도원 : 시설거주자가 18세 이상의 성인인 경우 10명당 1명 이상, 아동과 지적장애인 또는 자폐성장애인의 경우 시설거주자 5명당 1명 이상, 시각장애인의 경우 시설거주자 4명당 1명 이상, 중증장애인 요양시설 및 장애영유아거주시설의 경우 시설거주자 3명당 1명 이상. 다만, 장애인 유료복지시설의 경우에는 장애인거주시설에 두어야 할 인원보다 1.5배 이상 많은 인원을 두어야 함

바. 영양사 : 1명 이상. 시설거주자가 50명 이상인 시설만 해당

사. 사무원 : 1명 이상. 시설거주자가 100명 이상인 시설만 해당

아. 사회재활교사 : 1명 이상. 다만, 시설거주자가 30명 이상인 시설만 해당함. 이 경우, 시각장애인을 위한 시설의 경우에는 점자 해독이 가능한 자, 청각장애인과 언어장애인을 위한 시설의 경우에는 수화통역이 가능한 자이어야 하며, 여성장애인이 생활하는 시설에는 적어도 1명의 여성교사를 두어야 함

자. 직업훈련교사 : 직업훈련 또는 작업과목에 따라 필요한 인원

차. 시설관리인 : 1명 이상. 입소하여 생활하는 장애인이 200명 이상인 시설만 해당

카. 조리원 : 시설당 1명. 시설거주자가 50명 이상인 시설의 경우에는 50명을 초과할 때마다 1명을 추가

타. 위생원 : 시설당 1명 이상. 시설거주자가 30명 이상인 시설만 해당하며, 시설거주자가 100명 이상인 시설의 경우에는 100명을 초과할 때마다 1명을 추가

이러한 직원배치기준에 따라 규정된 장애인거주시설의 직종별 정부지원기준은 〈표 7-4〉에서 보는 바와 같다. 이 기준은 직종별 최소지원기준이므로 지방자치단체는 최소기준 이상으로 지원되도록 최대한 노력해야 한다.

〈표 7-4〉 **장애인거주시설 직종별 정부지원기준**

직 종 명	지 원 기 준
시설장	•시설당 1명(동일 부지내 타 시설과 시설장을 겸하는 경우 중복지원 불가)
사무국장	•시설당 1명, 단, 정원 30인 이상인 시설
사무원	•생활장애인 100인 이상 시설당 1명
시설관리인	•생활장애인 200인 이상 시설당 1명
사회재활교사	•시설당 1명, 단, 정원 30인 이상인 시설
영양사	•시설당 1명, 단, 정원 50인 이상인 시설
간호사	•시설당 1명, 중증 · 아동장애인 150인 이상 1명 추가
물리치료사	•중증 · 지적장애 · 지체장애인 30인 이상 시설당 1명
언어치료사	•청각 · 언어장애인 시설의 경우 시설당 1명
보행훈련사	•시각장애인 시설당 1명
생활지도원(생활재활교사)	•중증, 영유아장애인 4.7명당 2명
	•아동장애인 8명당 2명
	•지적장애, 시각장애인 10명당 2명
	•지체, 청각 · 언어장애인 20명당 2명
조리원	•시설당 2명, 생활장애인 50인 이상 1명 추가
위생원	•시설당 1명, 단, 생활장애인 30인 이상 시설, 생활장애인 200인 이상 1명 추가
촉탁의사	•중증 · 아동장애인 30인 이상 시설당 1명

(4) 장애인거주시설의 운영기준

① 시설거주자 또는 이용자의 요건은 「국민기초생활보장법」에 따른 수급자로서 법 제2조에 따른 장애인이어야 한다. 「국민기초생활보장법」에 따른 수급자가 아닌 경우에는 법 제2조에 따른 장애인으로서 부양의무자가 없거나, 부양의무자가 있어도 부양능력이 없거나 부양을 받을 수 없는 자이어야 한다. 그리고 입소 또는 이용 시설은 장애유형 · 장애정도 및 연령 등을 고려하여 결정되어야 한다.

② 건강관리에 관한 운영기준은 다음과 같다.

가. 장애인거주시설에는 시설거주자의 건강을 관리할 책임자를 두고 의사·간호사나 그 밖의 자격이 있는 자가 항상 그 임무를 수행하여야 한다. 전담의사를 두지 아니한 시설은 시간제로 계약한 촉탁의사를 두어야 한다.

나. 거주시설의 시설거주자 및 직원에 대하여는 연 1회 이상의 건강진단을 하여야 한다. 단, 건강진단 결과 건강이 좋지 아니한 자에 대하여는 그 치료를 위하여 필요한 조치를 하여야 한다.

다. 시설거주자 또는 이용자에 대하여 그 건강상태에 따라 적절한 훈련과 휴식을 하도록 하여야 한다.

라. 시설거주자 또는 이용자의 생활환경을 항상 청결하게 하고 위생관리에 유의하여야 한다.

③ 급식에 관한 운영기준을 보면, 거주시설의 장은 시설거주자가 필요한 영양을 섭취할 수 있도록 영양사가 작성한 식단에 따라 급식을 하도록 규정하고 있다.

④ 생활지도에 관한 운영기준을 보면, 시설거주자 또는 이용자가 자유롭게 이용할 수 있도록 신문·잡지·라디오·도서를 갖추어 두고 이들이 사회에 적응할 수 있도록 지도하여야 한다. 아울러 시설거주자 또는 이용자의 정서 함양을 위한 프로그램을 지속적으로 개발하여 실시하고 적절한 오락용품도 갖추어 시설거주자 등의 재활에 도움이 되도록 지도하여야 한다.

⑤ 시설장은 다음 사항에 관한 규정을 제정·시행하여 시설을 적정하게 운영하도록 하여야 한다.

가. 시설의 운영방침

나. 직제·정원 및 직원 업무분장

다. 시설거주(이용)자의 처우 요령

라. 시설거주(이용)자의 생활수칙

마. 재활 프로그램의 내용

바. 그 밖에 시설의 관리에 관한 중요한 사항

⑥ 시설에서는 다음의 장부 및 서류를 갖추어 두어야 한다.

가. 관리에 관한 장부는 직원 관계철, 회의록철, 사업일지, 문서철, 문서 접수·발송대장, 차량일지가 있다.

나. 사업에 관한 장부는 시설거주(이용)자 관계서류(신상조사서, 명부, 건강기록부, 입·퇴소

자 명단, 보호의 경과, 지도, 개별상담 등의 관계철)와 재활 프로그램 관리대장, 교육·훈련 관계 서류(훈련일지 및 평가 관계 서류), 급식 관계 대장이 있다.

다. 재무·회계에 관한 장부로는 총계정원장 및 수입 · 지출보조부, 금전출납부 및 그 증명서류, 예산서 및 결산서, 비품수불대장, 비품(장비)대장, 재산대장·재산목록과 소유권에 관한 증명서류, 시설거주자의 비용부담 관계서류, 각종 증명서류와 그 밖의 필요 서류가 있다.

⑦ 시설의 장은 시설거주자의 거실마다 사회재활교사나 그 밖의 필요한 직원 중 1명을 시설거주자와 함께 기거하게 하여야 하며, 시설에는 시설거주자 외에 시설의 장 및 직원과 그 가족이 아닌 자는 거주하지 못한다.

⑧ 장애인거주시설은 시설거주자의 인권을 보호하고 그들이 지역사회와의 원활한 관계를 정립 · 유지할 수 있도록 시설거주자들이 원하는 지역사회활동에 자유롭게 참여할 수 있는 기회를 보장하여야 한다. 그리고 시설운영위원회에 주민의 참여를 유도하고 시설의 기재와 설비 등을 지역사회에 최대한 개방함으로써 지역사회와의 연계를 활성화하고, 지역사회주민이 시설의 기능과 사업에 대하여도 충분히 이해할 수 있도록 하여야 한다.

⑨ 장애인거주시설에서는 다음과 같은 주요사업을 실시하여야 한다.

가. 시설은 시설거주자 또는 이용자가 스스로 장애를 극복하고 지장 없이 사회경제활동에 참여하도록 하기 위하여 필요한 교육적 · 의학적 · 심리적 및 직능적 훈련을 실시하여야 한다.

나. 재활훈련은 장애인의 유형별 · 연령별 특성에 따라 계획을 세워야 한다. 그리고 재활훈련은 시설 안에서 하는 것을 원칙으로 하되 훈련효과를 높이기 위하여 필요한 경우에 사업장이나 그 밖의 시설 외의 훈련기관에 의뢰하여 할 수 있다.

2. 장애인(지역사회 / 직업 / 의료)재활시설

1) 장애인지역사회재활시설

(1) 장애인지역사회재활시설의 개념과 설치목적

장애인지역사회재활시설은 장애인복지관, 장애인주간보호시설, 장애인체육시설, 장애인수련시설, 점자도서관, 점자도서 및 녹음서출판시설 등 장애인에게 전문적인 상담 · 치료 · 훈련 등을 제공하거나 장애인의 일상생활, 여가활동 및 사회참여활동 등에 필요한 편의를 제공하는 이용시설을 말한다.

장애인지역사회재활시설은 거주시설에 거주하는 장애인이 아닌 지역사회에 거주하는 장애인들의 일상생활지원과 재활을 지원하기 위한 서비스를 제공할 목적으로 설치된다.

(2) 장애인지역사회재활시설의 유형

① 장애인복지관 : 장애인에 대한 각종 상담 및 사회심리 · 교육 · 직업 · 의료재활 등 장애인의 지역사회생활에 필요한 종합적인 재활서비스를 제공하고 장애에 대한 사회적 인식 개선사업을 수행하는 시설이다.

② 장애인주간보호시설 : 장애인을 주간에 일시 보호하여 장애인에게 필요한 재활서비스를 제공하는 시설이다.

③ 장애인체육시설 : 장애인의 체력증진 또는 신체기능 회복활동을 지원하고 이와 관련된 편의를 제공하는 시설이다.

④ 장애인수련시설 : 장애인의 체력증진 또는 신체기능 회복활동을 지원하고 이와 관련된 편의를 제공하는 시설이다.

⑤ 장애인심부름센터 : 이동에 상당한 제약이 있는 장애인에게 차량 운행을 통한 직장출퇴근 및 외출보조나 그 밖의 이동서비스를 제공하는 시설이다.

⑥ 수화통역센터 : 의사소통에 지장이 있는 청각 · 언어장애인에게 수화통역 및 상담서비스를 제공하는 시설이다.

⑦ 점자도서관 : 시각장애인에게 점자간행물 및 녹음서를 열람하게 하는 시설이다.

⑧ 점자도서 및 녹음서 출판시설 : 시각장애인을 위한 점자간행물 및 녹음서를 출판하는 시설이다.

⑨ 장애인재활치료시설 : 장애아동을 포함한 장애인에게 언어 · 미술 · 음악 등 재활치료에 필요한 치료, 상담, 훈련 등의 서비스를 제공하고 서비스를 이용한 자로부터 비용을 수납하여 운영하는 시설을 말한다.

(3) 장애인지역사회재활시설의 유형별 설비기준

장애인지역사회재활시설의 주요유형별 설비기준을 정리해보면 다음 〈표 7-5〉에서와 같다.

〈표 7-5〉 **장애인지역사회재활시설 유형별 설비기준**

시설별	설비기준
장애인 복지관	• 건축물 연면적 : 최소 1천 제곱미터 이상 • 공통기준 외 추가설비 – 강당 또는 회의실 – 의무실 또는 의료재활실 – 휴게실(또는 쉼터) – 직업재활실 – 장애인보호자 및 자원봉사자 대기실 – 그 밖에 장애인에 대한 재활서비스 제공에 필요한 설비
장애인 주간보호시설	• 건축물 연면적 : 최소 66제곱미터 이상 • 기본설비 : (가), (다), (마)는 겸용 가능 – 거실 – 조리실 – 의무실 또는 의료재활실 – 사무실 – 집단활동실 – 화장실 – 비상재해 대비시설 – 그 밖에 장애인의 주간 또는 단기 보호에 필요한 설비
장애인 수련시설	• 대지 및 건축물 연면적 : 최소 1천 제곱미터 이상 • 기본설비 – 강당 또는 회의실 – 사무실 – 숙소(100명 이상의 동시 수용이 가능하여야 함) – 조리실 – 의무실 또는 의료재활실 – 목욕실 – 화장실 – 그 밖에 장애인의 심신수련에 필요한 설비
장애인 체육시설	• 건출물 연면적 : 최소 900제곱미터 이상 • 기본설비 – 체련실 – 경기장 – 의무실 또는 의료재활실 – 사무실

시설별	설비기준
	– 화장실 – 그 밖에 장애인의 체육재활에 필요한 설비
점자도서관	•「도서관법」 제5조에 따른 시설 및 자료
점자도서 및 녹음서 출판시설	• 기본설비 : 사무실, 제판실, 인쇄실, 교정실, 제본실, 창고 • 기본장비 : 제판기, 교정대, 인쇄기, 원판호책 제본가공용기구, 제본작업대, 점자용지 재단기, 종이 절단기

(4) 장애인지역사회재활시설의 유형별 직원자격기준 및 배치기준

① 장애인지역사회재활시설의 직원자격기준은 점자도서관과 장애인복지관 등으로 구분된다.

가. 장애인지역사회재활시설 중에서 점자도서관과 점자도서 및 녹음서 출판시설에 종사하는 직원의 자격기준은 다음 〈표 7-6〉에서 보는 바와 같이 정리할 수 있다.

〈표 7-6〉 **점자도서관과 점자도서 및 녹음서 출판시설 직원자격기준**

직종별	자격기준
시설장	•「도서관법」 시행령 제4조에 따른 정사서의 자격을 취득한 후 3년 이상 근무한 경력이 있는 자 • 사회복지사업에 5년 이상 종사한 경력이 있는 자
사서	•「도서관법」 시행령 제4조에 따른 사서직원의 자격이 있는 자
점자지도원, 대출열람원 편집원, 제판원, 교정원 인쇄원	• 관련 업무에 대한 전문적 지식과 경험이 있는 자

나. 장애인복지관에 종사하는 직원의 자격기준은 〈표 7-7〉에서와 같으며, 그 중에서 우선 관장의 자격기준을 보면 다음에서와 같다.

– 6급 이상의 공무원으로 5년 이상 재직한 경력이 있는 자
– 사회복지사 · 특수학교교사 · 치료사 등 장애인재활 관련 자격증을 취득한 후 해당 분야에서 8년 이상 근무한 경력이 있는 자
–「고등교육법」에 따른 대학을 졸업한 후 장애인복지 분야에서 10년 이상 근무한 경력이 있는 자

– 장애인복지 분야 박사학위 취득자 또는 대학에서 전임강사 이상으로 2년 이상 재직한 경력이 있는 자
– 그 밖에 위와 동등 이상의 자격이 있다고 「사회복지사업법」 제36조에 따른 운영위원회에서 인정한 자

〈표 7-7〉 **장애인복지관 직종별 직원자격기준**

구 분	자격기준
사무국장	• 7급 이상의 공무원으로 5년 이상 재직한 경력이 있는 자 • 사회복지사 · 특수학교교사 · 치료사 등 장애인재활 관련 자격증을 취득한 후 해당 분야에서 6년 이상 근무한 경력이 있는 자 • 「고등교육법」에 따른 대학을 졸업한 후 장애인복지 분야에 8년 이상 종사한 경력이 있는 자 • 그 밖에 위와 동등 이상의 자격이 있다고 운영위원회에서 인정한 자
1급 직원	• 7급 이상의 공무원으로 사회복지 분야에 3년 이상 재직한 경력이 있는 자 • 사회복지사 · 특수학교교사 · 치료사 등 장애인재활 관련 자격증을 취득한 후 장애인복지 분야에 4년 이상 종사한 경력이 있는 자 • 「고등교육법」에 따른 대학을 졸업한 후 장애인복지 분야에 6년 이상 종사한 경력이 있는 자 • 그 밖에 위와 동등 이상의 자격이 있다고 운영위원회에서 인정한 자
2급 직원	• 8급 이상의 공무원으로 사회복지 분야에 3년 이상 재직한 경력이 있는 자 • 사회복지사 · 특수학교교사치료사 등 장애인재활 관련 자격증을 취득한 후 해당 분야에서 3년 이상 근무한 경력이 있는 자 • 「고등교육법」에 따른 대학을 졸업한 후 장애인복지 분야에 4년 이상 종사한 경력이 있는 자 • 그 밖에 위와 동등 이상의 자격이 있다고 운영위원회에서 인정한 자
3급 직원	• 8급 이상의 공무원으로 사회복지 분야에 1년 이상 재직한 경력이 있는 자 • 사회복지사 · 특수학교교사 · 치료사 등 장애인재활 관련 자격증을 취득한 후 해당 분야에서 2년 이상 근무한 경력이 있는 자 • 「고등교육법」에 따른 대학을 졸업한 후 장애인복지 분야에 3년 이상 종사한 경력이 있는 자 • 그 밖에 위와 동등 이상의 자격이 있다고 운영위원회에서 인정한 자
4급 직원	• 9급 이상의 공무원으로 사회복지 분야에 3년 이상 재직한 경력이 있는 자 • 사회복지사 · 특수학교교사 · 치료사 등 장애인재활 관련 자격증을 소지한 자 • 「고등교육법」에 따른 대학을 졸업한 후 장애인복지 분야에 2년 이상 종사한 경력이 있는 자 • 그 밖에 위와 동등한 자격이 있다고 운영위원회에서 인정한 자
5급 직원	• 「초 · 중등교육법」에 따른 고등학교를 졸업하였거나 이와 동등 이상의 학력이 있는 자
기능 직원	• 운전 · 타자 · 열관리 및 전산 등 해당 기능 분야 면허 또는 자격증을 소지한 자
고용 직원	• 청소 · 취사 및 세탁 등 해당 업무 수행이 가능하다고 인정되는 자

② 장애인지역사회재활시설의 직원배치기준은 다음과 같은 국고보조금 지원기준 범위 내에서 운용하되, 예산의 범위 내에서 복지관의 특성이나 수행하는 사업에 따라 자치단체장의 승인을 받아 증감할 수 있다.

가. 장애인복지관 : 20명 이상

나. 장애인의료재활시설 : 「의료법」에 따른 필요인원

다. 장애인주간보호시설 : 3명 이상

라. 장애인단기보호시설 : 3명 이상

마. 장애인공동생활가정 : 입주 장애인 4명당 사회재활교사 1명

바. 장애인체육시설 : 3명 이상

사. 장애인수련시설 : 5명 이상

아. 장애인심부름센터 : 운전원을 포함하여 3명 이상

자. 수화통역센터 : 3명 이상

차. 점자도서관 : 관광, 사서, 점자지도원, 대출열람원, 교정원 각 1명 이상. 다만, 교정원은 점자지도원이 겸할 수 있음

카. 점자도서 및 녹음서 출판시설 : 소장, 편집인, 제판원, 교정원, 인쇄원, 제본원 각 1명 이상

(5) 장애인지역사회재활시설의 운영기준

① 장애인복지관 운영

첫째, 장애인복지관에 대한 일반적인 운영지침은 다음과 같다.

가. 정당한 사유 없이 타 유형의 장애인 또는 중증장애인에 대한 서비스를 거부할 수 없다.

나. 지역 내 장애인복지증진을 위해 종합적인 재활서비스를 제공하는 장애인복지센터로서의 기능과 역할을 충실히 수행할 수 있도록 필요한 사업을 선정 수행해야 한다.

다. 관내 등록장애인 중 연령별 대비, 장애유형별 인원, 생활정도, 직업종사 유형, 관내 지역경제기반, 관내 장애인복지에 대한 지역사회의 인식도, 장애인 가족 및 자원봉사자의 참여도 등을 적극 참고하여 이에 부합하는 사업계획

을 수립추진해야 한다.

라. 장애인복지와 관련된 행정기관 및 시설 · 단체 등과 긴밀한 협력체계를 구축하여 사업수행의 효과성을 극대화하고, 재가복지사업 예산(재가복지봉사센터 예산)을 지원받은 시설은 반드시 동 사업을 수행하여야 하며, 별도의 예산을 지원받지 못한 시설의 경우에도 재가복지사업을 확충토록 노력해야 한다.

둘째, 장애인복지관에서는 〈표 7-8〉에서 제시된 것과 같은 주요사업을 수행해야 한다.

〈표 7-8〉 **장애인복지관 주요사업내용**

사업분류	주요내용	사업예시
상담지도사업	기초상담 및 각종검사, 진단을 통한 판정, 장애등록 검진	자체진단 찬정 위원회 및 평가위원회 운영
의료재활사업	장애인의 신체기능회복을 위한 의료재활서비스 제공	진료실 운영, 물리치료, 작업치료, 언어치료, 청능훈련, 재활보조기구 사용자 착용훈련 등
교육재활사업	장애인에 대한 각종 교육재활서비스 제공	조기교육(영유아, 아동 등), 통합교육, 부모교육, 학습지도(취학아동교육, 문자교육, 검정고시 등), 컴퓨터교육, 각종교구대여, 시 · 청각장애인기초재활 등
직업재활사업	장애인의 경제적 안정과 자립촉진을 도모하기 위한 직업재활서비스 제공	직업상담, 직업평가, 직업적응훈련, 직업훈련, 보호작업장 운영, 취업알선(지원고용 등), 현장훈련, 취업 후 지도
사회심리 재활사업	장애인의 사회참여 확대를 위한 각종 사회심리재활서비스 제공	재활상담(개별, 집단, 가족, 동료 등), 사회적응훈련(캠프, 방과 후 활동, 사회기술훈련 등), 심리치료(놀이치료, 심리 운동치료, 음악치료, 미술치료, 치료레크리에이션 등), 성교육, 장애가족지원(장애형제 기능강화, 부모 스트레스대처훈련, 장애인의 자녀지원 등), 자조집단(동아리활동, 부모회육성), 결혼상담, 공동생활가정, 주간보호센터, 단기보호센터 등
재가장애인 복지사업	지역사회장애인의 재가복지서비스 제공	재가복지서비스(상담, 의료, 교육, 가사지원 등), 지역사회자원 활용 및 연계망 구축, 이동목욕, 재가 자립지원 등
여가활동사업	신체적 · 정신적 건강증진을 위한 스포츠 및 여가활동 지원	내방장애인 체육대회 개최, 장애유형에 맞는 체육교실 운영, 취미여가오락 프로그램 운영 등
정보제공사업	장애관련 정보제공	장애인정보화교육 등 정보화지원 시각장애인 도서(시청각자료 등) 제작·출판·보급·대여, ARS운영, BBS운영
수화관련사업	청각 · 언어장애인에 대한 수화서비스 제공	수화교실, 수화통역 봉사원 양성 및 파견, 수화자막 및 비디오 등 영상물 제작 · 보급 · 대여 등

사업분류	주요내용	사업예시
여성장애인 복지사업	사회적 차별 및 부당한 대우를 받기 쉬운 여성장애인의 권익보호 및 임신·출산·양육, 가사지원 등 복지증진	여성장애인 상담실 및 쉼터 운영, 여성장애인 임신·출산·양육가사보조 활동지원, 여성장애인 결혼 주선 등
사회교육사업	비장애인의 장애인에 대한 인식 개선 및 참여조성	장애체험, 장애인부모교육, 장애인복지 전문요원교육(세미나, 워크숍 등), 지역사회주민 교육, 지역대학의 실습생 지도 등
지역사회자원 개발사업	지역사회에 대한 장애인의 이해 증진 및 자원개발·활용	자원봉사자(청소년, 대학생, 일반 등) 발굴교육활동 및 관리, 지역행정기관·일반사회단체종사자·교육 및 언론기관 등과의 교류협력 증진, 기타자원개발·활용(인적·물적 자원 등)
홍보·계몽 사업	지역사회를 대상으로 한 장애인식 개선 및 장애 예방 등을 위한 활동	관보 발행, 장애발생예방 캠페인 매스컴을 활용한 장애인식개선 홍보, 견학 등
조사연구사업	장애인복지증진을 위한 조사연구 및 다양한 재활프로그램 개발·보급	지역장애인 욕구 및 실태조사, 재활 프로그램 개발, 이용자 만족도 조사, 지역장애인 복지정책 개발, 각종 자료제작(도서·시청각 자료 등) 등
활동보조 서비스사업	중증장애인에게 신변활동, 가사 및 일상생활의 보조, 이동편의증진 등의 활동보조서비스 지원	신변처리 지원, 가사 지원, 일상생활 지원, 커뮤니케이션 보조, 이동의 보조, 동료상담서비스 등
기타 사업	기타 장애인 복지증진을 위해 필요한 사업	지역특성에 맞는 재활 프로그램 개발 시행

셋째, 장애인복지관의 운영비에 관한 규정은 다음과 같다.

가. 장애인복지관 일반사업에 대한 운영비는 지방비보조금 외에 자체수입(이용료, 후원금, 법인 전입금 등)을 추가할 수 있다.

나. 장애인복지관이 소재한 곳과 거리가 먼 산간벽지 등 농어촌 지역 등에 분관을 둘 수 있으며, 그 운영은 해당 시·도지사의 책임하에 장애인복지기관에서 운영한다. 분관의 종사인력은 개소당 전문직을 포함한 4명 이상의 인원을 배치할 수 있도록 노력해야 한다.

넷째, 장애인복지관의 조직과 직제에 관한 관리규정은 다음과 같다.

가. 장애인복지관의 조직 및 체계에 대한 규정은 다음과 같다.

- 각 복지관은 성역의 여건 및 이용대상자의 특성을 감안하여 서비스를 가장 효과적으로 제공할 수 있도록 조직 및 직제기준을 준용하여 편제

– 인력관리의 효율성을 확보하고 간부와 직원 간 적정한 업무분담이 이루어지도록 팀제운영을 원칙으로 하되, 총무 · 기획 등 지원부서와 그 외 사업부서로 구분 운용
– 종전 장애인복지관 부설로 운영되던 재가복지봉사센터는 장애인복지관의 기능 속에 흡수하여 1개 팀으로 운영하고 최소 3인의 인력을 확보하되 복지관의 총 정원 내에서 증원할 수 있음

나. 장애인복지관의 직제에 대한 규정은 다음과 같다.

– 복지관의 직제는 관장, 사무국장, 일반직(1~5급), 기능직 및 고용직으로 구성
– 복지관은 관장 밑에 사무국장 1인을 두고, 사무국장 밑에 종사자 정원 규모 및 사업의 특수성에 따라 4~7개 범위 내에서 각 팀을 운영
– 복지관의 팀은 지원부서로 총무팀 및 기획팀을 두고, 사업부서로 상담지원팀, 사회재활팀, 의료재활팀, 직업재활팀, 정보화지원팀을 두며 팀장 1인 및 팀원을 두되 필요시 정원규모 및 사업의 특수성에 따라 지원부서의 경우 총무팀과 기획팀을 통합하여 '총무기획팀'으로 구성하고, 사업부서의 경우는 시설장이 자치단체장과 협의하여 직제를 추가로 둘 수 있음
– 복지관의 인력은 지원부서에는 최소의 연력을 배치라는 것을 원칙으로 하고, 서비스를 제공하는 사업부서에 최대한 배치토록 노력

② 장애인주간보호시설 운영

첫째, 장애인주간보호시설의 일반적인 운영지침은 다음과 같이 정리할 수 있다.

가. 운영비는 지방비보조금, 운영주체의 전입금, 이용료, 민간후원금 등으로 한다.

– 지방자치단체의 운영비 보조는 인건비와 관리운영비를 분리하여 보조함을 원칙으로 함
– 시설 접근성을 보장하기 위하여 차량 및 차량운영비를 지원함
– 중증장애인을 보호하는 시설의 특성상 장애인을 위한 재활보조기구비를 지원함

나. 장애인주간보호시설은 3인을 지원한다. 단 15인을 초과하는 경우에 1인을 추가 지원한다. 시설장의 인건비 보조기준은 지역사회재활시설 인건비 지원

기준에 준한다. 사업수행 인력은 2급 사회복지사를 1인 이상 의무적으로 채용해야 하며, 인건비는 지역사회재활시설 인건비 지원기준에 준하며, 인건비의 보조 및 지급은 「근로기준법」 기준에 위배되지 않도록 시간외 근무수당, 퇴직금, 기타 4대 보험 등을 반영할 수 있도록 해야 한다.

다. 이용료 수납대상은 모든 이용자(기초생활보장수급자 포함)를 대상으로 한다. 이용료는 시설운영의 제반비용(인건비, 관리운영비 등)으로 사용할 수 있다.

둘째, 장애인주간보호시설에서의 주요사업 내용은 다음과 같다.

가. 차량, 인력 등 허용범위 내에서 장애인의 보호시설 이용을 위한 교통편의를 제공한다.

나. 물리치료, 작업치료 및 일상동작훈련 등을 통해 독립생활능력을 배양한다. 그리고 일상생활에 필요한 언어 · 인지 및 사회 등을 교육한다. 아울러 보호시설에서 활용할 수 있는 자원봉사자를 발굴, 양성하고 장애인에 대한 이해와 가정에서 필요한 각종 재활교육을 한다.

다. 단조로운 보호시간에 변화를 주고 새로운 환경과 정보를 접할 수 있도록 여행 및 견학을 시키고 취미생활 및 정서함양을 통한 자기발전을 도모한다. 기타 보호시설을 이용하는 장애인과 그 가족과의 상담 등을 통해 욕구를 파악하고, 자원봉사자들을 통한 목욕 및 이 · 미용 서비스를 제공하고 중식 및 간식을 제공한다.

셋째, 장애인주간보호시설의 이용자개발 및 선정에 관한 내용은 다음과 같다.

가. 지역신문 등 대중매체를 적극 활용하여 보호시설 운영에 대한 홍보를 하고 지역의 이용가능자를 대상으로 전화 또는 방문을 통하여 의사를 타진하며, 지역행정기관의 의뢰 및 협조를 통해서 이용자를 발굴한다.

나. 이용자 선정은 신청을 원칙으로 하고 이용자가 많을 경우에는 자체 심의를 거치되, 기초생활보장대상수급자를 우선 배려한다. 시설이용자는 등록 장애인을 원칙으로 하며, 보호시설당 보호대상 실인원은 최소 10인으로 운영한다.

넷째, 장애인주간보호시설의 이용시간 및 기간은 평일은 오전 8시 00분부터 오후 7시 00분까지이고 토요일은 오전 8시 00분부터 오후 2시 00분까지로 규정되어 있다. 또한 보호자의 요청과 시설 운영규정 내에서 연장 이용이 가능하다. 이에 따라 발생하는 비용은 별도로 부담한다.

③ 장애인체육시설 운영

첫째, 장애인체육시설의 이용대상은 다음과 같다.

가. 장애인체육시설의 이용자는 지역 내 시설(특수학교 포함) 및 재가장애인의 이용을 우선으로 한다. 즉 장애인의 이용률을 50% 이상 높일 수 있도록 노력해야 하며, 지역실정을 감안하여 지역주민이 함께 이용토록 하여 사회통합에 기여하게 할 수 있다.

나. 지역주민을 이용하게 할 경우에는 장애인체육시설 설치·운영 취지에 어긋나지 않도록 이용자 수를 적절히 조정하는 등 필요한 조치를 취한다. 특히 장애인체육관련 국제대회 파견 및 국내 주요대회 참가선수 훈련 시 적극 개방한다.

둘째, 장애인체육시설의 운영비는 교부세, 지방비 및 자체수입(이용료, 후원금, 법인전입금 등) 20%를 원칙으로 한다. 그리고 이용료를 징수하여 직원 인건비 및 운영비를 충당하는 시설은 지방비 지원을 제외할 수 있다.

셋째, 장애인체육관 중 이용자로부터 이용료를 징수할 경우에는 「체육시설설치 · 이용에 관한 법률」 등 관련법령에 의거하여 신고를 요하는 경우 관할 시 · 도지사에게 신고해야 한다. 이용료는 재가장애인과 시설장애인 및 지역주민으로 이용자를 구분, 차등을 두도록 조치하고, 장애인체육시설의 이용료 수입금은 반드시 법인회계와 별도로 장애인체육시설수입과 지출예산에 편성하고 그에 따라 집행하여야 하며, 운영비를 충당하고 수익이 발생한 시설에서는 수익금의 전부를 체육시설 운영개선 및 장애인이용률 제고를 위한 부분에 지출하여야 한다.

④ 장애인심부름센터 운영

첫째, 장애인심부름센터는 「장애인복지법」상의 장애인지역사회재활시설이므로 소유와 경영분리의 원칙에 따라 운영주체인 연합회 및 시 · 도지부의 운영체계와는 엄격하게 분리하고, 재무회계도 독립채산제로 운용한다. 또한, 재무회계관리에 있어서는 공통지침상의 장부를 비치하고 차량운행 및 유지관리에 관한 차량운행일지 및 이용예약 관계일지 등은 상시 기록 비치한다.

둘째, 장애인심부름센터의 이용대상은 센터가 소재한 지역의 「장애인복지법」 제29

조에 의한 등록장애인을 우선으로 하되, 인근 지역장애인의 요청이 있는 경우 센터 업무의 특별한 사정이 없는 한 이용할 수 있도록 지원해야 한다(다만, 지자체의 실정에 따라 이용 장애인의 유형과 등급을 제한할 수 있음).

셋째, 장애인심부름센터의 주요사업은 이동에 제약에 있는 장애인에게 차량운행을 통하여 민원업무 보조, 직장 출퇴근, 시장보기, 외출보조, 병원 이용보조 등 각종 이동서비스 및 안내보조 등이다.

넷째, 장애인심부름센터는 연합회 중앙회에 '중앙센터'와 실제 센터의 업무를 수행 중인 연합회 각 시 · 도지부에 '지방센터'를 두고 다음과 같은 업무를 수행한다.

가. 중앙센터(연합회 중앙회의 통상적인 지원조직이며, 장애인복지시설이 아님)

- 사업의 기획 및 평가, 지방센터에 대한 자체 관리 · 감독
- 센터의 운영규정, 차량관리규정 등 각종 내부 규정 제정 및 개폐
- 센터(지방센터)의 사업실적 관리
- 기타 센터업무의 중요한 사항

나. 지방센터(지역별로 운영 중인 센터, 장애인복지시설임)

- 센터사업의 수행
- 사업실적 및 보고(자치단체장과 중앙센터) 등

다섯째, 지방센터의 개소당 인력은 센터장 1인, 사무원 1인, 배차원 1인 및 운전원 3인을 포함한 6인을 원칙으로 하되, 1개소당 6인을 2개소로 분리 운영(3인)도 가능하며 자체수입으로 증원할 수 있다. 다만, 특별시, 광역시, 센터의 경우 지자체 실정에 맞게 정원 및 세부직책별 배정 인원을 결정할 수 있다.

여섯째, 해당 연합회 시 · 도지부장은 지역장애인의 분포율, 차량지원이 필요한 시간 등을 고려하여 당해 시 · 도지사 및 시·군·구청장과 협의하여 분소설치의 수, 인력배치, 차량운행시간 및 운영방식 등에 관하여 센터정원의 범위 내에서 센터와 분소 간의 사업수행 인력을 탄력적으로 조정이 가능하다. 다만, 서울특별시 및 6대 광역시의 경우는 분소 없이 통합하여 1개소로 운영해야 한다.

⑤ 수화통역센터 운영

첫째, 수화통역센터는 「장애인복지법」 제58조 제1항에 의거 장애인지역사회재활시설이므로 소유와 경영분리의 원칙에 따라 운영주체인 협회의 운영 체계와는 엄격하게

분리하고, 재무회계도 독립채산제에 의하여 운용해야 한다. 또한, 재무회계관리에 있어서는 공통지침상의 장부를 비치하고 차량운행 및 유지관리에 관한 차량운행일지 및 수화통역 관계일지 등은 상시 기록 비치해야 한다.

둘째, 수화통역센터의 이용대상은 「장애인복지법」 제32조에 의거 센터가 소재한 지역의 등록 청각 · 언어장애인을 우선으로 하되, 다음에 해당하는 자의 요청이 있는 경우 특별한 사정이 없는 한 이용할 수 있도록 지원한다.

가. 센터 소재지 외의 인근 지역 등록 청각 · 언어장애인

나. 청각 · 언어장애 민원인과 업무적으로 의사소통을 할 필요가 있는 관내 주요 관공서

다. 기타 청각 · 언어장애인과 의사소통이 필요한 일반 개인 등

셋째, 수화통역센터의 주요사업 내용은 청각 · 언어장애인 상담지도사업으로 개별상담(접수, 의료, 직업, 일반상담) 및 사후관리, 출장 수화통역서비스사업으로 각종 민원해결(법률 · 취업 · 관공서이용), 가족문제상담, 심리적 부적응에 대한 출장서비스가 있으며, 기타 예산의 범위 내에서 수화교육 및 보급사업 및 청각 · 언어장애인의 복지증진을 위한 사업이 있다.

넷째, 수화통역센터의 조직 및 인력에 관한 규정을 보면 센터는 중앙회에 '수화통역센터 중앙지원본부'와 각 시 · 도 협회에 '수화통역센터 지역지원본부'를 두고, 실제센터의 업무를 수행 중인 시 · 도 협회 및 시 · 군 · 구 지부에 '수화통역센터'를 두어 다음과 같은 업무를 수행한다.

가. 수화통역센터는 협회 중앙회의 통상적인 지원조직으로 장애인복지시설이 아니며 업무내용은 다음과 같다.
- 사업의 기획 및 평가, 지방센터에 대한 자체 관리·감독
- 센터의 운영규정, 차량관리규정 등 각종 내부 규정 제정 및 개폐
- 센터(지방센터)의 사업실적 관리
- 기타 센터업무의 중요한 사항

나. 수화통역센터 지역지원본부는 지역별로 운영 중인 센터로 장애인복지시설이며 업무내용은 다음과 같다.
- 센터사업의 수행
- 사업실적 및 보고(자치단체장과 중앙센터) 등

다섯째, 해당 협회 시 · 도협회장은 시 · 도지사 및 시·군·구청장과 협의하여 분소설치의 수 및 인력 등에 관하여 탄력적으로 조정 · 운영이 가능하다.

여섯째, 지방센터의 개소당 인력은 센터장 1인과 수화통역사 4인(청각장애인통역사 1인 포함)을 포함한 5명을 원칙으로 하되, 인원증원이 필요한 경우 지방비 및 자체수입으로 증원할 수 있다.

2) 장애인직업재활시설

(1) 장애인직업재활시설의 개념과 설치목적

장애인직업재활시설은 일반 작업환경에서는 일하기 어려운 장애인이 특별히 준비된 작업환경에서 직업훈련을 받거나 직업생활을 할 수 있도록 하는 시설을 말한다.

장애인이 자신의 능력과 적성에 맞는 직업생활을 통하여 인간다운 생활을 할 수 있도록 장애인직업재활과 관련된 제반 서비스(보호고용, 직업상담, 직업능력평가, 직업적응훈련, 직업훈련, 직업활동, 취업알선, 취업 후 지도, 장애인 생산품 판매 및 판로 확대 등)를 제공하고 취업기회를 제공하는 장애인직업재활시설의 설치 · 운영에 필요한 사항을 정하여 직업을 통한 장애인의 자활·자립을 도모하는 데 있다(보건복지부, 2010).

(2) 장애인직업재활시설의 유형

① 장애인보호작업장 : 직업능력이 낮은 장애인에게 주기능으로 직업훈련 및 일거리 등을 제공하여 보호적 조건에서 생산활동에 참여하게 함으로써 이에 상응하는 노동의 대가를 지급하고, 부기능으로 직업알선 등을 실시하는 시설을 말한다.

② 장애인근로사업장 : 직업능력은 있으나 사회적 제약 등으로 취업이 어려운 장애인에게 주기능으로 근로의 기회를 제공하여 생산활동에 참여하게 함으로써 최저임금 이상을 지급하고, 부기능으로 직업알선 등을 실시하는 시설을 말한다.

(3) 장애인직업재활시설의 입소(이용)대상

장애인보호작업장은 18세 이상의 성인 등록장애인이 이용대상이며, 장애인근로사업장도 18세 이상의 성인 등록장애인이 이용대상이다.

(4) 장애인직업재활시설의 설치신고절차와 구비서류

① 장애인직업재활시설의 설치·운영(변경 포함) 신고사항은 다음과 같다.

가. 국가 또는 지방자치단체 외의 자가 장애인직업재활시설을 설치·운영하고자 하는 때에는 장애인복지법령에서 정한 시설과 설비를 갖추고 필요한 서류를 첨부하여 관할 시장·군수·구청장에게 '장애인복지서실 설치·운영 신고서'를 제출해야 한다.

나. 관할 시장·군수·구청장은 동 신고서를 면밀히 검토, 관계공무원으로 하여금 해당 시설과 설비를 적정하게 갖추고 있는지의 여부를 확인한 후 '장애인복지시설신고증'을 교부한다.

다. 장애인직업재활시설은 장애인거주시설, 장애인복지관 등과는 분리하여 하나의 독립시설로서 운영되어야 한다.

② 장애인직업재활시설의 설치·운영 신고 시 제출서류는 다음과 같다.

가. 정관 1부(법인)

나. 시설운영에 필요한 재산목록 1부(부동산등기부등본 포함)

다. 법인등기부등본 1부(법인)

라. 사업계획서 및 예산서 각 1부

마. 시설의 운영에 관한 규정 각 1부

바. 시설의 평면도(시설의 층별 및 구조별 면적 표시)와 설비구조 내역서 각 1부

사. 시설의 장의 주민등록초본 1부(시설의 장이 직접 시설의 설치·운영을 신고하는 경우에는 본인의 주민등록증 확인함으로 갈음)

(5) 장애인직업재활시설의 설치기준

① 장애인직업재활시설 설치의 공통사항은 다음과 같다.

가. 거실은 다음의 설비를 갖추어야 한다.

- 겨울에도 상당한 시간의 일조량을 확보할 수 있도록 하여야 함
- 출입구는 비상재해 시 대피하기 쉽도록 복도나 넓은 공간에 직접 연결되도록 함
- 적당한 난방장치 및 통풍장치를 갖추어야 함

– 6세 이상 장애인이 생활하는 시설은 남녀별로 거실을 구분하여 설치하여야 함

나. 사무실은 사무를 위한 적당한 집기·설비를 갖추어야 한다.

다. 의무실 또는 의료재활실은 진찰, 건강 상담 및 치료를 위한 적당한 설비 및 기계·기구를 갖추어야 한다.

라. 재활상담실은 거실 가까운 곳에 설치하되 비밀을 보장하기 위하여 필요한 방음설비를 갖추어야 한다.

마. 집단활동실은 여가·체력단련·재활 프로그램 등을 실시할 수 있는 시설과 설비를 갖추어야 한다.

바. 자원봉사실은 자원봉사자·후원자 등 지역사회 자원 활용 프로그램을 실시할 수 있는 시설과 설비를 갖추어야 한다.

사. 조리실은 채광과 환기가 잘 되도록 하고, 창문에는 방충망을 설치하여야 한다.

아. 목욕실은 남자용과 여자용을 구분하여 설치하되, 욕탕·샤워기 및 세면설비와 깨끗한 물을 사용할 수 있는 설비를 갖추어야 한다.

자. 세탁실은 세탁에 필요한 기계·기구를 갖추어야 하며, 건조장은 세탁물을 건조할 수 있는 설비를 갖추어야 한다.

차. 화장실은 남자용과 여자용으로 구분하여 설치하여야 한다.

카. 급수시설은 상수도로 한다. 단, 상수도로 할 수 없는 경우에는 「먹는물관리법」에 따른 먹는 물의 수질기준에 적합한 지하수 등을 공급할 수 있는 시설을 갖추어야 한다. 그리고 지하수 등을 사용하는 경우 취수원은 화장실·폐기물처리시설·동물사육장이나 그 밖에 지하수가 오염될 우려가 있는 장소로부터 20미터 이상 떨어진 곳에 위치하여야 한다. 그 외에도 빗물·오수 등의 배수에 지장이 없도록 배수설비를 하여야 한다.

타. 「소방시설 설치유지 및 안전관리에 관한 법률」 제9조에 따른 화재안전기준에 따라 소화용 기구를 갖추어 두고, 비상구를 설치하여 비상재해에 대비한 시설을 갖추어야 한다. 다만, 장애인직업재활시설 중 장애인보호작업시설, 장애인근로작업시설, 장애인생산품판매시설의 경우에는 집단활동실과 자원봉사자실의 설비 중 한 설비로 운영할 수 있다.

② 장애인직업재활시설의 유형별 설비기준은 다음과 같다.

가. 장애인보호작업장

– 최소설비기준은 부대시설을 포함하여 90제곱미터 이상

– 작업실의 면적은 기계 설비를 제외하고 1인당 2제곱미터 이상

– 부대시설은 운영업종 및 시설의 용도를 고려하여 적합한 곳에 설치

나. 장애인근로사업장

– 최소설비기준은 부대시설을 포함하여 430제곱미터 이상

– 작업실의 면적은 기계 설비를 제외하고 1인당 2제곱미터 이상

– 부대시설은 직종 및 작업내용에 따라 적합한 곳에 설치

(6) 장애인직업재활시설의 유형별 직원자격기준 및 배치기준

① 장애인직업재활시설의 직원자격기준은 다음과 같이 정리할 수 있다.

가. 공통사항으로 당해 연도 신규채용 직원 중 국립재활원의 장애인직업재활시설 보수교육을 받지 못한 직원 및 각 연도 중에 추가로 채용되는 직원은 국립재활원에서 실시하는 장애인직업재활시설 보수교육에 참가하여 소정의 교육을 수료하여야 한다.

나. 시설장은 고등교육법에 의한 대학에서 직업재활 또는 특수교육을 전공하고 졸업한 자로서 직업재활 관련 업무에 3년 이상 종사한 경력이 있는 자로 65세 이하이어야 한다(시설종사자는 60세 이하).

– 특수학교 교장 또는 교감이었던 자 및 초·중등교육법에 의한 특수학교 교사(교사자격증 소지자)로서 당해 시설 장애인의 교육 또는 훈련에 3년 이상 종사한 경력이 있는 자

– 사회복지사업법에 의한 사회복지사 2급 이상의 자격을 가진 자로서 사회복지사업에 3년 이상 종사한 경력이 있는 자

– 장애인근로사업장의 경우에는 50인 이상의 기업 및 공공기관에서 부장급 이상으로 5년 이상 관련 업무에 종사한 경험이 있는 전문 경영인

– 위 각 호에 준하는 학식과 경력이 있다고 인정되는 자

다. 사무국장은 「고등교육법」에 의한 대학에서 직업재활 또는 특수교육을 전공

하고 졸업한 자로서 다음과 같은 자격기준이 있다.

- 직업재활 관련 업무를 1년 이상 종사한 경력이 있는 자
- 「사회복지사업법」에 의한 사회복지사 2급 이상의 자격증을 가진 자로서 2년 이상 종사한 경력이 있는 자
- 장애인근로사업장의 경우에는 50인 이상의 기업 및 공공기관에서 부장급 이상으로 3년 이상 관련 업무에 종사한 경험이 있는 자

라. 직업훈련교사는 「고등교육법」에 의한 대학에서 직업재활 또는 특수교육을 전공하고 졸업한 자(또는 특수교육 자격증 소지자), 「사회복지사업법」에 의한 사회복지사, 장애인직업재활시설 운영 직종과 관련된 자격증을 취득한 자이어야 한다.

마. 간호사는 간호사 또는 간호조무사 자격증, 영양사는 영양사 자격증 소지자이어야 한다.

바. 생산 및 판매관리기사는 전기, 소방설비, 건축설비, 산업안전, 배관설비, 열관리 등 시설관리와 관련된 분야의 면허 또는 자격증 소지자이어야 하지만 시설관리기사를 채용하지 아니하고 시설관리 전문업체에 관리를 의뢰할 수 있다.

사. 조리원은 조리사 자격증 소지자 또는 이와 동등한 자격이 있는 자이어야 한다.

아. 위생원은 다른 장애인복지시설을 병설하는 경우에는 주된 시설의 설비 및 직원의 일부로 하여금 장애인직업재활시설의 설비 및 직원을 겸하게 할 수 있다. 다만, 시설장, 사무국장, 직업훈련교사에 대하여는 그러하지 아니한다.

② 직업재활시설의 직원 수 배치기준은 각 연도 장애인직업재활시설별 종사자 배치기준에 따른다(표 7-9 참조). 그리고 보호작업장은 장애인 12인당 1인의 직업훈련교사를 배치하여야 한다. 다만, 근로장애인의 수가 위 기준인원의 1/2을 초과할 경우 직업훈련교사를 추가 배치할 수 있다.

〈표 7-9〉 **장애인직업재활시설별 종사자 배치기준**

직종명	배 치 기 준	비 고
시설장	1인	
사무국장	1인	• 장애인 근로사업장 시설당 1인
직업훈련 교사	1인 (장애인보호작업장은 12인 이상 시 1인 추가, 작업활동프로그램인원 합산)	• 장애인보호작업장 배치기준 : 자폐성장애인이 인원의 1/2 이상인 시설 1인 추가 • 위 기준 초과 시 초과인원을 반올림하여 지원 * 근로장애인 18인부터 2인 * 근로장애인 30인부터 3인
간호사	1인	
영양사	1인	• 장애인 30인 이상인 경우 배치
사무원	1인	• 근로인원 30인 이상 시설배치(장애인보호작업장의 경우 작업활동 프로그램 인원은 합산)
생산 및 판매관리 기사	1인	• 장애인근로사업장 15인당 1인 • 장애인보호작업장 20인 이상인 경우 시설당 1인 (작업활동 프로그램 인원은 제외)
시설관리 기사	1인	• 자체시설이나 기숙시설을 운영하는 시설, 제조업을 주업종으로 하는 시설의 경우 장애인 근로자가 50인 이상인 경우 배치(직원과 원장은 포함)
조리원	1인	• 장애인 30인 이상인 경우 배치
위생원	1인	

③ 장애인직업재활시설은 「장애인복지법」 시행규칙에 규정된 최소인원을 충족하여야 운영할 수 있다(표 7-10 참조). 이 경우 장애인직업재활시설의 근로장애인 산정 시 시설의 목적사업에 전체적으로 참여할 수 없는 특수학교 학생 등은 산정에서 제외된다.

④ 장애인직업재활시설 운영지원에 적정성을 기하기 위하여 근로장애인 수 등 운영현황을 확인한 결과, 6개월 동안 지속적으로 최소인원을 충족하지 못하는 경우는 「장애인복지법」 제59조 및 제62조의 규정에 의하여 다음과 같은 조치를 취할 수 있다.

가. 장애인근로사업장은 장애인보호작업장으로 변경할 수 있음

나. 장애인보호작업장은 해당 시설로서 신고사항의 수리를 취소할 수 있음

〈표 7-10〉 **장애인직업재활시설 유형별 최소인원**

구 분	근로사업장	보호작업장	보호작업 프로그램	작업활동 프로그램
최소인원수	30인 이상	10인 이상	10인 이상	10인 이상

(7) 장애인직업재활시설의 운영기준

① 장애인직업재활시설의 재무회계는 법인회계와는 별도로 구분하여 독립채산제로 운영하고, 장애인직업재활시설의 모든 회계는 예산사용의 투명성을 확보하기 위해 「사회복지법인 재무·회계규칙」의 시설회계를 준용하여 외부와의 거래를 할 때 거래의 주고받는 양 측면을 함께 기록하는 복식부기(double entry book-keeping)로 처리하되, 회계사무소에 의뢰하여 처리할 수 있다. 「사회복지법인 재무 · 회계규칙」에서 정하지 아니한 사항은 「예산회계법」, 「지방재정법」 및 「물품관리법」 등 정부 재무회계 관련법령 준용한다.

② 사회복지시설 지도감독 및 사회복지시설평가 등에서 확인을 위하여 장애인직업재활시설에 비치해야 할 각종 장부는 다음 〈표 7-11〉과 같이 정리할 수 있다.

〈표 7-11〉 **장애인직업재활시설 장부 비치 목록**

구 분	내 용
관리관련 장부	• 직원관계철, 회의록철, 사업일지, 문서철, 문서 접수 · 발송대장, 차량운행일지
사업관련 장부	• 근로장애인 관계서류 • 재활 프로그램 관리대장 • 교육·훈련관계서류(훈련일지 및 평가관계서류) • 급식관계대장(해당시설에 한함)
재무·회계관련 장부	• 총계정원장 및 수입 · 지출보조부 • 금전출납부 및 그 증빙서류 • 예산서 · 결산서, 비품수루대장, 비품(장비)대장 • 재산대장 · 재산목록과 그 소유권에 관한 증빙서류 • 각종 증빙서류 및 기타 필요한 서류
추가 장부	• 장애인근로자 임금대장 • 자재(원료) 구매대장, 제품매출대장 • 수입장부, 지출장부 • 자재(원료)수불부, 제품수불부

③ 장애인근로사업장 시설장이 보호작업장 프로그램이나 작업활동 프로그램 운영 여부를 자율적으로 결정할 수 있다.

가. 재활 프로그램으로 직업상담, 평가 직업적응훈련, 직무기능향상훈련 등을 수립된 재활계획에 따라 실시하고 일반고용으로 전이될 수 있는 프로그램으로 주당 16시간 이상을 실시하여야 한다.

나. 직업훈련교사는 보호작업장 프로그램의 경우 장애인 12인당 1인을 배치한다. 단, 자폐성 장애인이 현원의 1/2 이상인 경우 1인 추가 배치하며, 보호작업장 프로그램에는 근로사업장 운영직종 관련자가 배치되어서는 안 된다.

다. 직업훈련대상자는 최소 10인 이상으로 구성하며, 「장애인복지법」 시행규칙의 규정에 위한 장애등급 3급 이상인 장애인이 프로그램 현원의 60% 이상이 되도록 유지해야 한다. 그리고 일정기간 훈련을 통해 능력과 기능이 향상될 수 있도록 3년 후 근로사업장 또는 경쟁고용으로 전이될 수 있도록 노력해야 하며 3년 후 전이되지 못한 장애인은 3년을 더 연장하여 훈련할 수 있다.

④ 장애인직업재활시설 운영으로 발생한 수익금은 근로장애인에게 보다 많은 임금을 지급하거나 복리후생을 개선하는 데 우선하여 사용하여야 한다. 그 외 수익금은 시설운영 개선에 재투자할 수 있으며, '지자체 지원 종사자에 대한 추가 인건비 및 일반 관리운영비'로 사용될 경우에는 이사회의 결의를 득하여 매년 지방자치단체의 사전승인을 얻어야 한다.

⑤ 「사회복지사업법」에 의하여 직업재활시설은 다음과 같이 시설운영위원회를 설치하고 운영하여야 한다.

가. 시설운영위원회의 위원은 위원장 및 시설의 장을 포함하여 5인 이상 10인 이하의 위원으로 구성하고 위원임기는 3년으로 한다.

나. 아래에 해당하는 자 중에서 시설의 장의 추천을 받아 관할 시장 · 군수 · 구청장이 임명 또는 위촉한다.

- 근로장애인 또는 근로장애인의 보호자 대표
- 지역주민
- 후원자 대표
- 관계공무원(시설장의 추천을 받지 아니하고 시장 · 군수 · 구청장이 임명함)
- 기타 시설운영에 관하여 전문적인 지식과 경험이 풍부한 자

– 위원회의 위원장은 위원 중에서 호선
– 위원의 임기는 3년으로 함

다. 시설운영위원회의 심의사항은 다음과 같다.

– 시설운영계획의 수립 · 평가에 관한 사항
– 사회복지프로그램의 개발 · 평가에 관한 사항
– 시설종사자의 근무환경 개선에 관한 사항
– 시설거주자의 생활환경 개선 및 고충처리 등에 관한 사항
– 시설과 지역사회와의 협력에 관한 사항 및 그 밖에 시설의 장이 부의하는 사항

3) 장애인의료재활시설

(1) 장애인의료재활시설의 개념과 설치목적

장애인의료재활시설은 장애인을 입원 또는 통원하게 하여 상담, 진단 · 판정, 치료 등 의료재활서비스를 제공하는 시설을 말한다. 즉 장애인 의료재활시설은 장애인을 입원 또는 통원하게 하여 상담, 진단·판정, 치료 등 의료재활서비스를 제공하여 의료적 재활을 목적으로 설치된다.

(2) 장애인의료재활시설의 유형

장애인을 위한 의료재활사업을 효율적으로 수행하기 위하여 사회복지법인 등 비영리법인 부설 의료재활시설로 재활병원과 재활의원이 있다.

(3) 장애인의료재활시설의 운영

① 장애인의료재활시설인 재활병원 · 의원의 장은 의료재활시설을 운영함에 있어 의료관계 법령과 장애인복지관련 법령이 정하는 바에 따라 장애인 의료재활을 위하여 최선의 서비스를 제공해야 한다.

② 장애인의료재활시설의 주요사업은 다음과 같다.

가. 입원 및 통원, 입원치료와 외래치료의 중간 형태인 낮 병원(day hospital)을 통한

장애인 진료

나. 장애의 진단 및 포괄적이고 전문적인 재활치료

다. 장애인에 대한 의료재활상담

라. 장애인의 기타 질환에 대한 진단 및 치료

마. 재활보조기구의 제작 및 수리

바. 장애인 재활에 관한 교육

사. 장애인 등록을 위한 진단 등

③ 장애인의료재활시설에서의 진료에 관한 규정은 다음과 같다.

가. 진료대상은 장애인을 우선으로 하며 진료상 여유가 있을 경우에는 지역주민을 대상으로 일반인에 대한 진료를 행할 수 있다. 그리고 재활병원 · 의원은 「의료급여법」 제3조 규정에 의한 수급권자와 시장 · 군수 · 구청장이 특별히 무료진료가 필요하다고 인정한 환자는 무료로 진료할 수 있다.

나. 재활병원 · 의원의 입원진료 기간은 6개월 미만으로 하되, 재활병 · 의원장은 치료의 경과상 연장진료가 필요한 경우에는 주치의의 소견서에 따라 진료기간을 연장할 수 있다.

다. 재활병원 · 의원에서 무료진료를 받고자 하는 장애인은 다음에 해당하는 서류를 재활병원 · 의원장에게 제출하여 진료를 신청하여야 한다. 다만, 유료진료대상자는 장애인등록증 사본과 건강보험증 제시만으로 구비서류를 갈음할 수 있다.

– 장애인등록증 사본

– 「의료급여법」 제8조에 의한 의료급여증(제시)

– 시 · 군 · 구청장의 무료진료 추천서(해당자에 한함)

④ 장애인의료재활시설에서의 진료비 징수 및 사용에 관한 규정은 다음과 같다.

가. 재활병원 · 의원의 유료진료 대상자에 대한 진료비 징수는 「국민건강보험법」 등 관계법령에 의한 요양급여 수가를 기준으로 적용한다.

나. 의료급여대상 장애인에 대하여는 재가환자에 한하여 의료급여수가를 기준하여 징수하고, 그 징수는 의료급여진료비 청구절차에 의하여 징수한다. 다만, 비급여 진료비는 환자로부터 징수할 수 없다(시설 입소환자에게도 진료비를 청구할 수 없음).

다. 재활병원 · 의원의 진료비 수입금은 반드시 수입과 지출예산에 편성하고 그에 따라 집행하여야 하며, 이는 재활병원 · 의원의 운영비로만 사용할 수 있다. 운영비는 해당 연도 예산범위 내에서 지방비보조금 외에 자체수입으로 충당한다.

⑤ 인사위원회의 규정은 다음과 같다.

가. 직원 인사관리의 공정을 기하기 위하여 자체인사위원회를 반드시 구성 운영한다.

나. 위원회는 위원장을 포함하여 3명 이상 7명 이하의 위원으로 구성한다.

다. 위원장은 재활병 · 의원장이 되고 위원은 운영위원회 위원과 재활병 · 의원의 간부 중에서 위원장이 위촉한 자이다.

라. 위원회 심의 사항은 다음과 같다.

– 소속직원 임면에 관한 사항

– 소속직원 근무평정에 관한 사항

– 소속직원 승진 및 상벌에 관한 사항

– 기타 재활병·의원장이 필요하다고 인정하는 사항

마. 각 재활병 · 의원은 본 지침을 기준으로 한 자체인사위원회 운영규정과 인사관리 규정을 제정하여 직원관리에 공정성과 효율성을 확보해야 한다.

⑥ 직원 임면 등에 관한 규정은 다음과 같다.

가. 원내의 합리적인 인사 운영을 위하여 직무의 난이성, 해당직위가 필요로 하는 자격, 해당 직위의 책임의 정도 등을 기준으로 하여 재활병 · 의원의 운영규정에 의한 직위와 직종을 분류할 수 있다.

나. 재활병 · 의원장은 당해 법인 대표이사가 임면하고, 기타 소속 직원은 재활병 · 의원장이 임면한다.

다. 직원의 채용은 공개경쟁 채용을 원칙으로 하나, 해당 분야에 특수한 전문적 지식 · 능력 또는 자격이 필요하거나 직무의 특수성 등 특별한 사유로 공개경쟁 채용이 부적당한 경우에는 인사위원회의 심의를 거쳐 특별채용 할 수 있으며, 장애인 고용증대 차원에서 일정자격을 갖춘 장애인이 채용되도록 적극 노력한다.

라. 의료기술직, 기능직, 고용직을 신규 채용하는 경우에는 계약직이나 임시직

으로 채용할 수 있다.

마. 직원배치기준(지방비 지원기준)의 총정원을 변경하고자 하는 때에는 자치단체장을 경유, 시장 또는 도지사와 사전 협의를 하여야 한다. 다만, 인건비를 지방비보조금으로 지급하지 아니하는 직원에 대하여는 그러하지 아니할 수 있다.

Chapter 08

가족복지시설운영의 지도감독

1. 한부모가족복지시설

1) 한부모가족복지시설의 개념과 설치목적

(1) 한부모가족복지시설의 개념

한부모가족은 부모 중 한쪽의 사망, 이혼, 유기, 별거 및 미혼모(미혼부)로 인하여 한쪽 부모가 없거나 법적으로 또는 현실적으로 한쪽 부모 역할을 할 수 없는 가족을 말한다. 즉 편부 혹은 편모와 그 자녀로 이루어진 모자가족이나 부자가족을 의미하는데, 과거에는 편부모가족으로 불리어졌다. 일반적으로 부모의 사망 등으로 인한 한부모가족 발생요인은 크게 감소한 반면, 부모의 이혼이나 별거로 인한 한부모가족은 반대로 증가하는 경향을 보여주며, 우리나라의 전체가구 중에서 한부모가족이 차지하는 가구 비율[1]은 약 10% 정도이다.

한부모가족복지시설이란 이러한 한부모가족의 가족복지증진을 목적으로 설립된 거주시설이나 이용시설 형태의 사회복지기관이나 단체를 말한다.

1) '한부모가구'란 일반가구 중 한부모와 미혼자녀로 구성된 가구를 말하며, 「한부모가족지원법」 상의 '한부모가족'은 한부모가구 중 저소득층을 대상으로 한다.

(2) 한부모가족복지시설의 설치목적

「한부모가족지원법」에 근거하여 국가 등은 한부모가족이 건강하고 문화적인 생활을 영위할 수 있도록 지원함으로써 한부모가족의 생활안정과 복지증진의 책임이 있다. 그러므로 한부모가족복지시설은 한부모가족을 대상으로 사회복지적인 차원에서 지원할 목적으로 설치된다.

2) 한부모가족복지시설의 입소(이용)대상

한부모가족복지시설에 입소하거나 지역사회에서 한부모가족으로 보호받을 수 있는 대상자의 범위는 여성가족부장관이 매년 보호대상자의 최저생계비와 소득재산수준 등을 고려하여 보호의 종류별로 정하는 기준에 따라 선정하게 된다. 즉 저소득 한부모가족 실태조사 등을 거쳐서 각종 사회복지서비스를 제공하게 되는 것이다. 여기에서 매년 실시되는 실태조사 내용과 보호대상자 범위를 정리해보면 다음과 같다.

(1) 저소득 한부모가족의 실태조사

① 한부모가족 실태조사의 목적은 저소득 한부모가족의 실태를 일제조사하여 한부모가족 지원정책수립에 활용하는 데 있다. 그리고 조사근거는 「한부모가족지원법」과 같은 법 시행규칙에 두고 있다.

② 한부모가족 실태조사의 조사대상은 다음과 같다.
   가. 현재 저소득 한부모가족으로 선정되어 지원을 받고 있는 가정
   나. 저소득 한부모가족으로 보호를 신청한 가정
   다. 국민기초생활보장법령상의 보호를 받고 있는 저소득 한부모가족
   라. 현재의 선정기준으로는 수급자가 아니지만 선정기준이 상향되면 수급자가 될 수 있는 차상위 계층

③ 한부모가족 실태조사의 내용은 다음과 같다.
   가. 보호대상자 · 보호대상신청자 및 부양의무자의 소득재산
   나. 보호대상자 · 보호대상신청자의 건강상태·생활실태·가구특성
   다. 보호대상자 · 보호대상신청자 및 부양의무자의 자녀 취학현황 등

④ 한부모가족 실태조사의 조사방법에는 신청조사와 확인조사(방문조사)가 있다.

가. 신청조사는 저소득 한부모가족으로 급여를 신청한 가구에 대한 조사방법으로 대상가구의 가구주, 가구원, 친족 및 관계인의 신청을 받아 조사함을 원칙으로 하되 신청을 하지 않았거나 신청서를 작성할 수 없는 가구에 대해서는 본인의 동의를 얻어 담당공무원이 신청 가능하다.

나. 확인조사(방문조사)는 현재 저소득 한부모가족으로 선정 · 보호하고 있는 가정방문(한부모가족복지시설에 입소한 저소득 한부모가족 포함)을 통하여 이루어진다. 이때 한부모가족복지시설에 입소한 저소득 한부모가족에 대해서는 조사에 필요한 자료를 사전에 해당 시설장에게 요청하여 확인이 되면 방문은 생략 가능하다.

(2) 한부모가족 보호대상자의 범위

① 「한부모가족지원법」상의 보호대상자는 저소득 한부모가족 실태조사를 거친 후 다음의 규정에 해당하는 자로서 여성가족부령으로 정하는 자로 한다.

② 구체적으로는 다음의 어느 하나에 해당하는 '모' 또는 '부'로서 아동[2]인 자녀를 양육하는 자를 말한다.

가. 배우자와 사별 또는 이혼하거나 배우자로부터 유기된 자

나. 정신이나 신체의 장애로 장기간 노동능력을 상실한 배우자를 가진 자

다. 미혼자(사실혼 관계에 있는 자는 제외)

라. 위에 규정된 자에 준하는 자로서 여성가족부령으로 정하는 자

(3) 한부모가족 보호대상자의 범위에 대한 특례

① 출산 후 해당 아동을 양육하지 아니하는 미혼모는 「한부모가족지원법」 제5조에도 불구하고 미혼모자가족복지시설의 공동생활지원을 이용할 때에는 이 법에 따른 보호대상자가 된다.

② 다음의 어느 하나에 해당하는 아동과 그 아동을 양육하는 조부 또는 조모로서 여성가족부령으로 정하는 자는 보호대상자가 된다.

---

2) 여기에서 '아동'이란 18세 미만(취학 중인 경우에는 22세 미만)의 자를 말한다.

가. 부모가 사망하거나 생사가 분명하지 아니한 아동

나. 부모가 정신 또는 신체의 장애 · 질병으로 장기간 노동능력을 상실한 아동

다. 부모의 장기복역 등으로 부양을 받을 수 없는 아동

③ 위에 규정된 자에 준하는 자로서 여성가족부령으로 정하는 아동으로 다음의 경우도 해당한다.

가. 부모가 이혼하거나 유기하여 부양을 받을 수 없는 아동

나. 부모의 불화 등으로 가출한 아동

다. 그 밖에 부모가 실직 등으로 장기간 경제적 능력을 상실하여 부양을 받을 수 없는 아동

④ 국내에 체류하고 있는 외국인 중 대한민국 국민과 혼인하여 대한민국 국적의 아동을 양육하고 있는 사람으로서 대통령령으로 정하는 사람에 해당하면 보호대상자가 된다.

3) 한부모가족복지시설에서의 보호기간

(1) 모자가족복지시설 및 부자가족복지시설

모자가족복지시설 및 부자가족복지시설은 보호기간이 2~3년 이내이다. 다만, 다음의 어느 하나에 해당하는 자는 6개월~1년 미만의 기간을 단위로 하여 그 기간을 연장할 수 있으며, 총 연장기간은 2년 이내로 한다.

- 「고등교육법」에 따른 대학 이하의 학교에 재학 중인 모 또는 부
- 「학원의 설립 · 운영 및 과외교습에 관한 법률」에 따라 등록된 학원에서 교육 중인 모 또는 부
- 「여성발전기본법」 제33조 제3항의 여성의 직업능력개발훈련을 위한 시설 또는 「근로자직업능력개발법」에 따른 직업능력개발훈련시설에서 교육훈련 중인 모 또는 부
- 특별자치도지사 · 시장 · 군수 · 구청장이 장애·질병 등의 이유로 보호기간의 연장을 인정하는 자

(2) 미혼모자가족복지시설

미혼모자가족복지시설의 보호기간은 원칙적으로 기본생활지원형은 미혼모의 출산 전·후 1년 이내이다. 다만, 특정한 사유가 인정될 경우에는 6개월의 범위에서 그 기간을 연장할 수 있다. 단, 공동생활지원형의 경우에는 2년 이내가 보호기간이다. 그리고 총 1년 이내에서 연장보호할 수 있으나 출산 후 해당 아동을 양육하지 아니하는 경우에는 총 6개월 이내에서 연장이 가능하다.

(3) 일시지원복지시설

일시지원복지시설의 보호기간은 6개월 이내이다. 다만, 특정한 사유에 해당하는 자는 6개월의 범위에서 연장할 수 있다.

4) 한부모가족복지시설의 유형

① 모자가족복지시설 : 모자가족에게 다음 어느 하나 이상의 편의를 제공하는 시설을 말한다.

가. 기본생활지원 : 생계가 어려운 모자가족에게 일정 기간 동안 주거와 생계를 지원

나. 공동생활지원 : 독립적인 생활이 어려운 모자가족에게 일정 기간 동안 공동생활을 통하여 자립을 준비할 수 있도록 주거 등을 지원

다. 자립생활지원 : 자립욕구가 강한 모자가족에게 일정 기간 동안 주거를 지원

② 부자가족복지시설 : 부자가족에게 다음 각 목의 어느 하나 이상의 편의를 제공하는 시설을 말한다.

가. 기본생활지원 : 생계가 어려운 부자가족에게 일정 기간 동안 주거와 생계를 지원

나. 공동생활지원 : 독립적인 생활이 어려운 부자가족에게 일정 기간 동안 공동생활을 통하여 자립을 준비할 수 있도록 주거 등을 지원

다. 자립생활지원 : 자립욕구가 강한 부자가족에게 일정 기간 동안 주거를 지원

③ 미혼모자가족복지시설 : 미혼모자가족과 출산 미혼모 등에게 다음 각 목의 어느

하나 이상의 편의를 제공하는 시설을 말한다.

가. 기본생활지원 : 미혼 여성의 임신 · 출산 시 안전 분만 및 심신의 건강 회복과 출산 후의 아동의 양육 지원을 위하여 일정 기간 동안 주거와 생계를 지원

나. 공동생활지원 : 출산 후 해당 아동을 양육하지 아니하는 미혼모 또는 미혼모와 그 출산 아동으로 구성된 미혼모자가족에게 일정 기간 동안 공동생활을 통하여 자립을 준비할 수 있도록 주거 등을 지원

④ 일시지원복지시설 : 배우자(사실혼 관계에 있는 사람 포함)가 있으나 배우자의 물리적 · 정신적 학대로 아동의 건전한 양육이나 모의 건강에 지장을 초래할 우려가 있을 경우 일시적 또는 일정 기간 동안 모와 아동 또는 모에게 주거와 생계를 지원하는 시설을 말한다.

⑤ 한부모가족복지상담소 : 한부모가족에 대한 위기 · 자립 상담 또는 문제해결 지원 등을 목적으로 하는 시설을 말한다.

5) 한부모가족복지시설의 설치기준

「한부모가족지원법」에서 규정하고 있는 한부모가족복지시설의 설치기준을 정리해 보면 국가나 지방자치단체는 한부모가족복지시설을 설치할 수 있으며, 국가나 지방자치단체 외의 자가 한부모가족복지시설을 설치 · 운영하려면 시장 · 군수 · 구청장에게 신고하여야 한다. 그리고 한부모가족복지시설의 시설기준과 설치신고에 필요한 사항은 여성가족부령으로 정한다.

(1) 한부모가족복지시설의 설치신고절차와 구비서류

① 한부모가족복지시설의 설치신고를 하려는 자는 한부모가족복지시설 설치신고서(전자문서로 된 신고서 포함)에 다음의 서류(전자문서 포함)를 첨부하여 관할 시장 · 군수 · 구청장에게 제출하여야 한다.

가. 법인의 정관(법인인 경우) 1부

나. 시설운영에 필요한 재산목록(소유 또는 사용 권리를 증명할 수 있는 서류 첨부) 1부

다. 사업계획서 및 예산서 각 1부

라. 시설의 평면도(시설의 층별 및 구조별 면적 표시) 1부

② 설치신고서를 제출받은 담당공무원은 「전자정부법」 제21조 제1항에 따른 행정정보의 공동이용을 통하여 법인등기부등본(법인인 경우), 건축물대장등본을 확인하여야 한다. 다만, 신고인이 이에 동의하지 아니하면 그 서류를 첨부하도록 하여야 한다. 그리고 신고수리를 한 시장 · 군수 · 구청장은 설치신고필증을 신고인에게 교부하여야 한다.

③ 한부모가족복지시설을 설치 · 운영하는 자는 한부모가족복지시설의 대표자 또는 시설의 장, 시설의 종류 · 명칭 · 소재지 또는 입소정원을 변경하려는 경우에는 한부모가족복지시설 변경신고서(전자문서로 된 신고서 포함)에 다음의 서류를 첨부하여 시장 · 군수 · 구청장에게 제출하여야 한다.

가. 법인의 이사회 회의록(법인의 대표자가 변경된 경우)

나. 변경시설의 평면도(소재지 또는 입소정원의 변경 등으로 시설의 변경이 있는 경우)

다. 한부모가족복지시설의 장의 자격을 증명하는 서류(한부모가족복지시설의 장의 자격이 변경된 경우)

라. 시설 및 재산에 관한 사용·처분계획서(소재지가 변경되는 경우)

마. 한부모가족복지시설 입소자에 대한 조치계획서(소재지 또는 입소정원이 변경되는 경우)

바. 한부모가족복지시설 설치신고필증

④ 변경신고서를 제출받은 담당공무원은 「전자정부법」 제21조 제1항에 따른 행정정보의 공동이용을 통하여 건축물대장등본(소재지 또는 입소정원의 변경 등으로 시설의 변경이 있는 경우)을 확인하여야 한다. 다만, 신고인이 이에 동의하지 아니하면 그 서류를 첨부하도록 하여야 한다.

⑤ 시장·군수·구청장은 한부모가족복지시설 설치신고필증을 교부하거나 한부모가족복지시설 변경신고를 받은 때에는 그 때부터 15일 이내에 시 · 도지사를 거쳐 여성가족부장관에게 보고하여야 한다.

(2) 한부모가족복지시설의 설비기준

① 한부모가족복지시설은 모자가족복지시설, 부자가족복지시설시설, 미혼모자가족복지시설, 일시지원복지시설로 구분이 된 유형별에 따라 보건 · 위생 · 급수 · 안

전·환경 및 교통편의 등을 충분히 고려하여 쾌적한 환경의 부지에 설치하여야 한다.

② 한부모가족복지시설 규모는 모자가족복지시설, 부자가족복지시설시설, 미혼모자가족복지시설, 일시지원복지시설의 유형에 따라 다음 〈표 8-1〉에서와 같은 세대 또는 인원이 입소 또는 이용할 수 있는 시설을 갖추어야 한다.

〈표 8-1〉 **한부모가족복지시설 유형별 규모**

시설 유형		입소정원	시설의 최소면적
모자가족 복지시설	1) 기본생활지원형	10세대 이상 30세대 이하	56.1제곱미터×정원(세대)
	2) 공동생활지원형	5세대 이상 20세대 이하	20.79제곱미터×정원(세대)
	3) 자립생활지원형	10세대 이상 30세대 이하	56.1제곱미터×정원(세대)
부자가족 복지시설	1) 기본생활지원형	10세대 이상 30세대 이하	56.1제곱미터×정원(세대)
	2) 공동생활지원형	5세대 이상 20세대 이하	20.79제곱미터×정원(세대)
	3) 자립생활지원형	10세대 이상 30세대 이하	56.1제곱미터×정원(세대)
미혼모자 가족 복지시설	1) 기본생활지원형	30명 이상 50명 이하	20.79제곱미터×정원(명)
		10명 이상 30명 미만	13.21제곱미터×정원(명)
	2) 공동생활지원형	5세대 이상 30세대 이하	20.79제곱미터×정원(세대)
일시지원복지시설		10명 이상 70명 이하	9.9제곱미터×정원(명)

③ 한부모가족복지시설의 유형별 일반기준은 다음과 같다.

가. 한부모가족복지시설의 구조와 설비는 시설 유형별로 입소 또는 이용하는 자의 특성에 맞도록 하여야 한다.

나. 한부모가족복지시설은 공통시설로 거실, 사무실(입소자 20세대 이하 또는 이용자 30인 미만은 상담실을 겸용), 상담실, 도서실, 화장실(목욕실 겸용설치 가능), 목욕실, 급수 및 배수시설, 비상재해대비시설, 경비실, 창고 등 그 밖의 부대시설을 갖추어야 한다. 다만, 도서실, 목욕실, 경비실 등은 입소자 20세대 이상 또는 이용자 30인 이상 시설에 한한다.

다. 한부모가족복지시설 중 다음의 시설은 추가 설비가 필요하다.

– 부자가족복지시설 중 기본생활지원형 및 자립생활지원형 : 식당 및 조리실 등

- 미혼모자가족복지시설 중 기본생활지원형 : 교양교육실, 의무실(이용자 30인 미만 시설은 산후회복실 겸용), 산후회복실, 식당 및 조리실 등
- 모자 · 부자 · 미혼모자가족복지시설 중 공동생활지원형의 추가 설비시설 : 교양교육실 등

④ 한부모가족복지시설의 구조별 설비기준은 다음과 같다.

가. 거실은 난방 및 통풍시설을 하여야 하고, 상당시간의 일조량을 확보할 수 있도록 하여야 한다. 거실의 출입구는 비상재해 시 대피에 용이하도록 복도 또는 넓은 공간을 향하도록 하여야 한다. 그리고 각 시설 유형별 다음과 같은 세부 규정이 있다.

- 모자 · 부자가족복지시설 중 기본생활지원형 및 자립생활지원형의 거실에는 부엌을 포함하되, 거실의 실제면적은 세대당 42.9제곱미터 이상
- 미혼모자가족복지시설의 거실의 실제면적은 이용자 1인당 6.6제곱미터 이상으로 하되, 1실의 정원은 6인 이하
- 모자 · 부자 · 미혼모자가족복지시설 중 공동생활지원형의 거실에는 부엌을 포함하되, 거실의 실제면적은 세대당 13.21제곱미터 이상
- 일시지원복지시설의 경우에는 거실의 실제면적은 이용자 1인당 6.6제곱미터 이상으로 하되, 1실의 정원은 6인 이하

나. 사무실은 사무를 수행하는 데 필요한 적절한 설비를 갖추어야 하며, 상담실을 겸용하여 사용하는 경우에는 별도의 상담실의 공간을 확보하여야 한다. 그리고 상담실은 공개되지 아니하고 편안한 분위기에서 상담할 수 있도록 적절한 설비를 갖추어야 한다.

다. 도서실은 책상 · 의자 등 도서실 이용자에 필요한 적절한 설비를 갖추어야 하며, 이용자의 정서함양을 위한 신문잡지 등의 도서류를 비치하여야 한다.

라. 화장실은 수세식변기를 설치하되 남녀용으로 구분하여 설치여야 한다. 다만, 화장실을 목욕실로 겸용할 경우 샤워 및 세면설비를 별도로 갖추어야 한다.

마. 목욕실은 욕탕 · 샤워 및 세면설비 등 목욕에 필요한 적절한 시설을 갖추어야 한다.

바. 급수시설은 상수도에 의한다. 다만, 상수도에 의할 수 없는 경우에는 「먹는

물관리법」 제5조에 따른 먹는 물의 수질기준에 적합한 지하수 등을 공급할 수 있는 시설을 갖추어야 한다. 지하수 등을 사용하는 경우 취수원은 화장실 · 폐기물처리시설 · 동물사육장 그 밖의 지하수가 오염될 우려가 있는 장소로부터 20미터 이상 떨어진 곳에 위치하여야 한다. 그리고 배수시설은 빗물 · 오수 등의 배수에 지장이 없도록 설비를 하여야 한다.

사. 비상재해대비시설은 소화용 기구를 비치하고 비상구를 설치하여야 하는 등 비상재해에 대비한 시설을 갖추어야 한다. 이 경우 비상구는 상단에 비상구 유도등을 달고 잠금장치를 문 안쪽으로 설치하여야 한다.

- 시설이 2층 이상인 경우에는 비상계단을 반드시 설치하고, 그 밖에 안전사고 및 비상재해에 대비한 대피시설, 장비 등을 구비
- 가스를 사용하는 때에는 「도시가스사업법」, 「액화석유가스의 안전관리 및 사업법」에 따라 설치하고 관리

아. 경비실은 시설 경비에 필요한 적절한 시설과 물품 보관에 필요한 적절한 창고시설을 설치하여야 하며, 그 밖의 부대시설의 경우 시설에 적합한 설비를 하여야 한다.

자. 식당은 식탁 · 의자 등 식사에 필요한 설비를 갖추어야 하며, 조리실은 채광 및 환기가 잘 되도록 하고, 창문에는 방충망을 설치하여야 한다. 또한 식기를 소독하고 위생적으로 취사 및 조리할 수 있는 설비를 갖추어야 한다.

차. 교양교육실은 입소자의 교양교육에 필요한 시설을 갖추어야 하며, 컴퓨터 등 필요한 집기를 설치하여야 한다.

카. 의무실은 진찰 · 건강상담 및 치료에 필요한 의약품 · 위생재료 · 의료기구 등의 설비를 갖추어야 하고 산후회복실은 분만 후 산모의 회복과 사후처리를 하는 데 지장이 없는 면적으로 필요한 시설을 갖추어야 한다.

6) 한부모가족복지시설의 직원자격기준 및 배치기준

(1) 한부모가족복지시설의 직원자격기준

① 한부모가족복지시설 시설장의 자격기준은 다음과 같다.

가. 「사회복지사업법」에 따른 사회복지사 1급 이상의 자격을 취득한 후 3년 이

상의 사회복지업무에 종사한 경력이 있는 자

나. 「사회복지사업법」에 따른 사회복지사 2급 이상의 자격을 취득한 후 5년 이상의 사회복지업무에 종사한 경력이 있는 자

다. 국가 또는 지방자치단체에서 7급 이상의 공무원으로서 사회복지업무에 5년 이상 종사한 경력이 있는 자

라. 사회복지시설 · 사회복지단체의 임직원으로서 사회복지업무에 7년 이상 종사한 경력이 있는 자

마. 「건강가정기본법」에 따른 건강가정사 자격을 가진 자로서 건강가정지원센터에서 7년 이상 종사한 경력이 있는 자

바. 「의료법」에 따른 간호사의 자격을 가진 자로서 7년 이상의 사회복지업무에 종사한 경력이 있는 자

② 한부모가족복지시설 종사자 중 사무국장의 자격기준은 다음과 같다.

가. 「사회복지사업법」에 따른 사회복지사 2급 이상의 자격을 취득한 후 2년 이상의 사회복지업무에 종사한 경력이 있는 자

나. 국가 또는 지방자치단체에서 일반직공무원으로서 사회복지업무에 2년 이상 종사한 경력이 있는 자

다. 사회복지시설 · 사회복지단체의 임직원으로서 사회복지업무에 3년 이상 종사한 경력이 있는 자

라. 「건강가정기본법」에 따른 건강가정사 자격을 가진 자로서 건강가정지원센터에서 2년 이상 종사한 경력이 있는 자

③ 한부모가족복지시설 종사자 중 생활복지사의 자격기준은 다음과 같다.

가. 「사회복지사업법」에 따른 사회복지사 2급 이상의 자격을 가진 자

나. 「건강가정기본법」에 따른 건강가정사 자격을 가진 자로서 '건강가정지원센터'에서 2년 이상 종사한 경력이 있는 자

다. 「사회복지사업법」에 따른 사회복지상담업무에 3년 이상 종사한 경력이 있는 자

라. 「청소년기본법」에 따른 청소년지도사 및 청소년상담사 자격을 가진 자

마. 대학 또는 이와 동등 이상의 학력이 인정되는 학교에서 심리학 · 교육학 · 여성학 · 사회학 · 사회사업학 · 법학 · 신학 · 의학 · 간호학 또는 사회복지학을

전공하고 졸업한 자

④ 한부모가족복지시설 종사자 중 생활지도원의 자격기준은 「초·중등교육법」에 따른 고등학교 이상의 학교를 졸업한 자 또는 이와 동등 이상의 학력이 있다고 인정되는 자이다.

⑤ 한부모가족복지시설 종사자 중 간호사의 자격기준은 「의료법」에 따른 간호사(간호조무사 포함) 자격이 있는 자. 다만, 간호조무사의 자격을 가진 자는 사회복지업무에 3년 이상 종사한 경력이 있는 자이다.

⑥ 한부모가족복지시설 종사자 중 영양사의 자격기준은 「식품위생법」에 따른 영양사 자격이 있는 자이며, 조리사는 「식품위생법」에 따른 조리사 자격이 있는 자이어야 한다.

(2) 한부모가족복지시설의 직원배치기준

한부모가족복지시설의 직원배치기준을 정리해보면 〈표 8-2〉에서와 같이 시설의 특성상 많은 전문 인력이 필요치 않으며, 시설유형 및 규모별로 다소 차이가 있다. 단, 영양사의 경우는 입소 또는 이용자가 상시 50인 이상인 경우에 한하여 배치한다.

〈표 8-2〉 **한부모가족복지시설 직원배치기준(유형별 / 규모별)**

시설 유형		시설 규모	종사자의 수							
			시설장	사무국장	생활복지사	생활지도원	간호사	영양사	조리사	관리인
모자가족 복지시설	1) 기본생활지원형	30세대 이하 20세대 이상	1	1	1	1				1
		20세대 미만 10세대 이상	1	1	1	1				
	2) 공동생활지원형	20세대 이하 10세대 이상	1		1	1				
		10세대 미만 5세대 이상	1		1					
	3) 자립생활지원형	30세대 이하 20세대 이상	1	1	1					
		20세대 미만 10세대 이상	1		1					

시설 유형		시설 규모	종사자의 수							
			시설장	사무국장	생활복지사	생활지도원	간호사	영양사	조리사	관리인
부자가족 복지시설	1) 기본생활지원형	30세대 이하 20세대 이상	1	1	1	1			1	1
		20세대 미만 10세대 이상	1	1	1	1			1	
	2) 공동생활지원형	20세대 이하 10세대 이상	1		1	1				
		10세대 미만 5세대 이상	1		1					
	3) 자립생활지원형	30세대 이하 20세대 이상	1	1	1					
		20세대 미만 10세대 이상	1		1					
미혼모자 가족 복지시설	1) 기본생활지원형	50명 이하 30명 이상	1	1	3	1	1		1	1
		30명 미만 10명 이상	1	1	1	1	1		1	
	2) 공동생활지원형	30세대 이하 10세대 이상	1		1	1				
		10세대 미만 5세대 이상	1		1					
일시지원복지시설		70명 이하 30명 이상	1	1	1	2			1	1
		30명 미만 10명 이상	1	1	1	1				

※ 비고: 영양사의 경우 입소 또는 이용자가 상시 50명 이상인 경우만 해당함

7) 한부모가족복지시설의 운영기준

(1) 한부모가족복지시설의 지원

① 국가나 지방자치단체는 한부모가족복지단체를 지원 · 육성할 수 있으며, 특별시·광역시 · 도와 시 · 군 · 구(자치구) 및 법 제7조에 따른 한부모가족복지상담소를 설치하고 한부모가족복지상담원을 둔다.

② 한부모가족복지상담원의 자격과 직무에 관하여 필요한 사항은 대통령령으로 정

한다.

(2) 한부모가족복지지원의 내용

① 시장 · 군수 · 구청장은 매년 1회 이상 관할 구역의 보호대상자를 조사하여야 한다.

② 시장 · 군수 · 구청장은 제1항에 따라 보호대상자를 조사한 경우에는 조사 결과를 시 · 도지사에게 보고하여야 한다. 시 · 도지사는 시장 · 군수 · 구청장으로부터 조사결과를 보고받으면 이를 여성가족부장관에게 보고하여야 한다.

③ 보호기관은 보호대상자와 피보호자의 실태에 관한 대장을 작성 · 비치하여야 하며, 조사 · 보고 및 대장에 필요한 사항은 여성가족부령으로 정한다.

④ 국가나 지방자치단체는 복지 급여의 신청이 있으면 다음의 복지 급여를 실시할 수 있다. 다만, 이 법에 따른 보호대상자가 「국민기초생활보장법」 등 다른 법령에 따라 보호를 받고 있는 경우에는 그 범위에서 이 법에 따른 급여를 하지 아니한다.

가. 생계비

나. 아동교육지원비

다. 직업훈련비 및 훈련기간 중 생계비

라. 아동양육비

마. 그 밖에 대통령령으로 정하는 비용

⑤ 국가나 지방자치단체는 한부모가족의 생활안정과 자립을 촉진하기 위하여 다음의 어느 하나의 자금을 대여할 수 있다.

가. 사업에 필요한 자금

나. 아동교육비

다. 의료비

라. 주택자금

마. 그 밖에 대통령령으로 정하는 한부모가족의 복지를 위하여 필요한 자금

⑥ 국가나 지방자치단체는 한부모가족에게 다음의 가족지원서비스를 제공하도록 노력하여야 한다.

가. 아동의 양육 및 교육 서비스

나. 장애인, 노인, 만성질환자 등의 부양 서비스

다. 취사, 청소, 세탁 등 가사 서비스

라. 교육·상담 등 가족 관계 증진 서비스

마. 그 밖에 대통령령으로 정하는 한부모가족에 대한 가족지원서비스

(3) 한부모가족복지시설의 입·퇴소 절차

① 한부모가족복지시설 입소절차는 다음과 같다.

가. 시·군·구 한부모가족 담당자의 상담을 거쳐 신청 순으로 입소

나. 한부모가족 담당자가 입소대상자를 상담 후 시설입소를 의뢰하며, 시설장은 이를 확인

다. 시설에서 대상자에 대한 입소상담을 먼저 할 경우 시·군·구 한부모가족 담당자가 이를 확인하여 입소를 결정

라. 시설 입소 시 주소지에 따른 입소제한을 두지 아니함

② 한부모가족복지시설 퇴소사유와 퇴소절차는 다음과 같다.

가. 퇴소사유는 보호기간 만료, 입소자 본인의 퇴소 희망 시, 허위 또는 부정한 방법으로 입소한 경우, 기타 시설입소 보호가 부적당하다고 한부모가족 담당자가 판단한 경우임

나. 시·군·구 한부모가족 담당자의 상담을 거쳐 퇴소 결정

다. 보호기간 만료 또는 본인의 퇴소 희망 시에는 시설장과 상담 후 퇴소할 수 있고, 시설장은 즉시 시·군·구청장에게 퇴소사실을 통보해야 함

(4) 한부모가족복지시설의 종사자 복무기준

① 한부모가족복지시설의 장은 전임하여야 하며, 다른 업무를 겸임할 수 없다.

② 한부모가족복지시설의 종사자 근무시간은 평일 8시간 근무를 원칙으로 하고, 그 밖에 전후로 연장되는 시간은 시설장과 사무국장, 생활복지사 또는 생활지도원 등이 교대 근무하여야 한다.

③ 한부모가족복지시설의 종사자가 장기간 병가, 육아휴직으로 공백이 생기는 경우에는 대체인력을 채용하여야 한다.

④ 입소자의 복지증진을 위하여 시설장을 제외한 종사자의 복무시간을 탄력적으로 운영할 수 있다. 다만, 시설장을 제외한 전체 종사자 수의 50%를 넘지 못한다. 이때 탄력근무시간은 09:00부터 18:00까지 또는 13:00부터 21:00까지 두 종류가 있다.

⑤ 종사자(시설장 포함)에 대한 시간외 근무수당지원은 「사회복지시설 공통업무지침」에 의한다.

(5) 한부모가족복지시설의 지도감독

① 한부모가족복지시설의 설치신고를 한 자가 그 시설을 폐지하거나 그 시설의 운영을 일시적으로 중단하려면 여성가족부령으로 정하는 바에 따라 미리 시장 · 군수 · 구청장에게 신고하여야 한다.

② 한부모가족복지시설을 설치 · 운영하는 자는 시 · 도지사 또는 시장 · 군수 · 구청장으로부터 한부모가족복지시설에 한부모가족을 입소보호하도록 위탁받으면 정당한 사유 없이 이를 거부하지 못한다.

③ 여성가족부장관, 시 · 도지사 또는 시장 · 군수 · 구청장은 한부모가족복지시설을 설치 · 운영하는 자에게 그 시설에 관하여 필요한 보고를 하게 하거나, 관계 공무원에게 시설의 운영 상황을 조사하게 하거나 장부 등 그 밖의 서류를 검사하게 할 수 있다.

④ 시장 · 군수 · 구청장은 한부모가족복지시설의 폐지를 명하거나 시설을 폐쇄하려면 청문을 하여야 하며, 시장·군수·구청장이 폐지(휴지 · 재개)신고서를 수리한 경우에는 그 때부터 15일 이내에 시 · 도지사를 거쳐 여성가족부장관에게 보고하여야 한다.

2. 다문화가족지원센터 / 건강가정지원센터

1) 다문화가족지원센터

(1) 다문화가족지원센터의 개념과 목적

① 다문화가족지원센터란 「다문화가족지원법」 제12조(2008. 9. 22 제정)에 의해 다문화가족이 인간다운 생활을 보장받고 건강하게 가정생활을 영위함으로써 우리 사회에 조기적응하고 내국인과 더불어 국가발전과 지역사회 다문화공동체 형성에 이바지할 수 있도록 지원하는 기관이다.

② 다문화가족지원센터는 다문화가족을 위한 교육·상담 등 지원사업의 실시, 다문화가족 지원서비스 정보제공 및 홍보, 다문화가족 지원 관련 기관단체와의 서비스 연계, 그 밖에 다문화가족 지원을 위하여 필요한 사업을 수행하는 것을 목적으로 한다.

(2) 다문화가족지원센터의 지정

① 다문화가족지원센터 지정은 다문화가족 구성원이 안정적인 가족생활을 영위할 수 있도록 함으로써 이들의 삶의 질 향상과 사회통합에 이바지함을 목적으로 한다.

② 여성가족부장관은 다문화가족 지원 정책의 시행을 위하여 필요한 경우에는 다문화가족 지원에 필요한 전문인력과 시설을 갖춘 법인이나 단체를 다문화가족지원센터로 지정할 수 있다. 지원센터의 지정기준, 지정기간, 지정절차 등에 필요한 사항은 대통령령으로, 제3항에 따른 전문인력의 기준 등에 필요한 사항은 여성가족부령으로 각각 정한다.

③ 「다문화가족지원법」 시행령 제3조 제1항에 따라 지원센터로 지정받으려는 자는 다문화가족지원센터 지정 신청서에 사업계획서, 영 제3조 제1항 각 호의 시설 및 인력요건을 갖추었음을 증명할 수 있는 서류를 첨부하여 특별시장·광역시장·도지사 또는 특별자치도지사에게 신청하여야 한다.

④ 지정신청을 받은 때에는 심사위원회를 구성하여 심사를 하되, 영 제3조 제2항에 따른 심사위원회는 다문화가족 지원 관련 학계, 민간전문가 및 공무원 등을 포

함하여 최소 5명 이상으로 구성하여야 한다. 그리고 심사위원회에서는 다문화가족지원 관련 업무 수행경력, 지리적 접근성, 전문인력의 확보 수준, 시설의 적정성, 사업계획서의 충실성 및 실행 가능성을 고려하여야 한다.

⑤ 특별시장 · 광역시장 · 도지사 또는 특별자치도지사는 지원센터를 지정한 경우에는 영 제3조 제3항에 따라 다문화가족지원센터 지정서를 발급하고 지정 결과를 인터넷 홈페이지 등에 게시한다.

(3) 다문화가족지원센터의 주요사업

① 한국어교육은 체계적인 한국어교육을 실시하여 결혼이민자들의 한국사회적응을 돕고 안정적인 조기정착을 지원하기 위한 사업이다.

② 다문화사회 이해교육은 결혼이민자들이 한국의 역사적, 사회적, 문화적 배경에 대한 이해를 증진시키고 가정, 지역사회, 한국생활 전반에 대한 건강한 적응을 할 수 있도록 지원하기 위한 사업이다.

③ 가족교육은 가족구성원별 교육을 통해 가족 내 역할 및 가족문화에 대한 이해력을 향상하기 위한 사업이다.

④ 다문화가족 취 · 창업교육은 다문화가족의 사회구성원으로서 역할 수행과 자아실현의 기회를 제공하기 위한 사업이다.

⑤ 자조모임육성은 다문화가족 자조모임으로 정보공유 및 정서교류를 하기 위한 사업이다.

⑥ 상담지원 및 연계는 심리 · 정서적 지원(가족상담, 부부상담, 자녀상담, 개인상담 등), 전문기관을 연계하기 위한 사업이다.

⑦ 영농기술교육사업은 농촌지역 결혼이민자들의 농촌적응력을 향상, 자조집단을 통한 영농자활 실현을 목표로 한 사업이다.

⑧ 다문화가족 방문교육사업은 다문화가족의 언어소통 어려움으로 한국생활 조기정착 어려움을 해소하기 위하여 한국어교육지도사를 파견하여 전문상담을 통한 맞춤형 서비스 지원, 찾아가는 아동양육서비스를 하기 위한 사업이다.

⑨ 임신 · 출산 관련서비스는 출산을 앞둔 결혼이민자에게 필요한 출산 전후 서비스를 제공하기 위한 사업이다.

(4) 다문화가족지원센터의 운영

① 다문화가족지원에 관한 권한의 위임과 다문화가족지원센터의 위탁에 관한 사항을 보면, 여성가족부장관은 이 법에 따른 권한의 일부를 대통령령으로 정하는 바에 따라 특별시장, 광역시장, 도지사, 특별자치도지사 또는 시장 · 군수 · 구청장에게 위임할 수 있으며, 국가와 지방자치단체는 이 법에 따른 업무의 일부를 대통령령으로 정하는 바에 따라 비영리법인이나 단체에 위탁할 수 있도록 규정하고 있다.

② 다문화가족지원센터는 상시 활용이 가능하도록 별도 공간이 확보된 사무실과 상담실 및 교육장을 갖추어야 한다. 다만, 상담실 및 교육장은 다른 기관과 함께 사용할 수 있다.

③ 다문화가족지원센터는 「건강가정기본법」 제35조에 따른 건강가정사, 「사회복지사업법」 제11조에 따른 사회복지사, 그 밖에 여성가족부장관이 인정하는 관련 분야의 전문인력 중 어느 하나에 해당하는 전문 인력을 1명 이상 두어야 한다.

④ 국가와 지방자치단체는 결혼이민자 등이 상부상조하기 위한 단체의 구성·운영 등을 지원할 수 있다. 그리고 국가와 지방자치단체가 지정한 지원센터에 대하여 예산의 범위 내에서 업무를 수행하는 데에 필요한 비용의 전부 또는 일부를 보조할 수 있다.

2) 건강가정지원센터

(1) 건강가정지원센터의 설치·지정

① 건강가정지원센터 설치근거

「건강가정기본법」 제35조(건강가정지원센터의 설치) 국가(여성가족부) 및 지방자치단체는 가정문제의 예방 · 상담 및 치료, 건강가정의 유지를 위한 프로그램의 개발, 가족문화운동의 전개, 가정관련 정보 및 자료제공 등을 위하여 중앙, 시 · 도 및 시 · 군 · 구에 건강가정지원센터를 둔다.

② 건강가정지원센터 명칭

가. 건강가정지원센터 명칭은 '○○시 · 도 건강가정지원센터' 또는 '○○시 · 군 ·

구 건강가정지원센터'로 하며, 민간에 위탁하는 경우 위탁기관을 같이 혼용하여 명칭을 사용할 수 없다.

나. 다기능화센터는 다문화가족지원센터와 건강가정지원센터의 로고 및 간판을 나란히 사용한다.

③ 건강가정지원센터 설치기준

가. 지역주민 접근이 편리한 곳에 설치한다. 특히 지역 주민들이 접근성이 떨어지는 학교 내부, 도심 외곽 지역 등에 센터를 두지 않도록 하고, 지역 주민의 접근이 편리한 위치에 설치할 수 있도록 한다.

나. 공공성이 확보될 수 있도록 시·군·구청, 동사무소 등 지방자치단체 내 건물 혹은 지방자치단체가 소유·관리하고 있는 공공시설 내부에 설치하되 별도의 사무실을 확보 설치하여야 한다.

다. 이용자의 안전 및 편의에 적합한 규모 및 구조로 설비한다.

라. 화재 및 시설이용 관련사고 등으로 인한 손해배상책임의 이행을 위해 책임보험에 가입한다.

마. 건강가정지원센터의 기능을 효율적으로 수행할 수 있도록 사무공간, 전화상담실, 면접상담실, 교육실, 자료실 등 필요한 공간을 충분히 확보하여야 한다. 상담실은 전화상담실과 면접상담실을 별도 분리 설치해야 하며, 이밖에 집단상담실 등을 둘 수 있다.

바. 건강가정지원센터 운영에 필요한 기자재 등을 비치해야 한다.

사. 센터에 관한 홍보자료, 진행 중이거나 계획 중인 사업 등의 관련 자료를 이용자들이 열람할 수 있도록 항시 비치해야 한다.

(2) 건강가정지원센터의 주요사업

① 중앙건강가정지원센터

가. 가족지원프로그램의 개발 및 보급

나. 주요 가족정책 관련 시범사업 실시

다. 교육·상담·문화활동 등 각 분야 전문인력 양성

라. 종사자 전문성 및 역량강화 교육

마. 시 · 도 및 시 · 군 · 구 건강가정지원센터의 사업지원 및 평가

바. 통합정보시스템 관리 · 운영

사. 관련기관 네트워크 구축 및 홍보사업

② 시 · 도 건강가정지원센터

가. 중앙건강가정지원센터와 시 · 군 · 구 건강가정지원센터의 연계 역할

나. 시 · 도별 특성에 맞는 가족지원프로그램 개발 · 보급

다. 시 · 군 · 구 건강가정지원센터 사업지원 및 관리

라. 시 · 도 단위의 가족실태조사 및 주민욕구조사

마. 시 · 도 가족관련 정보 및 데이터베이스 구축보급

바. 관할 시 · 도 단위 자체사업 평가, 전국 단위 건강가정지원센터 평가 지원

③ 시 · 군 · 구 건강가정지원센터(독립형센터, 다기능화센터)

가. 지역사회 내 가족구성원을 위한 1차적 가족지원서비스 제공

나. 지역단위 가족생활 교육 · 상담 · 문화사업 실시

다. 지역사회 유관기관과의 연계를 통한 통합적 가족지원서비스 제공

라. 시·군·구 단위의 가족실태조사 및 주민욕구조사

마. 지역사회 가족구성원을 위한 가족생활 관련 정보제공

(3) 건강가정지원센터의 운영

① 건강가정지원센터의 운영기본방향은 다음과 같다.

가. 국가 및 지방자치단체는 센터를 설치 · 운영하되 필요한 경우 민간기관에 건강가정지원센터의 운영을 위탁할 수 있다. 건강가정사업의 원활한 운영을 위해 가능한 한 지자체 직영보다는 법인 위탁 운영을 권장하고, 지자체는 관리 · 감독에 충실할 수 있도록 한다.

나. 국가 또는 지방자치단체는 예산의 범위 내에서 센터 기능 수행에 필요한 운영비를 보조한다.

다. 지방건강가정지원센터는 중앙건강가정지원센터가 실시하는 공모사업 등에 참여하여 사업비를 지원받을 수 있다.

라. 여성가족부장관, 시 · 도지사 및 시장 · 군수 · 구청장은 건강가정지원센터의 원활한 운영을 위해 사업 및 보조금 집행실적 등을 보고받아 지도 · 감독하여야 한다.

② 건강가정지원센터의 운영위탁개요와 운영수탁자 자격은 다음에서와 같다.

가. 운영위탁개요

- 공개절차를 통해 수탁자를 모집하고 신청서류를 제출받아 수탁자선정심의위원회를 거쳐 수탁자를 선정하되, 수탁자의 사업수행능력 · 재정능력 등을 종합적으로 고려하여 선정하여야 한다.
- 모집 공고 안내는 지자체 게시판, 인터넷 홈페이지, 지역 일간지 등 일반인이 쉽게 알 수 있도록, 2개 이상의 방법을 사용하여 공고하여야 한다.
- 지역 내 신청 자격을 갖는 학교법인, 사회복지법인, 비영리법인 등에는 별도의 안내문을 발송하는 등 적격자가 배제되지 않도록 노력하여야 한다.
- 공고기간은 최소 7일 이상으로 한다.
- 수탁자 자격, 위탁내용, 선정기준, 신청서류 등 제반사항을 공고하여야 한다. 다만, 신청 법인이 1개소일 경우 재공모하고, 추가 신청자가 없을 경우 1개소에 대해서만 심사하되 부적격자가 선정되지 않도록 유의한다.

나. 운영수탁자 자격

- 「고등교육법」 제2조의 규정에 의한 학교
- 건강가정사업을 수행하기 위하여 설립된 사회복지법인 등 「민법」 제32조의 규정에 의한 비영리법인

다. 위탁방법 및 선정기준

- 시 · 도지사 및 시장 · 군수 · 구청장은 모집공고에 의하여 반드시 공개모집한 후 위원회의 심의를 거쳐 선정된 수탁 법인에 위탁한다.
- 시 · 도지사 및 시장 · 군수 · 구청장은 위원회의 의결을 받아 위탁기관 선정기준을 정하여 시행하여야 한다.

라. 위탁기관 선정 절차

- 위원회는 수탁응모자가 위탁 사업설명회를 통해 직접 참여하게 하거나 서면으로 제출된 자료를 대상으로 심의한다.
- 시 · 도지사 및 시장 · 군수 · 구청장은 위원회의 심의 결과를 토대로 선정

기준에 따라 수탁기관을 결정한다.

마. 위탁계약의 체결 및 재위탁에 관한 사항

– 시 · 도지사 및 시장 · 군수 · 구청장은 수탁기관으로 선정된 법인과 '○○건강가정지원센터 운영위탁 약정서'를 체결하여야 한다.

– 위탁기간은 3년 이내로 하되, 시 · 도 또는 시 · 군 · 구 실정에 맞게 정할 수 있다.

– 약정서에는 본문, 목적, 시설 및 위탁사업, 위탁기관, 사무실의 위치, 수탁자의 의무, 운영인력, 감독, 약정해지 등 운영에 관한 사항을 명시하여 양자간 서명 · 날인한 후 각각 보관하여야 한다.

– 위탁자가 필요하다고 인정할 경우, 계약만료 3개월 이전에 업무실적 등을 평가한 후 재위탁할 수 있다. 이 경우 수탁자선정심사위원회를 거쳐야 하며, 객관적인 평가결과를 반영하여야 한다.

③ 건강가정지원센터의 직원자격기준 및 배치기준을 보면 다음과 같다.

가. 건강가정지원센터는 센터장과 건강가정사업의 수행에 필요한 팀을 둔다.

나. 건강가정사는 대학 또는 동등이상의 학교에서 사회복지학 · 가정학 · 여성학 등의 학과에서 여성가족부령이 정하는 교과목을 이수하고 졸업한 자이어야 한다.

다. 배치기준은 여성가족부에서 규정하는 인원규모로 하며, 시설규모에 따라서 달라질 수 있다.

Chapter 09

성매매/성 · 가정폭력피해자 보호시설운영의 지도감독

1. 성매매피해자보호(지원)시설

1) 성매매피해자보호(지원)시설의 개념과 유형

(1) 성매매피해자보호(지원)시설의 개념과 설치근거

① 성매매피해자보호(지원)시설은 성매매피해자 등을 대상으로 숙식 및 심리안정, 인성변화, 진학 및 취업교육, 직업알선 등 자활에 필요한 사항을 지원하는 것을 목적으로 설치되는 시설이다. 한편 성매매피해자보호시설 중에서 자활지원센터는 탈성매매업소 여성들에게 종합적인 직업재활상담 및 직업훈련 지원과 공동작업장 등 사회적 일자리를 제공하는 시설을 말한다.

② 성매매피해자보호(지원)시설의 설치근거법령은 「성매매방지 및 피해자보호 등에 관한 법률」 제5조 내지 제9조, 같은 법 시행령 제3조 및 시행규칙 제2조 내지 제9조이다.

(2) 성매매피해자보호(지원)시설의 유형

「성매매방지 및 피해자 보호 등에 관한 법률」 제5조(지원시설의 종류)에 규정된 성매매피해자 등을 위한 지원시설의 유형은 다음에서와 같다.

① '일반지원시설'은 성매매피해자 등을 대상으로 1년 이내의 범위에서 숙식을 제공

하고 자립을 지원하는 시설이다. 그리고 일반 지원시설의 장은 6개월 이내의 범위에서 여성가족부령으로 정하는 바에 따라 지원기간을 연장할 수 있다.

② '청소년지원시설'은 청소년인 성매매피해자 등을 대상으로 1년 이내의 범위에서 숙식을 제공하고, 취학·교육 등을 통하여 자립을 지원하는 시설이다. 그리고 청소년지원시설의 장은 청소년이 19세가 될 때까지 여성가족부령으로 정하는 바에 따라 지원기간을 연장할 수 있다.

③ '외국인여성지원시설'은 외국인여성인 성매매피해자 등을 대상으로 3개월(「성매매알선 등 행위의 처벌에 관한 법률」 제11조에 해당하는 외국인여성에 대하여는 그 해당 기간) 이내의 범위에서 숙식을 제공하고, 귀국을 지원하는 시설이다.

④ '자활지원센터'는 성매매피해자 등을 대상으로 자활에 필요한 지원을 제공하는 이용시설이다. 이러한 성매매피해자지원시설 이외에도 상담소와 '성매매방지 중앙지원센터'가 별도의 규정으로 설치될 수 있다. 한편 성매매피해자지원시설의 종류를 입소대상과 주요기능을 중심으로 정리해보면 〈표 9-1〉과 같다.

〈표 9-1〉 **성매매피해자지원시설 유형**

구 분	입소·이용대상 (기본입소기간)	주요기능	비 고
일반지원시설	• 일반성인(1년)	• 숙식 제공 및 전문상담, 의료 및 법률문제 지원, 사회보장급부 수령 지원, 직업교육 및 취업알선 등	• 필요시 입소기간 6개월 연장 가능
청소년지원시설	• 청소년(1년)	• 일반지원시설 지원내용과 동일하나 진학을 위한 교육제공 및 교육기관에의 취학을 연계	• 19세에 달할 때까지 입소기간 연장 가능 • 고교 재학 또는 진학을 위한 교육 중인 입소자는 19세가 되어도 재학기간은 입소 가능
외국인여성 지원시설	• 외국인 여성(3개월)	• 피해여성 긴급보호 통역서비스 제공 상담, 의료 및 법률지원 대사관 등 연계 숙식의 제공, 귀국지원 등	• 수사나 소송이 진행 중인 경우 이에 필요한 기간까지 입소연장

구 분	입소 · 이용대상 (기본입소기간)	주요기능	비 고
자활지원센터	• 의료와 법률문제 등이 어느 정도 해결되어 자활의 기반이 갖추어졌다고 볼 수 있는 탈성매매여성 • 탈성매매여성으로서 자활의자가 강하고 전업지원이 필요한 자	• 전업준비를 위한 훈련, 공동작업장 등 일자리 제공, 취업 및 창업지원, 외부자원 활용, 연계망 구축, 취업 · 창업자 사후관리 등	• 탈성매매여성에 대한 전문적 · 단계적 전업지원 위주로 운영

(3) 성매매피해자보호(지원)시설의 입소(이용)대상

① 성매매피해자보호(지원)시설에는 성매매피해자 및 성을 파는 행위를 한 자로서 본인이 희망하는 경우, 상담소의 장으로부터 입소 또는 이용요청을 받은 경우, 검사 또는 사법경찰관으로부터 인계요청을 받은 경우에 입소할 수 있다.

② 성매매피해자보호(지원)시설의 퇴소조치 및 이용중단(시행규칙 제7조)의 사유는 지원기간이 만료된 경우, 퇴소 또는 이용중단을 희망하는 경우, 성매매, 성매매알선 등 행위, 성매매목적의 인신매매, 성을 파는 행위를 하게 할 목적으로 타인을 고용 · 모집하거나 성매매가 행하여진다는 사실을 알고 직업을 소개·알선하는 행위를 한 자, 지원시설 내부규정에 의거 퇴소사유에 해당하는 경우, 거짓 그 밖의 부정한 방법으로 입소한 경우이다. 이때 지원시설의 장은 퇴소 · 이용중단을 결정한 경우에는 15일 이내에 그 사실을 시장 · 군수 · 구청장에게 보고해야 한다.

2) 성매매피해자보호(지원)시설의 설치 · 운영

(1) 성매매피해자보호(지원)시설의 설치절차

① 성매매피해자보호(지원)시설을 설치하고자 하는 자는 설치신고서를 시장 · 군수 · 구청장에게 구비서류인 법인정관, 재산목록, 운영계획서 및 예산서, 지원시설 또는 상담소의 평면도, 종사할 직원의 명단과 자격증 사본 각 1부를 같이 제출한다.

② 성매매피해자보호(지원)시설의 설치심사는 시장 · 군수 · 구청장이 설치기준 및 종

사자 자격요건 등을 검토한다. 설치기준 및 종사자 자격요건 등을 검토한 결과 적합할 경우에는 시장 · 군수 · 구청장은 신고인에게 신고증을 교부한다. 그리고 시장 · 군수 · 구청장은 신고필증 교부일 또는 변경신고일로부터 15일 이내에 서울특별시장 · 광역시장 · 도지사를 거쳐 여성가족부장관에게 보고한다.

③ 성매매피해자보호(지원)시설의 장은 시설장, 명칭, 소재지, 입소정원 변경 시에 구비서류인 입소자 조치계획서, 운영에 필요한 재산목록, 신고필증 등의 해당서류를 첨부하여 변경신고를 한다.

(2) 성매매피해자보호(지원)시설의 운영주체와 체계

① 성매매피해자보호(지원)시설의 시설운영주체는 국가 또는 지방자치단체나 사회복지법인, 기타 비영리법인, 개인 등이다. 국가 또는 지방자치단체 외의 자가 지원시설을 설치·운영하고자 할 때에는 관할 시장 · 군수 · 구청장에게 신고를 하여야 한다.

② 성매매피해자보호(지원)시설의 사업운영체계는 형태적으로 국비보조에 의한 지방자치단체 사업(재원은 법정비율 분담)이며, 지원내용은 시설운영에 필요한 인건비 등 경상경비 및 기능 보강비이다. 단, 당해 연도에 신설된 시설은 지원예산(국비)이 미편성되므로 재정 여건에 따라 지원 시기를 탄력적으로 적용하게 된다.

(3) 성매매피해자보호(지원)시설의 설치기준

① 일반 및 청소년지원시설, 외국인여성지원시설의 구조 및 설비는 거실, 사무실, 상담실, 숙직실, 식당 및 조리실, 목욕실, 세탁장, 건조장, 화장실, 급 · 배수시설, 비상재해대비시설을 갖추어야 한다. 이 중에서 목욕실, 세탁장, 화장실은 겸용이 가능하며, 입소자의 정원이 10인 미만인 지원시설은 사무실과 상담실의 겸용이 가능하다.

② 자활지원센터는 사무실, 상담실, 공동작업장, 교육실을 갖추어야 한다. 이 중에서 공동작업장과 교육실은 겸용이 가능하다. 그리고 성매매피해자지원시설의 설치규모를 면적기준으로 보면 〈표 9-2〉에서와 같다.

〈표 9-2〉 **성매매피해자지원시설 설치면적기준**

구 분		시설의 최소면적
지원시설 (자활지원센터 제외)	입소정원 10인 이상	9.9m²×입소정원
	입소정원 8인 이상 10인 미만	82.62m²
	입소정원 5인 이상 8인 미만(그룹홈)	69.30m²
자활지원센터		99.15m²
성매매피해상담소		49.59m²

3) 개별 성매매피해자보호(지원)시설의 설치와 운영

(1) 일반·청소년지원시설

① 일반·청소년지원시설의 설치목적을 보면 우선 일반지원시설은 성인 성매매피해자를 대상으로 숙식을 제공하고 자립을 지원하기 위함이다. 그리고 청소년지원시설은 청소년인 성매매피해자 등을 대상으로 숙식을 제공하고 취학·교육 등을 통하여 자립을 지원하기 위함이다.

② 일반·청소년지원시설의 업무를 보면 우선 일반지원시설은 성매매 피해여성에 대한 신변보호 및 탈성매매와 자립을 지원한다. 즉 숙식의 제공, 심리적 안정 및 사회적응 위한 상담 및 치료, 질병치료 및 건강관리 등 의료지원, 수사기관의 조사 및 법원 증인신문에의 동행 등 법률지원, 자립자활교육, 기술교육 실시 및 취업정보제공 등의 업무를 수행한다. 청소년지원시설의 경우는 위 업무 외에 진학을 위한 교육을 제공하거나 교육기관에 취학을 연계하는 업무를 수행한다. 즉 청소년성매매피해자지원시설의 입소자에 대한 진학지원 시 주소지 외의 지역에서 취학(입학·재입학·전학 및 편입학)할 필요가 있는 경우는 「가정폭력방지 및 피해자보호 등에 관한 법률」 규정을 준용하여 취학지원이 가능하도록 조치하게 된다.

③ 일반·청소년지원시설의 입소가능기간을 보면 우선 일반지원시설은 1년이며 입소자 본인이 지원기간 연장을 희망하는 경우 당해 지원시설에 종사하는 상담원의 의견을 들어 6개월 범위 내에서 연장가능하다. 그리고 청소년지원시설도 1년이며 입소자 본인이 지원기간 연장을 희망하고 법정대리인의 동의가 있는 경우 당해 지원시설에 종사하는 상담원의 의견을 들어 입소자가 19세에 달할 때까지

지원기간을 연장할 수 있다. 법정대리인의 소재불명 등의 사유로 동의를 받는 것이 불가능한 경우에는 본인의 동의로써 그 법정대리인의 동의에 갈음한다. 고교 재학 또는 재학을 위한 교육 중인 입소자는 19세가 되더라도 재학(훈련)기간 동안은 입소 가능하다.

④ 일반 · 청소년지원시설의 입소자와 구분되는 '이용자'에 대한 규정을 보면 이용자 개념은 탈성매매 여성으로서 시설에 입소하여 생활하지 않고 시설의 서비스를 제공받는 자이다. 이용자는 관련시설 입소 · 이용 경력자인 경우 전 입소 · 이용 시설 장의 추천을 받아 소정의 심사과정을 거쳐 지속적인 지원 필요성이 인정된 자이어야 선정될 수 있다. 이들 이용자들의 이용가능 기간은 입소기간에 준한다(최장 1년 6개월). 그리고 이용가능 인원은 입소정원의 50% 이내(상한)이다.

⑤ 일반 · 청소년지원시설은 입소자 비율이 낮은 경우 정원조정 등 시설별 자체노력을 강구해야 한다. 즉 "6개월간의 평균 입소인원(이용자 제외)이 입소자 정원의 50% 미만"인 경우에는 지자체와 협의하여 정원조정 등 자체 개선안을 강구해야 한다. 그리고 지자체는 관할 시설에 대하여 적정 입소자 비율이 유지되도록 지도하고 입소자 비율이 현저히 낮을 경우 정원조정 등을 권고해야 한다.

⑥ 일반 · 청소년지원시설 국고 보조금 지원항목은 인건비 및 시설운영비, 시설기능보강비 등이다. 그 중에서 시설운영비 지원내역은 공통경비, 직접경비, 간접경비로 구성된다. 이 중에서 공통경비는 수용기관경비, 공공요금, 난방연료비, 건물유지비, 차량유지비, 화재보험료 등 시설의 관리운영에 소요되는 비용이다. 직접경비는 건강진단비, 학용품비, 부교재구입비, 위생용품구입비, 교통비 등 개별입소 · 이용자를 위해 직접 지급되는 비용이다. 간접경비는 의약품비, 도서구입비, 인성변화교육비, 재활프로그램운영비, 전문가상담비 등 전체 입소 · 이용자를 위해 지출되는 비용이다. 그 외 입소자의 주부식비 및 피복비는 보장시설 수급자 생계급여로 지출하여야 하며, 국고보조금으로 지출할 수 없다.

(2) 자활지원센터

① 자활지원센터는 성매매피해자 등을 대상으로 자립 · 자활에 필요한 지원을 제공하는 시설로 전업을 위한 훈련 · 준비단계에 대한 지원을 목적으로 설치된다. 자

활지원센터 입소대상은 성매매피해상담소 및 지원시설의 지원을 받거나 또는 스스로 의료 · 법률적 문제 등이 어느 정도 해결되어 자활의 기반이 갖추어졌다고 볼 수 있는 탈성매매여성이며, 그 외 탈성매매여성으로서 자활의지가 강하고 전업지원이 필요한 자이다.

② 자활지원센터의 주요업무는 다음과 같다.

가. 취업 · 진학 및 기술교육(외부 위탁교육 포함)을 실시한다. 직업훈련은 취업, 창업 또는 진학 준비 등과 직·간접적으로 연관된 훈련종목으로 사업계획 범위 내에서 지원하고 이용자의 취업능력 제고를 위한 진학훈련에 대해서도 지원할 수 있으나 승인된 사업계획의 범위 내에 한한다.

나. 외부 위탁훈련기관에서 시행하는 취업 및 진학 훈련에 참여하면서 출석률 80% 이상인 참여자에 대하여 소정액의 직업훈련수당을 지원가능하다.

다. 전업관련 적성검사 및 직업상담·지도, 사회통합을 위한 기본적 소양교육, 창업지원 및 취업 · 창업자 사후지원을 한다.

라. 일자리 제공사업으로 공동작업장 운영, 인턴십 프로그램 기타 사회적 일자리 제공 프로그램을 운영한다. 그 외 이용자의 자활지원을 위하여 여성가족부가 승인한 사업을 수행한다.

마. 자립 · 자활 과정에서 중대한 장애요인으로 작용하는 의료적 · 법률적 문제해결을 위한 의료 · 법률비용을 지원한다. 의료지원의 범위는 「성매매방지 및 피해자보호 등에 관한 법률」 시행규칙 제10조의 규정에 의한 치료항목에 대한 의료비용 중 「의료급여법」상의 급여가 실시되지 아니하는 의료비용의 전부 또는 일부이다.

(3) 외국인여성지원시설

① 외국인여성지원시설의 지원대상은 외국인 이주여성 중 성매매 피해 또는 성매매 강요의 피해를 입은 여성이다. 그리고 인신매매 피해자로 성매매에 유입될 우려가 높으나 타 정부기관이 운영 · 지원하는 시설의 지원을 받을 수 없는 여성도 해당된다.

② 외국인여성지원시설의 시설운영주체는 국가 또는 지방자치단체, 사회복지법인,

기타 비영리법인, 개인이 될 수 있다. 국가 또는 지방자치단체 외의 자가 지원시설을 설치·운영하고자 할 때에는 관할 시장·군수·구청장에게 신고하여야 한다.

③ 외국인여성지원시설의 국고보조금 지원기준은 일반·청소년 지원시설 지원금액과 동일하며, 외국인여성지원시설의 설치기준은 다음과 같다.

가. 입지조건은 보건, 위생, 급수, 안전 등을 고려한 쾌적한 환경을 갖추어야 한다. 규모는 「성매매방지 및 피해자보호 등에 관한 법률」 시행규칙 제4조 규정에 따르고 설비는 별도의 상담실, 침실, 세면장(화장실)을 갖추어야 한다.

나. 종사자 자격기준은 개별기준을 갖추고 '상담원 등 종사자 양성교육'과정을 이수한 자이어야 한다. 채용방식은 공개경쟁 채용을 원칙으로 하고, 특별한 사유로 공채경쟁채용이 부적절한 경우는 자체 구성한 운영위원회의 심의를 거쳐 특별채용 가능하며, 전문상담원 및 통역서비스 제공을 위한 비상근 통역사를 배치해야 한다.

④ 외국인여성지원시설의 필수사업으로는 피해여성 긴급보호를 위해 외국인 피해여성들에게 무료숙식 등을 제공하며 귀국까지 안전하게 보호하고 상담, 의료 및 법률지원의 실효성 확보를 위해 전문 통역서비스를 제공하며, 성매매관련 여성질환 등 응급치료를 지원한 사업이 있다. 그리고 외국인여성지원시설의 기타 사업으로는 인권, 언어, 컴퓨터 등의 교육은 피해여성들의 자활을 도모하고 사회적 응력을 키우기 위한 실용적인 교육과 외국인 여성 보호사업의 실효성 제고를 위한 다양한 홍보활동이 있다.

(4) 성매매피해상담소

① 성매매피해상담소 설치목적은 성매매 피해자 등에 대한 현장상담, 법률·의료지원, 관련시설 연계 등을 통해 인권유린 상황에 조기 개입하고 피해자 보호와 탈성매매를 지원하기 위함이다. 지원대상은 성매매 피해여성 및 성을 파는 행위를 한 여성이다. 성매매피해상담소 설치의 근거법령은 「성매매방지 및 피해자보호 등에 관한 법률」 제10조 내지 제11조와 동법 시행령 제3조, 동법 시행규칙 제3조 내지 제5조, 제8조 내지 제12조이다. 그리고 성매매피해상담소 운영주체는 국가

또는 지방자치단체(시 · 도지사 또는 시 · 군 · 구청장), 사회복지법인, 기타 비영리법인 및 개인이 된다.

② 성매매피해상담소는 상담공간 확보 및 전담직원 배치 등을 통해 피해여성에 대한 상담기능을 내실화하고 성매매피해자 등에 대한 접근성을 강화한다. 그리고 성매매업소 집결지역, 주요 역, 버스터미널, 관광 · 유흥지역 등 성매매피해자 및 '성매매행위를 한 자'에 대한 상담을 위하여 필요하다고 인정되는 지역에 우선 설치한다. 그리고 성매매피해상담소 설비기준은 상담을 위한 면접상담실, 전화상담실, 사무실, 회의실, 보호실 등 적정규모 및 공간(최소 49.59m² 이상)을 확보하고, 필요한 장비 등을 구비해야 한다.

③ 성매매피해상담소 종사자 자격기준은 시행규칙 제5조 [별표 2]의 기준에 의하여 개별기준을 갖추고 '상담원 등 종사자 양성교육과정'을 이수한 자로 한다. 그리고 지방자치단체가 운영하는 성매매피해상담소의 상담원은 사회복지직렬의 지방일반직공무원 또는 별정직공무원으로 한다. 성매매피해상담소 종사자 배치기준은 상담소장, 상담원 3인, 사무직원 1인 등 총 5인이다.

④ 성매매피해상담소의 주요업무는 다음과 같다.

가. 상담(현장방문상담 포함) · 지원업무 및 실태조사를 위하여 상담 전용전화를 설치 · 운영하되, 야간(18:00~09:00)에는 가정폭력, 성폭력, 성매매, 데이트폭력 등의 위기상황에 처한 여성에게 긴급전화상담을 하는 센터로서, 중앙 및 각 시 · 도별로 1개소가 설치 · 운영되고 있는 '여성긴급전화 1366'과의 연계 등 상담업무를 지속할 수 있도록 조치해야 한다.

나. 성매매피해와 관련해서 도움을 받을 수 있는 기관, 법률지식 등의 정보제공을 위하여 업소 및 여성들에 대한 현황 파악 및 현장실태조사, 필요한 경우 경찰이나 소방서 등 관련 공무원들에게 협조를 요청해야 한다.

다. 의료기관, 정신건강증진센터, 보건소 등 지역사회 연계를 통해 탈성매매여성의 건강에 대한 진단 및 치료 등 의료서비스를 제공하고 성매매관련 법률문제로 어려움을 겪고 있는 여성이나 가족들에게 관련 법률 · 절차, 유사 사례 등에 대해 상담 실시 및 변호사 선임 등 법률지원을 한다.

라. 외국인성매매피해여성 상담 및 지원연계를 위해 '이주여성 긴급지원센터 1577-1366', 외국인쉼터 등을 연계한 전화통역시스템을 활용하여 외국인피

해여성에 대한 상담을 실시한다.

⑤ 성매매피해상담소의 국고보조금 지원내용 및 지급기준을 보면 인건비는 상담원 종사자 법정인원 5명 지원을 원칙(예산액 범위 내)으로 하고 관리운영비는 수용기관 경비, 난방연료비, 공공요금, 화재보험료, 건물유지비, 차량유지비 등이다. 그리고 사업운영비는 피해여성 지원비(물품지원 등), 출장상담활동비, 교육·홍보·조사비 등이 해당된다.

4) 성매매피해자지원시설의 직원자격기준과 배치기준

(1) 성매매피해자지원시설의 직원자격기준

성매매피해자지원시설 직원의 신규채용은 특별한 사유가 없는 한 공개경쟁채용을 원칙으로 하며, 직종별 자격기준은 〈표 9-3〉에서와 같다.

〈표 9-3〉 **성매매피해자지원시설 직원자격기준**

직종별	자격기준
시설장 (상담소장)	• 「사회복지사업법」에 의한 사회복지사의 자격을 가진 자 • 사회복지시설, 사회복지단체의 임직원 또는 공무원으로서 여성폭력방지 업무에 5년 이상 종사한 경력이 있는 자 • 성매매 방지를 목적으로 설립된 단체 및 시설에서 5년 이상 성매매방지 업무에 종사한 경력이 있는 자
사무국장	• 「사회복지사업법」에 의한 사회복지사의 자격을 가진 자 • 사회복지시설, 사회복지단체의 임직원 또는 공무원으로서 여성폭력방지 업무에 3년 이상 종사한 경력이 있는 자 • 성매매방지를 목적으로 설립된 단체 및 시설에서 3년 이상 성매매방지업무에 종사한 경력이 있는 자
상담원	• 「사회복지사업법」에 의한 사회복지사의 자격을 가진 자 • 사회복지시설, 사회복지단체의 임직원 또는 공무원으로서 여성폭력방지 업무에 2년 이상 종사한 경력이 있는 자 • 가정폭력상담소나 성폭력상담소 등 사회복지사업법 제2조 제1항의 규정에 의한 상담소나 상담업무에 2년 이상 종사한 경력이 있는 자 • 성매매방지를 목적으로 설립된 단체 및 시설에서 2년 이상 성매매 방지업무에 종사한 경력이 있는 자 • 음악치료사·미술치료사 등의 전문치료사 자격증 소지자 • 「청소년기본법」 제21조 및 제22조의 규정에 의한 청소년지도사 및 청소년 상담사의 자격을 가진 자 • 이주노동자 및 외국인 관련단체 및 시설에서 2년 이상 종사경력이 있는 자 (외국인여성지원시설에 한정)

직종별	자격기준
직업훈련교사	• 「근로자직업능력개발법」에 의한 직업능력개발훈련교사 자격을 가진 자
사무지원	• 고등학교 이상 졸업자 또는 이와 동등한 자격이 있다고 인정되는 자

(2) 성매매피해자보호(지원)시설의 직원배치기준

성매매피해자보호(지원)시설 직원배치기준은 〈표 9-4〉에서와 같이 상담소, 자활지원센터, 지원시설별로 세부적인 기준에 따라 배치된다.

① 지원시설(자활지원센터 제외)에서 직접 기술교육을 실시할 경우 기술교육을 담당하는 직업훈련교사는 상담원으로 볼 수 있다.

② 자활지원센터에서 외부강사로 하여금 자립·자활과 관련된 교육을 실시하도록 하는 경우는 직업훈련교사를 두지 아니할 수 있고, 이 경우 상담원을 두어야 한다.

③ 법인 · 단체 또는 개인이 운영하는 일반지원시설 또는 청소년지원시설의 장은 그 법인 · 단체 또는 개인이 운영하는 공동생활가정의 시설장을 겸임할 수 있다.

〈표 9-4〉 **성매매피해자보호(지원)시설 직원배치기준**

구 분	상담소	자활지원센터	지원시설(자활지원센터 제외)				
			그룹홈	8인 이상 10인 미만	10인 이상 15인 미만	15인 이상 20인 미만	20인 이상
시설(상담소)의 장	1	1	1	1	1	1	1
사무국장	–	–	–	–	–	1	1
상담원	3	2	1	2	2	3	4
직업훈련교사	–	2	–	–	–	–	–
사무지원	1	1	–	–	1	1	1
취사원/세탁원	–	–	–	–	1	1	1
관리인	–	–	–	–	–	–	1
총계	5	6	2	3	5	7	9

5) 성매매피해자보호(지원)시설의 관리 및 시설운영위원회 운영

(1) 성매매피해자보호(지원)시설의 장부 등의 비치

① 성매매피해자보호(지원)시설 사업 및 관리에 대하여 비치해야 할 장부는 지원시설 및 상담소의 연혁에 관한 기록부, 직원관계철(인사기록카드 · 이력서 · 사진 포함), 회의록철, 소속법인의 정관(법인) 및 관계결의서류, 문서철(보고서 및 관계행정기관과의 문서철), 문서접수 · 발송대장, 지원시설 및 상담소의 입소자 이용 및 이용자 관계서류(신상조사서, 건강기록부, 입 · 퇴소자 명단, 보호의 경과, 지도 · 상담, 법률지원의 내용 등), 운영일지 및 상담일지, 운영프로그램 관리대장(프로그램운영일지 및 평가 관련 서류), 상담원 교육 · 훈련 관계서류 등이 해당된다.

② 성매매피해자보호(지원)시설 재무 · 회계에 관한 장부는 총계정원장 및 수입 · 지출 보조부, 금전출납부 및 그 증빙서류, 예산서 및 결산서, 비품수불대장, 비품관리대장, 재산대장 · 재산목록과 그 소유 또는 사용을 증빙할 수 있는 서류, 시설입소자 또는 이용자의 비용부담 관계 서류, 각종 증빙서류 및 그 밖에 필요한 서류 등이 있다.

(2) 성매매피해자보호(지원)시설의 시설운영위원회 운영

① 시설운영위원회 구성은 다른 사회복지시설과 마찬가지로 「사회복지사업법」 제36조 및 시행규칙 제24조에 의거 시설의 운영에 관한 사항을 심의하기 위한 운영위원회를 구성 · 운영하며, 인원은 시설장을 포함하여 5인 이상 10인 이하의 위원으로 구성한다.

② 위원의 임기는 3년으로 하고, 위원장은 위원 중에서 호선하며, 운영위원회를 분기별 또는 반기별로 개최한다. 이때 운영위원회 운영일지를 작성 · 보관해야 한다.

2. 성폭력피해자보호시설

1) 성폭력피해자보호시설의 설치근거와 업무

(1) 성폭력피해자보호(지원)시설의 설치근거와 업무

① 성폭력피해자보호(지원)시설의 설치근거는 국가 또는 지방자치단체는 성폭력피해자보호시설을 설치 · 운영할 수 있으며, 국가나 지방자치단체 외의 사회복지법인 기타 비영리법인이 성폭력피해보호시설을 설치하고자 할 경우에는 시장 · 군수 · 구청장에게 신고하고 보호시설을 설치 · 운영할 수 있다고 규정하고 있는「성폭력방지 및 피해자보호 등에 관한 법률」제12조를 들 수 있다.

② 성폭력피해자보호(지원)시설은 다음의 업무를 수행한다.

가. 피해자 등의 보호 및 숙식 제공

나. 피해자 등의 심리적 안정과 사회 적응을 위한 상담 및 치료

다. 자립 · 자활 교육의 실시와 취업정보의 제공

라. 피해자 등의 질병치료와 건강관리를 위하여 의료기관에 인도하는 등 의료지원

마. 피해자에 대한 수사기관의 조사와 법원의 증인신문(證人訊問) 등에의 동행

바. 성폭력행위자에 대한 고소와 피해배상청구 등 사법처리 절차에 관하여「법률구조법」제8조에 따른 대한법률구조공단 등 관계 기관에 필요한 협조 및 지원요청

사. 다른 법률에 따라 보호시설에 위탁된 업무

아. 그 밖에 피해자 등을 보호하기 위하여 필요한 업무

(2) 성폭력피해상담소의 설치근거와 업무

① 성폭력피해상담소의 설치근거는「성폭력방지 및 피해자보호 등에 관한 법률」제10조에서 국가 또는 지방자치단체는 성폭력피해상담소를 설치 · 운영할 수 있으며, 국가 또는 지방자치단체 외의 자가 상담소를 설치 · 운영하고자 할 때에는 시장 · 군수 · 구청장에게 신고하여야 한다는 규정을 들 수 있다. 즉 사회복지법

인 기타 비영리법인은 시장 · 군수 · 구청장에게 신고하고 보호시설을 설치 · 운영할 수 있다는 규정을 두고 있다.

② 성폭력피해상담소의 업무는 다음과 같다.

가. 성폭력피해의 신고접수와 이에 관한 상담

나. 성폭력피해로 인하여 정상적인 가정생활 또는 사회생활이 곤란하거나 그 밖의 사정으로 긴급히 보호할 필요가 있는 사람과 제12조에 따른 성폭력피해자보호시설 등의 연계

다. 피해자 등의 질병치료와 건강관리를 위하여 의료기관에 인도하는 등 의료지원

라. 피해자에 대한 수사기관의 조사와 법원의 증인신문(證人訊問) 등에의 동행

마. 성폭력행위자에 대한 고소와 피해배상청구 등 사법처리 절차에 관하여 「법률구조법」 제8조에 따른 대한법률구조공단 등 관계 기관에 필요한 협조 및 지원요청

바. 성폭력 예방을 위한 홍보 및 교육

사. 그 밖에 성폭력 및 성폭력피해에 관한 조사 · 연구

2) 성폭력피해자보호시설의 유형과 입소(이용)대상

(1) 성폭력피해자보호시설의 유형

① 성폭력피해자보호시설

성폭력피해자보호시설의 종류는 다음과 같다. 보호시설의 설치 · 운영 기준, 보호시설에 두는 상담원 등 종사자의 수 및 인가 절차 등에 필요한 사항은 여성가족부령으로 정한다.

가. 일반보호시설 : 피해자에게 제13조 제1항 각 호의 사항을 제공하는 시설

나. 장애인보호시설 : 「장애인차별금지 및 권리구제 등에 관한 법률」 제2조 제2항에 따른 장애인인 피해자에게 제13조 제1항 각 호의 사항을 제공하는 시설

다. 특별지원 보호시설 : 「성폭력범죄의 처벌 등에 관한 특례법」 제5조에 따른

피해자로서 19세 미만의 피해자에게 제13조 제1항 각 호의 사항을 제공하는 시설

라. 자립지원 공동생활시설 : 제1호부터 제3호까지의 보호시설을 퇴소한 사람에게 제13조 제1항 제3호 및 그 밖에 필요한 사항을 제공하는 시설

마. 장애인 자립지원 공동생활시설 : 장애인보호시설을 퇴소한 사람에게 제13조 제1항 제3호 및 그 밖에 필요한 사항을 제공하는 시설

그리고 성폭력피해자보호시설의 시설유형별 입소기간은 다음과 같다. 다만 일반보호시설에 입소한 피해자가 대통령령으로 정하는 특별한 사유에 해당하는 경우에는 입소기간을 초과하여 연장할 수 있다.

가. 일반보호시설 : 6개월 이내. 다만, 여성가족부령으로 정하는 바에 따라 1년 6개월의 범위에서 한 차례 연장할 수 있다.

나. 장애인보호시설 : 2년 이내. 다만, 여성가족부령으로 정하는 바에 따라 피해회복에 소요되는 기간까지 연장할 수 있다.

다. 특별지원 보호시설 : 19세가 될 때까지. 다만, 여성가족부령으로 정하는 바에 따라 2년의 범위에서 한 차례 연장할 수 있다.

라. 자립지원 공동생활시설 : 2년 이내. 다만, 여성가족부령으로 정하는 바에 따라 2년의 범위에서 한 차례 연장할 수 있다.

마. 장애인 자립지원 공동생활시설 : 2년 이내. 다만, 여성가족부령으로 정하는 바에 따라 2년의 범위에서 한 차례 연장할 수 있다.

② 성폭력피해상담소

성폭력은 「형법」, 「성폭력범죄의 처벌 및 피해자보호 등에 관한 법률」, 「아동 · 청소년의 성보호에 관한 법률」, 「국가인권위원회법」, 「남녀고용평등과 일 · 가정 양립 지원에 관한 법률」 등에서 다루고 있다.

이러한 법률은 주로 처벌 위주의 내용을 다루고 있는데 성폭력피해상담소는 「성폭력방지 및 피해자보호 등에 관한 법률」에 근거하여 성폭력피해자를 상담하고 지원하려는 목적의 시설이며, 성폭력피해상담소는 가정폭력피해상담소와 통합상담소 형태로 설치 · 운영되는 경우도 있다.

(2) 성폭력피해자보호시설의 입소(이용)대상

「성폭력방지 및 피해자보호 등에 관한 법률」에서는 성폭력피해자보호시설의 입소대상과 상담소의 이용대상을 세부적으로 규정하고 있지 않으나 다양한 성폭력피해자로 볼 수 있다.

그리고 성폭력피해자보호시설의 입소절차는 본인이 입소를 희망하는 경우, 미성년자로서 보호자의 입소 동의가 있는 경우, 기타 친족성폭력 피해자, 정신지체인, 정신질환자, 사회복지시설의 수용자 등으로서 성폭력피해에 관하여 상담하는 직원의 상담결과 보호자의 입소 동의를 얻는 것이 적절하지 못하다고 인정되는 경우에 입소할 수 있다.

3) 성폭력피해자보호시설의 설치기준

(1) 성폭력피해자보호시설의 설치기준

① 성폭력피해자보호시설의 설치기준을 시설종류에 따라 정원규모별 연면적 중심으로 정리해보면 〈표 9-5〉에서와 같이 정리할 수 있다.

〈표 9-5〉 **성폭력피해자보호시설 설치기준**

시설의 종류	정원 규모별 연면적			
	7인 이하	8~10인	11~15인	16~20인
일반보호시설	-	99㎡ 이상	165㎡ 이상	198㎡ 이상
장애인보호시설	-	132㎡ 이상	198㎡ 이상	264㎡ 이상
특별지원 보호시설	-	132㎡ 이상	198㎡이상	264㎡ 이상
자립지원 공동생활시설	70㎡ 이상	-	-	-
장애인 자립지원 공동생활시설	103㎡ 이상	-	-	-

② 성폭력피해자보호시설의 설치기준을 구조 및 설비중심으로 정리하면 다음과 같다.

가. 보호시설의 구조 및 설비는 그 시설을 이용하는 사람의 나이별 특성에 맞도록 하고, 일조·채광·환기 등 이용자의 보건위생 및 재해 방지 등을 고려하여야 한다.

나. 보호시설은 다음의 설비를 갖추어야 한다. 다만, 시설의 형편에 따라 사무실, 상담실, 수직실의 시설을 겸용하거나 목욕실, 세탁장, 건조장의 시설을 겸용할 수 있다.

- 침실 및 거실은 적당한 난방 및 통풍시설을 하고 상당 시간의 일조량을 확보할 수 있도록 하여야 함
- 출입구는 비상재해 시 대피하기 쉽도록 복도 또는 넓은 공간을 향하도록 하여야 함
- 복도 등 공용면적을 제외한 거실의 실제면적은 입소자 1인당 6.6제곱미터 이상으로 하고 침실 1개의 수용인원은 4명 이하로 함
- 사무실은 사무를 위한 적절한 설비를 갖추어야 함
- 상담실은 공개되지 않고 편안한 분위기에서 상담할 수 있도록 적절한 설비를 갖추어야 함
- 숙직실은 숙직을 위한 적절한 설비를 갖추어야 함
- 식당 및 조리실은 채광 및 환기가 잘 되도록 함. 식기를 소독하고 위생적으로 취사 및 조리할 수 있는 설비를 갖추어야 함
- 목욕실은 욕탕, 샤워설비 및 세면설비를 갖춰야 함
- 세탁장은 세탁에 필요한 기계 및 기구 등의 설비를 갖추어야 함
- 건조장은 세탁물을 건조할 수 있는 설비를 갖추어야 함
- 화장실은 수세식 화장실을 갖추어야 함
- 급수시설은 상수도에 의함. 다만, 상수도를 이용할 수 없는 경우에는 「먹는물관리법」 제5조에 따른 먹는물의 수질기준에 적합한 지하수 등을 공급할 수 있는 시설을 갖추어야 함
- 지하수 등을 사용하는 경우 그 취수원은 화장실 등 지하수가 오염될 우려가 있는 장소로부터 20미터 이상 떨어진 곳에 위치하여야 함
- 빗물, 더러운 물 등의 배수에 지장이 없도록 배수설비를 하여야 함
- 비상재해대비시설은 「소방시설 설치유지 및 안전관리에 관한 법률」에서 정하는 바에 따라 소화 및 피난기구를 갖추는 등 시설 실정에 맞도록 비상재해대비시설을 갖추어야 함

다. 장애인보호시설 및 장애인 자립지원 공동생활시설의 경우 「장애인 · 노인 ·

임산부 등의 편의증진보장에 관한 법률」 시행규칙 제2조의 세부기준에 따른 편의시설을 갖추어야 한다.

(2) 성폭력상담소의 설치기준

① 상담소는 연면적 49.59m² 이상의 공간을 갖추어야 한다.

② 상담소의 구조 및 설비 기준은 다음과 같다.

가. 상담소의 구조 및 설비는 그 시설을 이용하는 사람의 나이별 특성에 맞도록 하고, 일조·채광·환기 등 이용자의 보건위생 및 재해 방지 등을 고려하여야 한다.

나. 상담소는 다음의 시설을 갖추어야 한다.

- 사무실은 사무를 위한 적절한 설비를 갖추어야 함
- 면접상담실은 사생활이 공개되지 않도록 방음시설을 갖추고 자연스럽고 편안한 분위기에서 상담할 수 있도록 적절한 설비를 갖추어야 함
- 전화상담실은 전화기 등 전화상담을 위한 적절한 설비를 갖추어야 함
- 회의실
- 보호실(임시보호업무를 수행할 필요가 있는 경우만 해당)
- 임시보호업무를 수행하려는 상담소는 피해자의 숙식에 필요한 최소한의 시설을 갖추되, 연면적이 9.9m² 이상이 되어야 함
- 비상재해대피시설은 「소방시설 설치유지 및 안전관리에 관한 법률」에서 정하는 바에 따라 소화기 및 피난기구를 갖추는 등 시설 실정에 맞도록 비상재해대피시설을 갖추어야 함

4) 성폭력피해자보호시설의 직원자격기준과 배치기준

(1) 성폭력피해자보호시설의 직원자격기준

① 성폭력피해자보호시설, 성폭력피해상담소의 시설장은 다음의 어느 하나를 갖춘 사람으로 한다.

가. 「사회복지사업법」 제11조에 따른 사회복지사 2급 이상의 자격을 취득한 후

성폭력방지 관련 업무에 5년 이상 근무한 경력이 있는 사람

나. 국가 및 지방자치단체에서 7급 이상 공무원으로 성폭력방지 관련 업무에 5년 이상 근무한 경력이 있는 사람

다. 상담원의 자격을 취득한 후 성폭력 방지 관련 사업을 목적으로 설립된 단체 · 기관 또는 시설에서 5년 이상 근무한 경력이 있는 사람

② 성폭력피해자보호시설, 성폭력피해상담소의 직원(상담원)은 다음의 어느 하나를 갖춘 사람으로 한다.

가. 「고등교육법」 제2조 제1호부터 제6호까지의 규정에 따른 학교를 졸업한 사람(이와 같은 수준 이상의 학력이 있는 사람을 포함)

나. 「사회복지사업법」 제11조에 따른 사회복지사의 자격을 취득한 사람

다. 「사회복지사업법」 제2조 제3호 및 제4호에 따른 사회복지법인, 사회복지시설 또는 사회복지단체의 임직원으로 성폭력방지 관련 업무에 3년 이상 근무한 경력이 있는 사람

라. 공무원으로 성폭력방지 관련 업무에 3년 이상 근무한 경력이 있는 사람

마. 「장애인복지법」 제58조에 따른 장애인복지시설 또는 장애인 관련 단체의 임직원으로 2년 이상 상담 및 보호업무에 근무한 경력이 있는 사람(장애인을 대상으로 하는 상담원의 경우만 해당)

③ 성폭력피해자통합지원센터의 시설장 및 직원은 〈표 9-6〉의 해당 개별기준 요건 중 어느 하나를 갖춘 사람으로 한다.

〈표 9-6〉 **성폭력피해자통합지원센터 직원자격기준**

구분		자격기준
성폭력피해자 통합지원센터 소장/부소장	소장	• 「의료법」 제77조에 따른 소아청소년과, 정신건강의학과, 또는 산부인과 전문의 자격을 취득한 후 3년 이상 해당 분야에서 진료한 경력이 있는 사람 • 「변호사법」 제4조에 따른 변호사 자격을 취득한 후 3년 이상 해당 분야에서 근무한 경력이 있는 사람
	부소장	• 사회복지학, 심리학, 아동학, 여성학 등의 분야에서 석사학위를 취득한 후 2년 이상 해당 분야에서 근무한 경력이 있는 사람 • 사회복지학, 심리학, 아동학, 여성학 등의 분야에서 학사학위를 취득한 후 4년 이상 해당 분야에서 근무한 경력이 있는 사람 • 「의료법」 제77조에 따른 소아청소년과, 정신건강의학과, 또는 산부인과 전문의 자격을 취득한 후 2년 이상 해당 분야에서 진료한 경력이

구분		자격기준
		있는 사람 • 「변호사법」 제4조에 따른 변호사 자격을 취득한 후 2년 이상 해당 분야에서 근무한 경력이 있는 사람
	정신건강임상심리사	• 심리학 또는 아동심리학 분야의 석사학위 소지자로서 1년 이상 수련을 받은 후 정신건강임상심리사 자격을 취득한 사람 • 심리학 또는 아동심리학 분야의 학사학위 소지자로서 1년 이상 수련을 받은 후 정신건강임상심리사 자격을 취득하고 해당 분야에서 2년 이상 근무한 경력이 있는 사람
성폭력피해자 통합지원센터 종사 직원	심리 치료사	• 사회복지학, 심리학, 아동학, 여성학 등의 분야에서 석사학위를 취득한 후 병원 또는 성폭력방지 관련 기관에서 1년 이상 심리치료사로 근무한 경력이 있는 사람 • 사회복지학, 심리학, 아동학, 여성학 등의 분야에서 학사학위를 취득한 후 병원 또는 성폭력방지 관련 기관에서 3년 이상 심리치료사로 근무한 경력이 있는 사람
	간호사	• 간호학 학사학위 소지자로서 「의료법」 제7조에 따른 간호사 면허를 취득한 후 해당 분야에서 2년 이상 근무한 경력이 있는 사람 • 간호학 전문학사학위 소지자로서 「의료법」 제7조에 따른 간호사 면허를 취득한 후 해당 분야에서 3년 이상 근무한 경력이 있는 사람
	상담원	• 사회복지학, 심리학, 아동학, 여성학 등의 분야에서 석사학위를 취득한 후 1년 이상 상담원으로 근무한 경력이 있는 사람 • 사회복지학, 심리학, 아동학, 여성학 등의 분야에서 학사학위를 취득한 후 2년 이상 상담원으로 근무한 경력이 있는 사람

④ 성폭력피해상담소 및 성폭력피해자보호시설의 장 및 상담원과 성폭력피해자통합지원센터의 상담원은 법 제19조의2에 따른 상담원 교육훈련시설에서 상담원 교육과정을 이수한 사람으로 한다.

(2) 성폭력피해자보호시설의 직원배치기준

① 성폭력피해자보호시설의 종사자는 전임이어야 하며, 다른 업무를 겸임할 수 없다. 그리고 특별지원 보호시설, 자립지원 공동생활시설 및 장애인 자립지원 공동생활시설의 경우 자립지원 전문상담원 1인을 상담원으로 배치하여야 한다.

② 성폭력피해자보호시설의 직원배치기준을 시설종류별로 보호시설의 정원에 따라 종사자 수를 정리해보면 〈표 9-7〉에서와 같다.

〈표 9-7〉 **성폭력피해자보호시설 직원배치기준**

시설의 종류		보호시설 정원			
		7인 이하	8인 이상 10인 이하	11인 이상 15인 이하	16인 이상 20인 이하
일반 보호시설	시설장		1	1	1
	상담원		2	2	2
	보조원		1	1	2
	총계		4	4	5
장애인 보호시설	시설장		1	1	1
	상담원		3	3	3
	보조원		1	2	3
	총계		5	6	7
특별지원 보호시설	시설장			1	1
	상담원			4	4
	보조원			2	2
	총계			7	7
자립지원 공동생활시설	시설장	1			
	상담원	1			
	보조원				
	총계	2			
장애인 자립지원 공동생활시설	시설장	1			
	상담원	1			
	보조원	1			
	총계	3			

5) 성폭력피해자보호시설의 정부지원과 운영기준

(1) 보호시설 운영비 국고보조금 지원

① 지원항목은 종사자 인건비, 기타운영비로 사용 가능하되, 기타 운영비는 시설운영경비, 피해자보호비 등 종사자 인건비성 경비를 제외한 모든 경비를 말한다. 즉 운영비로 집행할 수 있는 세부항목으로는 수용비(인쇄비, 소모성 물품 구입비, 간행물

구입비), 공공요금 및 제세, 임차료, 연료비, 시설장비유지비(건물 및 건축설비, 공구, 기구, 비품 기타 시설물의 유지관리비, 통신시설 유지비), 차량비, 재료비 등이다.

② 지원대상 시설은 지역형편을 감안하여 지자체에서 결정하되 종사자 호봉인상 및 운영비 부족으로 인한 추가소요분에 대하여 최소한의 재원을 지방비로 확보 · 지원한다.

(2) 보호시설 운영 및 회계관리

① 상담기록의 보존을 위하여 상담내용은 반드시 상담일지에 기록하여야 하며, 상담내용에 대한 보안을 유지해야 한다. 상담 관련 자료는 최소 3년 이상 보관해야 한다.

② 시설의 재무회계는 법인회계와는 별도로 구분하여 독립채산제로 운영한다. 재무회계관리는 「국가재정법」, 「지방재정법」 및 「물품관리법」 등 정부재무회계 관련 법령을 준용하여야 하며, 재무 · 회계에 관련 자료는 5년 이상 보존해야 한다.

③ 후원금을 받은 때에는 후원금 영수증을 후원자에게 즉시 발급(의료 · 사회복지 · 종교 · 학교법인 등 비영리법인을 통해 후원금 또는 지정기탁금을 수령한 경우 포함)하고 후원자가 후원금품의 용도를 지정했을 경우 지정용도 외의 사용은 원칙적으로 금하며, 후원자(법인, 단체 또는 개인)에게 연 1회 이상 후원금의 수입 및 사용 내역을 통보해야 한다. 아울러 후원금은 법인명의의 후원금전용계좌나 시설의 명칭이 부기된 시설장 명의의 계좌를 통하여 관리한다.

(3) 시설운영위원회 구성·운영

① 시설의 운영에 관한 사항을 심의하기 위한 운영위원회를 구성해야 하는데 위원은 위원장 및 시설장을 포함하여 5인 이상 10인 이하의 위원으로 구성한다. 그리고 위원회의 위원은 시설거주자 또는 시설거주자의 보호자 대표, 지역주민, 후원자 대표, 관계 공무원, 법조인, 언론인, 사회복지학 관련 교수 중에서 시설의 장이 관할 시 · 군 · 구청장에게 추천하여 임명 또는 위촉하는 방식을 취한다.

② 위원의 임기는 3년으로 하며 운영위원회는 분기별 또는 반기별로 개최하고 운영위원회 운영일지를 작성 · 보관한다.

3. 가정폭력피해자보호시설

1) 가정폭력피해자보호시설과 상담소 설치근거와 업무

(1) 가정폭력피해자보호시설의 설치근거와 업무

가정폭력피해자보호시설의 설치근거와 업무를 정리해보면 다음과 같다.

① 가정폭력피해자보호시설의 설치근거로는 「가정폭력방지 및 피해자보호 등에 관한 법률」 제7조(보호시설의 설치)에서 국가나 지방자치단체는 가정폭력피해자 보호시설을 설치·운영할 수 있다고 규정하고 있으며, 「사회복지사업법」에 따른 사회복지법인과 그 밖의 비영리법인은 시장·군수·구청장의 인가를 받아 보호시설을 설치·운영할 수 있다는 규정을 두고 있다.

② 법 제8조(보호시설의 업무)에서는 가정폭력피해자보호시설은 피해자 등에 대하여 다음의 업무를 행한다고 규정하고 있다.

가. 숙식의 제공

나. 심리적 안정과 사회적응을 위한 상담 및 치료

다. 질병치료와 건강관리를 위한 의료기관에의 인도 등 의료지원

라. 수사기관의 조사와 법원의 증인신문에의 동행

마. 법률구조기관 등에 필요한 협조와 지원의 요청

바. 자립자활교육의 실시와 취업정보의 제공

사. 다른 법률에 따라 보호시설에 위탁된 사항

아. 그 밖에 피해자 등의 보호를 위하여 필요한 일

(2) 가정폭력피해상담소의 설치근거와 업무

가정폭력피해상담소의 설치근거와 업무를 정리해 보면 다음과 같다.

① 「가정폭력방지 및 피해자보호 등에 관한 법률」 제5조(상담소의 설치·운영)에서는 국가나 지방자치단체는 가정폭력 관련 상담소를 설치·운영할 수 있다고 규정하고 있으며, 국가나 지방자치단체 외의 자가 상담소를 설치·운영하려면 특별자치도지사·시장·군수·구청장에게 신고하여야 한다는 규정을 두고 있다.

② 법 제6조에서는 가정폭력상담소의 업무를 다음과 같이 규정하고 있다.
가. 가정폭력 신고를 접수받거나 이에 관한 상담에 응하는 일
나. 가정폭력으로 정상적인 가정생활과 사회생활이 어렵거나 그 밖에 긴급히 보호를 필요로 하는 피해자 및 피해자가 동반한 가정구성원을 임시로 보호하거나 의료기관 또는 가정폭력피해자보호시설로 인도하는 일
다. 행위자에 대한 고발 등 법률적 사항에 관하여 자문하기 위한 대한변호사협회 또는 지방변호사회 및 「법률구조법」에 따른 법률 구조법인 등에 대한 필요한 협조와 지원의 요청
라. 경찰관서 등으로부터 인도받은 피해자 등의 임시 보호
마. 가정폭력의 예방과 방지에 관한 홍보
바. 그 밖에 가정폭력과 그 피해에 관한 조사·연구

2) 가정폭력피해자보호시설과 상담소 유형과 입소(이용)대상

(1) 가정폭력피해자보호시설

「가정폭력방지 및 피해자보호 등에 관한 법률」 제7조의 2에서 규정하고 있는 보호시설의 종류는 다음에서와 같이 단기보호시설, 장기보호시설, 외국인보호시설, 장애인보호시설로 구분하고 있다.

① 단기보호시설은 피해자 등을 6개월의 범위에서 보호하는 시설이다.
② 장기보호시설은 피해자 등에 대하여 2년의 범위에서 자립을 위한 주거편의 등을 제공하는 시설이다.
③ 외국인보호시설은 배우자가 대한민국 국민인 외국인 피해자 등을 2년의 범위에서 보호하는 시설이다.
④ 장애인보호시설은 「장애인복지법」의 적용을 받는 장애인인 피해자 등을 2년의 범위에서 보호하는 시설이다.

(2) 가정폭력피해자상담소

가정폭력(domestic violence, intimate partner violence)은 말 그대로 가정 내에서 부모, 배우자,

자식, 형제자매, 친척, 사실혼 관계에 있는 사람 등을 대상으로 행해지는 폭력을 말한다. 가정폭력상담소는 「가정폭력방지 및 피해자보호에 관한 법률」에 의해 설치되며, 가정폭력을 예방하고 가정폭력의 피해자를 보호함으로써 건전한 가정을 육성하기 위한 전문상담을 하는 것을 목적으로 하는 시설이다.

한편 가정폭력상담소는 성폭력상담소와 통합상담소 형태로 설치 · 운영되는 경우도 있다.

(3) 가정폭력피해자보호시설의 입소(이용)대상

「가정폭력방지 및 피해자보호에 관한 법률」 제7조의3(보호시설의 입소대상 등)에서 규정하고 있는 보호시설의 입소대상은 가정폭력피해자 등으로서 본인이 입소를 희망하거나 입소에 동의하는 경우, 「장애인복지법」 제2조에 따른 지적장애인이나 정신장애인, 그 밖에 의사능력이 불완전한 자로서 가정폭력행위자가 아닌 보호자가 입소에 동의하는 경우, 「장애인복지법」 제2조에 따른 지적장애인이나 정신장애인, 그 밖에 의사능력이 불완전한 자로서 상담원의 상담 결과 입소가 필요하나 보호자의 입소 동의를 받는 것이 적절하지 못하다고 인정되는 경우에 입소대상이 된다.

3) 가정폭력피해자보호시설의 설치기준

(1) 가정폭력피해자보호시설의 설치기준

① 가정폭력피해자보호시설의 설치기준을 규모 중심으로 정리하면 다음과 같다.

가. 보호시설은 입소정원 1인당 연면적 6.6m² 이상의 공간을 갖추어야 한다.

나. 보호 대상자의 보호가 시간적으로 긴급하거나 그 밖에 이에 준하는 부득이한 사유로 입소정원을 초과하여 피해자 또는 그 가정구성원을 보호할 필요가 있는 경우에는 입소정원의 30퍼센트를 초과하지 아니하는 범위에서 시설면적 기준을 적용하지 아니한다.

② 구조 및 설비 중심으로 정리하면 다음과 같다.

가. 보호시설의 구조 및 설비는 그 시설을 이용하는 사람의 연령별 특성에 맞도록 하고, 일조 · 채광 · 환기 등 이용자의 보건위생 및 재해 방지 등을 고려하

여야 한다.

나. 보호시설은 다음의 설비를 갖추어야 한다. 다만, 시설의 형편에 따라 사무실, 상담실, 숙직실의 시설을 겸용하거나 목욕실, 세탁장, 건조장의 시설을 겸용할 수 있다.

- 거실은 적당한 난방 및 통풍시설을 하고 상당시간의 일조량을 확보할 수 있도록 하여야 함
- 출입구는 비상재해 시 대피하기 쉽도록 복도 또는 넓은 공간을 향하도록 하여야 함
- 사무실은 사무를 위한 적절한 설비를 갖추어야 함
- 상담실은 공개되지 아니하고 편안한 분위기에서 상담할 수 있도록 적절한 설비를 갖추어야 함
- 숙직실은 숙직을 위한 적절한 설비를 갖추어야 함
- 식당 및 조리실은 채광 및 환기가 잘 되도록 함. 식기를 소독하고 위생적으로 취사 및 조리할 수 있는 설비를 갖추어야 함
- 목욕실은 욕탕, 샤워설비 및 세면설비를 갖춰야 함
- 세탁장은 세탁에 필요한 기계 및 기구 등 설비를 갖추어야 함
- 건조장은 세탁물을 건조할 수 있는 설비를 갖추어야 함
- 화장실은 수세식 화장실을 갖추어야 함
- 급수시설은 상수도에 의함. 다만, 상수도를 이용할 수 없는 경우에는 「먹는물관리법」 제5조에 따른 먹는물의 수질기준에 적합한 지하수 등을 공급할 수 있는 시설을 갖추어야 함
- 지하수 등을 사용하는 경우 그 취수원은 화장실 등 지하수가 오염될 우려가 있는 장소로부터 20미터 이상 떨어진 곳에 위치하여야 함
- 빗물, 더러운 물 등의 배수에 지장이 없도록 배수설비를 하여야 함
- 비상재해대비시설은 「소방시설 설치유지 및 안전관리에 관한 법률」에서 정하는 바에 따라 소화기 및 피난기구를 갖추는 등 시설 실정에 맞도록 비상재해대비시설을 갖추어야 함

(2) 가정폭력피해자상담소의 설치기준

① 가정폭력피해자상담소 연면적 49.59㎡ 이상의 공간을 갖추어야 한다.

② 상담소의 구조 및 설비는 그 시설을 이용하는 사람의 연령별 특성에 맞도록 하고, 일조·채광·환기 등 이용자의 보건위생 및 재해 방지 등을 고려하여야 한다.

③ 상담소는 다음의 시설을 갖추어야 한다.

가. 사무실은 사무를 위한 적절한 설비를 갖추어야 한다.

나. 면접상담실은 사생활이 공개되지 않도록 방음시설을 갖추고 자연스럽고 편안한 분위기에서 상담할 수 있도록 적절한 설비를 갖추어야 한다.

다. 전화상담실은 전화기 등 전화상담을 위한 적절한 설비를 갖추어야 한다.

라. 회의실

마. 보호실(임시보호업무를 수행할 필요가 있는 경우만 해당)은 임시보호업무를 수행하려는 상담소는 피해자의 숙식에 필요한 최소한의 시설을 갖추되 연면적이 9.9㎡ 이상이 되어야 한다.

바. 비상재해대피시설은 「소방시설 설치유지 및 안전관리에 관한 법률」에서 정하는 바에 따라 소화기 및 피난기구를 갖추는 등 시설 실정에 맞도록 비상재해대피시설을 갖추어야 한다.

(3) 가정폭력피해자긴급전화센터의 설치기준

① 가정폭력, 성매매, 성폭력, 데이터폭력 등의 상담을 위하여 중앙과 전국 시·도별 1개소씩 통합설치·운영되는 긴급전화센터는 연면적 100㎡ 이상의 독립된 공간을 갖추어야 한다.

② 긴급전화센터는 일조·채광·환기 등 종사자 및 이용자의 보건위생과 재해방지 등을 고려하여 종사자 및 이용자가 쾌적한 일상생활을 하는 데 적합한 규모 및 구조설비를 갖추어야 한다.

③ 긴급전화센터는 다음의 시설을 갖추어야 한다.

가. 사무실은 사무를 위한 적절한 설비를 갖추어야 한다.

나. 상담실은 33㎡ 이상의 규모로 구획된 전화상담실 및 개별상담실을 두어야 하며 상담내용이 노출되지 않고 자연스러운 분위기에서 상담할 수 있도록

상담원 간에 방음이 될 수 있는 차단벽 등의 설비를 갖추어야 한다.

다. 긴급피난시설은 야간, 심야 등 불가피한 사정으로 가정폭력피해자를 일시적으로 긴급보호하기 위하여 16.5㎡ 이상 규모의 긴급피난시설을 갖추어야 한다. 다만, 가정폭력피해자를 보호할 수 있는 긴급피난시설이 가까운 거리에 위치한 경우에는 설치하지 않을 수 있다.

라. 비상재해대피시설은 「소방시설 설치유지 및 안전관리에 관한 법률」에서 정하는 바에 따라 소화기 및 피난기구를 갖추는 등 시설 실정에 맞도록 비상재해대피시설을 갖추어야 한다.

4) 가정폭력피해자보호시설의 직원자격기준과 배치기준

(1) 가정폭력피해자보호시설의 직원자격기준

긴급전화센터 · 상담소 · 보호시설의 장 및 상담원은 다음 〈표 9-8〉의 개별기준 요건을 갖춘 사람으로서 법 제8조의3에 따른 교육훈련시설에서 상담원 교육과정을 이수하여야 한다.

〈표 9-8〉 **가정폭력피해자보호시설 직원자격기준**

구분	자격기준
상담소장 · 보호시설장	• 「사회복지사업법」에 따른 사회복지사 2급 이상의 자격을 취득한 후 가정폭력 방지업무에 3년 이상 종사한 경력이 있는 사람 • 국가 또는 지방자치단체에서 7급 이상의 공무원으로 가정폭력 방지업무에 5년 이상 종사한 경력이 있는 사람 • 가정폭력 상담원의 자격을 취득한 후 가정폭력 방지를 목적으로 설립된 단체 또는 시설에서 5년 이상 종사한 경력이 있는 사람 • 「사회복지사업법」에 따른 사회복지사 2급 자격을 취득한 후 외국인 관련 단체 또는 시설에서 3년 이상 종사한 경력이 있는 사람(외국인보호시설만 해당한다)
긴급전화 센터장	• 「사회복지사업법」에 따른 사회복지사 2급 이상의 자격을 취득한 후 가정폭력 · 성폭력 및 성매매 방지업무에 3년 이상 종사한 경력이 있는 사람 • 국가 또는 지방자치단체에서 7급 이상의 공무원으로 가정폭력 · 성폭력 또는 성매매 방지업무에 5년 이상 종사한 경력이 있는 사람 • 가정폭력 · 성폭력 또는 성매매 관련 시설 상담원의 자격을 취득한 후 가정폭력 · 성폭력 및 성매매 방지를 목적으로 설립된 단체 또는 시설에서 5년 이상 종사한 경력이 있는 사람

구분	자격기준
	• 「사회복지사업법」에 따른 사회복지사 2급 자격을 취득한 후 외국인 관련 단체 또는 시설에서 3년 이상 종사한 경력이 있는 사람(외국어 서비스를 제공하는 긴급전화센터만 해당한다)
상담소상담원 · 보호시설 상담원	• 「고등교육법」 제2조 제1호부터 제6호까지의 규정에 따른 학교 졸업자(이와 같은 수준 이상의 학력을 소지한 사람을 포함한다) • 「사회복지사업법」에 따른 사회복지사의 자격을 가진 사람 • 사회복지시설 · 사회복지단체의 임직원 또는 공무원으로서 가정폭력 방지업무에 3년 이상 종사한 경력(단순노무자로 근무한 경력은 제외한다)이 있는 사람 • 외국인 관련 단체 또는 시설에서 2년 이상 종사한 경력이 있는 사람(외국인보호시설만 해당한다) • 장애인 관련 단체 또는 시설에서 2년 이상 종사한 경력이 있는 사람(장애인보호시설만 해당한다)
긴급전화 센터상담원	• 가정폭력 또는 성폭력 관련 시설 상담원의 자격기준을 갖추고 가정폭력 관련 상담소 또는 성폭력피해상담소에서 상담업무에 1년 이상 종사한 사람 • 외국어에 능통하고 한국어 통역이 가능한 사람(외국어 서비스를 제공하는 상담원만 해당)

(2) 가정폭력피해자보호시설의 직원배치기준

① 가정폭력피해자보호시설에는 보호시설의 장 1명과 상담원 등 그 밖의 종사자를 다음 〈표 9-9〉에서와 같이 두어야 한다. 다만, 보호시설의 재정 여건 등 불가피한 사유가 있는 경우 보호시설의 장과 상담원은 겸임할 수 있다. 보호시설의 장은 전임이어야 하며, 다른 기관의 업무를 겸임할 수 없다.

〈표 9-9〉 **가정폭력피해자보호시설 직원배치기준**

구분	단기/장기/외국인 보호시설			장애인 보호시설
	5명 이상 10명 이하	11명 이상 30명 이하	31명 이상	
보호시설의 장	1	1	1	1
상담원	2	3	4	1
총계	3	4	5	2

② 가정폭력상담소에는 상담소의 장 1명, 상담원 2명 이상 등 상담 및 임시보호업무에 필요한 종사자를 두어야 한다. 다만, 상담소의 재정 여건 등 불가피한 사유가 있는 경우 상담소의 장과 상담원은 겸임할 수 있다.

③ 상담소의 장은 전임이어야 하며, 다른 기관의 업무를 겸임할 수 없다. 상담원의 근무시간은 평일 8시간을 원칙으로 한다.

(3) 가정폭력피해자긴급전화센터의 직원배치기준

① 긴급전화센터에는 긴급전화센터의 장 1명과 8명 이상의 상담원을 배치하여야 한다. 다만, 외국어 서비스를 제공하는 긴급전화센터는 주요 외국어별로 상담원을 배치하여야 한다.

② 긴급전화센터장과 상담원은 전임이어야 하며, 다른 기관의 업무를 겸임할 수 없다.

5) 가정폭력피해자보호시설의 정부지원과 운영기준

(1) 보호시설 운영비 국고보조금 지원

① 가정폭력피해자보호시설의 정부지원항목은 종사자 인건비, 기타 운영비로 사용 가능하되, 기타 운영비는 시설운영경비, 피해자보호비 등 종사자 인건비성 경비를 제외한 모든 경비를 말한다. 즉 운영비로 집행할 수 있는 세부항목으로는 수용비(인쇄비, 소모성 물품 구입비, 간행물 구입비), 공공요금 및 제세, 임차료, 연료비, 시설장비유지비(건물 및 건축설비, 공구, 기구, 비품 기타 시설물의 유지관리비, 통신시설 유지비), 차량비, 재료비 등이다.

② 지원대상 시설은 지역형편을 감안하여 지자체에서 결정하되 종사자 호봉인상 및 운영비 부족으로 인한 추가소요분에 대하여 최소한의 재원을 지방비로 확보 · 지원한다.

(2) 가정폭력피해자보호시설 운영 및 회계관리

① 가정폭력피해자보호시설의 상담기록 보존을 위하여 상담내용은 반드시 상담일지에 기록하여야 하며, 상담내용에 대한 보안을 유지해야 한다. 상담 관련 자료는 최소 3년 이상 보관해야 한다.

② 가정폭력피해자보호시설의 재무회계는 법인회계와는 별도로 구분하여 독립채산

제로 운영한다. 재무회계관리는 국가재정법, 지방재정법 및 물품관리법 등 정부 재무회계 관련 법령을 준용하여야 하며, 재무 · 회계에 관련 자료는 5년 이상 보존해야 한다.

③ 가정폭력피해자보호시설에서 후원금을 받은 때에는 후원금 영수증을 후원자에게 즉시 발급(의료 · 사회복지 · 종교 · 학교법인 등 비영리법인을 통해 후원금 또는 지정기탁금을 수령한 경우 포함)하고 후원자가 후원금품의 용도를 지정했을 경우 지정용도 외의 사용은 원칙적으로 금하며, 후원자(법인, 단체 또는 개인)에게 연 1회 이상 후원금의 수입 및 사용 내역을 통보해야 한다. 아울러 후원금은 법인명의의 후원금전용계좌나 시설의 명칭이 부기된 시설장 명의의 계좌를 통하여 관리한다.

(3) 가정폭력피해자긴급전화센터 운영기준

① 긴급전화센터 운영시간

가. 긴급전화센터(1366)는 서비스 대상자에 대하여 1년 365일 24시간 긴급 상담 및 안내 · 보호 조치를 할 수 있도록 8시간 3교대 근무체계로 상담원을 배치하여야 하며, 특히 야간에는 반드시 2명 이상의 상담원을 배치하여야 한다. 다만, 외국어 서비스를 제공하는 긴급전화센터로서 교대근무 및 야간 상담원 배치가 어려운 경우에는 여성가족부장관이 정하는 바에 따라 상담원을 다르게 배치할 수 있다.

나. 주간운영 시간(09시 이후~18시 이전)에는 서비스 대상자와 다양한 서비스를 연결하는 긴급보호 기능을 수행할 수 있도록 수신전화 회선을 5개 회선 이상 설치하여야 하며, 상담 또는 연계기능을 빠른 시간 내로 완결하여 상시 긴급통화가 가능한 상태를 유지하여야 한다.

다. 야간운영 시간(18시 이후~09시 이전)에는 정보 제공, 의료 서비스 및 위기개입 서비스 등의 종합서비스 제공기능을 수행한다.

② 긴급보호 조치

가. 긴급 상황에 처한 피해자가 가까운 상담소, 보호시설 또는 112, 119 등에 의하여 즉시 조치될 수 있도록 관련 기관과 긴급연락망을 구축하고 협조체계를 유지하여야 한다.

나. 긴급피난 및 긴급보호가 필요한 대상에 대해서는 긴급보호 조치를 한 후 관련 기관(상담소, 복지시설, 112, 119, 행정기관, 수사기관, 병원 등)과 협조하여 계속적인 보호가 가능하도록 조치하여야 한다.

Chapter 10

기타 사회복지시설운영의 지도감독

1. 사회복지관 / 지역자활센터

1) 사회복지관의 개요

(1) 사회복지관의 개념과 목표

① '사회복지관'이란 지역사회를 기반으로 일정한 시설과 전문 인력을 갖추고 지역주민의 참여와 협력을 통하여 지역사회복지 문제를 예방하고 해결하기 위하여 종합적인 복지서비스를 제공하는 시설을 말한다. 즉 지역사회의 인적·물적 자원을 동원하여 지역사회문제를 해결하고 주민의 복지욕구를 충족시키기 위한 종합적인 사회복지사업을 수행하는 사회복지시설이다. 사회복지사업현장에서는 '지역사회복지관'이나 '종합사회복지관'으로 불리기도 한다. 여기서 지역사회복지란 주민의 복지증진과 삶의 질 향상을 위하여 지역사회 차원에서 전개하는 사회복지를 말한다.

② 사회복지관은 사회복지서비스 욕구를 가지고 있는 모든 지역사회주민을 대상으로 보호서비스, 재가복지서비스, 자립능력 배양을 위한 교육훈련 등 그들이 필요로 하는 복지서비스를 제공한다. 아울러 가족기능 강화 및 주민 상호간 연대감 조성을 통한 각종 지역사회문제를 예방 · 치료하는 종합적인 복지서비스 전달기구로서 지역사회 주민의 복지증진을 위한 중심적 역할을 수행하는 것을 목표로 한다.

③ 우리나라의 사회복지관은 1983년의 「사회복지사업법」 개정에 따라 국고보조사업으로 자리 잡게 된 후 노태우 정부 시기인 1989년에 이르러 「주택건설촉진법(현 주택법)」 등에 저소득층 영구임대아파트 건립 시 일정규모의 사회복지관을 부속으로 건립할 것을 의무화 했던 것이 전국적인 활성화의 기반이 되었다. 이에 대한 주요연혁을 정리해보면 다음과 같다.

- 1906년 원산 인보관운동에서 사회복지관사업 태동
- 1921년 서울에 최초로 태화여자관 설립
- 1926년 원산에 보혜여자관 설립
- 1930년 서울에 인보관 설치
- 1983년 「사회복지사업법」 개정으로 사회복지관 운영 국고보조사업으로 규정화
- 1988년 사회복지관 운영 · 국고보조사업지침 수립
- 1989년 저소득층 영구임대아파트 건립 시 일정규모의 사회복지관 건립 의무화
- 1989년 사회복지법인 한국사회복지관협회 설립
- 2019년 기준으로 전국 466개소 설치 · 운영

(2) 사회복지관 운영의 기본원칙

사회복지관 운영규정에서 제시하고 있는 사회복지관 운영의 기본원칙을 보면, 사회복지관이 행하는 사회복지사업은 인도주의와 서비스를 필요로 하는 자의 존엄유지를 전제로 다음의 기본원칙에 따라 수행되어야 한다고 규정하고 있다.

① '지역성의 원칙'으로서 사회복지관은 지역사회의 특성과 지역주민의 문제나 욕구를 신속하게 파악하여 사업계획 수립 시 반영하여 지역사회의 문제를 해결하고, 이에 따른 서비스를 제공하여야 하며, 지역주민의 적극적 참여를 유도하여 주민의 능동적 역할과 책임의식을 조장하여야 한다.

② '전문성의 원칙'으로서 사회복지관은 다양한 지역사회문제에 대처하기 위해 일반적 프로그램과 특정한 문제를 해결할 수 있는 전문적 프로그램이 병행될 수 있도록 지식과 기술을 보유한 전문인력이 사업을 수행하도록 하고, 이들 인력에 대한 지속적인 재교육 등을 통해 전문성을 증진토록 하여야 한다.

③ '책임성의 원칙'으로서 사회복지관은 서비스 이용자의 욕구를 충족하고 지역사회 문제를 해결함에 있어서 효과성을 극대화하기 위하여 최선의 노력을 기울여야 한다.

④ '자율성의 원칙'으로서 사회복지관은 다양한 복지서비스를 효율적으로 제공하기 위하여 사회복지관의 능력과 전문성이 최대한 발휘될 수 있도록 자율적으로 운영하여야 한다.

⑤ '통합성의 원칙'으로서 사회복지관은 사업을 수행함에 있어 지역 내 공공 및 민간복지기관 간에 연계성과 통합성을 강화시켜 지역사회복지 체계를 효율적이고 효과적으로 운영되도록 하여야 한다.

⑥ '자원활용의 원칙'으로서 사회복지관은 주민욕구의 다양성에 따라 다양한 기능인력과 재원을 필요로 하므로 지역사회 내의 복지자원을 최대한 동원·활용하여야 한다.

⑦ '중립성의 원칙'으로서 사회복지관은 정치활동, 영리활동, 특정 종교활동 등에 이용되지 않게 중립성이 유지되어야 한다.

⑧ '투명성의 원칙'으로서 사회복지관은 자원을 효율적으로 이용하고 운영과정의 투명성을 유지하여야 한다.

(3) 사회복지관의 주요사업

① 지역사회복지관은 '사회복지관 설치운영규정'에 의한 사회복지관의 크기 및 규모(종합사회복지관 가형, 종합사회복지관 나형, 사회복지관형)[1]에 따라 운영하는 단위사업들이 다소 다르고, 지원규모도 차이가 있다. 즉 사회복지관의 역할과 기능은 모든 사회복지관들이 천편일률적인 사업을 시행하는 것이 아니라 사회복지관의 위치, 지역적 특성, 대상별 특성, 복지관의 규모, 담당인력 등에 의거하여 각 사회복지관이 전문성, 효율성, 책임성을 최대한 살릴 수 있는 능력의 범위 내에서 사업을 선택적으로 시행하는 것으로 한국사회복지관협회에서는 제시하고 있다.

② 지역사회복지관의 주요사업 분야로는 〈표 10-1〉에서와 같이 사례관리기능, 서비스제공기능, 지역조직화기능의 3가지 기능으로 구분되며, 그 중에서도 서비스

1) 2005년부터 사회복지관 사업이 지방자치단체로 이양되면서부터는 국고보조금 지원 기준에서 삭제되었다.

제공으로서는 가족기능강화, 지역사회보호, 교육문화, 자활지원 등 4개 영역이 있으나 사회복지관마다 특성에 따라 다소 다르게 사업을 추진할 수 있다. 당초 지역사회복지관 부설로 전담직원과 서비스차량을 별도로 두고 운영되었던 재가복지봉사센터 사업도 2011년부터는 '재가복지봉사서비스'라는 명칭으로 변경되어 지역사회복지관 내의 사업으로 통합이 되었다.

③ 2013년부터는 지역사회복지관의 3대 기능 중에서 서비스제공의 지역사회보호사업 분야의 사업으로 재편성되어 기존의 재가복지봉사서비스센터로서의 기능이 약화되었다고 볼 수 있다. 뿐만 아니라 지역자활센터가 시 · 군 · 구별로 확대하여 설치된 이후에는 지역사회복지관의 자활사업 분야가 축소되는 경향이며, 일부 사회복지관의 경우에는 운영법인의 성격에 따라 특정 사업 분야에 치중되는 사례도 있어서 당초 사회복지관 사업 취지에 부합되지 못하는 경향이 있다.

〈표 10-1〉 **사회복지관 주요사업 내용**

3대 기능	10개 사업 분야	사업 및 내용
(1) 사례관리 기능	① 사례발굴	지역 내 보호가 필요한 대상자 및 위기 개입대상자를 발굴하여 개입계획 수립
	② 사례개입	지역 내 보호가 필요한 대상자 및 위기 개입대상자의 문제와 욕구에 대한 맞춤형 서비스가 제공될 수 있도록 사례개입
	③ 서비스연계	사례개입에 필요한 지역 내 민간 및 공공의 가용자원과 서비스에 대한 정보제공 및 연계, 의뢰
(2) 서비스제공 기능	① 가족기능강화	1. 가족관계증진사업 : 가족원 간의 의사소통을 원활히 하고 각자의 역할을 수행함으로써 이상적인 가족관계를 유지함과 동시에 가족의 능력을 개발 · 강화하는 사업 2. 가족기능보완사업 : 사회구조 변화로 부족한 가족기능, 특히 부모의 역할을 보완하기 위하여 주로 아동 · 청소년을 대상으로 실시되는 사업 3. 가정문제해결 · 치료사업 : 문제가 발생한 가족에 대한 진단 · 치료 · 사회복귀 지원사업 4. 부양가족지원사업 : 보호대상 가족을 돌보는 가족원의 부양부담을 줄여주고 관련 정보를 공유하는 등 부양가족 대상 지원사업 5. 다문화가정, 북한이탈주민 등 지역 내 이용자 특성을 반영한 사업
	② 지역사회보호	1. 급식서비스 : 지역사회에 거주하는 요보호 노인이나 결식아동 등을 위한 식사제공 서비스 2. 보건의료서비스 : 노인, 장애인, 저소득층 등 재가복지사업대상자들을 위한 보건 · 의료관련 서비스

3대 기능	10개 사업 분야	사업 및 내용
		3. 경제적 지원 : 경제적으로 어려운 지역사회 주민들을 대상으로 생활에 필요한 현금 및 물품 등을 지원하는 사업 4. 일상생활 지원 : 독립적인 생활능력이 떨어지는 요보호 대상자들이 시설이 아닌 지역사회에 거주하기 위해서 필요한 기초적인 일상생활 지원서비스 5. 정서서비스 : 지역사회에 거주하는 독거노인이나 소년소녀가장 등 부양가족이 없는 요보호 대상자들을 위한 비물질적인 지원서비스 6. 일시보호서비스 : 독립적인 생활이 불가능한 노인이나 장애인 또는 일시적인 보호가 필요한 실직자 · 노숙자 등을 위한 보호서비스 7. 재가복지봉사서비스 : 가정에서 보호를 요하는 장애인, 노인, 소년 · 소녀가정, 한부모가족 등 가족기능이 취약한 저소득 소외계층과 국가유공자, 지역사회 내에서 재가복지봉사서비스를 원하는 사람에게 다양한 서비스 제공
	③ 교육문화	1. 아동 · 청소년 사회교육 : 주거환경이 열악하여 가정에서 학습하기 곤란하거나 경제적 이유 등으로 학원 등 다른 기관의 활용이 어려운 아동 · 청소년에게 필요한 경우 학습 내용 등에 대하여 지도하거나 각종 기능 교육 2. 성인기능교실 : 기능습득을 목적으로 하는 성인사회교육사업 3. 노인 여가 · 문화 : 노인을 대상으로 제공되는 각종 사회교육 및 취미교실운영사업 4. 문화복지사업 : 일반주민을 위한 여가 · 오락프로그램, 문화 소외집단을 위한 문화프로그램, 그 밖에 각종 지역문화행사사업
	④ 자활지원 등 기타	1. 직업기능훈련 : 저소득층의 자립능력배양과 가계소득에 기여할 수 있는 기능훈련을 실시하여 창업 또는 취업을 지원하는 사업 2. 취업알선 : 직업훈련 이수자 기타 취업희망자들을 대상으로 취업에 관한 정보제공 및 알선사업 3. 직업능력개발 : 근로의욕 및 동기가 낮은 주민의 취업욕구 증대와 재취업을 위한 심리 · 사회적인 지원프로그램 실시사업 4. 그 밖의 특화사업
(3) 지역조직화 기능	① 복지네트워크 구축	지역 내 복지기관 · 시설들과 네트워크를 구축함으로써 복지서비스 공급의 효율성을 제고하고, 사회복지관이 지역복지의 중심으로서의 역할을 강화하는 사업 – 지역사회연계사업, 지역욕구조사, 실습지도
	② 주민조직화	주민이 지역사회 문제에 스스로 참여하고 공동체 의식을 갖도록 주민 조직의 육성을 지원하고, 이러한 주민협력강화에 필요한 주민의식을 높이기 위한 교육을 실시하는 사업 – 주민복지증진사업, 주민조직화 사업, 주민교육
	③ 자원개발 및 관리	지역주민의 다양한 욕구 충족 및 문제해결을 위해 필요한 인력, 재원 등을 발굴하여 연계 및 지원하는 사업 – 자원봉사자 개발 · 관리, 후원자 개발 · 관리

자료 : 보건복지부, 『사회복지관 운영지침』 및 사회복지사업법 시행규칙 제23조의 2항의 [별표 3] 규정.

④ 사회복지관의 제반 사업은 저소득 취약계층과 지역주민에 대한 실질적인 사회복지서비스가 이루어질 수 있도록 각 사업을 유기적으로 연계하여 실시하여야 한다. 사회복지관 사업의 내용을 구체적으로 보면 사회복지관은 지역사회의 특성과 지역주민의 복지욕구에 대한 조사결과를 바탕으로 사업 내용을 자율적으로 결정하되, 다음 분야별 단위사업 중에서 해당 사회복지관의 실정에 적합한 프로그램을 선정하여 수행해야 한다.

⑤ 사회복지관사업의 대상자는 사회복지서비스 욕구를 가지고 있는 모든 지역주민으로 한다. 다만, 다음 각 호의 주민을 우선적인 사업대상자로 해야 한다.

가. 국민기초생활보장 수급자, 차상위계층 등 저소득 주민
나. 장애인, 노인, 한부모가족 및 다문화가족
다. 직업·부업훈련 및 취업알선이 필요한 사람
라. 보호 및 교육이 필요한 유아, 아동 또는 청소년
마. 그 밖에 사회복지관의 사회복지서비스를 우선제공할 필요가 있다고 인정되는 사람

⑥ 프로그램 사업에서는 사회복지관 전체 바닥면적 중 1개 프로그램의 사업에 사용되는 바닥면적은 사무실 등의 공간을 제외하고 사회복지관 사업에 직접 사용되는 바닥면적의 40% 이상을 초과하지 않아야 한다는 규정을 두고 있다.

⑦ 지역사회복지관의 사업 내용은 사회복지시설평가에서도 평가기준이 되는데, 「사회복지사업법」에 따라 1999년부터 시작된 제1차 평가에서는 2000년에 285개 사회복지관이 처음으로 평가되었으며, 2003년도, 2006년도, 2009년도, 2012년도, 2015년도, 2018년도에 이어서 각 3년마다 평가가 이루어져 왔다.

2) 사회복지관의 설치·운영

(1) 사회복지관의 설치

① 사회복지관 설치의 법적근거는 「사회복지사업법」 제2조(정의), 「사회복지사업법」 시행규칙(보건복지부령) 제23조(사회복지관의 설치기준) 및 제23조의2(사회복지관의 운영기준)이다. 그리고 임대단지 사회복지관의 법적근거는 「주택법」 제2조 제7호, 「주택건설기준 등에 관한 규정」 제5조 제6호, 「주택건설기준 등에 관한 규칙」 [별표 1]

제5호이다.

② 시설 설치의 우선순위를 보면 시 · 도지사 및 시장 · 군수 · 구청장이 사회복지관을 설치코자 할 때에는 저소득층 밀집지역에 우선 설치하되, 사회복지관이 일부지역에 편중되지 않도록 규정하고 있다. 시설의 설치 · 운영계획에서도 시 · 도지사 및 시장 · 군수 · 구청장은 관내의 저소득층 밀집지역, 요보호대상자 및 인구수, 기타 지역의 특성 등을 고려하여 사회복지관의 설치 · 운영에 관한 중장기 육성계획을 수립하고, 동 계획에 의하여 사회복지관이 설치 · 운영되도록 규정되어 있다.

③ 사회복지관 설치 · 운영주체를 보면 지방자치단체, 사회복지법인 및 기타 비영리법인이 사회복지관을 설치 · 운영할 수 있으며, 지방자치단체는 사회복지관을 설치한 후 사업의 전문성을 향상시키기 위해 운영능력이 있는 사회복지법인 등에 위탁하여 운영할 수 있다. 그리고 지방자치단체는 공공단체의 시설물을 위탁받아 사회복지관을 설치 · 운영하거나 사회복지법인 등에 위탁하여 운영할 수 있도록 하고 있다.

④ 사회복지관을 설치하고자 하는 자는 지역실정에 부합되는 종합서비스 기능을 제공하기 위한 강당, 회의실, 자원봉사자실, 방음설비를 갖춘 상담실 등의 서비스 공간을 마련하여야 하며, 장애인, 임산부 및 노약자의 이용에 지장이 없도록 출입문·계단·화장실 등에 편의시설을 설치하여야 한다. 즉 건축물의 시공에 있어서 에너지절약 및 화재예방 시설 등 시설물의 관리 및 안전점검 등에 필요한 설비를 갖추도록 해야 한다. 그리고 시장 · 군수 · 구청장은 사회복지관의 건축허가 시에는 이러한 유의사항에서 정한 사항을 준수토록 지도하여야 한다.

(2) 사회복지관의 운영

① 사회복지관의 사업계획 수립 시에는 지역주민의 복지욕구에 대한 조사, 주민간담회 및 공청회 등을 통하여 지역주민은 물론 시민단체, 관계행정기관 등 지역사회 구성원들의 의견을 충분히 수렴하여 반영하도록 한다.

② 시 · 도지사 및 시장 · 군수 · 구청장은 사회복지관이 지역사회복지협의체에 참여하여 시 · 군 · 구, 사회복지사무소 및 읍 · 면 · 동사무소 등 일선 행정기관과 연

계하는 등 업무수행에 있어서 민·관의 파트너십 형성을 통한 관리 및 운영의 실효성이 높아질 수 있도록 적극 장려한다.

③ 사회복지관장은 주민참여를 통해 사회복지관 사업의 효율을 높이기 위하여 사업의 전문분야별로 전문지식과 기술을 가진 자원봉사자를 발굴하여 교육 후 활용토록 해야 한다. 자원봉사자에 대해서는 사회복지관 사업에 대한 예비지식을 사전에 충분히 숙지토록 하여 책임을 고양토록 하고, 항상 계획적이고 조직적으로 활용할 수 있도록 하여야 한다.

④ 사회복지관의 사업수행은 주민의 의타심을 방지하고 사업의 효과를 높이기 위하여 사업에 소요되는 최소한의 실비를 이용자로부터 수납할 수 있다. 다만, 실비이용료 수납 프로그램에 대하여는 국민기초생활보장 수급권자 등 무료 이용자를 20% 내외로 한다. 수납된 실비이용료는 사회복지관의 세입예산에 편입하여 실비이용료를 받는 사업의 자체비용에 충당하고, 그 외 남은 금액에 대하여는 국민기초생활보장 수급권자 등 저소득층을 위한 사업에 우선적으로 사용하여야 한다.

⑤ 사회복지관 운영주체는 지방자치단체장의 시설운영 지침을 참고하여 조직 · 인사 · 복무 · 보수 · 회계 · 물품 · 문서 등 사회복지관의 관리·운영에 관하여 필요한 규정을 정하여 시행하여야 한다.

⑥ 법인이 운영하는 사회복지관의 직원은 정관이 정하는 바에 따라 법인의 대표이사 또는 관장이 임면한다. 「사회복지사업법」 시행규칙 제23조 제2항에서는 사회복지관장과 각 분야별 책임자는 다음의 자격을 갖춘 자로 규정하고 있다.[2)]

가. 관장은 2급 이상의 사회복지사 자격증 소지자 또는 이와 동등한 자격이 있다고 「사회복지사업법」 제36조의 규정에 의한 운영위원회에서 인정한 자이어야 한다.

나. 사무분야의 책임자는 2급 이상의 사회복지사자격증 소지자 또는 이와 동등한 자격이 있다고 운영위원회에서 인정한 자이어야 한다. 그리고 그 밖의 업무분야의 책임자도 해당 분야의 자격증 소지자이어야 한다.

2) 이러한 규정은 기본적인 조건이며, 사회복지사업현장에서는 프로그램 시행의 전문성 확보와 사회복지시설 평가에서 직원의 전문성을 자격증을 기준으로 평가하는 부문이 있으므로 대부분은 사회복지관 종사자의 대부분이 사회복지사 1급 자격을 소지하고 있는 경우가 많다.

(3) 사회복지관의 정부지원기준

① 사회복지관을 설치하기 위한 경비로는 부지확보비, 건립비, 기능보강비 등이 소요되며, 이를 세부적으로 보면 다음과 같다.

가. 사회복지관의 건립부지는 지방자치단체, 사회복지법인 또는 비영리법인이 확보한다. 즉 지방자치단체(공공단체 포함)가 건립부지를 사회복지법인 또는 비영리법인에 제공하는 경우도 있지만 사회복지법인 또는 비영리법인이 자체적으로 확보하는 경우도 있다.

나. 건립비(건축비)도 건립부지의 경우와 마찬가지로 지방자치단체, 사회복지법인 또는 비영리법인이 부담한다. 그리고 지방자치단체의 장은 사회복지관의 지역별 균형배치와 확충을 위하여 건립 부지를 확보하고 건립 이후 운영계획이 합리적이고, 재원조달 등 사업수행 능력이 있는 사회복지법인(신규법인 포함) 또는 비영리법인에 대하여 지방교부세법 및 지방재정법 등에 의하여 건립비를 지원할 수 있다.

다. 지방자치단체의 장은 사회복지관에 대해 시설물의 부족과 노후로 인한 시설 증·개축비와 직업보도장비, 도서실, 강당, 유아교육, 식당, 사무용설비 등의 장비구입비 등의 기능보강비를 「지방교부세법」 및 「지방재정법」 등에 의하여 지원할 수 있다.

② 사회복지관을 설치한 이후의 운영경비는 지방자치단체지원, 운영법인부담, 후원금모금을 통하여 충당된다.

가. 지방자치단체의 장은 지방자치단체, 사회복지법인, 비영리법인 등이 설치·운영하고 있는 시설로서 사업수행능력과 사업실적 등을 고려하여 사회복지관의 운영에 소요되는 운영경비를 「지방교부세법」 및 「지방재정법」 등에 의하여 지원한다.

나. 지방자치단체의 장은 지역주민에게 보다 많은 양질의 복지서비스를 제공하기 위하여 필요하다고 인정하는 경우 그 사업에 소요되는 운영경비를 별도로 지원할 수 있다.

다. 다른 법령(사업지침 포함)에 의하여 별도로 허가된 사업을 수행하는 경우 해당 법령에 의하여 지원하는 운영경비는 별개의 것으로 보며, 사회복지관 운영주체(법인 등)도 자체 재원을 확보하여 사회복지관 운영비를 추가로 지원할 수 있도록 노력하여야 한다.

(4) 사회복지관의 회계관리

사회복지관 회계관리의 기본지침은 지원조건 및 '사회복지법인 및 사회복지시설 재무 · 회계 규칙'의 규정에 의하여 집행하도록 규정하고 있으며 주요내용을 정리해보면 다음과 같다.

① 인건비, 사업비, 시설운영유지비, 공공요금, 제경비 등을 전년도 집행실적 등을 감안하여 최대한 절약하여 집행한다.

② 저소득층에 대한 상담, 취업알선, 결연, 자원봉사자 교육, 주민교육, 지역실태조사, 홍보 등은 사업비로 지출하며 직업 · 부업 기능훈련, 청소년 기능교실 운영, 취미 · 교양교실 운영, 영 · 유아보호 등은 실비이용료로 충당한다.

③ 저소득 취약계층의 자립지원을 위하여 직업 · 부업 기능훈련 등 실비이용료를 받는 사업에는 국민기초생활보장 수급권자 등 저소득층 주민이 원하는 경우 우선권을 부여하여야 하며, 이 경우 저소득계층에 대하여는 상담을 통해 이용료를 감면할 수 있다.

④ 관장, 사회복지사, 사무원 등 실비이용료를 받지 않는 사업에 종사하는 직원에 대한 인건비로 지출할 수 있으며, 실비이용료를 받는 프로그램에 종사하는 기능교사 등의 인건비는 실비이용료 등으로 충당한다.

⑤ 국민건강보험료, 고용보험료, 산재보험료, 퇴직금 적립금, 국민연금(60세 미만인 자) 등의 '사용자 부담분'으로 지출하며, 지방자치단체에서 지원하는 운영경비로 사회복지관 사업수행에 필요한 관련단체의 가입비, 회비, 종사자 교육비 등을 지출할 수 있다.

(5) 사회복지관의 현황보고 등

① 각 시 · 도지사는 재정의 지원 여부와 관계없이 관내에서 「사회복지사업법」의 규정에 의하여 사회복지관시설 설치신고를 받은 사회복지관(신규설치 시설을 포함)의 당해 연도 운영현황을 파악하여 이를 동법 시행규칙 제23조의2 제7항의

규정에 의한 별지 제15호의2 서식에 의거 다음 연도 1월 말까지 보건복지부장관에게 제출한다.

② 각 시 · 도지사는 관내에서 「사회복지사업법」에 의한 사회복지관 이외에는 '사회복지관', '복지관', '복지회관'이라는 명칭을 임의로 사용하지 못하도록 적극 지도 · 감독한다.

③ 사회복지관은 한국사회복지관협회에서 실시하는 각종 종사자 교육, 세미나, 실태조사, 조사 · 연구 등에 협조하여야 한다.

3) 지역자활센터

(1) 지역자활센터의 개요

① 지역자활센터는 2000년 10월부터 시행된 「국민기초생활보장법」상 자활사업을 통해 근로능력 있는 저소득층이 스스로 자활할 수 있도록 자활능력을 배양하고, 기능습득 지원 및 근로기회 제공을 위해 설치되었다. 즉 「국민기초생활보장법」에 근거를 둔 사회복지시설로 전국 시 · 군 · 구에 설치되어 있다. 그리고 지역자활센터는 국민기초생활보장제도상의 조건부 생계급여제도에 따라 자활사업에 참여하는 것을 조건으로 생계비를 지급받도록 하여 국가의 보호에 안주하는 도덕적 해이를 방지하는 제도적 장치로서의 설치목적이 있기도 하다.

② 국민기초생활보장제도상의 조건부 수급자 등을 위한 자활사업의 추진체계는 보건복지부와 지방정부의 사회복지행정조직 및 지역자활센터와 고용노동부 산하의 고용지원센터에서 담당하고 있으며 이를 정리해보면 〈표 10-2〉에서와 같다.

〈표 10-2〉 **국민기초생활보장제도 자활사업 추진체계 개요**

구 분	기능 · 역할	비 고
보건복지부	•국민기초생활보장제도 총괄 •종합자활지원계획 수립(매년 12월) •자활프로그램 개발 · 추진 •지역자활센터 지정 · 관리	자활정책·사업 총괄관리
시 · 도/ 시 · 군 · 구	•지역자활지원계획 수립(매년 1, 2월) •자활기금의 설치 · 운영 •급여 실시 여부 및 내용결정, 지급	자활사업 총괄시행

구 분	기능·역할	비 고
	•자활기관협의체 운영 •조건부수급자 책정 및 생계급여 중지 여부 결정 •가구별 자활지원계획 수립·관리	
읍·면·동	•조건부수급자 확인관리	조건부수급자 관리
고용노동부	•종합취업지원계획 수립(매년 12월) •취업지원 프로그램 개발·추진	취업대상자 총괄관리
고용지원센터	•개인별 취업지원계획 수립·관리 •취업알선 등 취업지원 프로그램 시행 •취업대상자의 조건이행 여부 확인	취업지원시행

(2) 지역자활센터의 자활사업대상자

① 자활사업대상자는 「국민기초생활보장법」 제9조 제5항과 「국민기초생활보장법」 시행령 제3조의2, 제7조, 제8조에 다음과 같이 명시되어 있다.

가. 조건부수급자는 근로능력이 있는 수급자 중 자활사업 참여를 조건으로 생계급여를 지급받는 수급자이다.

나. 자활급여특례자는 수급자가 자활근로, 자활공동체(이상 시·군·구 주관), 자활취업촉진사업(고용노동부 주관) 등 자활사업에 참가하여 발생한 소득으로 소득인정액이 선정기준을 초과한 자이다.

다. 저소득계층을 의미하는 차상위계층은 기초생활수급자는 아니지만 소득인정액이 최저생계비의 일정 비율(예 : 120%) 이하인 자이다.

라. 근로무능력자에 해당하나 학교 미진학자, 중퇴자, 가출자 등 18세 미만의 미성년자가 자활사업 참여를 희망할 경우에는 가급적 취업대상자로 분류하여 노동부 자활 프로그램 참여를 적극 유도한다.

② 근로능력자 판정에서는 근로능력이 있는 수급자를 18세 이상 64세 이하의 수급자로서 근로무능력자에 해당하지 아니하는 자로 분류하고 사업 종료 시기는 만 65세가 되는 날이 속하는 달의 말일까지로 한다. 그리고 근로무능력자는 「장애인고용촉진 및 직업재활법」 제2조 제2호의 규정에 의한 중증장애인, 보건복지부 장관이 정하는 질병 또한 부상에 해당하지 아니하는 질병·부상 또는 그 후유증으로 3월 이상의 치료 또는 요양이 필요한 자, 임산부(임신 중에 있거나 분만 후 6개월 미만 여자), 공익근무요원 등 법률상 의무를 이행 중인 자, 기타 근로가 곤란하다고

보건복지부장관이 정하는 자가 해당된다.

(3) 지역자활센터의 주요사업

① 지역자활센터 사업으로는 다음과 같은 사업이 있다.

가. 근로능력 있는 저소득층의 자활의욕 고취 및 기초능력 배양을 위한 교육 프로그램(한글학교, 컴퓨터 교실 등)을 개발 · 운영하고 자활을 위한 정보제공 · 상담 · 직업교육 및 취업알선사업이 있다.

나. 저소득층 창업 · 운영 등에 필요한 생업자금을 대여해주는 '생업자금 대여' 제도에 대한 적극적인 알선(국민기초생활보장법 시행령 제17조), 창업을 통해 자활할 수 있도록 기술 · 경영지원을 하고, 창업 후에도 적극적인 사후관리를 통해 완전 자립할 수 있도록 지원하는 사업이 있다.

다. 기초수급자 등 저소득층이 모여 경제적으로 자립할 수 있는 '자활공동체'를 설립해 자립 · 자활할 수 있도록 체계적으로 지원하기 위해서는 사회서비스 지원 사업으로 장애인, 산모 · 신생아, 노인돌보미 바우처사업 등 사회서비스 사업 위탁 수행과 기타 자활을 위한 각종 사업이 있다. 한편 사업성과에 따라 자활공동체는 '사회적 기업'이나 '협동조합'으로 전환이 되는 추세에 있다.

② 「국민기초생활보장법」 시행령 제20조 제2항의 규정에 의한 자활근로의 대상사업은 주택의 점검 또는 수선을 위한 집수리도우미 사업, 환경정비사업, 재활용품 선별 등 환경관련사업, 사회복지시설 · 학교 등의 시설물 정비사업, 노인 · 장애인 · 아동의 간병 · 보육 · 보호 등 사회복지사업, 숲 가꾸기 등 산림사업, 기타 보건복지부장관, 특별시장 · 광역시장 · 도지사 및 시장 · 군수 · 구청장이 정하는 사업이 있다.

(4) 자활센터의 유형

① 지역자활센터

가. 지역자활센터(시 · 군 · 구 단위)의 설치목적은 근로능력이 있는 저소득층에게 집중적 · 체계적인 자활지원서비스를 제공함으로써 자활의욕 고취 및 자립능력 향상을 지원하고, 기초수급자 및 차상위계층의 자활 촉진에 필요한 사업을

수행하는 핵심 인프라로서의 역할을 수행토록 하는 것이다.

나. 지역자활센터의 주요사업은 자활의욕 고취를 위한 교육, 자활을 위한 정보제공 · 상담 · 직업교육 및 취업알선, 생업(창업)을 위한 자금융자 알선과 자영창업 지원 및 기술 · 경영을 지도하는 자활공동체의 설립 · 운영지원, 기초수급자 등 저소득층이 모여 경제적으로 자립할 수 있는 공동체를 설립해 자립 · 자활할 수 있도록 체계적인 지원, 사회서비스지원 사업(장애인, 산모 · 신생아, 노인돌보미 바우처사업 등 사회서비스사업 위탁 수행), 기타 자활을 위한 각종 사업이 있다.

② 광역자활센터

가. 광역자활센터의 설치목적은 기초단위에서 단편적으로 추진되고 있는 자활지원체계를 광역단위의 자활사업 인프라를 구축하여 종합적이고 효율적으로 자활사업을 추진함으로써 자활사업 효과성 제고 및 활성화를 도모하기 위한 것이다.

나. 광역자활센터의 주요사업으로는 광역단위의 저소득층에 대한 창업지원, 광역단위의 저소득층에 대한 취업지원, 자활사업 실무자 및 참여자 교육훈련사업, 지역특화형 자활 프로그램 개발 · 보급, 자활기금 위탁운영, 기타 자활활성화를 위한 사업이 있다.

③ 중앙자활센터

가. 중앙자활센터의 설치목적은 자활지원을 위한 조사·연구 및 프로그램 개발 · 평가, 민간자원 연계 등의 기능 수행 및 자활관련 기관 간의 협력체계 구축 등의 지원업무를 전담하여 자활사업 지원체계의 전문성 및 효율성 제고에 있다.

나. 중앙자활센터의 주요사업으로는 자활지원을 위한 조사·연구·교육 및 홍보사업, 자활지원을 위한 사업의 개발 및 평가, 자활공동체의 기술 · 경영지도 및 평가, 자활관련 기관 간의 협력체계 및 정보네트워크 구축 · 운영, 기타 자활촉진에 필요한 사업으로서 보건복지부장관이 정하는 사업이 있다.

④ 자활기관협의체

가. 자활기관협의체의 설치목적은 조건부수급자 등 저소득층의 자활을 위한 사

업 의뢰 및 사후관리체계 구축, 지역자활지원사업의 활성화를 위한 공공민간자원의 총체적 활용 도모, 수급자의 자활 및 복지욕구 충족을 위한 지역사회 중심의 복지서비스 연계시스템을 마련함으로써 실질적인 사례관리(Case Management)체계 구축에 있다.

나. 자활기관협의체의 주요사업으로는 자활기관협의체 대표자회의, 자활기관협의체 실무자 회의, 조건부수급자 분류 시 관련기관 간 협의, 자활근로 민간위탁단체 선정, 지역자활지원 연계망 구축 및 우수사례 발굴 · 전파사업이 있다.

2. 사회복지공동모금회 / 사회복지협의회

1) 사회복지공동모금회

(1) 공동모금의 개념 및 사회복지공동모금회의 설치목적

① 현대 복지국가에서 급증하는 사회복지사업을 시행하는 데 있어서 재원조달문제는 가장 근본적인 사안이 된다. 어떤 형태로든지 사회복지대상자를 돕는 일에는 반드시 재정이 필요하기 때문이다. 이처럼 공동모금문제는 이러한 재원조달문제 논의에서 출발한 것으로 정부의 재정지원의 한계를 극복하고 민간 재원 동원의 한 방법으로 영국에서 출발되어 각국에서 시행하고 있다. 이는 이웃을 위한 상부상조정신으로 지역주민의 참여를 유도하는 지역사회조직사업의 한 방법으로 볼 수 있다.

② 사회복지공동모금회 정관 제1조에 의하면 사회복지공동모금회는 「사회복지공동모금회법」에 따라 설립된 법인으로서 공동모금운동을 통하여 사회복지에 관한 국민의 이해와 참여를 촉진하고, 국민의 자발적인 성금으로 공동모금된 재원을 효율적이고 공정하게 관리 · 운용함으로써 사회복지 증진에 이바지함을 목적으로 한다.

③ 1999년에 사회복지공동모금회가 설립되기까지의 주요 연혁을 보면 1997년 3월에

「사회복지공동모금법」이 제정(1998. 07 시행)되었고, 1998년 11월에 사회복지법인 전국공동모금회가 설립되었으며, 1999년 3월에 「사회복지공동모금회법」으로 법률이 개정된 후에 중앙 및 16개(현, 17개) 시 · 도지회 체제가 확립되었다.

(2) 사회복지공동모금회의 주요사업

사회복지공동모금회의 주요사업으로는 사회복지공동모금사업, 공동모금재원의 배분, 공동모금재원의 운용 및 관리, 사회복지공동모금에 관한 조사 · 연구 · 홍보 및 교육훈련, 지회의 운영, 사회복지공동모금에 관한 국제교류 및 협력증진사업, 다른 기부금품모집자와의 협력사업, 기타 모금회의 목적달성에 필요한 사업으로 구성된다. 다음에서는 모금사업과 배분사업으로 구분하여 살펴보고자 한다.

① 모금사업

가. 모금원칙은 국민의 자발적 참여를 기초로 하여 모금활동을 하고, 모금회는 모금활동을 효율적으로 수행하기 위하여 노력하여야 한다. 이를 위하여 모금회는 개별모금관련단체 등과 협력을 추구할 수 있다.

나. 모금회는 기부금품을 모집 · 접수할 수 있으며, 기부금품의 모집 · 접수, 영수증 교부 등에 필요한 사항은 이사회 의결을 거쳐 별도의 규정으로 정한다. 그리고 모금회는 기부금품의 모집 · 접수를 위하여 필요한 광고 등 용역을 무상으로 제공받은 경우 영수증을 교부할 수 있다.

다. 모금회는 기부자의 지정 취지에 따라 배분할 경우 법령 또는 모금회의 사업목적에 위반되거나 유사한 보호대상자보다 보호수준이 현저히 높은 경우에는 그 사실을 기부자에게 설명하고 다시 지정하게 하거나 일반기탁금으로 전환하도록 요구하여야 한다. 모금회는 기부자가 상기 요구를 거부할 경우 지정기부금품의 접수를 거부할 수 있다. 그리고 모금회는 「사회복지공동모금회법」 제25조 제4항에서 정하는 범위 내에서 이사회의 의결로 정한 비율을 사업 수행에 필요한 운영비로 사용할 수 있다.

② 배분사업

가. 배분원칙은 모금회는 배분을 통하여 지역사회 복지증진과 사회복지서비스

의 활성화를 기하여야 하고 사회복지사업 및 사회복지활동, 사회복지 프로그램을 행하는 자를 넓게 포괄하여야 한다. 즉 배분은 지역 · 단체 · 대상자 및 프로그램별로 복지수요가 공정하게 충족되도록 하여야 하고 과정과 결과가 투명하여야 함은 물론 배분은 평가를 바탕으로 하여 효과적이고 효율적으로 실시되어야 한다.

나. 배분방법은 지회를 통하여 배분해야 한다. 단, 전국규모의 사회복지사업 · 긴급지원사업 · 시범사업 · 국제보건의료지원사업 등 지회를 통하여 배분하기 곤란한 사업은 중앙회가 직접 배분한다.

다. 배분사업의 종류는 신청사업 · 지정기탁사업 · 기획사업 · 긴급지원사업으로 구분한다. 상기의 사업 외에도 효과적인 배분 및 평가를 위하여 필요한 경우 이사회의 의결을 거쳐 별도의 사업을 실시할 수 있다.

라. 모금회는 사회복지 증진과 사회복지서비스의 질적 향상을 위하여 배분사업을 평가하고 그 결과를 이사회에 보고하여야 하며, 다음 회계연도 배분기준에 이를 반영하여야 한다.

2) 사회복지협의회

(1) 사회복지협의회의 설치목적 및 연혁

① 사회복지협의회는 사회복지에 관한 조사 · 연구와 각종 복지사업을 조성하고 각종 사회복지사업과 활동을 조직적으로 협의 · 조정하며 사회복지에 대한 국민의 참여를 촉진시킴으로써 우리나라의 사회복지 증진과 발전에 기여함을 목적으로 한다. 그리고 사회복지협의회는 중앙에 한국사회복지협회가 설치되어 있고, 지방에 시 · 도협의회와 시 · 군 · 구협의회가 설치되어 있다.

② 사회복지협의회가 2003년 7월에 「사회복지사업법」 개정으로 시 · 군 · 구협의회가 법정단체화로 되기까지의 주요 연혁을 보면 1952년 2월 15일에 부산에서 한국사회사업연합회 창립총회를 하였고, 1954년 12월 17일에 사단법인(사회부 허 70호) 허가를 취득한 후, 1961년 6월 25일 법률 제621호에 의거 16개 사회복지단체를 병합하여 사단법인 한국사회복지사업연합회로 변경하였다.

③ 1970년 4월 4일 제21차 총회에서 정관을 개정하여 종래의 시설장 중심의 협의체

조직형태에서 사회복지단체와 관계인사를 포함한 사회복지협의기구로 개편하고 1970년 5월 22일에는 사회복지법인 한국사회복지협의회로 법인격을 변경하여 보건사회부 허가를 받았다.

④ 1983년 5월 21일 개정된 「사회복지사업법」에 의거 한국사회복지협의회는 법정단체로 됨과 아울러 회원을 확대하고, 지방사회복지협의회를 조직하였는데 1998년 12월에 시 · 도사회복지협의회가 독립법인으로 설립되었다. 그리고 2003년 7월 30일 「사회복지사업법」 개정으로 시 · 군 · 구협의회가 법정단체화로 인정되었다.

(2) 사회복지협의회의 주요사업

① 사회복지협의회의 주요사업으로는 사회복지에 관한 조사 · 연구 및 정책건의, 사회복지종사자에 관한 교육훈련, 복지증진, 사회복지에 관한 자료수집, 간행물 발간 및 홍보, 식품자원기부촉진 기반조성, 자원봉사활동의 진흥, 국제사회복지단체와의 교류협력, 사랑나눔실천운동 전개, 소아암 · 백혈병 및 희귀난치성질환아 진료비 지원사업, 시 · 도사회복지협의회 업무지원 및 협력증진, 사회복지자원 개발 및 정보화사업의 진흥, 사회공헌 문화주도 및 종합정보 제공, 국가복지정보시스템 운영을 통한 사회복지시설 업무효율성 제고, 보건복지부장관이 위탁하는 사회복지에 관한 업무 등의 다양한 사회복지사업으로 구성되어 있다.

② 사회복지시설평가 사업은 2017년부터는 사회보장정보원이 맡고 있는데, 사회복지협의회는 2005년부터 2016년까지 보건복지부장관의 위탁을 받아 수행했던 사업이다. 사업목적을 보면 장기적으로는 사회복지시설의 투명성과 서비스의 질 향상을 통한 사회복지시설 이용자와 국민의 복지수준 향상에 기여, 사회복지시설 평가결과를 반영한 예산집행의 효율성과 합리성을 유도, 사회복지시설 운영의 선진화를 지원하기 위한 것이다. 단기적 목적으로는 입소 및 이용시설에 대한 평가를 통하여 효율적이고 효과적인 사회복지시설의 운영기반을 정착시키고, 시설 간 선의의 경쟁을 유도하고, 시설 이용자의 인권이 보호되고 지역사회와의 긴밀한 연계 속에서 사회복지시설의 운영이 이루어질 수 있는 기반을 마련함은 물론 사회복지시설 실태파악을 통하여 국가 지원수준에 대한 과학적인 근거자료로 삼기 위함이다.

③ 사회복지봉사활동 인증관리사업은 사회복지봉사활동 실적의 인증관리 및 인정과 보상체계 마련과 사회복지봉사활동의 효율적인 운영관리 및 상호협력체계를 구축하고 사회복지봉사활동의 정책통계 제공 및 활성화 기반조성을 위한 사업이다. 사회복지활동 인증관리사업의 근거는 「사회복지사업법」 제9조, 동법시행령 제25조 제2항, 사회복지봉사활동인증관리규정(2001. 11 보건복지부 승인)에 있으며, 사업주체는 한국사회복지협의회, 시 · 도사회복지협의회가 주관이 되고 보건복지부, 지방자치단체가 주체가 되어 사업수행은 자원봉사자 양성 · 관리 기관(법인 · 단체 · 시설 · 보건 · 의료 · 기업 등)이 맡아서 하고 있다.

④ 사회복지봉사활동인증사업 운영체계는 중앙관리본부, 지역관리본부, 사회복지봉사활동인증센터로 구성된다.

가. 중앙관리본부(한국사회복지협의회)의 업무

- 인증관리사업 총괄 운영 · 관리
- DB시스템 구축 및 총괄 운영 · 관리
- 인증관리사업 계획수립 및 정책건의
- 인증관리사업 주체 간 협력체계 구축
- 인증센터의 지정 및 취소
- 지역관리본부 및 기초관리본부, 인증센터 지도 · 점검
- 사회복지봉사활동 정보제공 및 홍보 · 출판업무
- 자원봉사자 카드 발급 및 관리
- 지역관리본부 담당자 교육훈련 및 사회복지봉사활동 전문관리자 육성
- 기타 전국 사회복지봉사활동 인증관리사업 활성화 업무 등

나. 지역관리본부(시 · 도사회복지협의회)의 업무

- 인증관리사업 및 DB시스템 총괄 운영 · 관리
- 인증관리사업 계획수립 및 정책건의
- 인증센터 지정 · 취소 의뢰
- 인증요원의 양성 및 보수교육
- 인증요원의 위촉 및 해촉
- 인증센터 및 인증요원 현황에 대한 확인 및 지도 · 점검
- 관할지역 봉사활동 정보제공 및 홍보 · 출판물 발간

- 인증관리사업 관련 중앙관리본부 계획의 시행
- 관할지역 내 자원봉사자 카드발급 신청 · 관리에 관한 안내
- 기타 중앙관리본부가 시달하는 인증관리업무 수행 등

다. 사회복지봉사활동인증센터의 업무

- 봉사활동 및 인증센터 현황정보 등의 DB시스템 등록 · 관리
- 자원봉사자 모집 · 교육훈련 · 배치 등
- 봉사실적 정보등록 및 관리와 '사회복지봉사활동 실적 인증서'의 발급 · 관리
- 인증센터 소속 자원봉사자 등록정보의 관리
- 소속 봉사자의 자원봉사자 카드 발급안내
- 인증센터 및 인증요원에 관한 정보 변경사항의 관할 지역관리본부 보고
- 지역관리본부가 시달하는 인증관리사업 관련 계획 시행
- 기타 인증관리사업에 관한 사항

3. 노숙인복지시설

1) 노숙인복지시설의 개념과 설치목적

'노숙인'이라 함은 일정한 주거와 생업수단 없이 상당한 기간 거리에서 배회 또는 생활하는 사람, 상당기간 동안 주거로서의 적절성이 현저히 낮은 곳에서 생활하는 사람, 노숙인시설을 이용하거나 상당한 기간 동안 노숙인시설에서 생활하는 사람으로서 18세 이상의 자를 말한다. 그리고 유사한 개념으로서 '부랑인'이 있으나 「노숙인 등의 복지 및 자립지원에 관한 법률」이 제정된 2011년 6월 이후에는 '노숙인'으로 통합이 되어 사용되고 있다.

따라서 노숙인복지시설은 이러한 노숙인을 보호하고 자활을 지원할 목적으로 「노숙인 등의 복지 및 자립지원에 관한 법률」에 근거하여 설치된 사회복지시설을 의미한다. 보건복지가족부(현, 보건복지부)가 발표한 '2008년 노숙인 · 부랑인 현황'에 따르면, 정부가 공식 집계한 전체 부랑인 9,492명 중 여성이 3,305명(34.8%)을 차지한 것으로 조사

되어 노숙인 3명 중 1명은 여성에 해당한다.

2) 노숙인복지시설의 유형과 입소(이용)대상

(1) 노숙인복지시설의 유형

① 노숙인일시보호시설은 노숙인 등에게 일시보호 및 복지서비스 연계 등을 제공하는 시설이다.
② 노숙인자활시설은 노숙인 등의 자립을 지원하기 위하여 전문적인 직업상담 · 훈련 등의 복지서비스를 제공하는 시설이다.
③ 노숙인재활시설은 신체 및 정신장애 등으로 자립이 어려운 노숙인 등에게 치료 및 재활서비스를 제공하는 시설이다.
④ 노숙인요양시설은 건강상의 문제 등으로 단기간 내 가정 및 사회복귀가 어려운 노숙인 등에게 요양서비스를 제공하는 시설이다.
⑤ 노숙인급식시설은 제11조에 따른 급식시설이다.
⑥ 노숙인진료시설은 제12조에 따른 진료시설이다.
⑦ 그 밖에 보건복지부령으로 정하는 시설이 있다.

(2) 노숙인복지시설의 입소(이용)대상

노숙인복지시설에 입소할 수 있는 노숙인은 보호기관이 입소시설에서의 보호가 필요하다고 인정하는 자, 입소시설에서 보호받기를 희망하는 자, 관계기관 또는 노숙인종합지원센터로부터 보호의 요청을 받은 자가 해당이 된다.

3) 노숙인복지시설의 시설기준

노숙인시설 설치기준이 2005년 1월에 「부랑인 및 노숙인 보호시설 설치 · 운영규칙」의 규정에 신설이 되었으며, 이 규정에서는 기존에 설치된 시설에 대해서는 2012년까지 그 기준을 충족하도록 유예기간을 두었다.

(1) 노숙인일시보호시설

노숙인일시보호시설의 시설기준을 정리해보면 〈표 10-3〉에서와 같으며, 세부기준으로는 다음과 같은 규정을 두고 있다.

① 남녀를 구분하여 운영하여야 하며, 필요한 경우 여성 전용 노숙인일시보호시설을 설치·운영할 수 있다.

② 다른 노숙인시설과 같은 건물을 사용하는 경우에는 거실을 제외한 나머지 설비는 공동으로 사용할 수 있다.

③ 감염병환자는 격리하여 보호하여야 한다.

④ 비상재해대비시설에는 「소방시설 설치·유지 및 안전관리에 관한 법률」 시행령 [별표 1]에 따른 소화기구를 갖추어 두어야 한다.

〈표 10-3〉 **노숙인일시보호시설 시설기준**

구분	노숙인일시보호시설
시설 면적	특별시·광역시의 경우 99m²(30평) 이상, 특별시·광역시 외의 지역은 50m²(15평) 이상일 것
수면실 면적	특별시·광역시의 경우 49.5m²(15평) 이상, 특별시·광역시 외의 지역은 26.4m²(8평) 이상일 것
설비	수면실, 사무실, 의무실, 조리실, 화장실(목욕할 수 있는 설비를 갖추어야 한다), 세탁실, 물품보관실, 급수·배수시설 및 비상재해대비시설을 설치할 것

(2) 노숙인자활시설

노숙인자활시설의 시설기준을 정리해보면 〈표 10-4〉에서와 같으며, 세부기준으로는 다음과 같은 규정을 두고 있다.

① 상시 입소인원이 100명을 초과하는 경우의 시설 면적은 13.22제곱미터×100+13.22제곱미터×0.7(입소정원−100)으로 한다.

② 시설이 특별시 및 광역시의 주거지역 또는 상업지역에 설치될 경우 〈표 10-4〉의 1명당 면적 기준의 70퍼센트로 완화하여 적용할 수 있다.

③ 남녀를 구분하여 운영하여야 하며, 시설의 설비와 구조는 보호하고 있는 노숙인 등의 성별 및 장애 유형별 특성에 맞도록 하여야 한다.

④ 비상재해대비시설에는 「소방시설 설치·유지 및 안전관리에 관한 법률」 시행령

[별표 1]에 따른 소화기구를 갖추어 두어야 한다.

〈표 10-4〉 **노숙인자활시설 시설기준**

구분	상시 30명 이상인 시설	상시 30명 미만 10명 이상인 시설	상시 10명 미만인 시설
1명당 시설 면적	13.22m² 이상	9.9m² 이상	9.9m² 이상
1명당 수면실 면적	3.3m² 이상	3.3m² 이상	3.3m² 이상
설비	수면실, 사무실(상담실 겸용), 프로그램실, 의무실(100명 이상인 시설만 해당한다), 조리실, 화장실(목욕할 수 있는 설비를 갖추어야 한다), 급수·배수시설 및 비상재해대비시설을 설치할 것	수면실, 사무실(상담실 겸용), 조리실, 화장실(목욕할 수 있는 설비를 갖추어야 한다), 급수·배수시설 및 비상재해대비시설을 설치할 것	수면실, 사무실(상담실 겸용), 조리실, 화장실(목욕할 수 있는 설비를 갖추어야 한다), 급수·배수시설 및 비상재해대비시설을 설치할 것

(3) 노숙인재활시설

노숙인재활시설의 시설기준을 정리해보면 〈표 10-5〉에서와 같으며, 세부적인 기준은 다음과 같다.

① 입소정원이 100명을 초과하는 경우의 시설 면적은 15.9제곱미터×100+15.9제곱미터×0.7(입소정원-100)으로 한다.

② 시설이 특별시 및 광역시의 주거지역 또는 상업지역에 설치될 경우 〈표 10-5〉의 1명당 면적 기준의 70퍼센트로 완화하여 적용할 수 있다.

③ 남녀를 구분하여 운영하여야 하며, 시설의 설비와 구조는 보호하고 있는 노숙인 등의 성별 및 장애 유형별 특성에 맞도록 하여야 한다.

④ 정신질환자 및 알코올중독자는 구분하여 수용하고, 감염병환자는 격리하여 수용하여야 한다.

⑤ 공동작업장은 시설에서 자활사업을 운영하려는 경우 설치하여야 한다.

⑥ 비상재해대비시설에는 「소방시설 설치·유지 및 안전관리에 관한 법률」 시행령 [별표 1]에 따른 소화기구를 갖추어 두어야 한다.

〈표 10-5〉 **노숙인재활시설 시설기준**

구분	상시 30명 이상인 시설	상시 10~29명인 시설	상시 10명 미만인 시설
입소정원 1명당 시설 면적	15.9m² 이상	15.9m² 이상	13.22m² 이상
입소정원 1명당 수면실 면적	5.0m² 이상	5.0m² 이상	3.3m² 이상
설비	수면실, 사무실, 상담실, 의무실, 프로그램실, 공동작업장(100명 이상인 시설만 해당한다), 도서실 또는 오락실, 조리실, 목욕실, 화장실, 급수·배수시설 및 비상재해대비시설을 설치할 것	수면실, 사무실(상담실 겸용), 조리실, 화장실(목욕할 수 있는 설비를 갖추어야 한다), 급수·배수시설 및 비상재해대비시설을 설치할 것	수면실, 조리실, 화장실(목욕할 수 있는 설비를 갖추어야 한다), 급수·배수시설 및 비상재해대비시설을 설치할 것

(4) 노숙인요양시설

노숙인요양시설의 시설기준을 정리해보면 〈표 10-6〉에서와 같으며, 세부적인 기준은 다음과 같다.

① 입소정원이 100명을 초과하는 경우의 시설 면적은 18.48제곱미터×100+18.48제곱미터×0.7(입소정원-100)으로 한다.

② 시설이 특별시 및 광역시의 주거지역 또는 상업지역에 설치될 경우 〈표 10-6〉의 1명당 면적 기준의 70퍼센트로 완화하여 적용할 수 있다.

③ 남녀를 구분하여 운영하여야 하며, 시설의 설비와 구조는 보호하고 있는 노숙인 등의 성별 및 장애 유형별 특성에 맞도록 하여야 한다.

④ 정신질환자 및 알코올중독자는 구분하여 수용하고, 감염병환자는 격리하여 수용하여야 한다.

⑤ 공동작업장은 시설에서 자활사업을 운영하려는 경우 설치하여야 한다.

⑥ 비상재해대비시설에는 「소방시설 설치·유지 및 안전관리에 관한 법률」 시행령 [별표 1]에 따른 소화기구를 갖추어 두어야 한다.

〈표 10-6〉 **노숙인요양시설 시설기준**

구분	상시 30명 이상인 시설	상시 10~29명인 시설	상시 10명 미만인 시설
입소정원 1명당 시설 면적	18.48m² 이상	18.48m² 이상	13.22m² 이상
입소정원 1명당 수면실 면적	6.6m² 이상	6.6m² 이상	3.3m² 이상
설비	수면실, 사무실, 상담실, 의무실, 프로그램실, 공동작업장(100명 이상인 시설만 해당한다), 도서실 또는 오락실, 조리실, 목욕실, 화장실, 급수·배수시설 및 비상재해대비시설을 설치할 것	수면실, 사무실(상담실 겸용), 조리실, 화장실(목욕할 수 있는 설비를 갖추어야 한다), 급수·배수시설 및 비상재해대비시설을 설치할 것	수면실, 조리실, 화장실(목욕할 수 있는 설비를 갖추어야 한다), 급수·배수시설 및 비상재해대비시설을 설치할 것

(5) 노숙인급식시설

노숙인급식시설의 시설기준을 보면 다음과 같다.

① 「식품위생법」 제88조 제1항에 따라 신고된 집단급식소여야 한다.

② 노숙인급식시설의 설치·운영 기준은 「식품위생법」 제88조 제4항에 따른 집단급식소의 설치·운영 기준에 따른다.

(6) 노숙인진료시설

노숙인진료시설의 시설기준을 보면 다음과 같다.

① 노숙인진료시설은 「의료급여법」 제9조 제2항 제1호 가목부터 나목까지의 규정에 따른 제1차의료급여기관 또는 같은 항 제2호에 따른 제2차의료급여기관이어야 한다.

② 노숙인진료시설의 설치·운영 기준은 「의료법」 등 의료 관계 법령에 따른다.

(7) 쪽방상담소

쪽방상담소의 시설기준을 보면 〈표 10-7〉에서와 같으며, 비상재해대비시설에는 「소방시설 설치·유지 및 안전관리에 관한 법률」 시행령 [별표 1]에 따른 소화기구를 갖추어 두어야 한다.

〈표 10-7〉 **쪽방상담소 시설기준**

구분	쪽방상담소
시설 면적	$92m^2$(28평) 이상일 것
설비	상담실, 사무실, 화장실, 물품보관실, 급수·배수시설 및 비상재해대비시설을 설치할 것

(8) 노숙인종합지원센터

노숙인종합지원센터의 시설기준을 보면 〈표 10-8〉에서와 같으며, 비상재해대비시설에는「소방시설 설치·유지 및 안전관리에 관한 법률」시행령 [별표 1]에 따른 소화기구를 갖추어 두어야 한다.

〈표 10-8〉 **노숙인종합지원센터 시설기준**

구분	노숙인종합지원센터
시설 면적	특별시·광역시는 $132m^2$(40평) 이상, 특별시·광역시 외의 지역은 $92m^2$(28평) 이상일 것
설비	상담실, 사무실, 의무실, 화장실, 물품보관실, 급·배수시설 및 비상재해대비시설 설치할 것

4) 노숙인복지시설의 직원자격 / 배치기준

(1) 노숙인복지시설의 직원자격기준

노숙인복지시설 직원의 직종별 자격기준을 정리해보면 〈표 10-9〉에서와 같으며, 직종별 업무와 역할은 다음과 같다.

가. 상담요원은 다음 각 목의 업무를 담당한다.

- 입소자에 대한 상담(재활·자활·주거·고용 상담을 포함한다), 관찰 및 연고자 확인
- 상담결과에 따라 입소자를 전원조치 대상자 및 장·단기 보호대상자로 구분관리
- 사회복지서비스의 제공
- 상담일지 작성 및 관리

나. 생활복지사는 매일 입소자의 건강 및 생활에 관한 사항을 점검하고 지원하

여야 한다.

다. 정신건강전문요원은 정신질환자의 사회복귀 촉진을 위한 생활훈련, 작업훈련, 심리상담 및 간호 등의 업무를 수행하여야 한다.

〈표 10-9〉 **노숙인복지시설 직원자격기준**

구분	자격기준
시설의 장	가. 사회복지사 자격을 가진 사람 나. 사회복지시설·사회복지단체의 부장급 이상 또는 사회복지행정분야 공무원으로 5년 이상 종사한 경력이 있는 사람 다. 종교 관련 업무에 종사하는 사람으로서 종교단체의 추천을 받은 사람
상담요원	가. 사회복지사 자격을 가진 사람 나. 「사회복지사업법」 제2조 제4호에 따른 사회복지시설 등에서 1년 이상 상담 업무에 종사한 경력이 있는 사람
생활복지사	가. 사회복지사 자격을 가진 사람 나. 「고등교육법」에 따른 대학 또는 이와 같은 수준 이상의 학력이 인정되는 학교에서 사회복지학, 심리학, 교육학, 여성학 또는 사회학을 전공하고 졸업한 사람
정신건강 전문요원	• 정신건강전문요원의 자격을 가진 사람

(2) 노숙인복지시설의 직원배치기준

① 노숙인일시보호시설

노숙인일시보호시설의 직원배치기준을 정리해보면 〈표 10-10〉에서와 같으며, 노숙인일시보호시설을 노숙인종합지원센터 또는 다른 노숙인복지시설의 부속시설로 설치하는 경우 그 시설의 장은 노숙인종합지원센터 또는 다른 노숙인복지시설의 장이 겸직할 수 있다.

〈표 10-10〉 **노숙인일시보호시설 직원배치기준**

구분	상시 50명 이상 이용시설	상시 30~49명 이용시설	상시 30명 미만 이용시설
시설의 장	1명	1명	1명
행정책임자	1명	–	–
상담요원	1명 이상	1명	1명
간호사/간호조무사	1명 이상	1명	1명
생활복지사/	1명 이상	1명	1명

구분	상시 50명 이상 이용시설	상시 30~49명 이용시설	상시 30명 미만 이용시설
생활지도원	(50명 초과 이용자 40명마다 1명 추가)		(상담요원이 겸직 가능)
영양사	1명	–	–
조리원	1명 이상	1명	–
사무원	1명	–	–
위생원	1명 이상(50명 초과 이용자 50명마다 1명 추가)	1명	–

② 노숙인자활시설

노숙인자활시설의 직원배치기준을 정리해보면 〈표 10-11〉에서와 같으며, 30명 미만인 시설의 경우에는 시설의 장을 비상근으로 할 수 있다. 이 경우 시설의 장을 갈음하여 상담요원을 채용할 수 있다.

〈표 10-11〉 **노숙인자활시설 직원배치기준**

구분	상시 50명 이상 시설	상시 30명 이상 50명 미만인 시설	상시 10명 이상 30명 미만인 시설	상시 10명 미만인 시설
시설의 장	1명	1명	1명	1명
행정책임자	1명	1명	–	–
상담요원	1명 이상 (50명 초과 입소자 50명마다 1명 추가)	1명	1명	–
간호사 또는 간호조무사 (입소자가 상시 100명 이상인 시설만 해당)	1명 이상	–	–	–
생활복지사 또는 생활지도원	1명 이상 (50명 초과 입소자 40명마다 1명 추가)	1명 이상	1명 이상 (상담요원이 겸직 가능)	1명
영양사	1명	–	–	–
조리원	1명 이상 (50명 초과 입소자 50명마다 1명 추가)	1명	1명	–
사무원	1명 이상	–	–	–
경비원	1명 이상	–	–	–

구분	상시 50명 이상 시설	상시 30명 이상 50명 미만인 시설	상시 10명 이상 30명 미만인 시설	상시 10명 미만인 시설
설비기사 (입소자가 상시 100명 이상인 시설만 해당)	1명 이상	–	–	–

③ 노숙인재활시설

노숙인재활시설의 직원배치기준을 정리해보면 〈표 10-12〉에서와 같으며, 세부적인 기준은 다음과 같다.

가. 〈표 10-12〉의 직종 외에 시설 특성상 필요한 경우에는 배치종사자 정원의 20퍼센트 범위에서 생활복지사를 물리치료사의 직종으로 변경하여 배치할 수 있다.

나. 〈표 10-12〉의 직종 외에 시설 특성상 필요한 경우에는 배치종사자 중 정신보건전문요원을 「의료기사 등에 관한 법률」에 따른 작업치료사의 직종으로 변경하여 배치할 수 있다.

다. 30명 미만인 시설의 경우에는 시설의 장을 비상근으로 할 수 있다. 이 경우 시설의 장을 갈음하여 상담요원을 채용할 수 있다.

〈표 10-12〉 **노숙인재활시설 직원배치기준**

구분	상시 50명 이상 시설	상시 30명 이상 50명 미만인 시설	상시 10명 이상 30명 미만인 시설	상시 10명 미만인 시설
시설의 장	1명	1명	1명	1명
행정책임자	1명	1명	–	–
상담요원	1명 이상	1명	1명	–
생활복지사	1명 이상 (50명 초과 입소자 40명마다 1명 추가)	1명	–	–
의사 (촉탁 의사)	1명 이상	–	–	–
간호사 또는 간호조무사	1명 이상	1명	1명	–
정신건강 전문요원	1명 이상	1명	1명	–
생활지도원	1명 이상	1명 이상	1명 이상	1명

구분	상시 50명 이상 시설	상시 30명 이상 50명 미만인 시설	상시 10명 이상 30명 미만인 시설	상시 10명 미만인 시설
	(50명 초과 입소자 50명마다 1명 추가)		(상담요원이 겸직 가능)	
영양사	1명	–	–	–
조리원	1명 이상 (50명 초과 입소자 50명마다 1명 추가)	1명	1명	–
사무원	1명 이상	–	–	–
경비원	1명 이상	–	–	–
설비기사 (입소자가 상시 100명 이상인 시설만 해당)	1명 이상	–	–	–

④ 노숙인요양시설

노숙인요양시설의 직원배치기준을 정리해보면 〈표 10–13〉에서와 같으며, 세부적인 기준은 다음과 같다.

가. 〈표 10–12〉의 직종 외에 시설 특성상 필요한 경우에는 배치종사자 정원의 20퍼센트 범위에서 생활복지사를 물리치료사의 직종으로 변경하여 배치할 수 있다.

나. 30명 미만인 시설의 경우에는 시설의 장을 비상근으로 할 수 있다. 이 경우 시설의 장을 갈음하여 상담요원을 채용할 수 있다.

〈표 10–13〉 **노숙인요양시설 직원배치기준**

구분	상시 50명 이상 시설	상시 30명 이상 50명 미만인 시설	상시 10명 이상 30명 미만인 시설	상시 10명 미만인 시설
시설의 장	1명	1명	1명	1명
행정책임자	1명	1명	–	–
상담요원	1명 이상	1명	1명	–
생활복지사	1명 이상 (50명 초과 입소자 40명마다 1명 추가)	1명	–	–
의사 (촉탁의사)	1명 이상	1명	–	–

구분	상시 50명 이상 시설	상시 30명 이상 50명 미만인 시설	상시 10명 이상 30명 미만인 시설	상시 10명 미만인 시설
간호사 또는 간호조무사	1명 이상	1명	1명	–
생활지도원	1명 이상 (50명 초과 입소자 50명마다 1명 추가)	1명 이상	1명 이상 (상담요원이 겸직 가능)	1명
영양사	1명	–	–	–
조리원	1명 이상 (50명 초과 입소자 50명마다 1명 추가)	1명	–	–
사무원	1명 이상	–	–	–
위생원	1명 이상 (50명 초과 입소자 100명마다 1명 추가)	1명	–	–
경비원	1명 이상	–	–	–
설비기사 (입소자가 상시 100명 이상인 시설만 해당)	1명 이상	–	–	–

⑤ 쪽방상담소

쪽방상담소의 직원배치기준을 보면 〈표 10-14〉와 같으며, 세부기준은 다음과 같다.

가. 시설의 장은 비상근으로 할 수 있다. 이 경우 시설의 장이 행정책임자를 겸직할 수 없다.

나. 쪽방상담소를 노숙인종합지원센터 또는 다른 노숙인복지시설의 부속시설로 설치하는 경우 그 상담소의 장은 노숙인종합지원센터 또는 다른 노숙인복지시설의 장이 겸직할 수 있다.

〈표 10-14〉 **쪽방상담소 직원배치기준**

구분	쪽방상담소
시설의 장	1명
행정책임자	1명(시설의 장이 겸직 가능)
상담요원	2명 이상

⑥ 노숙인종합지원센터

노숙인종합지원센터의 직원배치기준을 보면 〈표 10-15〉에서와 같으며, 세부기준은 다음과 같다.

가. 지역별로 노숙인 등의 수를 고려하여 시설의 장 1명, 행정책임자 1명, 상담요원 3명 이상, 사회복지사 1명 이상(1명을 초과하는 경우 그 중 1명은 행정책임자가 겸직 가능)으로 배치할 수 있다.

나. 상담요원은 주거전문 상담요원, 고용전문 상담요원, 일반 상담요원, 현장 상담요원으로 구분하여 운영할 수 있다.

다. 필요에 따라 상담요원의 50퍼센트 이내에서 정신건강증진전문요원을 둘 수 있다.

〈표 10-15〉 **노숙인종합지원센터 직원배치기준**

구분	노숙인종합지원센터
시설의 장	1명
행정책임자	1명
상담요원	4명 이상
사회복지사	1명 이상

5) 노숙인복지시설의 운영기준

① 노숙인 등 관리기록

가. 입소시설 및 노숙인일시보호시설의 장은 보호하고 있는 노숙인 등에 대하여 신상기록카드(입소시설만 해당한다) 및 입소자 등 명부를 작성·관리하여야 한다.

나. 입소시설 및 노숙인일시보호시설의 장은 보건복지부장관, 시·도지사 또는 시장·군수·구청장이 요청할 때에는 노숙인 등 신상기록카드 또는 입소자 등 명부를 제출하거나 열람할 수 있게 하여야 한다.

② 급식위생

입소시설 또는 노숙인일시보호시설의 장은 보호하고 있는 노숙인 등의 급식위생을 위하여 다음의 조치를 하여야 한다.

가. 노숙인 등이 필요한 영양을 섭취할 수 있도록 식단을 작성 · 시행할 것
나. 식단은 영양사가 작성하되, 영양사가 없는 시설은 보건소 또는 보건지소의 지도를 받아 식단을 작성할 것
다. 감염병 또는 화농성 등의 질환을 가진 사람이 음식을 만드는 것을 금지할 것
라. 먹는 물로 상수도 외의 물을 사용하는 경우는 매 분기 1회 이상 수질검사 받을 것

③ 사망자의 처리

가. 입소시설 또는 노숙인일시보호시설의 장은 노숙인 등이 해당 시설에서 보호 중에 사망하였을 때에는 지체 없이 사망진단 또는 검안을 실시하고, 연고자에게 사망 일시 및 사망 이유를 통지하여야 한다. 이 경우 연고자가 없거나 연고자를 알 수 없는 경우에는 「장사 등에 관한 법률」 제12조 및 「시체해부 및 보존에 관한 법률」 제12조에 따라 처리한다.
나. 시장 · 군수 · 구청장은 가목에 따라 사망자 처리를 하도록 지도 · 감독을 하여야 한다.

④ 금품의 보관 등

입소시설 및 노숙인일시보호시설의 장은 노숙인 등을 해당 시설에서 보호할 때에 본인이 원하는 경우 소지한 금품을 보관해 주어야 하며, 노숙인 등이 요구할 때에는 이를 돌려주어야 한다.

⑤ 장부 등의 비치

노숙인시설(노숙인급식시설 및 노숙인진료시설 제외)에는 다음의 장부 및 서류를 갖추어 두어야 한다.

가. 시설의 연혁에 관한 기록부
나. 재산목록과 그 소유를 증명하는 서류
다. 시설 운영일지
라. 시설의 장 및 직원의 인사기록부(이력서 및 사진 포함)
마. 예산서 및 결산서

바. 총계정원장 및 수입 · 지출보조부

사. 금전 및 물품의 출납부와 그 증명서류

아. 보고서철 및 관계 행정기관과의 문서철

자. 소속 법인의 정관 및 관계 결의서류(법인인 경우만 해당)

차. 직원의 인사, 복무 및 시설 운영에 관한 규정[3)]

---

3) 제2부의 주요 내용은 저자의 〈사회복지사업현장론〉에서 다루어진 분야를 기초로 새롭게 저술되었다.

Part 03

사회복지사업운영의 시설평가/현장실습

Chapter 11

사회복지시설평가와 슈퍼비전

1. 사회복지법인 / 시설의 지도감독(슈퍼비전) 개요

1) 사회복지법인 / 시설의 지도감독 근거

사회복지법인과 사회복지시설은 사회복지사업을 목적으로 설치되고 운영되며, 원칙적으로 비영리사업 성격의 사업을 수행하고 있다. 따라서 대부분의 사회복지사업의 수행에는 국비와 지방비 등이 지원되고 있기 때문에 보조금 내지 지원금에 대하여 그 집행과정을 지도하고 감독하는 행정과정이 수반된다. 즉 원칙적으로 사회복지사업은 오늘날의 복지자본주의체제에서는 국가가 주체가 되지만 상당수의 사회복지기관과 시설은 사회복지법인이나 비영리법인에서 국가로부터 수탁하여 운영하는 방식을 취하고 있으므로 운영비 등을 지원받게 되고, 그에 따른 시설평가과정도 따르게 되는 것이다.

사회복지사업의 법제적인 근거를 보면 주로 「사회복지사업법」과 사회복지사업 분야별 개별 법률에 따라 규정을 두고 있으며, 「사회복지사업법」은 개별 법률들을 포괄하는 규정을 다루고 있다. 그러므로 보건복지부장관, 여성가족부장관, 시 · 도지사 또는 시장 · 구청장은 「사회복지사업법」 제51조의 규정에 의거 사회복지사업을 운영하는 자에 대한 소관업무에 관하여 지도감독을 해야 한다. 또한 필요한 경우 그 업무에 관하여 보고 또는 관계서류의 제출을 명하거나, 소속공무원으로 하여금 법인의 사무소 또는 시설에 출입하여 검사 또는 질문하게 할 수 있다. 그러나 사회복지서비스 업무에 대해서는 대부분이 지방정부에 권한위임이 되어 있는 경우가 많으므로 보건복지부 장관이나 여성가족부장관보다는 시 · 도지사 또는 시장 · 군수 · 구청장에게 그 책임이 부여되어 있는 상태이다.

지도감독의 책임을 구체적으로 보면 시 · 도지사 또는 시장 · 군수 · 구청장은 해당 지역에 소재한 법인과 시설에 대하여 지도감독의 업무를 수행하며, 시설이 법인의 주된 사무소의 소재지와 소재지가 동일한 시 · 도 또는 시 · 군 · 구에 있지 아니한 경우에는 당해 시설의 업무에 관하여 시설 소재지의 시 · 도지사 또는 시장 · 군수 · 구청장이 지도감독 등을 행하도록 규정하고 있다. 이 경우 지도감독 등을 위하여 필요한 때에는 법인의 업무에 대하여 법인의 주된 사무소 소재지의 시 · 도지사 또는 시장 · 군수 · 구청장에게 대하여 협조를 요청할 수 있다.

(1) 사회복지법인의 관리 · 감독 근거

① 법인설립허가, 법인정관변경인가, 기본재산처분허가 등 법인 업무 전반에 대한 모든 사항은 시 · 도지사의 권한사항이다.

② 시 · 도지사는 자체지도 및 감사계획에 의거 사회복지사업을 운영하는 법인(법인 운영시설 포함)에 대한 소관업무에 관하여 지도감독을 실시할 수 있다. 필요한 경우 그 업무에 관하여 보고 또는 관계서류의 제출을 명시하거나 소속 공무원으로 하여금 법인의 사무소 또는 시설에 출입하여 검사 또는 질문하게 할 수 있다(증표지참).

③ 법인이 주된 사무소의 소재지와 시설의 소재지가 동일한 시 · 도 또는 시 · 군 · 구에 있지 아니한 경우 당해 시설의 업무는 시설 소재지의 시 · 도지사 또는 시 · 군 · 구청장이 지도감독하되, 별도의 행정협약을 체결한 경우 협약에 따른다.

④ 시 · 도지사는 법인 관련업무의 조례 등 자치법규로서 시 · 군 · 구청장에게 위임 가능하다. 단 포괄적 위임 및 법인설립허가, 중요기본재산처분허가, 임원의 해임명령, 중요사항에 대한 정관변경인가, 법인설립허가취소 등 중요사항에 대해서는 위임이 불가하다.

⑤ 지도감독 시 비취서류 목록은 정관, 임원명부, 재산목록, 회의록, 당해 회계연도 사업계획서 및 직전 회계연도의 사업실적서, 현금 및 물품의 출납대장, 보조금을

받는 경우 보조금관리대장, 자산 및 회계에 관한 증빙서류 등이다.

(2) 사회복지시설의 지도감독 근거

① 노인복지사업, 아동복지사업 등을 수행하기 위한 사회복지사업 분야별 시설은 해당 분야의 사업을 전체적으로 규정하고 있는 개별 법률이 존재한다. 즉 「노인복지법」, 「아동복지법」을 비롯한 사회복지사업에 속하는 30여 가지의 법률이 있는 것이다. 그러므로 이러한 개별 법률에 근거한 시설은 해당되는 개별 법률과 「사회복지사업법」에서 규정하는 내용을 근거로 지도감독이 이루어진다. 그러나 개별 법률이 없는 시설의 지도감독은 「사회복지사업법」 제2조에 근거하고 있다. 사회복지사업 분야에 따른 개별 법률이 없이 「사회복지사업법」 제2조의 사회복지사업을 행할 목적으로 설치된 시설로는 사회복지관, 부랑인 · 노숙인시설 등이 별도의 규정으로 설치되어 있으며, 그 외 「한센인피해사건의 진상규명 및 피해자생활지원 등에 관한 법률」에 근거한 한센인시설과 결핵시설도 「사회복지사업법」에 의한 지도감독의 근거를 가진다.

② 시장 · 군수 · 구청장은 연 1회 이상 시설운영 전반에 관하여 「사회복지사업법」과 개별 시설별로 규정된 법제와 운영지침에 따라 운영지도 · 점검을 실시하고 그 결과를 시 · 도지사를 거쳐 보건복지부장관 혹은 여성가족부장관에게 보고하는 것을 원칙으로 한다. 단, 상위기관으로부터 권한위임이 되지 않은 경우는 중앙정부나 시 · 도지사가 직접 지도감독할 수도 있다.

2) 개별 사회복지시설의 지도감독

(1) 사회복지시설의 감사 및 지도감독의 주기

사회복지지설에 대한 지도감독은 각 지자체의 정기감사 또는 수시점검을 실시한다. 비리 취약분야 지도 · 점검 강화로 회계(보조금, 후원금, 수익사업), 계약(공사, 구매), 자산관리(부동산, 정비 등), 취약업무, 통합회계관리시스템 활용도 등을 중점 점검항목으로 설정하고, 합동점검을 편성 · 운영하여 회계, 계약 및 각종 비리행위를 포함하여 필요한 분야를 합동점검으로 실시한다.

지도 · 점검 중점사항으로는 이용자의 이용실태현황 및 변동사항의 기록관리상태, 시설의 설치운영에 따른 재무회계와 입소자의 건강관리, 후생복지를 위한 각종 프로그램 운영 등에 관한 사항이다. 사회복지시설평가 및 어린이집 평가인증을 포함한 사회복지시설과 법인의 감사 및 지도감독의 주기는 〈표 11-1〉에서와 같이 정리할 수 있다.

〈표 11-1〉 **사회복지시설과 법인의 감사 및 지도감독의 주기**

종 류	대 상	주 기	실 시 기 관
정기감사 (조직운영 전반 및 회계감사)	법인	최소 매 3년마다 1회	시 · 도지사
	시설	연 1회 이상	시 · 군 · 구청장
수시 지도점검	시설	필요시 (입 · 퇴소실태, 생활실태)	시 · 군 · 구청장
특별 감사	법인/ 시설	진정, 투서, 언론보도, 비리발생, 인권침해 등 감사 필요시	보건복지부장관, 여성가족부장관 시 · 도지사, 시 · 군 · 구청장
시설평가	시설	매 3년마다 1회	보건복지부장관 (사회복지정보원 위탁)
평가인증	어린이집	매 3년마다 1회	보건복지부장관 (한국보육진흥원 위탁)

(2) 사회복지시설의 지도감독 근거와 대상

① 아동복지시설 지도감독

가. 아동복지시설 지도감독의 근거는 「아동복지법」과 「사회복지사업법」에 있다. 즉 아동이 건강하게 출생하여 행복하고 안전하게 자라나도록 그 복지를 보장함을 목적으로 하여 설치된 시설은 시설운영자 및 종사자(아동의 상담 · 지도 · 치료 · 양육 · 기타), 아동의 주소, 거소, 아동의 고용 장소 또는 제17조의 금지행위를 위반할 우려가 있는 장소에 출입하여 아동 또는 관계인에 대한 필요한 조사를 하거나 질문을 할 수 있다는 규정을 두고 있다.

나. 조사 · 지도감독 대상인 아동복지시설의 종류로는 아동복지거주시설인 아동양육시설, 아동일시보호시설, 아동보호치료시설, 아동직업훈련시설, 자립지

원시설, 공동생활가정과 아동복지이용시설인 아동상담소, 아동전용시설, 아동복지관, 지역아동센터 등이 있다.

다. 지도감독의 중점사항으로는 아동학대의 예방과 방지 및 각종 보조금 및 지원금에 대한 재무회계사항 및 방염대상 물품 등과 아동인권관련 사항이다.

② 어린이집 지도감독

가. 어린이집 지도 · 점검 및 감독의 근거는 「영유아보육법」과 「사회복지사업법」에 있다. 즉 보건복지부장관, 시 · 도지사 및 시장 · 군수 · 구청장은 보육사업의 원활한 수행을 위하여 어린이집 시설운영자 및 어린이집종사자에 대하여 필요한 지도와 명령을 할 수 있고, 보건복지부장관, 시 · 도지사, 시장 · 군수 · 구청장은 어린이집을 설치·운영하는 자로 하여금 당해 시설에 관하여 필요한 보고를 하게 하거나 관계공무원 등으로 하여금 당해 시설의 운영상황을 조사, 장부 및 그 밖의 서류를 검사하게 할 수 있다.

나. 시 · 도지사 또는 시장 · 군수 · 구청장은 「영유아보육법」 제41~42조의 규정에 따라 관계공무원으로 하여금 관할지역 내 모든 어린이집을 대상으로 운영전반에 매년 1회 이상 지도감독하는 것을 원칙으로 한다. 그리고 특별점검, 수시점검도 병행할 수 있다. 특별 지도 · 점검(급식, 안전, 놀이터안전, 비상재해대비 시설 등)은 정기 및 수시점검범위에 포함되지 않는다.

다. 행정기관 지도감독 중점사항으로는 시 · 도지사가 고시한 보육료 등 상한선 준수 및 보육료 등 수납방법의 적정 여부, 국고보조금 지원기준 준수 여부, 회계처리의 적정성(회계규칙 준수 여부, 수입지출 근거확인), 종사자 자격 · 급여 · 4대 사회보험 등 적정 여부, 정원 및 반 편성기준 준수 여부(교사 대 아동비율, 혼합반 등), 운영시간 및 입소우선순위 준수 여부, 급 · 간식 운영 및 건강 · 위생관리 실태, 어린이집 안전관리 실태(안전교육, 놀이시설, 비상대비, 보험가입 등)이다.

라. 어린이집평가인증은 「영유아보육법」 제30조에 근거하여 매 3년마다 실시하고(단, A등급은 1년 연장됨), 인증등급은 A, B, C, D(단, D등급은 불인증 됨)로 구분이 된다. 아울러 인증어린이집도 매년 1회의 연차별 자체점검보고서를 제출토록 하고 있다.

③ 노인복지시설 지도감독

가. 노인복지시설 지도 · 점검 및 감독의 근거는 「노인복지법」과 「사회복지사업법」에 있다. 보건복지부장관, 시 · 도지사 및 시장 · 군수 · 구청장은 노인복지사업의 원활한 수행을 위하여 노인복지시설 설치 · 운영자 및 시설종사자에 대하여 필요한 지도와 명령을 할 수 있고, 보건복지부장관, 시 · 도지사, 시장 · 군수 · 구청장은 노인복지시설 및 요양보호사교육기관을 설치 · 운영하는 자에게 당해 시설 또는 사업에 관하여 필요한 보고를 하거나 관계공무원으로 하여금 당해 시설 또는 사업의 운영상황을 조사하거나, 장부 및 그 밖의 서류를 검사하게 할 수 있다.

나. 지도 · 점검 대상인 노인복지시설의 종류는 거주시설인 노인주거복지시설, 노인의료복지시설, 이용시설인 재가노인복지시설, 노인여가복지시설, 노인보호전문기관 등이다. 그리고 노인복지시설 중에서 장기요양사업을 수행하는 기관은 국민건강보험공단 등에서 재정지원 부문과 서비스 부문에 걸쳐 필요한 보고를 하게 하거나 관계직원으로 하여금 당해 시설 또는 사업의 운영상황을 조사 및 장부 기타 관계서류를 검사하게 할 수 있다.

다. 「노인복지법」상의 지도감독규정은 제42조(감독)와 제43조(사업의 정지 등), 제44조(청문) 등이며, 지도 · 점검 중점사항은 노인복지시설의 운영기준으로 운영규정 준수 사항 및 회계 · 물품장부 등의 비치와 입소현황 관리 등 전반적인 사항이다.

④ 장애인복지시설 지도감독

가. 장애인복지시설 지도 · 점검의 근거는 「장애인복지법」과 「사회복지사업법」에 있다. 시 · 도지사 및 시장 · 군수 · 구청장은 「장애인복지법」 제61조에 의거 장애인거주시설 및 장애인직업재활시설을 설치 · 운영하는 자의 소관업무에 관하여 지도감독을 할 수 있고 시 · 도지사 및 시장 · 군수 · 구청장은 필요한 경우 당해 시설에 관하여 보고 또는 관련서류의 제출을 명하거나, 소속공무원으로 하여금 당해 시설의 운영상황, 장부 기타 서류를 조사 · 검사하거나 질문하게 할 수 있다.

나. 지도 · 점검대상 장애인복지시설은 장애인거주시설, 장애인지역사회재활시

설, 장애인직업재활시설이다.

다. 지도 · 점검 중점사항으로는 각종 보조금 및 지원금 집행내역에 따른 재무회계관리 및 시설 내 장부비치 현황 등 시설운영에 투명성과 실시되고 있는 재활 프로그램 등의 전반적인 사항이 있다.

⑤ 한부모가족 및 다문화가족복지시설 지도감독

가. 한부모가족복지시설 지도감독 관련 근거로는 「한부모가족지원법」과 「사회복지사업법」에 있으며, 한부모가족복지시설의 감독은 보건복지부장관, 시 · 도지사 또는 시장 · 군수 · 구청장이 실시한다. 그리고 다문화가족지원센터는 「다문화가족지원법」과 「사회복지사업법」에 근거한다.

나. 지도 · 점검대상 한부모가족복지시설의 종류로는 모자가족복지시설 · 부자가족복지시설 및 모자가족자립시설, 모자일시보호시설, 미혼모자가족복지시설, 한부모가족상담소가 있으며, 다문화가족복지시설은 '다문화가족지원센터' 한 종류가 있다.

다. 한부모가족복지시설과 다문화가족복지시설의 중점지도 · 점검사항으로는 시설운영에 따른 회계 및 물품대장 비치현황, 입소자(이용자)정원현황, 입 · 퇴소(이용)현황, 통계 등 시설운영 전반 사항이 포함된다.

⑥ 가정폭력 및 성폭력 관련시설 지도감독

가. 가정폭력 및 성폭력 관련시설 지도감독의 근거는 「사회복지사업법」과 「가정폭력방지 및 피해자보호 등에 관한 법률」, 「성폭력방지 및 피해자보호 등에 관한 법률」에 있다.

나. 지도감독 대상 가정폭력 및 성폭력관련 시설로는 가정폭력 · 성폭력상담소, 가정폭력 · 성폭력피해자 보호시설이 있다.

다. 가정 · 성폭력관련 지원시설과 기금사업의 운영 실태를 정기적으로 점검함으로써 지원시설의 지도감독을 효율화하고 사업관리의 효과성을 높이고자 하여 분기별로 점검한다. 지도감독 중점사항으로는 예산집행적정성, 통계산출의 정확성 여부, 시설종사자관리 및 현황, 상담자지원 프로그램 운영현황, 시설환경과 안전실태 등의 전반적인 사항이 있다.

⑦ 정신건강증진시설 지도감독

가. 정신건강증진시설 지도 · 점검 및 감독의 근거는 「정신건강증진 및 정신질환자 복지서비스 지원에 관한 법률」과 「사회복지사업법」에 있다. 보건복지부장관, 시 · 도지사 또는 시장 · 군수 · 구청장은 정신건강증진시설의 설치 · 운영자에 대한 소관업무에 관하여 지도감독을 보건소로 하여금 연 1회 이상 그 업무에 관하여 보고 또는 관계서류의 제출을 명하거나, 관계공무원으로 하여금 당해 시설의 장부, 서류 기타 운영 상황을 검사하게 하여야 한다.

나. 점검대상 정신건강증진시설의 종류로는 거주시설인 정신요양시설, 정신재활시설 중 생활(주거)시설, 이용시설인 정신재활시설 중 이용시설이 있고, 「의료법」에 의한 정신건강증진시설(정신병원)은 사회복지법인에서 운영하는 시설이 아니므로 별도의 「의료법」 규정에 의해 지도를 받게 된다.

다. 시 · 도지사 또는 시장 · 군수 · 구청장은 정신건강증진시설에 대하여 이용자의 건강, 안전 및 생활편의에 적합한 시설로 갖추어져 있는 것과 「소방시설 설치유지 및 안전관리에 관한 법률」 시행규칙에 따라 화재예방 및 소화에 필요한 조치 등과 각종 보조금지원에 따른 운영 및 회계, 결산 등에 대한 전반적인 사항을 점검한다. 아울러 이용시설 중의 정신재활시설은 입소 · 이용자의 인권보호와 급식 및 환경 · 위생 등에 관한 것과 시설안전 등의 전반적인 운영사항을 지도감독할 수 있다.

⑧ 지역자활센터 및 기타 사회복지시설 지도감독

가. 지역자활센터의 지도감독의 근거는 「국민기초생활보장법」과 「사회복지사업법」, 지역자활센터 운영지침에 있다. 그리고 기타 사회복지시설(사회복지관, 노숙인시설)은 개별 법률이 없고 별도의 규정으로 설치되어 있으며, 그 외 「한센인피해 사건의 진상규명 및 피해자생활지원 등에 관한 법률」에 근거한 한센인시설, 결핵시설도 「사회복지사업법」에 의한 지도감독의 근거를 가진다.

나. 지도 · 점검대상 자활기관은 시 · 도별 광역자활센터 및 시 · 군 · 구 지역자활센터가 있다. 그리고 종합사회복지관은 시 · 도별이 아닌 시 · 군 · 구별로 주로 설치되어 있고, 한센인시설과 결핵시설은 설치된 지역이 많지 않은 실정이다.

다. 지도 · 점검중점 사항으로는 예산 · 회계처리에 관한 사항과 수익금 적립 및 사용의 적절성, 사업운영 전반에 관해 지도감독하여 시설 운영의 투명성과 책임성을 확보하고, 타 사업과의 중복여부 등을 중점적으로 지도한다.

2. 사회복지법인 / 시설의 감독과 행정처분

1) 사회복지시설 행정처분의 요건

행정처분의 요건은 「사회복지사업법」 시행규칙 제26조의 2 [별표 4]의 기준에 의거 시설이 설치기준에 미달될 때와 사회복지법인 또는 비영리법인이 설치 운영하는 시설의 경우에 그 법인 또는 비영리법인의 설립허가가 취소될 때, 설치목적의 달성 기타의 사유로 계속하여 운영될 필요가 없다고 인정될 때, 회계부정이나 불법 기타 부당행위 등이 발견될 때, 기타 「사회복지사업법」 위반 또는 「사회복지사업법」에 의한 명령을 위반한 때이다.

2) 사회복지시설 행정처분의 기준

(1) 개별 기준

① 보건복지부장관 및 여성가족부장관, 시 · 도지사 또는 시장 · 군수 · 구청장은 시설이 〈표 11-2〉의 위반행위에 해당될 때에는 그 시설의 개선, 시설장교체, 시설폐쇄를 명할 수 있다.

② 시장 · 군수 · 구청장은 시설운영이 중단되거나 시설이 폐쇄되는 경우에는 다음의 조치를 해야 한다.

가. 시설거주자가 다른 시설을 선택할 수 있도록 하고 그 이행을 확인

나. 시설거주자가 이용료 · 사용료 등의 비용을 부담하는 경우 납부한 비용 중 사용하지 아니한 금액을 반환하게 하고 그 이행을 확인

다. 보조금 · 후원금 등의 사용실태 확인과 남은 재산의 회수

라. 그 밖에 시설거주자의 권익보호를 위하여 필요하다고 인정되는 조치

〈표 11-2〉 **사회복지시설 행정처분기준**

위반행위	근거법령	행정처분기준		
		1차 위반	2차 위반	3차 위반 이상
① 사회복지시설이 설치기준에 미달하게 된 때	법 제40조 제1항 제1호	개선명령	시설장 교체	시설폐쇄
② 사회복지법인 또는 비영리법인이 설치 · 운영하는 시설의 경우 그 사회복지법인 또는 비영리법인의 설립허가가 취소된 때	법 제40조 제1항 제2호	시설폐쇄	–	–
③ 설치목적의 달성 기타의 사유로 계속하여 운영될 필요가 없다고 인정할 때	법 제40조 제1항 제3호	시설폐쇄	–	–
④ 회계부정이나 불법행위 기타 부당행위 등이 발견된 때				
가. 국가나 지방자치단체의 보조금 또는 후원금을 사용용도 외의 용도로 사용한 때	법 제40조 제1항 제3호의2	개선명령	시설장 교체	시설장 교체
나. 회계장부를 기재하지 아니하거나 허위로 기재한 때	법 제40조 제1항 제3호의2	개선명령	시설장 교체	시설장 교체
다. 기타 회계 및 시설운영과 관련한 부당행위가 발생된 때	법 제40조 제1항 제3호의2	개선명령	개선명령	시설장 교체
라. 시설 거주자에 대한 부당한 체벌, 폭행, 학대 등 인권침해가 발생한 경우	법 제40조 제1항 제4호	개선명령	시설장 교체	시설폐쇄
⑤ 법 제34조 제2항에 따른 신고를 하지 아니하고 시설을 설치 · 운영한 때	법 제40조 제1항 제4호	개선명령	시설폐쇄	–
⑥ 법 제36조 제1항에 따른 운영위원회를 설치 또는 운영하지 아니한 때	법 제40조 제1항 제5호	개선명령	시설장 교체	시설장 교체
⑦ 정당한 이유없이 법 제51조 제1항에 따른 보고 또는 자료제출을 하지 아니하거나 거짓으로 한 때	법 제40조 제1항 제6호	개선명령	시설장 교체	시설장 교체
⑧ 정당한 이유없이 법 제51조 제1항에 따른 검사 · 질문을 거부 · 방해하거나 기피한 때	법 제40조 제1항 제7호	개선명령	시설장 교체	시설장 교체
⑨ 시설에서 「성폭력범죄의 처벌 등에 관한 특례법」 제2조 제1항 제3호부터 제5호까지의 성폭력범죄 또는 「아동 · 청소년의 성보호에 관한 법률」 제2조 제3호의 아동 · 청소년 대상 성폭력범죄가 발생한 경우로서 다음 각 목의 어느 하나에 해당하는 경우	법 제40조 제1항 제9호			
가. 시설의 장에 의하여 시설 거주자 · 이용자에 대한 「형법」 제300조 또는 「성폭력범죄의 처벌 등에 관한 특례법」	법 제40조 제1항 제9호	시설장 교체	시설폐쇄	

위반행위	근거법령	행정처분기준		
		1차 위반	2차 위반	3차 위반 이상
제11조부터 제14조까지의 범죄가 발생한 경우				
나. 종사자에 의하여 시설 거주자·이용자에 대한 「형법」 제300조 또는 「성폭력범죄의 처벌 등에 관한 특례법」 제11조부터 제14조까지의 범죄가 발생한 경우	법 제40조 제1항 제9호	개선명령	시설장 교체	시설폐쇄
다. 시설의 장 또는 종사자에 의하여 시설 거주자·이용자에 대한 중대한 성폭력 범죄(「성폭력범죄의 처벌 등에 관한 특례법」 제2조 제1항 제3호부터 제5호까지의 성폭력 범죄 또는 「아동청소년의 성보호에 관한 법률」 제2조 제3호의 아동·청소년대상 성폭력 범죄 중 가목·나목에 해당하는 범죄를 제외한 범죄를 말한다)가 발생한 경우	법 제40조 제1항 제9호	시설폐쇄		
라. 시설 거주자·이용자 간의 성폭력 범죄가 발생한 경우	법 제40조 제1항 제9호	개선명령	시설장 교체	시설폐쇄
⑩ 1년 이상 시설이 휴지상태에 있어 시장·군수·구청장이 재개를 권고하였음에도 불구하고 재개하지 아니한 경우	법 제40조 제1항 제10호	개선명령 (6개월 내 재개)	시설폐쇄	

(2) 일반 기준

① 위반행위의 차수에 따른 행정처분의 기준은 최근 3년간(개별기준의 제⑨호의 위반행위의 경우에는 5년간) 같은 위반행위로 행정처분을 받은 경우에 적용한다. 이 경우 처분기준의 적용일은 동일한 위반행위에 대한 행정처분일과 재적발일을 기준으로 한다.

② 동시에 2종 이상의 위반행위가 있는 경우에는 가장 중한 위반행위에 대한 처분기준을 적용한다.

③ 위반행위가 4종 이상 또는 시설거주자에 대한 학대·성폭력 등 중대한 불법행위로 인하여 시설의 정상적인 운영이 불가능하다고 인정되는 때에는 제2호의 개별기준에 불구하고 1차 위반 시에 시설의 폐쇄를 명할 수 있다.

④ 위반행위가 "개별기준"에 의한 시설장 교체 또는 시설폐쇄 명령의 사유에 해당된다 하더라도 그 위반의 정도가 경미하거나 기타 상당한 사유가 있다고 인정되는 경우에는 각각 1회에 한하여 시설장 교체에 갈음하여 개선명령을, 시설폐쇄에 갈음하여 시설장 교체명령을 발할 수 있다. 이 경우 당해 처분은 차수의 산정에 산입하지 아니한다.

(3) 벌칙

① 시장 · 군수 · 구청장은 시설의 폐쇄 시 시설거주자의 권익보호 등을 위해 시설의 휴지, 자진폐쇄와 전원조치 등 동일한 조치를 취해야 한다.
② 시설폐쇄 시 시설거주자 권익 보호조치를 거부한 자 및 정당한 이유 없이 시설의 개선, 사업정지, 시설장 교체, 시설폐쇄 명령을 위반할 경우 1년 이하 징역 또는 1천만원 이하 벌금에 처한다.
③ 개별 법령에 행정처분의 요건, 기준 등이 규정되어 있을 경우 개별 법률 규정을 우선 적용한다.

3. 사회복지시설의 지도와 시설평가

1) 사회복지시설평가의 개요

(1) 사회복지시설평가의 개념

평가의 사전적 의미로는 물건 값을 헤아려 매김 또는 그 값, 사물의 가치나 수준 따위를 평한다는 것이다. 따라서 사회복지시설평가의 사전적 의미는 사회복지시설의 수준을 평하는 것으로 볼 수 있다. 좀 더 구체적으로 정의하면 사회복지시설의 평가는 사회복지행정과정에서 이루어지는 기본적인 기능으로써 "시설(기관)의 전체 또는 선별될 프로그램의 효율, 효과 및 적절성을 철저하게 그리고 비평적으로 검토하는 과정"으로 정의할 수 있다.

(2) 사회복지시설평가의 실시 배경과 법적 근거

① 사회복지시설 운영의 효율성 및 서비스 질 문제 제기

우리나라는 1998년 이후의 IMF체제를 겪으면서 사기업, 공기업, 그리고 국가기관의 구조조정이 사회복지시설에까지 그 영향을 미쳤다. 경제침체로 인해 사회복지욕구가 계속 증대됨에 따라, 자원의 효율적 배분 및 활용의 문제가 제기됨에 따라 사회복지시설이 얼마나 효율적으로 운영되고 있으며, 서비스 제공 정도는 어떠한지 등을 판단할 필요성이 대두되었다. 즉 사회복지기관과 시설 운영에 소요되는 재정의 상당부분이 정부로부터 지원됨에 따라 사회복지시설 자원 활용의 효율성을 입증하고 정부지원금 사용의 타당성을 검증할 필요성이 제기된 것이 사회복지시설평가의 배경이 된다.

② 공급자 중심의 복지서비스에서 수요자 중심의 복지서비스로 전환

공급자 중심의 복지서비스에서 수요자 중심의 복지서비스, 인권중시 등 사회복지패러다임의 변화와 함께 사회복지시설 운영 개선을 요구하는 목소리가 증대하였다. 이에 따라 사회복지시설 운영 전반에 걸친 평가와 아울러 슈퍼비전(지도)을 제공하여 서비스의 질을 향상시켜서 수요자 중심의 복지서비스로 전환하는 것이 실시배경의 하나가 된다.

③ 사회복지사업법 개정으로 법적 근거 마련

1997년 개정된 「사회복지사업법」 제43조의2에 시설의 평가를 명시하였고, 1998년에 「사회복지사업법」 개정을 통해 모든 사회복지시설은 3년마다 최소 1회 이상 평가를 받도록 법제화되었다. 법적근거를 정리하면 〈표 11-3〉에서와 같다.

〈표 11-3〉 **사회복지시설평가의 관련 법 근거**

「사회복지사업법」 제43조의2(시설의 평가)

① 보건복지부장관 및 시·도지사는 보건복지부령이 정하는 바에 따라 시설을 정기적으로 평가하고, 그 결과를 공표하거나 시설의 감독, 지원 등에 반영할 수 있으며, 시설거주자를 다른 시설로 보내는 등의 조치를 할 수 있다.

「사회복지사업법」 시행규칙 제27조의2(시설의 평가)

① 보건복지부장관 및 시 · 도지사는 법 제43조의2에 따라 3년마다 1회이상 시설에 대한 평가를 실시하여야 한다.

② 제1항에 따른 시설의 평가기준은 법 제43조제1항에 따른 서비스 최저기준을 고려하여 보건복지부장관이 정한다.

> ③ 보건복지부장관과 시·도지사는 제1항에 따른 평가의 결과를 해당 기관의 홈페이지 등에 게시하여야 한다.
> ④ 제1항의 규정에 의한 평가의 방법 기타 평가에 관하여 필요한 사항은 보건복지부장관이 정한다.

(3) 사회복지시설평가의 목적

사회복지시설평가의 목적은 크게 장기적 목적과 단기적 목적으로 나눌 수 있다. 사회복지시설평가의 장기적 목적으로는 첫째, 사회복지시설의 투명성과 서비스의 질 향상을 통한 사회복지시설 이용자와 국민의 복지수준 향상에 기여하고, 둘째, 평가결과를 반영한 예산집행의 효율성과 합리성을 유도하고 사회복지시설 운영의 선진화를 지원함으로써 시설의 상향평준화에 기여하고자 하며, 셋째, 사회복지시설의 정보를 복지대상자 및 일반국민에게 정확하게 제공하여 국민들에게 시설선택권 부여 시 시설선택에 관한 기초 자료로 활용하게 하는 목적을 가지고 있다.

시설평가의 단기적인 목적은 첫째, 입소 및 이용시설에 대한 평가와 전문가의 슈퍼비전을 통하여 효율적이고 효과적인 사회복지시설의 운영기반을 정착시키고 시설 간 선의의 경쟁을 유도하고자 하며, 둘째, 시설 이용자의 인권이 보호되고 지역사회와의 긴밀한 연계 속에서 사회복지시설의 운영이 이루어질 수 있는 기반을 마련하며, 셋째, 사회복지시설 실태파악을 통하여 국가 지원수준에 대한 과학적인 근거자료를 제공하는 데 있다.

(4) 사회복지시설평가의 실시경과

사회복지시설평가는 1999년 정신요양시설과 장애인복지관에 대한 평가를 시작으로 1999년부터 2003년까지 '보건사회연구원'이, 2004년도에는 '한국사회복지협의회'가 연구용역 사업으로 시행하였으며, 2005년부터 2016년까지는 '한국사회복지협의회'가 사회복지시설평가를 보건복지부로부터 위탁받아 운영하였다. 그리고 2017년부터는 보건복지부 산하 위탁집행형 준정부기관인 '사회보장정보원'에서 담당하고 있다.

1차 평가기간인 1999년부터 2001년까지의 평가는 평가지표 개발을 중심으로 이루어져 왔으며, 2차 평가기간인 2002년부터 2004년까지의 평가는 일부 종별시설 평가지표 개발과 더불어 기존에 개발된 평가지표를 보다 현실화하는 데 초점을 맞추었다고 볼 수 있다.

3차 평가기간은 2005년부터 2007년까지로 1차, 2차 평가과정을 통해 나타난 평가 전반의 사항을 점검하고 향후 평가체계의 방향성을 제고하는 데 초점을 두었다. 3차 평가기간 중의 특징은 시대 환경의 변화에 따라 새로이 설치될 노인복지관과 정신재활시설에 대한 평가지표의 개발과 평가의 시행이 이루어졌으며, 정부의 조직개편으로 여성가족부로 이관된 모·부자복지시설에 대한 평가가 보건복지부에서 제외되었다.

4차 평가기간은 2008년부터 2010년까지이며, 노인복지시설의 경우 노인장기요양보험사업 수행시설은 평가에서 제외되었다.

5차 평가기간은 2011년부터 2013년까지이며, 전체 공통지표, 생활시설 공통지표, 이용시설 공통지표 구분 개발에 초점을 두었다.

6차 평가기간은 2014년부터 2016년까지이며, 평가지표 간소화, 현장의 평가부담 완화, 평가의 실효성 제고 중심으로 보완 및 개선하는데 초점을 두었다.

7차 평가기간은 2017년부터 2019년까지이며, 공통지표 축소, 이용자 중심, 소규모 시설 평가지표 개발에 중점을 두었다.

이제 그동안 시행된 사회복지시설평가 경과를 정리하면 〈표 11-4〉에서와 같다.

〈표 11-4〉 **사회복지시설평가 경과**

평가년도		평가대상시설	계
1차	1999	정신요양시설(59), 장애인복지관(36)	95
	2000	아동영아시설(28), 노인요양시설(60), 여성입소시설(61), 정신지체장애인시설(52), 부랑인시설(33), 사회복지관(시·도평가)	519
	2001	노인양로시설(85), 장애인시설(134), 아동시설(시·도평가)	452
2차	2002	정신요양시설(55), 부랑인시설(33), 장애인복지관(56), 노인복지회관(시·도평가)	144
	2003	사회복지관(334; 서울·경기 시·도자체평가), 노인복지시설(시·도평가), 모자복지시설(시·도평가)	651
	2004	아동복지시설(261), 장애인거주시설(199; 시·도평가)	460
3차	2005	정신보건시설(정신요양시설 55, 사회복귀시설 74), 부랑인복지시설(37), 장애인복지관(83)	249
	2006	사회복지관(351), 노인거주시설(224), 노인복지회관(74)	724
	2007	아동복지시설(260), 장애인거주시설(231)	491

평가년도		평가대상시설	계
4차	2008	정신요양시설(55), 사회복귀시설(113), 부랑인복지시설(36), 장애인복지관(119)	323
	2009	사회복지관(380), 노인복지시설(90), 노인복지관(180), 한부모가족복지시설(80)	576
	2010	아동복지시설(266), 장애인복지시설(389), 아동공동생활가정(330)	888
5차	2011	부랑인복지시설(37), 사회복귀시설(163), 장애인복지관(152), 정신요양시설(59)	411
	2012	노인양로시설(63), 노인복지관(190), 사회복지관(412), 한부모가족복지시설(100)	765
	2013	아동복지시설(275), 장애인거주시설(367), 장애인직업재활시설(373)	1,014
6차	2014	정신요양시설(59), 사회복귀시설(220), 노숙인복지시설(37), 장애인복지관(182)	498
	2015	노인복지관(248), 양로시설(66), 사회복지관(429), 한부모가족복지시설(96)	839
	2016	아동복지시설(286), 장애인거주시설(447), 장애인단기거주시설(116), 장애인공동생활가정(571), 장애인직업재활시설(461)	1,881
7차	2017	정신요양시설(59), 사회복귀시설(285), 노숙인복지시설(113), 장애인복지관(203)	660
	2018	노인복지관, 양로시설, 사회복지관, 한부모가족복지시설	.
	2019	아동복지시설, 장애인거주시설, 장애인단기거주시설, 장애인공동생활가정, 장애인직업재활시설	.

2) 사회복지시설평가의 기준

(1) 사회복지시설평가의 기본원칙

다양한 사회복지시설을 대상으로 실시된 평가의 전체 과정, 즉 평가기준, 지표개발, 평가의 시행과 평가결과에 대한 조치 등에서 반영되었던 기본원칙들은 서비스의 질 향상의 원칙, 평가절차의 투명성 원칙, 평가 참여의 원칙, 기본선 확보의 원칙, 이용자 중심의 원칙, 지역사회관계의 원칙이다. '2000년 시설평가사업단'의 자료를 바탕으로 내용을 살펴보면 다음과 같다.

① 사회복지시설평가는 시설운영의 개선 및 서비스의 질 제고를 유도하는 수단으로 작용해야 한다.

② 평가기준은 평가지표 개발의 의도하는 바를 모든 사람이 이해하고 수행할 수 있도록 상세하고 쉽게 구성하며, 평가기준과 평가과정을 사전에 공개하여 평가지표에 대한 이해를 명료하게 인지시킴으로써 평가절차의 투명성을 확보하여야 한다.

③ 평가대상 시설이 평가과정에 참여하는 참여자로서 평가과정 속에서 평가대상 시설이 스스로 시설의 문제점을 객관적으로 인식하고 개선노력을 기울일 수 있도록 하여야 한다. 이것은 사회복지시설 평가가 기존의 감사와는 달리 시설이 참여하여 평가하며, 평가를 통하여 긍정적인 발전의 기회를 갖도록 하는 평가의 목적을 수행하도록 한다.

④ 평가의 목적은 최고의 시설을 선정하는 것이 아니라, 사회복지시설이 전체적으로 기본적인 수준 이상을 견지할 수 있도록 유도하는 것을 기본 목표로 한다.

⑤ 사회복지시설을 이용하는 이용자(거주자) 중심의 평가로서, 이용자(거주자) 만족도와 서비스의 질을 고려하지 않으면 좋은 평가를 받을 수 없도록 한다. 즉, 사회복지시설은 기존의 서비스 제공자 중심의 시설에서 이용자 중심의 서비스 제공이 이루어질 수 있도록 한다.

⑥ 사회복지시설이 지역사회 내에서 융화될 수 있도록 한다. 즉 사회복지시설이 지역사회와의 원활한 상호관계를 유도하는 방향으로 이루어지도록 한다.

(2) 사회복지시설평가의 방법적 원칙

한편 2006년 사회복지시설평가의 방법적 원칙은 상술한 2000년도의 사회복지시설평가의 원칙을 바탕으로 그간 2회에 걸친 평가 경험을 보완하여 다음 여섯 가지가 제시되었다.

① 복지현장의 욕구와 현실반영원칙이다. 2006년 평가에서는 사회복지현장의 욕구와 현실을 반영하여 사회복지현장의 참여성을 극대화하고자 했다. 적극적인 현장 시설실무자들의 실제적인 참여로 개별 시설이 갖는 현장의 특수성(Locality)이 평가지표 등에 반영되도록 하였다.

② 평가지표의 정량화원칙이다. 현행 평가지표는 정성적 평가지표가 다수를 차지하고 있어 현장평가위원의 주관성이 개입할 소지가 많은 편이다. 따라서 평가 시 계량화가 불가능하거나 질적인 측면에서의 평가가 요청되는 경우에만 한하여 비

계량지수를 신중하게 설정하도록 하였다.

③ 평가항목의 축소원칙이다. 현행 사회복지시설 평가항목은 지나치게 많은 평가지표로 인해 일부 비현실적인 지표도 상당수 포함되어 있었다. 따라서 가능한 평가항목의 수를 줄이고, 평가방법상에 정밀성을 갖추도록 하였다.

④ 시·도간 상피제도 도입원칙이다. 시설평가의 투명도 및 신뢰도를 높이기 위해 현장평가 시 평가위원 본인이 속한 시 · 도에서 평가가 이루어지지 않도록 하였다. 현장평가위원의 전원 상피가 원칙이나 물리적 · 시간적 여건, 예산부족 등으로 인해 현장평가위원 중 현장실무자위원만 타 시 · 도 소재 시설을 평가하도록 하여 평가의 중립성 확보를 기하고자 하였다.

⑤ 블라인드 평가방식 도입원칙이다. 현장평가팀은 학계, 실무자, 공무원 등 현장평가위원 3인이 1팀으로 구성되었으며, 평가위원의 독립성을 보장하기 위해 블라인드(blind) 평가방식을 도입하였다. 이는 현장평가위원 3인이 정성항목에 대하여 독립적으로 채점하고 평가위원 각자가 인터넷을 통하여 평가결과를 입력하게 함으로써 평가위원 각자의 의견을 종합적으로 반영하여 보다 정밀한 평가가 진행될 수 있도록 하였다.

⑥ 사전 및 확인평가 실시원칙이다. 분과위원회에서 의결한 평가항목 및 지표에 대해 타당도 및 신뢰도를 확보하기 위해 일부 시설을 대상으로 사전평가를 실시하여 지표의 오류를 줄이려고 노력하였다. 또한 현장평가가 마무리된 후 평가결과의 신뢰도를 파악하기 위해 일부 해당시설을 무작위로 추출하여 확인평가를 실시하였으며 이를 통해 평가지표 및 평가과정상의 문제점을 파악하여 향후 평가체계보완에 적극 반영하고자 하였다.

2008년부터는 사회복지시설평가 체제를 또 다시 수정 · 보완하였는데, 주요내용을 살펴보면 다음과 같다.

① 기존의 블라인드 평가를 합의제 현장평가로 개선함으로써 평가결과의 객관성을 확보하려고 하였다.

② 현장평가위원의 시 · 도 간 상피제도 및 중앙선발 제도를 소속지역 평가제 및 시 · 도에 평가위원 선발 권한을 부여함으로써 평가에 대한 시 · 도의 책임과 역할을 강화하고자 하였다.

③ 현장평가위원에 대한 불만을 감소시키기 위해 현장평가위원 만족도 조사를 실시하였다.

④ 사회복지현장의 의견을 반영하고 객관성 및 투명성을 확보하기 위해 시설평가 홈페이지를 개설하고 평가지표 의견수렴 공청회를 가졌다.

(3) 사회복지시설평가의 지표와 단계

① 사회복지시설평가의 초기지표는 시설환경, 재정 및 조직운영, 인적자원관리, 프로그램 및 서비스, 이용자(생활인) 권리, 지역사회관계의 6가지 영역으로 구분되었으며, 각 영역별 지표내용은 시설 유형별로 차이가 있었다.

② 2012년 8월에 개정된 사회복지시설평가의 지표는 「사회복지사업법」 시행규칙 제27조(시설의 서비스 최저기준)에서 다음과 같이 8가지의 영역으로 제시하고 있다.

가. 시설이용자의 인권

나. 시설의 환경

다. 시설의 운영

라. 시설의 안전관리

마. 시설의 인력관리

바. 지역사회연계

사. 서비스과정 및 결과

아. 그 밖에 최저기준의 유지에 필요한 사항

③ 시설평가의 단계는 평가대상시설에서 평가지표에 따라 자체평가서를 사회복지시설평가원에 제출하는 자체평가단계가 있고 이를 근거로 시·도별로 실시되는 현장평가단계와 해당 시설에서 이의신청 등이 있을 때 확인평가를 하는 3단계로 이루어진다.

④ 사회복지시설평가에서 서비스 최저기준을 적용받는 시설의 범위는 「사회복지사업법」 제2조 제1호 각 목의 법률에 따른 사회복지시설과 사회복지관이 해당한다. 다만, 시설의 규모, 제공하는 서비스의 특성, 이용자 수 등을 고려하여 보건복지부장관이 정하는 시설은 제외할 수 있다.

3) 사회복지시설평가의 과제

(1) 사회복지시설평가의 지표

평가지표가 제시되어 있지만 지표별 기준이 부재함으로써 평가를 받는 시설 입장에서는 기준에 부합하지 못하는 지표를 개선하는 것이 아니라 점수가 낮은 지표를 올리도록 강구해야 한다는 문제점이 있다. 그리고 지표에 있어서 시설의 규모에만 의존하여 평가함으로써 지역의 특수성 혹은 도시의 규모(대도시 · 중소도시 · 도농복합도시 · 농어촌)를 고려하지 않고 일률적으로 적용하는 문제도 있다. 아울러 지방정부에서 직영하는 시설의 경우는 직원, 프로그램 등에 있어서 양적 · 질적으로 위탁시설보다 상당히 열악한 현실이므로 같은 평가기준으로 적용하게 되면 당연히 낮은 점수를 받을 수밖에 없는 한계가 있다.

서비스 이용자 수를 파악함에 있어서 단순히 서비스 제공 인원만을 양적으로 파악할 뿐 그 서비스의 내용이 질적으로 우수한가, 그리고 어떠한 성과가 있었는가를 반영하지 못하는 한계가 있다. 가령, 무료급식 사업을 진행하면 그 실인원을 산출 평가할 수 있는데 급식사업을 진행하면서 동시에 그 실인원을 대상으로 노인성질환예방 캠페인으로써 홍보물을 전달하거나, 건강검진을 하게 된다면 이 역시 또 다른 사업의 실적이 되는 것이다. 뿐만 아니라 장애인 분야에서 재가서비스, 의료재활, 심리재활, 직업재활서비스 등의 이용자 수를 파악함에 있어서 장애유형이나 장애 정도와 상관없이 단순히 서비스 제공 인원만을 파악하고 있다. 이것은 경증장애인보다 중증장애인에게 서비스를 제공하는 데 있어서 더 많은 시간, 노력, 자원동원이 요구되어진다는 것을 간과하고 있는 것이다.[1)]

(2) 사회복지시설평가의 위원선정

사회복지시설평가는 개별 시설별로 정한 평가지표에서 평가기준을 제시하고 있으나 그 기준은 평가위원에 따라 판단의 기준이 다를 수 있으며 이로 인한 평가위원의 주관적 평가는 결국 평가의 객관성을 훼손할 수 있다. 평가위원의 선발방법에서도 해당 시 · 도에서 평가위원을 선발하게 되면 평가대상시설에 대한 사전정보를 갖고 있다

---

1) 사회복지시설평가의 과제로 제시된 내용들은 그간에 수행된 각종 시설평가결과를 바탕으로 사회복지계에서 일반적으로 논의되고 있는 내용을 정리한 것이다.

는 장점이 있는 반면에 오히려 사전정보로 인해 편견에 의한 판단을 내릴 위험요인이 있다. 그리고 시 · 도별 혹은 지역별로 다른 평가위원이 배치되어 평가를 수행하게 되면 같은 평가항목이라고 하더라도 평가자가 다름으로 인한 편차가 극심하게 나타날 수 있다. 이렇게 되면 전국적인 차원에서 볼 때는 특정 시·도나 지역이 같은 기준으로 평가받는다고 볼 수 없는 것이다.

매년 시설평가 직전에 구성한 평가위원회를 통한 평가로는 평가항목에 대한 이해나 평가팀 간의 신뢰도를 높이는 데 한계가 있다. 따라서 평가를 수행하는 '사회보장정보원'에서는 충분한 교육을 통해 상설평가전문위원들을 양성하고 이들이 이해관계로부터 자유로이 평가를 시행할 수 있도록 조치함으로써 평가에 대한 신뢰도를 향상시킬 수 있을 것이다. 단기간에 편성되는 학계, 실무자 및 관련공무원 평가위원의 평가시스템이 갖고 있는 문제는 상설평가위원을 양성함으로써 모두 해결할 수 있는 가능성이 있는 것이다. 이렇게 평가를 담당하는 상설평가단 및 상설평가위원의 운영과 전문화를 도입하여 집중적인 평가훈련과 지표개발을 통해 체계적이며 지속적인 평가제도의 확립을 모색할 수 있을 것이다.

(3) 사회복지시설평가의 결과활용

현행 사회복지시설평가 제도는 보건복지부 등의 중앙정부가 사회보장정보원을 통한 「사회복지사업법」상의 법제적인 평가제도 이외에도 지역별로 평가기관이 난립(서울복지재단, 부산복지개발원 등)하고 있는 실정이고 지방이양사업 이후 지자체 자체적인 평가 실행으로 평가지표의 구성뿐만 아니라 평가 수행에 따른 다양한 문제를 해결할 필요가 있다. 즉 중앙지표 이외의 지역 자체지표를 개발하기 위해 이중삼중의 비용지출과 평가결과에 대한 자료의 난립을 막을 필요가 있다. 그리고 평가결과를 활용하는 문제도 저평가를 받은 시설에 대한 예산지원을 감축하거나 단순히 시설운영 수준의 등급을 나누는 것이 목적이 아니라 시설에서 제공되는 서비스의 수준을 높이는 데 목적을 두어야 한다. 따라서 평가 자체가 아니라 평가결과의 활용이 더욱 중요하다.

평가결과는 서비스의 질을 높이는 데 활용되어야 하며, 이를 위해서는 부족한 부분을 발견하여 이에 대해 시설운영자와 직원에게 지속적으로 교육을 실시할 필요가 있다. 시설운영자에게는 시설의 전반적인 운영계획을 수립하고, 실행에 옮길 수 있는 구체적인 방안을 수립하도록 하며, 서류 등을 보완하기 위한 교육을 실시한다. 또, 프로그램 담당자에게는 이용자 또는 거주자에게 효과적이며 효율적인 프로그램을 개발할 수 있도록 교육기회를 제공할 필요가 있다. 특히, 하위등급의 평가를 받은 사회복지시설의 종사자에 대해서는 전문성 향상과 시설환경을 현대화 할 수 있는 지원 프로그램을 개발하여 시설 간의 사회복지서비스 격차를 해소하는 것이 사회복지사업운영의 주요 발전과제가 된다.

Chapter 12

사회복지현장실습과 슈퍼비전

1. 사회복지현장실습과 지도감독(슈퍼비전) 개요

1) 사회복지현장실습의 개념과 목적

(1) 사회복지현장실습의 개념

사회복지교육에서는 크게 이론교육과 현장교육이 균형적으로 수행되어야 한다. 그 중에서 저학년 시기에 사회복지현장을 탐방하거나 사회봉사(자원봉사)활동을 한 이후에 고학년 시기에 사회복지현장실습 교과목을 이수하는 것은 사회복지사업현장을 이해하고, 사회복지사로서의 전문성을 강화하는 한편으로 실천 장면에서 요구되는 구체적인 기술과 역할을 학습하기 위함이다.

따라서 사회복지학도는 평소「사회복지사업법」상에 제시된 개별 사회복지사업 법제를 바탕으로 사회복지사업현장에 대한 실제적인 이해와 더불어 지역사회에 소재하고 있는 사회복지사업현장을 긴밀하게 접하여 현장의 맥락을 파악할 필요가 있다.

사회복지현장실습은 궁극적으로 예비사회복지사인 사회복지학도가 사회복지사업 영역 중에서 관심을 갖는 분야를 선택하여 1개월 정도의 기간에 걸쳐 집중적으로 체험하고, 향후 사회복지사업현장의 실천가로서의 전문성을 발휘하기 위해서이다. 그리고 사회복지학을 전공하는 학생에게는 사회복지현장실습이 보편적 교육과정의 구성요소이며, 사회복지사 국가자격을 취득하기 위해서는 필수과목으로 사회복지현장실습을 이수하도록 규정하고 있기도 하다.

사회복지현장실습은 실습(practicum), 현장실습(field-work), 현장경험(field-experience), 실습교육(field-instruction), 현장교육(field-education) 등의 다양한 개념으로 사용되고 있으나 통상 '사회복지실습' 혹은 '현장실습'으로 불려진다. 따라서 실습교육은 이론교육에서 배운 지식과 개념들을 실제상황에 적용함으로써 전문교육의 특성인 실제적 상황 속에서 실습생의 실천적 지식, 기술 및 가치관을 학습하는 기회를 제공하는 핵심적인 교과과정에 속한다.

(2) 사회복지현장실습의 목적

사회복지현장실습의 목적은 실습생들에게는 사회복지교육과정에서 가장 생산적인 경험이 되며, 교육자들에게는 실습생의 사회복지에 대한 사명감과 타인과 더불어 일할 수 있는 능력을 시험해 볼 수 있는 기회가 된다(A. Fortune, 1994).

사회복지현장실습교육은 실습생, 대학, 실습기관으로 구성되지만 실습생의 관점에서 볼 때는 몇 가지의 개별 목표를 설정할 수 있다. 즉 클라이언트인 개인, 가족, 집단, 지역사회를 대상으로 일반 실천가로서의 지식을 습득하고, 나아가 전문사회복지사로서의 전문적인 기술의 개발과 전문인으로서의 태도개발이 목표가 되어야 하는 것이다.

한편 사회복지현장실습의 목적을 실습생과 교육자인 대학과 실습기관(시설)로 구분하여 정리해보면 다음과 같다(서홍란 · 이경아, 2000 참조).

① 실습생의 목적은 학교에서 배운 지식과 기술을 실천에 옮기는 기회를 갖는 것이 일차적인 목적이고 실습현장에서 새로운 실천지식과 기술을 익히는 기회를 갖게 된다. 세부적으로는 각 복지기관(시설)의 전문적으로 분화된 기능에 대한 이해와 그 기능이 어떻게 수행되고 있는가의 전반적인 사회복지기관(시설)에 대한 이해를 갖게 되고 기관에서 실시하는 사업에 참여하는 과정에서는 클라이언트(개인, 가족, 집단, 지역사회)의 욕구를 바르게 인식하고, 클라이언트가 갖고 있는 욕구의 개방성·독자성을 파악할 뿐만 아니라 각 복지기관(시설)의 원조과정을 체험적으로 학습하고 그 과정에서의 구체적인 기술 및 전문가로서의 지식 등 전체적인 사회복지실천과정을 습득한다. 그리고 이를 통하여 실습생 자신의 능력, 한계에 대한 통찰

력과 자기인식을 통해 사회복지 전문직에 대한 이상과 사회복지를 택한 동기에 대해 재고하고 확신하는 기회를 갖게 되는 것이다. 아울러 타 학교 실습생과 함께 실습에 임함으로써 사회복지와 관련된 정보를 교환하고 실습경험을 함께 나누게 되므로 새로운 동료애와 이후 사회복지사로서의 보다 폭넓은 정체감을 형성할 수 있게 되는 계기가 되기도 한다.

② 대학은 평상시의 이론교육과 실천현장의 교량 역할을 한다. 즉 실습생은 실천현장에서 실제적인 문제에 대처하는 능력과 현장감을 갖게 되고, 실습지도교수는 실습 지도과정을 통하여 실천현장에서의 구체적이고 실제적인 사례들을 이해하기 위하여 실습생들을 이론교육과 실습의 보조역할을 할 수 있도록 하는 것이다. 세부적으로는 평소의 사회복지 교육과정에 대한 효율성 · 효과성을 평가하는 기회로 활용하고, 실습지도교수는 현장에 대한 경험이 부족할 경우에 실습생 방문을 통하여 다양한 사회복지실천현장에 대해 간접적으로 접할 수 있는 기회로 활용할 수 있는 것이다.

③ 현장실습기관(시설)은 사회복지의 새로운 경향과 기술, 지식들을 접하는 기회로 활용한다. 실습생들을 통하여 클라이언트에게 평소보다 다양하고 새로운 형태의 서비스를 제공할 수 있으므로 이러한 기회를 통해 기관 특성에 맞는 새로운 영역을 개발할 수 있도록 하는 한편 실습생들이 학교에서 습득한 기술, 지식 등을 실천현장에서 접할 수 있는 기회로 활용한다. 그리고 학교와 지속적인 연계로 이론과 실무에 대한 정보교환의 기회를 갖게 되고 이는 전문사회복지사 양성을 위한 교육 프로그램을 개발할 수 있는 기회로 활용할 수 있게 된다.

그리고 한국사회복지사협회에서 제시하고 있는 실습교육의 목적은 다음과 같이 6가지로 제시하고 있다.

① 실천현장의 문제해결과정에 사회복지가치 및 윤리강령의 내용, 지식 및 기술을 적용할 수 있는 능력을 키운다.

② 클라이언트체계의 문제확인, 정보수집, 사정평가, 개입계획 및 개입수행, 그리고 평가과정을 통해 문제해결에 대한 새로운 지식과 기술을 터득한다.

③ 지역사회 내 위험집단 및 표적집단의 강점 및 특성과 자원에 대한 지식을 활용할

수 있는 능력을 기른다.

④ 사회복지시설, 기관 및 조직의 사명, 정책 및 행정을 연구하고 파악한다.

⑤ 실천현장 관련 국가 및 지역(지방자치단체)의 사회복지정책 및 전달체계를 분석하고 실천에 적용한다.

⑥ 사회복지사로서의 자아인식을 증진시키고 전문직 정체감을 형성한다.

2) 사회복지현장실습의 내용

사회복지현장실습은 학기 중의 수업과는 별도로 사회복지기관에서 약 1개월 정도의 현장교육이 병행되므로 사회복지학 전공 관련 개설교과목 중에서 교육시간의 가장 큰 부분을 차지하고 있다. 사회복지현장실습은 학교교육과정에서 학습한 사회복지실천이론과 기술을 사회복지사업현장에서 사회복지적인 윤리와 철학[1)]에 기초하여 실제로 적용하는 방법을 배우는 과정으로 구성된다. 이러한 사회복지현장실습에 대한 내용을 세부적으로 정리해보면 다음과 같다.

(1) 사회복지현장실습 교육시간

① 학기 중 실습은 주 1일 8시간, 15주 정도(120시간 이상) 실시하고, 방학 중 실습은 대학에서 사회복지현장실습 교과목이 개설되는 학기 직전 하계방학이나 동계방학에 4주 정도(120시간 이상) 실시한다. 생활시설 등에서 실습을 하는 경우는 1일 8시간으로 최소 120시간 이상 실습을 시행해야 하며, 실습기관 및 실습생의 상황에 따라 공휴일, 주말 등을 이용하여 실습할 수도 있다.

② 사회복지현장실습 교육시간은 사회복지사 자격인정 이수규정상 원칙적으로 120시간 이상이 되도록 하고 있으나 일부 실습담당기관(시설)에서는 전문성 강화를 목표로 5주 정도(200시간 이상)로 실시하는 경우도 있다.

1) 사회복지윤리와 철학에 대한 교육과정은 사회복지실천론이나 사회복지정책론 등의 개별 사회복지교육 교과목별로 어느 정도는 다루어지고 있으나 전문직 양성에는 별도의 교과목으로 직업적인 윤리와 철학이 학제적 맥락에서 체계적인 학습과정으로 다루어져야 한다. 그러나 상당수의 대학교육과정에서는 '사회복지윤리와 철학' 교과목이 사회복지윤리 분야에만 치중하고 사회복지철학 분야는 도외시하는 경향이 나타나고 있다는 점은 개선이 필요할 것으로 보아진다.

(2) 사회복지현장실습 교육범위

사회복지현장실습과정에서 일어날 수 있는 교육의 범위는 대개 사회복지현장실습을 하게 되는 기관의 이해를 기초로 사회복지사업의 정책과정에 대한 이해와 실천과정에 대한 이해, 그리고 실습지도자의 슈퍼비전과 실습동료를 통한 학습 측면으로 볼 수 있다.

① 사회복지기관(시설)에 대한 이해 측면에서는 사회복지기관(시설)의 시설현황 및 시설운영에 대해 이해하고 해당기관이 제공하는 지역사회서비스 프로그램에 대해서 이해한다. 즉 지역사회복지관 등의 이용시설과 각종 생활시설들은 시설유형과 규모에 따라 정해진 운영규정과 지침에 따라 시설구조와 프로그램을 제공하고 있으므로 실습 중에는 기관분석보고서 작성 등을 통하여 사회복지기관의 사업내용을 학습하는 것이 기본이 된다.

아울러 실습종료 후 교내에서의 학습과정에서는 실습보고회 등을 마련하여 실습한 동료 학생들이 실습한 타 사회복지시설에 대한 간접 학습이 요구된다. 즉 사회복지시설은 아동, 노인, 장애인, 부랑인 등의 다양한 분야에 걸쳐 세부적인 별도의 시설들이 있기 때문에 현장실습은 학교 내의 수업 중에 전체적인 시설의 설치와 운영규정을 익히도록 하는 것이 바람직하다.

② 사회복지사업 정책과정의 이해 측면에서는 실습기관이 위치해 있는 지역사회 문제를 규명하기 위한 지역사회조사와 드러난 문제를 해결하는 데 활용이 가능한 사회복지전달체계 및 지역사회자원체계를 이해한다. 흔히 사회복지현장실습이 실천분야에 치중되고 있음을 감안하면 사회복지정책이나 지역사회보장계획 등이 형성되고 결정되는 과정을 구체적으로 경험할 수 있는 실습내용이 요구된다.

③ 사회복지사업 실천과정의 이해 측면에서는 사회복지대상자 체계(개인, 집단, 가족, 지역사회 등)에 직접적인 서비스를 제공하기 위하여 문제 확인, 정보 수집 및 분석, 개입계획 수립 · 실천, 개입노력을 평가하는 실천과정을 경험해 본다. 즉 개별사회사업, 집단사회사업, 가족치료 및 상담, 지역사회조직 등의 실천방법과 기술에 대한 구체적 실습이 이루어져야 한다.

④ 실습지도(슈퍼비전) 및 동료를 통한 학습 측면에서는 실습학생의 실습과정기록을 기초로 기관 실습지도자와 대학 실습지도교수의 실습 슈퍼비전을 받으면서 전문

적 가치, 지식, 기술 그리고 전문사회복지사로서의 자아인식과 정체감을 발달시킬 수 있어야 한다. 특히 실습지도자 외에도 실습기관 내 다른 사회복지사 및 타대학 실습생 간의 대인관계를 잘 활용하면 다양한 사업의 실습지도와 동료지도를 경험할 수 있다.

2. 사회복지현장실습의 신청과 진행절차

1) 사회복지현장실습 신청 및 운영의 자격기준

한국사회복지사협회의 사회복지현장실습 지침서 내용에 따라 실습교육기관과 실습생, 지도교수의 자격기준을 정리하면 다음과 같다.

(1) 사회복지현장실습 학생 자격기준

① 사회복지현장실습 학생 자격기준은 사회복지학의 교과목 중에서 아래의 4개 과목 이상을 이수한 자로 권장하고 있다. 아울러 일부 실습기관에서는 사회복지현장에 대한 이해도가 어느 정도 있는 학생을 선발하기 위하여 사회복지분야론 교과목 중 2과목 이상을 이수하기를 권장하거나 사회복지자원봉사 실적을 요구하는 경우도 있다.

- 사회복지기초(인간행동과 사회환경, 사회복지학개론, 사회복지조사론)
- 사회복지실천(사회복지실천론, 사회복지실천기술론, 지역사회복지론)
- 사회복지정책과 철학(사회복지정책론, 사회복지윤리와 철학, 프로그램개발과 평가)

② 기타 개별 기관(시설)에 따라 해당기관과 시설의 사업영역에 따라 별도의 교과목 이수를 요구하게 되는 경우도 있다. 예를 들면 노인복지시설은 '노인복지론', 장애인복지시설은 '장애인복지론', 아동복지시설은 '아동복지론', 가족복지시설은 '가족복지론', 정신건강증진시설은 '정신건강복지론' 등의 분야별 교과목 이수자를 실습생으로 우선 선발하는 경우가 있다.

(2) 사회복지현장실습 지도교수 자격기준

사회복지현장실습 지도교수 자격기준은 대학에 따라 규정하고 있지 않는 경우가 있으나 한국사회복지사협회에서는 사회복지사 1급 자격증 소지자이어야 하고 사회복지현장 경험이 있는 전임교수가 실습지도를 담당하도록 권장한다.

세부규정을 보면 석사학위 소지자의 경우는 사회복지기관에서 5년 이상 근무하면서 실습지도자의 경험이 있거나 교유과정 중 실습을 이수한 자이어야 하고, 박사학위 소지자는 교육과정 중 실습이수를 한 자이거나 사회복지기관에서 1년 이상 근무하면서 실습지도의 경험이 있는 자이어야 한다.

(3) 사회복지현장실습 교육기관과 실습지도자 자격기준

① 사회복지현장실습 교육기관 자격기준은 「사회복지사업법」 제2조 제1호에 따른 사회복지사업과 관련된 법인 · 시설, 기관 및 단체로 한다. 즉 제2조 제1호에 의해 사회복지사업을 행하는 시설 및 법인 등의 기관이 교육기관으로 인정된다. 이때 교육기관은 사회복지서비스를 제공하고 있고 사회복지현장실습을 수행할 수 있는 생활시설, 이용시설, 단체, 법인, 지방자치단체, 자원봉사센터, 상담소, 병원, 학교, 교정기관, 조사연구기관 등을 포괄한다.

② 사회복지현장실습의 교육기관과 실습지도자 자격기준은 학생이나 지도교수 자격기준과는 다르게 사회복지사업법제상으로 다음과 같이 자격이 있는 실습지도자가 재직하고 있으며, 실습지도가 가능한 기관이어야 한다고 규정하고 있다.

–사회복지사 1급 자격증 소지자로서 3년 이상 사회복지사업 실무경험자
–사회복지사 2급 자격증 소지자로서 5년 이상 사회복지사업 실무경험자

2) 사회복지현장실습 신청절차와 서식

사회복지현장실습의 진행절차는 실습기관이 실습생 모집내용을 사회복지관련 홈페이지나 공문으로 공지하면 실습대상 학생들이 자신의 실습선호도나 실습여건(조건)에 따라 실습기관에서 요구하는 서류를 접수한 후 면접 등의 선정절차를 거쳐 실습생이 확정된다. 이때 대학(교육기관)은 실습의뢰공문을 실습기관에 발송하고 실습기관에서는

수락서를 대학에 발송한 후 실습교육을 진행하게 된다.

그리고 실습교육기간 중 대학(교육기관)에서는 실습기관의 실습지도자와 교류하여 실습교육이 원만히 진행될 수 있도록 실습지도를 하여야 한다. 대학에 따라서는 실습기관을 방문하여 진행하는 경우도 있다.

마지막으로 실습이 종료되면 실습기관은 실습평가서를 대학에 발송해야 하며 대학에서는 이를 근거로 하여 실습학점을 부여하는 것으로 실습교육은 종결된다.

한편 사회복지현장실습에 필요한 각종 지도양식은 실습기관에 따라 다양하게 작성되어 사용되고 있는 실정이다. 여기에서는 한국사회복지사협회의 지침서 양식을 참조하여 대학, 실습기관, 실습생이 사용할 양식을 사회복지현장에 맞게 재수정하여 제시하였다. 이 외에도 사회복지현장실습에 필요한 지도양식과 도구에는 실습일지, 기관분석보고서, 실습중간평가서, 실습종결평가서 등의 다양한 양식과 도구가 있다.

대학1(실습의뢰서 공문)[2)]

"사회복지인재 양성"
○ ○ ○ 대 학(교)

수 신　　ㅇㅇ 사회복지기관장(시설장) 님

(경유)　　사회복지현장실습지도자

제 목　　『사회복지현장실습』 의뢰서

---

1. 평소 지역사회복지발전은 물론 예비사회복지사 사회복지현장실습 교육을 담당해 오신 귀 기관(시설)에 감사드립니다.

2. 「사회복지현장실습」을 수강하는 본교 사회복지학과 학생의 하계방학기간 실습교육을 아래와 같이 의뢰하니 협조하여 주시기 바라며, 실습시간은 120시간이 이상이 되도록 해주시고, 실습 종료 후 실습평가서는 우편송달해 주시기 바랍니다.

------- 아 래 -------

1. 학생 성명 :　　　　　(연락처 :　　　　　　　)
2. 실습기간 : 20**. 7. . . – 20**. 8. . .
3. 실습지도교수 : ㅇ ㅇ ㅇ
4. 실습담당조교 : ㅇ ㅇ ㅇ

(연락처 : 사회복지학과 사무실 ☎ 000-000-0000)

붙임 : 『실습신청서』 및 『실습생 프로파일』 각 1부. 끝.

○ ○ ○ 대 학(교) 총장
"직인생략"

담당　ㅇ ㅇ ㅇ　지도교수　ㅇ ㅇ ㅇ　ㅇㅇ학과장　ㅇ ㅇ ㅇ　학(총)장　ㅇ ㅇ ㅇ

시행　사복 20** – 1(20**. 5 . 12)　접수

우편　32931　ㅇㅇ도 ㅇㅇ시 ㅇㅇ구 ㅇㅇ길 00　/ http://www.ㅇㅇㅇ.ac.kr

전화　ㅇㅇㅇ–ㅇㅇㅇ–ㅇㅇㅇㅇ　전송　ㅇㅇㅇ–ㅇㅇㅇ–ㅇㅇㅇㅇ　/　ksw@ㅇㅇㅇ.ac.kr　/　공개

---

2) 실습기관에서 실습생이 확정되면 대학(교육기관)에서는 실습의뢰서 공문을 실습신청서 및 실습생 프로파일과 함께 실습기관에 발송하게 된다.

대학2(실습신청서 양식)

실습신청서

1. 실습생 인적사항

<table>
<tr><td>이 름</td><td></td><td colspan="2">생년월일</td><td colspan="2"></td></tr>
<tr><td>소 속</td><td></td><td>학과/
전공</td><td></td><td>학년/
학기</td><td></td></tr>
<tr><td>현주소</td><td colspan="5"></td></tr>
<tr><td>전화번호</td><td colspan="3">집 :</td><td colspan="2">휴대폰 :</td></tr>
<tr><td>E-Mail</td><td colspan="5"></td></tr>
</table>

2. 실습 의뢰내용

실습 부서	
실습 분야	
실습 내용	
실습 기간	

※ 상기 내용으로 귀 기관에 실습신청을 의뢰하며 실습생 프로파일을 동봉합니다.

신청인(학생 명) : 인
실습지도 교수 : 인

대학3(실습생 프로파일 양식)[3)]

실습생 프로파일

1. 인적사항

(사진)	실습생명		성별		생년월일	
	소속	대학교(대학원)		학과(전공)		학년(학기)
	현주소					
	전화번호	집 :	핸드폰 :	E-mail		

2. 이수 전공과목

교과목명	이수완료	이수중	교과목명	이수완료	이수중	교과목명	이수완료	이수중
인간행동과 사회환경			사회복지실천론			사회복지실천기술론		
지역사회복지론			사회복지정책론			사회복지행정론		
사회복지법제론			사회복지조사론			※ 상기 8교과목은 자격시험 필수교과 목으로, 4과목이상 이수해야 실습신청이 가능함		
사회복지학개론			사회복지자료분석론			프로그램개발과평가		
가족복지론			아동복지론			청소년복지론		
노인복지론			여성복지론			장애인복지론		
정신건강론			정신건강사회복지론			의료사회복지론		
학교사회복지론			산업복지론			자원봉사론		
사회문제론			사회복지역사			사회보장론		
교정복지론			사회복지지도감독론			사회복지현장실습		
사회복지윤리와 철학								

3) 실습생 프로파일은 실습생 선발에 필요한 서류로 활용하기 위하여 실습기관에서 사전에 실습신청서와 함께 제출을 요구하는 경우도 있다.

3. 경력

구분 (실습, 자원봉사)	기 관	기간	내용

4. 사회복지를 전공하게 된 동기

5. 실습 기관 선택 이유

6. 실습을 통해서 성취하고자 하는 목표

7. 실습을 마친 후 목표달성 정도를 파악할 수 있는 기준

8. 사회복지를 실천하는데 있어 자신의 강점과 약점

1) 사회복지 지식 및 기술의 측면

2) 개인적인 특성 측면

실습기관1(실습의뢰 회신양식)[4)]

실습의뢰에 대한 회신

실습생명		소속대학	
기관명			
기관주소		전화번호	
실습지도자	직위 : 부서 : 성명 :	연락처	전화 : 팩스 :
		E-mail	

실습기간	년 월 일 – 년 월 일 (오리엔테이션 일정 : 년 월 일 시)
필요서류	다음 서류를 실습개시일 ( )일전까지 우송바랍니다. –실습생 프로파일 1부 –실습비 (원) (실습개시일 납부요망) –기타 필요한 서류 ( )
실습을 위한 기타 준비사항	–참고문헌 –사전 과제물
대학에 대한 의견	

귀 대학의 실습생의 실습의뢰를 수락합니다.

실습지도자 (인)

기 관 장 (인)

4) 실습의뢰에 대한 회신은 기관에서 실습생선정이 확정된 후 대학이나 실습생에게 통지하는 방식으로 이루어지며, 실습비가 대학등록금에 포함이 되어 납부된 경우에는 대학에서 실습비를 부담하게 된다.

3. 사회복지현장실습의 슈퍼비전과 평가

1) 현장실습일지 및 문서작성법[5]의 슈퍼비전

(1) 현장실습일지 작성원칙

① 현장실습과정에서 다루어진 내용을 사실대로 작성한다. 예를 들어 시설청소, 잔심부름한 일부의 내용을 하루 종일 한 것으로 내용을 기록할 경우나 하루의 일과를 일부 삭제하는 경우는 내용을 과장하거나 누락 기록한 것이며, 이는 기관, 사회복지사, 실습생 모두의 책임이다. 아울러 주어진 실습을 대충하고 일지를 작성하는 경우도 마찬가지이며 세부적으로 보면 다음과 같다.

- 가급적 쉽고 간명하게 한글로 작성
- 올바른 뜻의 전달을 위하여 필요한 경우에는 괄호 안에 한자 기타 외국어를 병용
- 내용상에 거짓이 없어야 함. 이는 사회복지사의 윤리정신에 위배됨
- 허위 또는 과장된 내용을 기록해서는 안 됨

② 구체적 · 객관적 · 논리적 · 긍정적으로 작성한다. 즉 대충적 · 주관적 · 감정적 · 부정적이어서는 안 된다.

- 대충적인 예는 서론, 본론, 결론이 없이 현황만 제시, 문제점만 제시, 개선방안만 제시하는 것
- 주관적인 예는 실습하는 시설에서 일부사례를 보고 모든 시설에 문제가 있다고 작성하는 것
- 감정적인 예는 실습생 자신이 주인공이 되어 감상적으로 기록하는 것
- 부정적인 예는 실습생 개인가치관(고정관념 등)으로 시종일관 문제점만 지적하여 기록하는 것

③ 정확한 용어를 사용해야 한다. 즉 전문용어와 나이를 정확하게 구분하여 기록해야 한다. 전문용어를 구분하는 예로는 상담자와 피상담자의 구분, 기초생활보장

---

5) 사회복지현장실습에 필요한 사전 기초지식은 이론적으로 다양한 차원에서 제시할 수 있으나 현장실습기관의 실제성 및 감각을 고려하기 위하여 '정림종합사회복지관'에서 다양한 참고서적을 활용하여 작성한 『실습교재』 자료 중 일부를 재인용하거나 수정하여 새롭게 작성하였다.

수급권자와 기초생활보장수급자의 구분, 자원봉사와 현장실습의 구분을 할 수 있어야 하고, 나이를 구분하는 예로는 영아(3세 미만), 유아(6세 미만), 아동(18세 미만), 청소년(19세 미만, 9세 이상~24세 미만), 소년소녀가정(18세 미만) 등이다.

④ 각종 기관과 직명은 고유 명칭을 사용하여야 한다. 즉 약어 사용을 하지 않아야 한다. 예를 들면 기관 명칭은 대전광역시사회복지협의회(→ 대전사협), 충청남도사회복지사협회(→ 충남사협), 사회복지관(→ 복지관), 종합사회복지관(→ 종합복지관), 한국대학교 사회복지학과(→ 한대 사복과) 등으로 고유 명칭을 사용해서 기록해야 한다. 그리고 직명도 클라이언트(→ ct), 사회복지사(→ 복지사), 사회복지전담공무원(→ 전담공무원) 등으로 정확한 용어를 사용해야 한다.

⑤ 글씨는 깨끗하고 단정하게 작성한다. 즉 글씨는 글쓴이의 심정을 그대로 반영하는 것이므로 필체나 글씨도 단정해야 한다. 컴퓨터로 일지를 작성할 경우 특히 오자나 탈자에 유의하여야 한다.

⑥ 문어체로 작성해야 하며 존어체나 물음체, 애매모호한 작성방식이 되어서는 아니 된다. 즉 문어체의 예로는 문장형식에서 "실습이란 학교에서 배운 지식과 기술을 현장에서 접목시켜 응용하는 것이다."의 방식을 말하며, 예를 들어 "실습이란 학교에서 배운 지식과 기술을 현장에서 접목시켜 응용하는 것입니다."라는 방식의 존어체, "실습이란 학교에서 배운 지식과 기술을 현장에서 접목시켜 응용하는 것일까?"라는 방식의 물음체, "실습이란 학교에서 배운 지식과 기술을 현장에서 접목시켜 응용하는 것일까 싶다."라는 방식의 애매모호한 방식의 문체를 사용해서는 안 된다.

⑦ 공문서 작성요령에 의거하여 기록한다. 실습일지도 학교나 기관에서 보존해야 하는 공문서이기 때문이다.

가. 공문서 작성 형식은 다음과 같다.

- 용지 : A4용지(가로 210㎜ × 세로 297㎜)
- 용지여백 : 위 30㎜, 왼쪽 20㎜, 오른쪽 15㎜, 아래 15㎜
- 볼펜 : 검정색 또는 파랑색 볼펜
- 글쓰기 : 가로쓰기(좌에서 우로)
- 교정 : 자로 두 줄 사선 후 서명 또는 날인
- 숫자 : 특별한 경우를 제외하고는 아라비아 숫자를 사용

–금액표시 : 금액 이십육만삼천원(₩263,000)

–항목의 구분 : 2타 띄움

–문서의 면 표시 : 2-1 2-2

나. 문서 작성 시 유의사항은 다음과 같다.

–정확성(바른 글) : 6하(누가, 언제, 어디서, 무엇을, 어떻게, 왜) 원칙에 따른 작성

–신속성(이해가 빠른 글) : 문장은 짧게 끊어서 개조식으로 작성

–용이성(쉬운 글) : 읽기 쉽고 알기 쉬운 말을 사용

–경제성 : 용지의 규격을 표준화. 반복적인 업무는 표준 기안문 제도 활용

–결재 : 결재를 득했을 때 문서로서 효력이 발생함. 이때 다른 결재자의 서명 칸을 침범해서는 안 되며, 서명 칸은 직위에 상관없이 동일한 규격으로 작성함

⑧ 띄어쓰기나 바른 표기 등의 맞춤법에 유의하여야 한다. 우선 띄어쓰기의 예로는 "아버지가 방에 들어가신다."를 "아버지 가방에 들어가신다."로 하는 경우가 대표적이다. 그리고 바른 표기는 주소와 연월일, 시각 표기에서 주의해야 한다.

가. 주소와 받는 사람 표기의 예로는 "대전광역시 서구 정림동 637번지(혹은 도로명 주소 사용) 정림종합사회복지관 홍길동 부장님 귀하"로 하는 것이 원칙이며 주소는 바르게 표기했더라도 받는 사람을 "부장 홍길동 앞"이나 "홍길동 부장 앞"으로 표기하는 것도 정서적으로 바른 표기가 될 수 없다.

나. 연월일 표기의 예로는 '20**년 1월 1'은 '20**년 1월 1일'로, '20** 2. 10'은 '20**. 02. 10.' 혹은 '20**. 2. 10.'으로, '08. 3. 10'은 '08. 3. 10.'으로 뒤에도 온점 찍어서 표시한다. 아울러 시분 표기의 예로는 '오후 5시 20분' 혹은 가운데 쌍점을 찍어 '17:20'으로 표기하는 것이다.

다. 기타 구분해야 할 것으로는 인용문은 "......"으로, 강조문은 '---'으로 표기하는 것을 원칙으로 하며, 마침표(~.)는 해당 문구의 모든 내용이 끝났음을 의미하므로 마침표 뒤에 또 다른 표기나 서술을 해서는 아니 된다. 예를 들어 '~해야 한다(사회복지법인은 제외).'로 표기하지 않고 '~해야 한다.(사회복지법인은 제외)'로 표기하는 방식은 틀리는 방식이므로 유의해야 한다.

(2) 현장실습과정의 기록

① 실습과정기록의 내용은 클라이언트와 사회복지사의 상호작용과 반응, 클라이언트에 대한 사실, 감정, 관찰내용은 물론이고, 이러한 반응과 관찰내용에 대한 사회복지사 스스로의 감정까지도 분석하여 분석적 사고와 개입 계획을 진행시키는 것이다. 과정기록에 포함될 내용은 구체적으로 다음과 같다.

가. 실습생 성명, 면접날짜, 클라이언트의 성명(기관 외부에서의 교육이나 사례회의를 위하여 사용할 때는 개인정보의 보호를 위하여 약자 또는 가명을 사용), 나이, 직업, 면접번호(예 : 채송화씨와의 세 번째 면접), 가족사항, 병력, 신체적 · 정신적 장애 여부, 면접에 이르게 된 이유나 과정 등을 기입한다.

나. 클라이언트에 대한 개입의 목적과 해당회기 면접의 목적을 기술한다. 즉 면접 중 클라이언트와 실습생 사이에 일어난 언어적·비언어적 상호작용을 모두 기입한다. 클라이언트와의 면접상황에서 일어난 일에 대한 실습생의 솔직한 개인적 감정을 비롯한 느낌과 반응을 기입(예 : 그 순간 나는 매우 언짢았다. 홍길동씨가 화가 난 것 같았으나, 그 이유를 몰랐다. 두렵기도 하고 무슨 말을 해야 할지 몰랐다 등)한다.

다. 실습생의 관찰과 분석적 사고를 포함해야 하는데, 실습생은 클라이언트와 언어적 상호작용을 하면서 동시에 머릿속으로 끊임없이 '왜 클라이언트가 이 순간에 이런 식으로 행동하는 걸까, 그의 진짜 의도는 무엇일까, 지금 말한 것이 이전에 말한 것과 다른지, 그가 말하는 내용과 그의 행동이 일치하는지, 내가 다음에 무슨 말을 해야 할지, 그 말이 클라이언트에게 어떤 영향을 줄 것인지…' 등을 생각하고 있어야 하며, 면접 도중의 이러한 생각들은 과정기록에 포함되어야 한다.

라. 집단과정기록의 경우 집단성원 간 주고받는 상호작용과 갈등 등을 기록한다. 즉 전체 세션(session)에 대한 실습지도 사회복지사의 사고를 통합해 줄 수 있는 진단적 요약과 면접에 대한 실습생 자신의 전체적인 인상과 다음 면접을 위한 구체적인 계획을 기록한다.

② 과정기록에 대한 가장 대표적인 형식은 일어난 일에 대한 대화형식과 평서 문체 기술, 그리고 요약기록형식이 있다.

가. 대화형식은 대화로 이루어진 면접 중의 클라이언트와 실습생의 상호작용을

그대로 옮겨 적되, 비언어적 행동 등은 ( )안에 적는다. 일반적으로 대화형식은 〈표 12-1〉에서와 같이 기록한다(Wilson, 1980).

〈표 12-1〉 **면접 중의 클라이언트와 실습생의 대화형식 기록**

지도내용	면접내용	실습생의 느낌	실습생의 분석
실습지도자의 면접내용 혹은 실습생의 느낌이나 분석에 대한 지도내용	클라이언트와의 면접내용이 대화형식으로 기술된다. 언어적 · 비언어적 의사소통내용이 모두 기록된다. 예) W : 안녕하세요? C : 오늘은 좀 피곤하네요(고개를 숙이고 들어온다). W : 무슨 일이 있으셨어요? C : 아니오. 그냥 좀 몸이 안 좋아요.	대화가 진행됨에 따른 실습생의 느낌에 대한 기록으로 클라이언트의 반응에 대한 실습생의 코멘트가 기술된다.	클라이언트의 반응에 대한 분석. 실습생의 느낌과 분석을 따로 기록하면 감정과 전문가적 평가를 분리할 수 있는 장점이 있다.

나. 서술적 기술(평서 문체기술)형식은 클라이언트와 실습생의 상호작용 및 비언어적 행동을 서술적으로 기술하는 방식이다. 원칙상으로 객관적 사실이나 사건 그대로를 기술한다(예 : 클라이언트에게 자리에 앉으시라고 했더니 그는 매우 천천히 앉더니 땅바닥만 쳐다보았다. 왜 그러시냐고 묻자 한참 있다가 기분이 매우 좋지 않다고 거의 들리지 않는 소리로 대답했다).

다. 요약기록형식은 클라이언트의 문제, 클라이언트에게 제공된 서비스, 그리고 클라이언트의 진전과정에 대한 요약 혹은 초록으로서, 클라이언트와의 원조과정 중 일정 기간마다, 혹은 서비스 중반부나 종결 시에 사용될 수 있는 기록형식이나, 실습생의 면접에 대한 과정기록의 대안으로 사용되기도 한다. 모든 과정을 기록하기보다 사례에 대한 논의 및 지도가 필요한 부분만을 기록하는 방법으로서 사용되기도 하는 것이다.

③ 과정기록의 작성요령을 보면, 면접내용에 대한 세세한 기술을 통하여 작성되는 과정기록은 시간이 많이 소요되고 매우 귀찮은 작업임에는 틀림이 없으나, 면접의 자세한 과정을 기술하여 이를 분석하는 지속적인 노력이 없이 사회복지실천기술을 발전시킨다는 것은 불가능한 것이다. 최근에 과정기록이 부정확하고, 시간 소비적이고, 분석보다는 세세한 사항에 너무 중점을 두고 있다는 지적을 받는다(Kurland, 1989). 과정기록은 회상능력, 경청기술, 그리고 정서적 반응과 언어적 상호작용을 연관시키는 능력을 향상시켜 줄 수 있는 매우 효과적인 방법이다

(Kagle, 1984). 효과적인 과정기록의 작성요령은 다음과 같다.

가. 과정기록에서는 면접을 진행하는 동안 일어났던 모든 것을 기록해야 하므로 면접과 과정기록 작성 사이의 시간은 짧을수록 좋다. 시간이 지날수록 잊어버리는 내용이 많으므로 되도록 면접 후 빨리 작성하는 것이 좋으며 대개 하루를 넘기지 않는 것이 바람직하다.

나. 과정기록 작성은 어느 정도의 기억작업이 요구되는 일이지만 모든 것을 다 기입할 필요는 없으며, 면접의 목적을 고려하여 중요한 내용과 활동을 선택하여 기록하거나, 시작, 중반, 종반부의 일정부분만 선택하여 기록하기도 한다. 또한, 자기가 만나고 있는 모든 클라이언트 사례에 대해 작성할 수 없으므로 자신의 학습에 가장 도움이 될 수 있다고 생각되는 사례를 선택하여 같은 사례를 지속적으로 기록을 한다.

다. 과정기록은 경험이 많지 않은 실습생의 서투른 면접장면이 모두 드러나게 되는 부담스러운 작업의 하나이지만 과정기록의 목적은 민감하고 유능한 실천가가 되기 위한 학습에 도움이 되는 것임을 명심해야 한다. 많은 부분을 실제의 면접과 다르게 편집하게 되면 그만큼 자신에게 유익한 지도의 기회를 포기하는 것이며, 클라이언트에게는 미숙한 면접서비스를 반복적으로 제공하는 결과를 가져오게 된다.

라. 과정기록이 클라이언트에 대한 비밀보장을 침해하지 않도록 최선의 노력을 한다. 가명을 사용하거나 약자를 사용하며, 안전한 곳에 보관해야 한다. 면접 시 약간의 필기를 하여 면접 후의 기록에 도움이 되도록 할 수 있다.

2) 사회복지사업 프로그램계획서 작성법의 슈퍼비전

(1) 사업계획서 작성준비

프로그램계획서 혹은 사업계획서(proposal)는 사회복지사가 기획하고, 개발한 프로그램에 대한 구체적 실행지침일 뿐만 아니라 이를 대내외적으로 인증(authenticate)받기 위한 근거이자 필요조건이기도 하다. 내부적인 인증은 기관장 또는 운영위원회나 지방정부, 후원 기업, 사회복지공동모금회 등으로부터 지원받은 사업의 승인과 함께 필요한 예산 및 인력 또는 후원금 등의 자원을 제공받음을 확정짓는 것이다. 대외적인 인증은 정부로부터 사업비를 교부받을 때의 근거로 활용되거나, 사회복지공동모금회나 지방정부에서 수행하는 각종 공모사업의 신청서로도 활용될 수 있다.

프로그램 계획서는 인증의 과정이 매우 중요하다. 인증의 과정은 알림과 설득의 과정이라고 할 수 있다. 즉 계획한 프로그램이 충분한 가치 있으며 현실적으로 타당하다는 것을 기관장이나 심사위원회에게 알리고, 이들로부터 승인을 받아야 하는 과정이기 때문이다. 따라서 프로그램 계획서는 프로그램의 가치를 명확하게 알리는 것이 가장 필요하다. 그렇다면 명확하고 효과적으로 상대를 설득하며, 프로그램의 중요성을 알리기 위해서는 어떻게 해야 하는가? 이를 위해 필요한 것이 체계적인 프로그램 계획서의 작성법이다. 물론 극단적이거나 사회적 가치를 위협하거나, 인증을 담당하는 구성원(예로 심사위원회)들의 가치체계와 다른 경우에 프로그램은 정치적 맥락에 의거하여 배제되어질 수도 있다.

프로그램계획서는 핵심적 내용을 간략하게 다룬 약식계획서와 실행목표나 과정, 예산 등을 아주 구체적이고 세세하게 다룬 외부자원개발용 혹은 기금개발용 전체계획서로 크게 나누어 볼 수 있다. 약식계획서는 전형적인 실무형 계획서로 실무에 필요한 가장 핵심적인 정보를 담기 때문에 분량도 적을 뿐만 아니라 실용적인 특성이 강하다. 반면에 기금개발용 전체계획서의 경우 문제제기나 사업의 필요성 등을 논리나 근거(이론적 배경)에 의하여 증명해야 할 뿐만 아니라 지정된 형식에 따라 아주 구체적이고 세밀한 내용으로 계획서를 작성해야만 한다. 그렇기 때문에 프로그램계획서의 작성방법을 보다 구체적으로 배울 필요가 있다.

최근에는 기업복지재단과 같이 기금개발용 계획서를 제출하기 이전에 약식계획서보다 더 간단한 형태인 요약계획서를 받는 경우도 있으며, 사회복지공동모금회처럼 기금개발용 전체계획서에 요약계획서를 별도로 제출하도록 한 경우도 적지 않다. 따라서 실습에 임하기 전에 예비사회복지사는 프로그램계획서를 작성하는 데 필요한 주요 개념들을 이용하여 사업계획서의 작성방법을 구체적으로 학습하는 것이 요구된다.

이제 프로그램계획서 작성의 실제 사례를 보면 다음에서와 같다.

(2) 프로그램계획서의 실제작성(예)

'새로남공부방' 프로그램계획서[6)]

1. 프로그램의 목적과 목표

1) 목적

지역의 수급권자 가정 또는 저소득 가정 및 맞벌이 가정의 방임 아동을 방과 후 시간 동안 안전하게 보호·교육하여 정서적인 안정감을 갖도록 돕고, 가정에서 충분히 지원되지 않는 학습 환경을 조성하여 가정의 역할을 보완해 주며, 개별 및 집단적으로 학습, 정서, 특기지도 등을 통하여 정서적 안정 및 사회성 발달을 도모하여 건강하고 올바르게 성장할 수 있도록 하는 데 목적이 있다.

2) 목표

1) 아동의 안전한 보호 및 건강한 신체 성장을 도모하는 보육 프로그램을 진행한다.
- 세부목표 1 : 주 5회 이상 연 280일 동안 아동의 안전한 보호 프로그램을 실시한다.
- 세부목표 2 : 간식 및 방학 중 급식제공을 통해 신체적 발달과 가정의 경제적 부담을 감소시킨다.

2) 건전한 또래집단 형성과 집단 프로그램을 통한 아동의 정서적인 환경을 제공한다.
- 세부목표 1 : 야외활동과 견학활동에 참여하여 협동심을 배우며 문화적 경험을 제공받는다.
- 세부목표 2 : 다양한 특별활동(미술, 종이접기, 영어, 한자 등)을 통해 재능과 적성을 개발한다.
- 세부목표 3 : 아동 1인 월 1회 이상의 개별상담을 통해 보다 적극적인 정서적 지원을 실시한다.

3) 대상아동 가정에 복지서비스 제공을 통해 가족의 기능을 강화시킨다.
- 세부목표 1 : 결연서비스를 통하여 가정의 안정적 경제지원을 도모한다.
- 세부목표 2 : 연 1회 이상의 후원물품 제공과 상담을 연계하는 직접적인 지원서비스를 제공한다.

6) 대전광역시 서구에 소재하고 있는 정림종합사회복지관 실습교재 자료를 참고하여 재인용 및 수정하였으며, 이 자료에서는 계획하고자 하는 '프로그램의 이론적 배경'을 보완하여 기술할 필요가 있다.

2. 프로그램의 이론적 배경[7)]

–계획하고자 하는 프로그램에 관련된 이론적 배경의 서술이 필요한 부문임.

3. 프로그램 실시배경 및 기대효과

1) 실시배경

빈곤에 대한 과거와 현재의 정의가 다른 입장에서 과거에는 생활필수품의 결핍에 의해 육체적 능률의 재생산이 불가능한 상태를 이야기했다면 현재는 소비수준의 격차에 의해 박탈감을 느끼는 상태를 말한다.

핵가족화가 보편화되는 사회에서 가족구조의 변화로 야기되는 빈곤상황은 아동 양육에 문제점을 안겨주고 있다. 이혼율은 1980년대에 비해 현재 6배 가량 증가한 정도로 가족해체의 현상은 더욱 가속화되고 있다. 이러한 사회문제 속에서 아동은 방치되고 그 결과 학습능력 저하, 정서 불안, 사회성 부족과 같은 문제점이 야기되면서 건전한 민주시민으로서 성장하는 걸림돌이 되고 있다. 이에 빈곤 아동들을 위해 다양한 교육, 문화, 사회복지 차원의 지역사회복지 통합 서비스를 제공하는 지역아동센터(공부방)의 역할이 중요하게 인식되어지고 있다.

2) 새로남공부방의 현황 및 전망

새로남공부방은 도마1동 노인정 2층에서 IMF로 인해 급격히 늘어나는 실직가정과 결손가정의 아동들을 안전하게 보호하고 학습 및 정서적 지원 서비스를 제공하고자 시작되었다. 이후 7년째 지역 내 요보호 아동 30여 명을 대상으로 학습지도, 현장학습, 특별행사, 간식지도 등 다양한 서비스를 실시하고 있다.

새로남공부방은 서구지역 중 수급권 비율이 높은 곳으로 인식되고 있는데 주변 지역의 동별 기초생활수급자 현황을 보면 정림동 6,279세대 중 130세대, 가수원 6,323세대 중 140세대, 도마1동 8,660세대 중 280세대, 도마 2동 9,025세대 중 200세대, 복수동 3,326세대 중 55세대(20**. 1. 기준)로 이 자료를 통해 도마 1동의 수급자 비율이 높은 것을 확인할 수 있다. 그러나 수급권 밀집 지역임에도 불구하고 복지기관 및 복지시설 등이 없어 직접적인 서비스를 받는 데 매우 열악한 실정이다.

---

7) 정림종합사회복지관의 실습교재에서는 이론적 배경이 기술되어 있지 않으나 사회복지기관에서 계획하고 실천하는 모든 프로그램은 이론적 배경을 갖추어야 하며, 실제로 사회복지시설 평가 시에도 프로그램 부문의 전문성을 평가하는 지표에도 기술되어 있다.

도마동 지역 부모들의 직업 특성상 일용직과 비정규직으로 소득수준이 낮아 학령기 아동에게 필요한 적절한 서비스가 제대로 이루어지지 못하는 실정이다. 이에 새로남공부방은 아동의 상대적 박탈감을 해소할 수 있는 문화 서비스(체험활동, 캠프, 특별수업 등), 정서적 지원 서비스(상담, 결연 등)를 통해 지역 내 아동의 일탈을 방지하여 지역사회의 안정을 도모하는 역할을 수행하기 위한 매우 적절한 아동 서비스임을 인식하고 있다.

20**년은 새로남공부방이 지역아동센터로 전환을 할 수 있는 기반을 마련하고 적극적인 홍보를 통해 물적·인적 자원을 활용하여 보다 질적인 서비스를 제공하고자 한다.

3) 기대효과

① 방과 후 유해환경에 노출된 채 방치되는 요보호 아동에게 학습공간 및 안전한 보호공간을 제공함으로써 아동의 일탈행위를 방지하고 지역사회 문제를 사전 예방할 수 있다.

② 개별학습지도와 체험학습 위주의 다양한 프로그램을 통해 학습흥미를 유발시켜 학교생활에 적응할 수 있도록 유도할 수 있다.

③ 가정과 아동 간의 상호 상담을 통해 보다 적극적인 서비스를 제공하고, 불안정한 아동기의 정서적인 개입을 통하여 보다 안정된 아동기를 보내도록 지원한다.

4. 프로그램의 개요 및 내용

1) 프로그램의 개요

(1) 일시 : 20**년 1월~12월

① 학기 중 : 월~금 오후 12시~7시

② 방학 중 : 월~금 오전 9시~오후 6시

(2) 장소

도마 1동 경로당 2층 민들레지역아동센터

(3) 대상

새로남공부방 주변 초등학교 1~6학년 아동으로 동사무소에서 추천한 기초생활 수급자 및 차상위 가정 아동

(4) 수행인력

11명(***관장, ***부장, ***팀장, ***사회복지사, 보조교사 2명, 자원봉사자 5명)

2) 프로그램의 내용

(1) 프로그램 구성

<table>
<tr><th>단위
사업명</th><th colspan="2">세부사업명</th><th>실시시기</th><th>주요내용</th><th>기 타</th></tr>
<tr><td rowspan="20">새로남
공부방</td><td colspan="2">개별지도</td><td>주5회</td><td>숙제/학습/특별수업</td><td></td></tr>
<tr><td colspan="2">개별상담</td><td>수시</td><td>아동·부모상담/가정방문</td><td></td></tr>
<tr><td colspan="2">급식/간식지도</td><td>주5회</td><td>매일 중·석식지도, 간식지도</td><td>후원개발</td></tr>
<tr><td colspan="2">현장학습</td><td>연10회</td><td>체험학습 및 지역탐방</td><td>차량지원</td></tr>
<tr><td colspan="2">생일잔치</td><td>연6회</td><td>선물, 음식나누기</td><td>새로남교회지원</td></tr>
<tr><td rowspan="9">특별행사</td><td>테마 여행</td><td>연4회</td><td>계절 체험학습</td><td>차량지원</td></tr>
<tr><td>나들이</td><td>연2회</td><td>지역후원을 통한 현장체험</td><td>후원개발</td></tr>
<tr><td>어린이캠프</td><td>여름방학</td><td>캠프지원 (방학 중)</td><td></td></tr>
<tr><td>충효예 교실</td><td>방학 중</td><td>지역아동 참여/한문수업</td><td>자원봉사자</td></tr>
<tr><td>신입생환영회</td><td>4월 중</td><td>개원예배, 신입아동환영</td><td></td></tr>
<tr><td>친구초청잔치</td><td>5월</td><td>5월 지역아동/주민 참석</td><td></td></tr>
<tr><td>성탄잔치</td><td>12월 중</td><td>아동선물지원</td><td></td></tr>
<tr><td>발표회, 전시회</td><td>12월 중</td><td>아동발표 및 작품전시</td><td></td></tr>
<tr><td>자원봉사자간담회</td><td>6, 12월</td><td>자원봉사자 관리 및 교육</td><td></td></tr>
<tr><td colspan="2">이미용서비스</td><td>연10회</td><td>지역 지정미용실 활용</td><td></td></tr>
<tr><td colspan="2">자원봉사자관리</td><td>수시</td><td>학습지도/행사지원/특별수업</td><td></td></tr>
<tr><td colspan="2">홍보활동</td><td>수시</td><td>아동모집, 자원봉사모집홍보</td><td></td></tr>
<tr><td colspan="2">가정통신서비스</td><td>연12회</td><td>민들레행사/교육일정알림</td><td></td></tr>
</table>

(2) 일일시간표(학기 중)

시 간	월	화	수	목	금
12:00~13:30	아동 등원 / 자유놀이				
13:30~16:00	선생님과 개별학습 (학습지도, 숙제지도)				
16:00~17:00	특 별 활 동 시 간				
	종이접기	미술	요리교실	미디어교육	한문교실
	강사	강사	강사	자원봉사자	자원봉사자
17:00~18:00	정리, 귀가지도, 청소				
18:00~19:00	상담전화				

5. 프로그램홍보 및 자원개발계획

1) 홍보계획

분 야	홍보내용	시기/방법	연관기관
지역홍보	•'복지만두레'에 새로남공부방 소개 및 사업연계 •지역사회의 기관 및 학교 홍보 •새로남공부방 인지도 확대	•복지만두레 분기모임 참여 •협조공문발송 •리플릿 활용	•복지만두레 •동사무소 •도마동 지역 초등학교
아동모집	•동사무소와 연계한 수급권가정 아동 파악 후 입실 상담 •주위 소개를 통한 입실상담 •아동모집 광고	•2~3월 : 아동소개 •4월 : 전화 및 홍보물 발송	•동사무소 •가정통신문

2) 자원개발계획

분야	개발내용	수행시기/방법	연관기관
자원봉사자	•지역대학 사회복지학과 방문 및 공문 전달 * 복지관 홈페이지 활용	•수시/협조 공문발송 •홈페이지에 자원봉사자 모집 광고	•각 대학 사회복지학과
지역기관	•지역 상가 및 기관 협조유도 •복지만두레 회원을 통한 적극적 참여 유도	•상/하반기 •협조공문 발송 * 감사편지발송	

6. 세부사업추진 계획

1) 준비일정표

	구 분		기 간(20**년 1월 – 12월)											
			1월	2월	3월	4월	5월	6월	7월	8월	9월	10월	11월	12월
1	사업계획서		■											
2	사업평가서													■
3	입학아동 파악 및 상담		■	■	■									
4	아동보호서비스		■	■	■	■	■	■	■	■	■	■	■	■
5	개별학습지도		■	■	■	■	■	■	■	■	■	■	■	■
6	개별상담		■	■	■	■	■	■	■	■	■	■	■	■
7	집단지도	급식/간식지도	■	■	■	■	■	■	■	■	■	■	■	■
		특별수업	■	■	■	■	■	■	■	■	■	■	■	■
		현장학습		■	■	■	■	■	■		■	■	■	■
8	특별행사	생일잔치		■		■		■		■		■		■
		소방훈련				■					■			
		계절테마여행			■			■			■			■
		신입생환영회				■								
		충효예 교실	■							■				
		어린이캠프								■				
		나들이					■					■		
		친구초청잔치					■							
		발표회, 전시회												■
		성탄잔치												■
		자원봉사자 간담회						■						■
9	홍보활동			■	■		■							■
10	이미용서비스			■	■	■	■	■	■		■	■	■	
11	자원봉사자 관리		■	■	■	■	■	■	■	■	■	■	■	■
12	가정통신서비스		■	■	■	■	■	■	■	■	■	■	■	■

2) 세부계획

세부사업 명	목 표	일 정	사업진행내용
아동보호서비스	아동을 방과후 안전하게 보호한다.	월~금 주5일	개학시 : 방과후~오후7시 방학시 : 오전9시~오후4시
아동상담	아동의 정서적 안정을 지원한다.	월1회 수시	문제행동 시 아동개별상담, 집단상담
개별학습지도	아동의 기초학습능력을 향상시킨다.	월~금 주5회	국어 · 수학을 중심으로 아동 개별 매일 40분 수업
급식/간식제공	아동의 신체적 안정을 지원한다.	월~금 주5회	매일 중 · 석식, 간식제공
특별활동	취미기능의 다양한 활동을 지원한다.	월~금 주5회	일 1회–한문, 영어, 미술, 창의력 교실, 독서, 종이접기
집단활동	다양한 활동으로 자신감과 감성을 키운다.	연10회	요리교실, 풍선아트, NIE 미술교실, 체육대회 등
현장학습	현장견학을 통하여 경험을 축척한다.	연10회	대전지역 현장견학 타임월드 뮤지컬관람
소방훈련	소방안전에 대한 교육을 실시한다.	연2회	소방서 견학/소방훈련 실시
부모개별상담	자녀 양육에 대한 정보를 제공한다.	연1회	가정방문 상담
어린이캠프	체험을 통한 아동의 성장을 돕는다.	연1회	여름방학 기간 중 1회 실시
계절테마여행	다양한 문화 콘텐츠를 경험한다.	연4회	토요일 문화체험
생일잔치	교제 및 가정기능을 대신한다.	연6회	해당 생일아동 축하
성탄잔치	문화충족 및 가정의 기능을 대신한다.	연1회	선물나누기
발표회·전시회	아동의 자신감 향상 및 이해를 돕는다.	연 1회	아동 작품전시 및 특별활동발표
자원봉사자 간담회	자원봉사자의 지속적인 참여를 유도한다.	연2회	6, 12월 자원봉사 교육 및 설문지 작성
가정통신서비스	아동에 대한 이해를 증진시킨다.	월1회	교육계획안 발송 아동 관찰보고 및 상담
반찬 및 결연 서비스	가정 경제를 파악하고 필요시 지원한다.	월1회 수시	결연 후원금 지급 문제 발생시 경제적 지원 및 반찬 서비스(8가정)
가정방문 및 부모상담	아동과 교육에 대한 이해를 증진시킨다.	연1회 수시	7~9월 중 실시(가정방문), 부모상 담 수시
나들이	봄, 가을 색다른 이색체험을 진행한다.	연2회	지역 후원금을 통한 나들이
민들레영화제	공부방 및 지역주민과 아동에게 문화적 경 험을 제공한다.	연1회	공부방 및 지역아동과 주민을 대 상으로 실시
이미용서비스	지역 내 인적 자원을 활용한다.	연10회	지역 미용실 이용
홍보활동	입실 아동 및 행사 홍보활동을 통해 인지 도를 높인다.	수시	새로남공부방 리플릿 활용

3) 연간 교육계획

월	주 제	활동내용	행사/비고
1	즐거운 겨울방학	•방학계획표 만들어 실천하기 •계절에 따라 바뀌는 환경 이해하기 •특별수업을 통한 자신의 특기 개발	계절체험(스케이트장)
2	꿈을 갖자	•자신을 이해하고 미래를 설계하기 •내가 잘하는 것 알아보기	생일잔치(1, 2월)
3	또래 친구들 이해하기	•새 학년 친구사귀기 •친구들 이름 알기 •규칙을 정하고 지키기	현장학습 (타임월드-뮤지컬)
4	몸 튼튼 마음 튼튼	•건강한 생활을 위한 규칙 정하기 •우리 몸의 질병 알아보기 •감정 표현하기	생일잔치(3, 4월)
5	변화하는 계절 느끼기	•계절별 꽃 이름 알기 •식물을 키우고 느낀점 나누기	봄 나들이
6	우리나라 사랑하기	•현충일을 맞아 나라를 위해 돌아가신 분들의 명복을 빌고 그 뜻 알기 •우리나라 국기 그리고 애국가 알기	생일잔치(5, 6월) 현장학습 (국립현충원)
7	음식 만들기	•좋아하는 음식과 싫어하는 음식 이야기 •음식을 만들어 부모님에게 전달하기 •편식 습관 버리기	요리교실
8	신나는 여름방학	•자연의 소리 이해하기 •계절체험을 통한 협동심 기르기	어린이 캠프 생일잔치(7, 8월)
9	세계로 우주로	•세계 여러 나라의 문화 이해하기 •별자리 관측하기	현장학습(천문대)
10	즐거운 명절이야기	•추석에 대한 이해하기 •추석 음식과 놀이 배우기	현장학습(한밭교육박물관) 생일잔치(9, 10월)
11	환경보호와 경제활동	•재활용품을 활용하여 작품 만들기 •우리 동네 쓰레기 줍기	환경보호
12	감사와 사랑 나누기	•친구에게 카드 및 편지 쓰기 •발표회, 작품 전시회 준비	성탄잔치 발표회

4) 역할의 분담

구 분	이 름	담당부서 / 직위	담당 역할
총괄지도	***	관 장	•대외활동 및 사업총괄 •유관기관 협조
사업조정 및 감독	***	부 장	•사업계획 및 예산 조율 •업무점검
사업계획 및 집행	***	팀 장 새로남공부방 담당자	•프로그램 진행 •개별지도, 집단지도, 행사주관 •서류관리, 자원봉사자관리
프로그램 연계	***	사회복지사 미술치료사	•문제아동 미술치료 연계
프로그램 보조 (업무보조)	*** (○○○)	새로남공부방 보조교사 직장체험 연수생	•프로그램 보조 •개별/학습지도 •행사 보조
행사집행 보조	***	사회복지사	•캠프보조 진행 •발표회 점검 •차량운행
학습지도 특별수업	자원봉사자 강사	대학생 전문강사	•아동 학습지도 보조 •특별수업 지도

7. 프로그램 평가방법

프로그램	목 표	하위목표	성공기준	평가 및 측정도구
민들레지역아동센터	1. 아동의 안전한 보호, 건강한 신체 성장을 도모	주 5회 이상 연 280일 동안 아동의 안전한 보호프로그램을 실시	•출석률 80% •만족도 80% •간식/급식 90%	•운영일지 •출석부 •부모 및 아동 만족도조사
		1일 1회의 간식 및 방학 중 급식 제공		
	2. 건전한 또래집단 형성과 집단 프로그램 제공	월 1회 90% 이상의 아동들이 야외활동과 견학활동에 참여	•프로그램 참여도 90% •상담 건수	•특별수업일지 •만족도 조사 •상담일지
		다양한 특별활동을 통해 아동의 재능과 적성을 개발		
		아동 1인 월 1회 이상의 개별상담 실시		
	3. 복지서비스 제공을 통한 가족의 기능을 강화	결연대상 아동의 수를 현재 대비 75% 증가	•결연 2가정 •물품제공 건 •15가정방문	•결과보고서 •참여인원 •가정조사자료
		가정방문(7~8월 실시)을 통한 가정기초조사 자료 마련 연 1회 이상의 후원물품 제공		

8. 소요예산

1) 수입예산

항 목	금액	산출근거
복지관 지원비	21,150,000원	복지관 지원비
프로그램 운영비	15,000,000원	프로그램 운영비
합 계	36,150,000원	

2) 지출예산

<table>
<tr><th>항</th><th colspan="2">목</th><th>금액</th><th>산출근거</th></tr>
<tr><td rowspan="21">지역사회보호사업</td><td rowspan="2">인건비</td><td>강사비</td><td>3,000,000원</td><td>100,000원×3명×10월 = 3,000,000원</td></tr>
<tr><td>도시락배달 계약직</td><td>4,800,000원</td><td>400,000원×1명×12월 = 4,800,000원</td></tr>
<tr><td rowspan="3">운영비</td><td>임대보증금</td><td>10,000,000원</td><td>임대보증금 : 10,000,000원</td></tr>
<tr><td>월세, 전화, 전기, 수도, 인터넷</td><td>9,600,000원</td><td>800,000원×12월 = 9,600,000원</td></tr>
<tr><td>지역아동센터회비</td><td>600,000원</td><td>50,000원×12월 = 600,000원</td></tr>
<tr><td rowspan="3">개별지도</td><td>특별수업재료비</td><td>300,000원</td><td>재료비 : 30,000원×10월 = 300,000원</td></tr>
<tr><td>학습지도</td><td>1,200,000원</td><td>물품구입 : 100,000원×6회 = 600,000원
도서구입 : 100,000원×6회 = 600,000원</td></tr>
<tr><td>가정방문</td><td>100,000원</td><td>물품구입 : 100,000원</td></tr>
<tr><td rowspan="3">집단지도</td><td>간식지도</td><td>1,200,000원</td><td>10,000원×10일×12월 = 1,200,000원</td></tr>
<tr><td>현장학습</td><td>300,000원</td><td>참가비 : 30,000원×10월 = 300,000원</td></tr>
<tr><td>생일잔치</td><td>150,000원</td><td>선물비 : 5,000원×30명 = 150,000원</td></tr>
<tr><td rowspan="8">특별행사</td><td>계절테마여행</td><td>1,600,000원</td><td>400,000원×4회 = 1,600,000원</td></tr>
<tr><td>나들이</td><td>400,000원</td><td>입장료 : 200,000원×2회 = 400,000원</td></tr>
<tr><td>어린이캠프</td><td>1,600,000원</td><td>참가비 : 40,000원×40명 = 1,600,000원</td></tr>
<tr><td>신입생환영회</td><td>100,000원</td><td>다과비 : 50,000원×1회 = 50,000원
선물비 : 50,000원×1회 = 50,000원</td></tr>
<tr><td>성탄잔치</td><td>200,000원</td><td>선물비 : 5,000원×40명×1회 = 200,000원</td></tr>
<tr><td>발표회 및 전시회</td><td>600,000원</td><td>재료비 : 5,000원×30명 = 150,000원
식사비 : 5,000원×1회×70명 = 350,000원
문구 및 장식 : 100,000원</td></tr>
<tr><td>민들레영화제</td><td>100,000원</td><td>아동선물비 : 1,000원×1회×70명 = 70,000원
재료비 : 30,000원</td></tr>
</table>

항	목		금액	산출근거
		자원봉사자간담회	200,000원	회의비 : 100,000원 × 2회 = 200,000원
	홍보	홍보물 제작 배포	100,000원	리플릿 : 100,000원 × 1회 = 100,000원
총 계			36,150,000원	36,150,000원

9. 문제점 및 대처방안

1) 새로남공부방의 지역아동센터화 문제

새로남공부방은 현재 대전 서구 도마 1동 노인정 2층에 자리 잡아 운영된 지 6년째를 맞이하고 있다. 이제는 자립을 위해 지역아동센터로의 전환을 계획하고 있으나 장소 선정 부분과 이전했을 때 발생되는 소요비용에 대한 문제점이 대두되고 있다.

첫 번째, 장소 선정 부분의 문제이다. 아동들의 입장을 고려한다면 현재 위치한 곳에서 크게 벗어나지 않는 범위 내 건물을 찾아야 한다는 것이다. 도마 1동 지역에 새로 지은 건물들은 임대료가 보증금 1,500만원에 월 100만원 정도의 가격을 형성하고 있어 이전을 한다고 해도 차후 유지할 수 있을지 의문이 된다. 이처럼 지역아동센터 설치기준과 가격이 적당하게 맞는 건물을 선정하는 것이 현재 최대 문제점으로 나타나고 있다.

두 번째, 이전을 하고 나서 설치기준을 맞추기 위한 인테리어 비용에 대한 문제이다. 지역아동센터 설치기준을 보면 사무실, 급식실, 집단 지도실 등 구분된 장소를 만들어야 한다. 이때 설치를 위해 들어가는 재정부담은 현재 복지관에서는 불가능한 실정이다. 이전하는 것도 중요하지만 그 후 발생되는 재정적 지원 부분이 확실하게 연결되지 않는다면 차후 큰 어려움으로 작용될 것이다.

2) 대처방안

새로남공부방의 지역아동센터 전환을 위해서 보다 적극적인 홍보가 필요하겠다. 우선 새로남공부방에 대한 현황자료를 통해 아이들에게 질적인 서비스 제공을 위해서는 이전할 수밖에 없는 상황임을 인식하도록 하여 기업체나 교회를 연결한 안정적인 재정지원 연계방안을 모색한다.

이전 후 발생되는 설치비용은 기업체 프로포절을 통해 해결할 수 있도록 준비한다. 여러 가지 준비 작업을 위해서는 적극적인 자세로 하나씩 접근해 나간다면 해결의 실마리를 통해 지역아동센터로의 전환이 가능할 것으로 보인다.

3) 사회복지현장실습의 평가와 실습확인

(1) 사회복지현장실습의 평가

사회복지현장실습이 완료되면 실습교육기관(시설)의 실습지도자는 한국사회복지사협회의 '사회복지현장실습지침서'에서 제시한 실습평가서 양식에 준하여 실습평가를 하여 실습의뢰기관인 대학교육기관에 우편으로 송부하여야 한다.

실습기관2(실습평가서 양식)[8)]

실습평가서(대학발송용)

기 관 명		기 관 장	
실습부서		실습지도자	
실습기간			
실 습 생		평가일시	

※ 출석상황

무단결석 없음( ) 무단결석 1회( ) 무단결석 2회( ) 무단결석 3회 이상( )

※ 다음은 실습생에 관한 평가입니다. 실습생이 실습지도 기간 보여주었던 태도와 행동을 기준으로 아래 항목에 솔직하게 평가해주기 바랍니다. 실습내용에 포함되어 있는 사항에 관해서만 평가하여주시고, 평균에는 평가항목 총점을 평가항목 개수로 나눈 점수를 기입하면 됩니다(평기척도는 1점 : 매우 그렇지 못하다.~5점 : 매우 그렇다).

항목	내 용	1	2	3	4	5
실습 지도에 대한 태도	1. 실습지도 시간을 엄수한다.					
	2. 적극적이고 긍정적인 자세로 실습지도에 참여한다.					
	3. 실습지도에서 지적된 내용을 수용한다.					
	4. 배우는 입장에서 진지하게 노력하고 발전하려는 태도를 갖는다.					
	5. 실습지도자와 실습생으로서 공식적 관계를 형성한다.					

8) 대학(교육기관)에서는 실습기관에서 접수된 실습평가서의 점수를 기초로 실습점수를 부여하거나 대학 내의 실습관련 정규수업과정에서 수행된 평가점수와 합산하여 실습교육점수를 부여하는 경우도 있다.

항목	내 용	1	2	3	4	5
기관 이해 및 관계 유지	6. 동료실습생과 긍정적이고 원만한 협력관계를 유지한다.					
	7. 기관의 목적, 정책, 규칙, 사업내용을 이해한다.					
	8. 기관 내에서 실습생으로서의 권한과 한계를 알고 일한다.					
	9. 기관 내 타직원과 협조적 대인관계를 형성·유지하여 업무를 처리한다.					
기본적 태도와 자질	10. 일의 우선순위를 결정하는 능력이 있다.					
	11. 할당된 시간 안에 일을 계획하고 수행한다.					
	12. 자신의 장점과 단점을 잘 인식하고 대응한다.					
	13. 사회복지실천 지식을 실습내용에 적용한다.					
	14. 사회복지실천의 가치와 윤리를 갖고 임한다.					
	15. 전문가로서의 편견, 선입견, 고정관념을 인식하고 객관성을 유지한다.					
기 록	16. 기록, 보고서 등을 정해진 일시에 제출한다.					
	17. 실습내용을 사실에 근거하여 정확하게 기록한다.					
	18. 실습내용을 체계적이고 구체적으로 기록한다.					
	19. 클라이언트와의 상호작용 및 실습생의 사고와 감정을 기록한다.					
	20. 실습지도를 통해 지적된 사항 및 배운 것을 정확히 기록한다.					
전문적 태도와 관계 형성	21. 클라이언트와 전문적 관계를 형성하고 활용한다.					
	22. 전문적 관계형성에서 동정과 감정이입을 구별하여 적용한다.					
	23. 주변의 자원을 파악하고 그것을 활용하려고 노력한다.					
	24. 비심판적이며 경청과 수용의 태도를 갖는다.					
	25. 클라이언트의 능력과 동기의 한계를 수용한다.					
	26. 실습지도자가 지시한 것을 잘 파악하여 실행에 옮긴다.					
개인에 대한 개입	27. 클라이언트가 표현한 의사소통과 암시적인 의사소통을 이해한다.					
	28. 실습생이 의도한 바를 클라이언트에게 명확하게 전달한다.					
	29. 클라이언트의 문제와 상황에 관련된 정확한 자료를 수집한다.					
	30. 수집된 자료를 체계적으로 종합하고 이론에 기초하여 사정한다.					
	31. 클라이언트 가족 등 주변의 지지자원을 활용한다.					
	32. 클라이언트와 환경의 상호역동성의 이해아래 개입목표와 전략을 수립한다.					
	33. 개입목표에 따라 클라이언트의 긍정적인 변화를 유도한다.					

항목	내 용	1	2	3	4	5
가족에 대한 개입	34. 가족의 역동성을 파악하고 가족상황에 관련된 정확한 자료를 수집한다.					
	35. 가족의 구조를 명확히 이해하여 필요한 가족개입의 기술을 활용한다.					
	36. 가족의 상호역동성의 이해아래 개입목표와 전략을 수립한다.					
	37. 가족구성원을 개별화하고 성원들이 긍정적으로 변화하도록 유도한다.					
집단에 대한 개입	38. 집단 역동을 파악하여 의미 있는 개입으로 집단을 지도한다.					
	39. 집단에서 주 진행자와 보조진행자의 의미와 역할을 알고 실천한다.					
	40. 집단의 구조를 명확히 하고 필요한 집단지도의 기술을 활용한다.					
	41. 집단 성원을 개별화하고 성원 간 의미 있는 관계를 형성하도록 한다.					
	42. 집단의 목적에 대해 정확히 사정한다.					
	43. 정확한 사정에 입각하여 적절한 프로그램을 계획하고 실행한다.					
	44. 집단의 상호작용이 목적 지향적이고 성원들이 긍정적으로 변화하도록 한다.					
지역사회에 대한 개입	45. 지역주민들이 지역사회의 요구와 문제를 파악하도록 돕는다.					
	46. 파악된 지역사회요구를 사회행동으로 계획하고 실행한다.					
	47. 지역사회구조와 권력에 대해 이해하고 그 지역사회 상황을 정확히 파악한다.					
	48. 지역사회자원을 정확히 파악하고 접근한다.					
정책 및 행정 분야	49. 정책형성 및 개선과 관련된 이해집단들의 문제 상황 및 요구와 정책발의자들 및 집행자들의 이해관계를 정확하고 객관적으로 이해한다.					
	50. 정책형성 및 개선과 관련된 이해집단과 건설적이고 전문적인 관계를 맺는다.					
	51. 문제 상황에 적합한 정책대안을 개발하는데 적극적으로 참여한다.					
	52. 기본정보를 정확히 사용하며 실증적인 자료 분석의 지식을 갖고 문제를 분석한다.					
	53. 사회복지행정체계 및 전달체계에 대해 정확하게 이해한다.					

항목	내 용	1	2	3	4	5
기관 고유 항목*	54.					
	55.					
	56.					
	57.					
	58.					
	59.					
	60.					

※ 기관 고유 항목에는 기관의 특성에 맞는 평가항목을 실습지도자가 직접 기입하고 평가할 수 있음.

총평	(실습생의 실천가로서의 장단점 및 대학에 대한 건의)		
평가문항 개수		총점	
평균점 (총점÷평가문항 개수)			
참고사항	여기에 부여하는 평점은 실습생이 받게 되는 성적표상의 최종 평점은 아니며, 실습지도교수가 부여하는 교내 학습과정의 점수를 포함하여 정해집니다.		

※ 총점과 평균점은 기록 후 테이프 부착 요망합니다.

실습지도자 : 인

기 관 장 : 인

실습기관2(실습평가서 사례)[9]

실습평가서(영등포노인종합복지관)

학생성명	김 △ △	성 별	여
소 속	△△ 대학교 사회복지학과 3학년		

<table>
<tr><td colspan="2">기 관 명</td><td colspan="5">구립 영등포노인종합복지관</td></tr>
<tr><td colspan="2">실습기간</td><td colspan="5">20**년 6월 30일 ~ 20**년 8월 1일</td></tr>
<tr><td rowspan="2">실습
목표</td><td>기관</td><td colspan="5">□ 전문적이고 체계적인 교육시스템 구축
□ 질적 교육을 통한 실습 참여자의 기관 신뢰도 증진
□ 참여 학교와의 원활한 연계 구축
□ 사회복지 전반의 실천가 양성에 기여</td></tr>
<tr><td>실습생</td><td colspan="5">□ 학교에서 습득한 사회복지에 관한 지식과 기술의 실천적 적용
□ 현장에서의 실천활동에 대한 이해와 새로운 지식 습득
□ 현장에서의 지역사회에 대한 이해
□ 사회복지 실천에 대한 자신의 적성 평가</td></tr>
<tr><td colspan="2">주요실습내용</td><td colspan="5">□ 3주간의 공통기본 교육 실시
■ 지역사회 및 복지관 사업의 이해
(재가/평생교육/지역복지/노인정보팀)
■ 사회복지사로서의 가치, 프로그램 기획, 자원개발, 복지행정
□ 지역사회 유관기관 교환실습 – 신길종합사회복지관
□ 동종 타 기관견학 – 성동노인종합복지관
□ 2주간 집중분야 참여 – 경로당활성화사업
■ "기업의 사회공헌 ITEM" 보고서 작성</td></tr>
<tr><td colspan="2">인정시간</td><td colspan="5">총 5주, 200시간</td></tr>
<tr><td colspan="2" rowspan="3">평가점수</td><td colspan="5">총점 96점(100점 만점 기준)</td></tr>
<tr><td>근무태도(30)</td><td>실습과제(30)</td><td>집중과정(20)</td><td>자기평가(10)</td><td>교류평가(10)</td></tr>
<tr><td>29</td><td>30</td><td>19</td><td>9</td><td>9</td></tr>
</table>

상기 내용과 같이 실습과정에 참여하였음을 확인합니다.

붙임 : 실습 세부평가서 1부.

실습지도자 : ☆ ☆ ☆ (인)

** 대학(교) 사회복지학과장(실습지도교수) 귀하

9) 영등포노인복지관에서 사용되고 있는 실습평가서는 한국사회복지사협회의 평가양식과 차별적인 현장성을 평가내용에 포함하고 있는 것으로 보아 소개하게 되었다.

실습세부평가서

학 생 명	김 ○ ○	학 교 명	○○ 대학교 사회복지학과

□ 근무태도 및 목표달성(30)

실습생의 참여과정 중 참여태도와 실습목표달성을 평가

평가항목	평점				
참여기간 동안 결석 및 지각없이 성실하게 참여한다.	1	2	3	4	5
실습생으로서 배움의 자세가 적극적이고 개방적으로 참여한다.	1	2	3	4	5
타 실습생, 실습지도자 관계를 원만하게 긍정적으로 형성한다.	1	2	3	4	5
사회복지사로서의 가치와 전문성, 인성을 기른다.	1	2	3	4	5
클라이언트와 기관, 다양한 사업에 대해 이해한다.	1	2	3	4	5
클라이언트와 자원체계에 대한 적절한 태도를 숙지한다.	1	2	3	4	5

□ 실습과제(30)

제출된 실습일지, 각 과제들에 대한 적절성 평가

평가항목	평점				
과제가 정확한 기간 내에 제출되었다.	1	2	3	4	5
실습일지의 내용이 정확하고 충실하게 작성되었다.	1	2	3	4	5
과제가 출제의도에 부합되게 적절히 작성되었다.	1	2	3	4	5
과제의 내용이 실천업무에 적용 가능하다.	1	2	3	4	5
과제의 내용에 이론적 기반이 적절히 사용되었다.	1	2	3	4	5
과제의 내용이 자신의 생각을 담아 창의적이고 독창적이다.	1	2	3	4	5

□ 집중과정 : 세미나(20)

집중과정으로 참여한 세미나 분야에 대한 참여 평가

평가항목	평점									
결과보고서의 충실성 · 독창성 · 적절성	1	2	3	4	5	6	7	8	9	10
참여태도의 성실성 · 적극성 · 실행력	1	2	3	4	5	6	7	8	9	10

□ **자기평가**(10)

실습과정과 결과에 대해 실습생이 스스로 내리는 평가

평가항목	평점									
목표달성 · 성실성 · 전문성 · 교류성	1	2	3	4	5	6	7	8	9	10

□ **교류평가**(10)

함께 참여한 여타 실습생이 평가하는 실습과정과 결과에 대한 평가

평가항목	평점									
목표달성 · 성실성 · 전문성 · 교류성	1	2	3	4	5	6	7	8	9	10

□ **실습생 장 · 단점**

장 점	□ 현장에 대한 다양한 접근을 시도하려는 노력 □ 배우고자 하는 의지 □ 적극적인 태도
단 점	□ 체력 부족 □ 다소 성실하지 못한 태도

□ **실습생 다면평가**

업무이해도	□ 현장에 대한 다양한 사고와 접근을 시도하려 하였으며, 그 과정을 통해 업무를 이해하려는 노력이 돋보여 높은 이해수준을 달성
대인관계능력	□ 적극적인 성격으로 긍정적인 대인관계 형성에 유리 □ 밝은 성격으로 집단 내 원활하게 적응
수행능력과 책임감	□ 과제 수행 및 역할 수행에 있어 여타 학생들보다 창의적인 태도와 성과를 보임
전문적 자질과 태도	□ 기본적인 사회복지 마인드를 형성하고 있으나, 전문가로서의 사회복지가치를 정립을 위해 더욱 다양한 경험이 필요할 것으로 판단 □ 자신을 돌아보려는 태도가 높아 자기발전에 긍정적인 태도로 평가됨

□ **종합평가**

김○○ 실습생은 밝고 적극적인 자세로 실습에 참여하였습니다. 실습기간 동안 늘 밝은 모습으로 전반적인 과정에 높은 이해력을 보였으며, 과정 중 창의적인 발상과 표현을 통해 자신의 생각과 견해를 명확히 전달하는 등의 긍정적인 태도가 돋보였습니다. 그러나 사회인으로 지속적인 역할 수행을 위해 기본적인 체력이 다소 부족하며, 이로 인해 자칫 성실성이 부정적으로 평가될 수 있어 이를 보완한다면 훌륭한 사회복지재원이 될 수 있을 것으로 판단됩니다.

실습생1(실습평가서)[10)]

실습평가서(실습생용)

실습생명		기관명	
실습기간		실습지도자	
실습평가일		실습지도교수	

1. 실습일정에 대한 평가

2. 실습내용 및 역할에 대한 평가

3. 실습목표에 대한 평가
   1) 구체적이고 적절한 목표 설정 여부
   2) 목표의 달성 여부

4. 서비스 실천과정에 대한 평가 / 정책 및 행정 실습에 대한 평가
   1) 문제 파악 및 자료수집 능력 / 문제 인식 능력
   2) 문제 사정 능력 / 문제 분석 능력
   3) 개입 기술 / 문제해결을 위한 대안제시능력
   4) 면접 기술 / 기존지식과 정보의 사용능력
   5) 기록 기술 / 기록 기술
   6) 클라이언트와의 전문적인 관계 형성 / 유관 기관 및 관련된 사람들과 전문적인 관계 형성

5. 실습생의 자원활용에 대한 평가(인적, 물적 자원)
   1) 기관 외의 자원활용
   2) 실습과 관련된 참고서적의 활용

6. 실습에 임하는 자세에 대한 평가
   1) 업무관리
      (1) 시간 준수, 과제제출
      (2) 주어진 일에 대한 업무조절 능력

---

10) 본 평가서는 사회복지현장실습을 종결하는 시점에서 실습생 본인이 작성하며, 서술양식으로 작성한 뒤 실습지도자와 실습교육기관에서 평가회를 갖는 것을 추천하고 있다.

2) 직원과의 관계(실습지도자, 타직원, 타 전문직 직원)
3) 다른 실습생과의 관계
4) 실습에 있어서의 적극성 및 자발성

7. 전문적 태도에 대한 평가
1) 사회복지사로서 실습생 자신의 장·단점에 대한 인식
2) 전문가로서 윤리 및 가치관의 이행

8. 실습지도 활용 정도에 대한 평가
1) 실습생 자신의 실습지도 활용정도에 대한 평가
(1) 기관 실습지도
(2) 대학 실습지도
2) 실습지도 자체에 대한 평가
(1) 기관 실습지도
(2) 대학 실습지도

9. 기관 이해도에 대한 평가
1) 실습생의 과업과 관련된 기관의 목적, 정책, 행정 절차에 대한 이해
2) 실습생으로서의 기관내의 권한과 한계에 대한 인식

10. 실습 기간 중 가장 유익했던 내용

11. 실습기간 중 가장 안 좋았던 내용

12. 실습 기관, 실습 지도자, 대학에 대한 건의사항

13. 기타 더하고 싶은 말

(2) 사회복지현장실습의 확인

사회복지현장실습이 완료되면 실습교육기관(시설)의 실습지도자는 한국사회복지사협회의 '사회복지현장실습지침서'에서 제시한 사회복지현장실습확인서 양식에 준하여 확인서를 발급하여 실습생에게 직접 교부하거나 실습의뢰기관인 대학교육기관에 우편으로 송부하여야 한다.

왜냐하면 사회복지실습생이 사회복지사 자격을 취득하려면 한국사회복지사협회에 규정된 교과목 이수여부가 확인이 되는 성적증명서와 함께 사회복지현장실습확인서를 반드시 제출해야 되기 때문이다.[11)]

11) 제3부의 주요 내용은 저자의 〈사회복지사업현장론〉에서 다루어진 분야를 기초로 새롭게 저술되었다.

실습생2(사회복지현장실습확인서)[12)]

사회복지현장실습확인서

<table>
<tr><th colspan="5">사 회 복 지 현 장 실 습 확 인 서</th></tr>
<tr><td rowspan="4">실습생
인적 사항</td><td>성명</td><td></td><td>주민등록번호</td><td></td></tr>
<tr><td>주소</td><td colspan="3"></td></tr>
<tr><td>전화번호</td><td></td><td>휴대전화</td><td></td></tr>
<tr><td>학교/학과명</td><td></td><td>실습지도교수명</td><td></td></tr>
<tr><td rowspan="11">실습
기관</td><td>실습기관명</td><td></td><td>전화번호</td><td></td></tr>
<tr><td>주소</td><td colspan="3"></td></tr>
<tr><td>실습기간</td><td colspan="3">년 월 일 부터 ~ 년 월 일 까지</td></tr>
<tr><td>실습시간</td><td colspan="3">총 시간 (매주 요일부터 ~ 요일까지, 1일 시간)</td></tr>
<tr><td>실습내용</td><td colspan="3"></td></tr>
<tr><td>실습지도자명</td><td></td><td>사회복지사
자격번호</td><td></td></tr>
<tr><td colspan="2">실습지도자 경력기간</td><td colspan="2">담당 업무</td></tr>
<tr><td colspan="2">년 월 일 ~ 년 월 일</td><td colspan="2"></td></tr>
<tr><td colspan="2">년 월 일 ~ 년 월 일</td><td colspan="2"></td></tr>
<tr><td colspan="2">년 월 일 ~ 년 월 일</td><td colspan="2"></td></tr>
<tr><td colspan="4"></td></tr>
<tr><td colspan="5">위와 같이 실습 내용을 확인합니다.
20**. . .
실습지도자 : (인)

위의 내용이 사실임을 확인합니다.
20** . . .
기관장 : (인)

한국사회복지사협회장 귀하</td></tr>
<tr><td colspan="5">※ 허위사실 기재로 판명될 경우 관계기관에 의해 처벌받을 수 있음.</td></tr>
</table>

12) 실습생은 졸업 후 사회복지사 자격증 신청 시 성적증명서와 함께 제출해야 하므로 사회복지실습기관에서는 실습종료 후 실습생들에게 사회복지현장실습확인서를 발급하여야 한다.

참고문헌

고수현(2018).『100세 시대 노인복지론』. 정민사.
고수현(2018).『사회복지법제론』. 정민사.
고수현(2015).『사회복지윤리와 철학』. 양서원.
고수현(2015).『지역사회복지론』. 양서원.
고수현(2013).『사회복지사업현장론』. 양서원.
법제처(2013). 국가법령정보센터(http://www.law.go.kr)
보건복지가족부(2008).『2008년도 보건복지가족백서』.
보건복지부(2018).『사회복지관 운영관련 업무처리 안내』.
보건복지부(2018).『2017년도 보건복지백서』.
보건복지부(2018).『2017년도 보건복지통계연보』.
보건복지부(2018).『2018년도 국민기초생활보장사업 안내』.
보건복지부(2018).『2018년도 노인보건복지사업 안내』.
보건복지부(2018).『2018년도 사회복지시설관리 안내』.
보건복지부(2018).『2018년도 아동복지사업 안내』.
보건복지부(2018).『2018년도 영유아보육사업 안내』.
보건복지부(2018).『2018년도 장애인복지사업 안내』.
서홍란 · 이경아(2000).『사회복지현장실습핸드북』. 나눔의 집.
여성가족부(2018).『2018년도 한부모가족지원사업 안내』.
여성가족부(2018).『2018년도 다문화가족지원센터 사업 안내』.
여성가족부(2018).『2018년도 건강가정지원센터 사업 안내』.
보건복지부(2018). 사회복지시설정보시스템(http://www.w4c.go.kr/).
브리태니커세계대백과사전(http://www.britannica.com).
인터넷법률신문(http://www.lawtimes.co.kr).
한국사회복지협의회(2005).『사회복지법인 시설설치 운영절차와 방법』.
한국사회복지협의회(2006).『사회복지법인(시설)설립 및 설치 운영절차와 방법실무(Ⅰ)』.
한국사회복지협의회(2006).『사회복지법인(시설)설립 및 설치 운영절차와 방법실무(Ⅱ)』.

Abbot, A. A.(1986). The field placement contract : Its use in maintaining comparability between employment-related and traditional field placements. *Journal of social work education.*

Bogo. M. & Vayda. E.(1998). *The practice of field instruction in social work*(2nd ed.). NY : Columbia Univ. Press.

Briggs, T. L.(1977). The role of field instruction in achieving the manifest and latent functions of professional education. In T. L. Briggs & G. M. Gross(Eds.), *Field instruction : The perspectives on partnership*. Syracuse, NY : School of Social Work Manpower Monograph No.12.

Collins, D., Thronlison B, & Grinnell, Jr. R.(1992). *The social work practicum : A student guide*. Itasca IL : F. E. Peacock.

Dunham, A.(1970). *The New Community Organization*. New York : Thomas Y. Crowell.

Fortune, A. E.(1994). Field education. In Reamer F. G.(Ed.), *The foundation of social work knowledge*. NY : Columbia Univ. Press.

Friedlander, W. A. & Apte, R. Z.(1980). *Introduction to Social Welfare*. New Jersey : Englewood Cliffs, Prentice-Hall. Inc.

George, A(1982). A history of social work field instruction : Apprenticeship to instruction. In B. S. Sheafor & L. E. Jenkins(Eds.), *Quality field instruction in social work*. White Plains, NY : Longman.

Hamilton, M.(1981). *Fieldwork : The core of "academic" social work*. Contemporary social work education.

Hamilton, N. & Else J.(1983). *Designing field education : Philosophy, structure and process*. Springfield, IL : Chatles C. Thomas.

Jenkins, L. E. & Sheafor, B. W.(1982). An overview of social work field instruction. In B. W. Sheafor & L. E. Jenkins(Eds.), *Quality field instruction in social work*. White Plains, NY : Longman.

Kadushin, A.(1922). *Supervision in social work*. NY : Columbia Univ. Press.

Kagle, J. D. 지음, 홍순혜 옮김(1997). 『사회사업기록』. 학문사.

Kagle, J. D.(1983). The contemporary social work record. *Social Work*, 28(2).

Kagle, J. D.(1984). Restoring the clinical record. *Social Work*, 29(2).

Middleman, R. R. & Rhodes, G. B.(1985). *Competent supervision*. Englewood Cliffs, NJ : Prentice-Hall INC.

Miley. K. K. et al.(ed.)(1995). *Generalist social Work practice*. Asimen & Schuter Co.

Munson, C. E.(1993). *Clinical social work supervision*. NY : The Haworth Press.

Netting, F. E. et al.(1993). *Social work macro practice*. NY : Longman. INC.

Royse, D. et al.(1993). *Field instruction : A guide for social work students*. NY : Longman.

Schneek, D. et al.(ed.)(1991). *Field instruction in social work*. Dobuque, IA : Kendall / Hunt.

Sheafor, B. W. et al.(1988). *Techniques and guidelines for social work Practice*. Boston : Allen &

Bacon.

Tolson, E. R. & Kopp, J.(1988). The practicum : Clients, problems, interventions and influences on student practice. *Journal of Social Work Education.*

Urbanowski, M. L. & Dwyer, M. M.(1988). *Learning through field instruction.* Milwaukee : Family Service America.

Wilson, S. J.(1978). *Confidentiality in social work : Issues and principles.* Boston : Houghton Mifflin.

Wilson, S. J.(1980). *Recording-Guidelines for Social Workers.* New York : The Free Press.

찾아보기

(ㅎ)

저자 소개

■ 고 수 현(高 洙 玄)

〈주요약력〉

- 경북대학교 사회복지학과(박사)
- 연세대학교 상담교육학과(석사)
- 대구대학교 사회복지학과(석사)

- 한국복지상담교육학회장
- 한국복지행정학회장
- 보건복지부 보건복지통계위원(역임)
- 보건복지부 사회보장실무위원(역임)
- 보건복지부 사회복지정책 자체평가위원장(역임)
- 보건복지부 장사제도개선위원(역임)
- 국무총리실 청소년위원회 정책자문위원(역임)
- 대한노인회 충남연합회 노인지도자대학장(역임)
- 사회복지공동모금회 충남부지회장(역임)
- 국가공무원 및 지방공무원시험 출제 및 검증위원
- 금강대학교 사회복지학 교수

〈주요저서〉

- 사회복지윤리와 철학 / 지역사회복지론
- 100세 시대 노인복지론 / 사회복지법제론
- 사회복지행정론 / 사회복지정책론
- 사회복지조사론 / 사회복지상담론 외 다수

사회복지사업운영론

사회복지지도감독 & 현장실습

1판 1쇄 인쇄 — 2018년 8월 27일
1판 1쇄 발행 — 2018년 8월 30일

저　　자 – 고수현
발 행 인 – 강철원
발 행 처 – 양성원
주　　소 – 경기도 파주시 검산로 173번길 29-12
전　　화 – 031-946-3861(代)
팩　　스 – 031-946-3864
이 메 일 – tnwpub@naver.com
홈페이지 – tnwpub.co.kr
출판등록 – 2015년 8월 31일 제 2015-000211 호

ISBN 979-11-6126-148-5

정가 23,000원